Becker · Bildungsstandards – Ausweg oder Alibi?

Georg E. Becker

Bildungsstandards – Ausweg oder Alibi?

Beltz Verlag · Weinheim und Basel

Georg E. Becker, Dr., war Professor für Allgemeine Didaktik/Schulpädagogik an den Pädagogischen Hochschulen Heidelberg und Schwäbisch Gmünd.

Lektorat: Peter E. Kalb

www.beltz.de
Herstellung: Lore Amann
Satz: Druckhaus »Thomas Müntzer«, Bad Langensalza
Druck: Druckhaus Beltz, Hemsbach
Umschlaggestaltung: Federico Luci, Köln
Umschlagabbildung: Picture Press, Hamburg
Printed in Germany

ISBN 3-407-25357-5

Inhaltsverzeichnis

Vorwort

Warum ich dieses Buch schreibe? Einfache Antwort: Weil ich den folgenden, ganz persönlichen PISA-Schock erlebt habe:

Dreißig Jahre lang habe ich Grund-, Haupt- und Realschullehrer ausgebildet und war immer überzeugt, die Studentinnen und Studenten auf die Arbeit in einem annähernd gerechten Schulsystem vorzubereiten. Schließlich folgt die Schulpolitik in Baden-Württemberg dem Prinzip »Keine Schule ohne Abschluss und kein Abschluss ohne Anschluss«, eine bemerkenswerte vertikale Durchlässigkeit. Dann aber kamen die Ergebnisse der internationalen Vergleichsstudien, die mir vor Augen führten, dass von einem annähernd gerechten Schulsystem keine Rede sein kann: In der Grundschule läuft es ja noch akzeptabel, aber dann geht's bergab: Die Schüler der Sekundarstufe I liefern im viergliedrigen System beschämende Ergebnisse, bei der Selektion der 10-jährigen Kinder für die verschiedenen Schularten werden ausländische Kinder und Kinder aus sozial schwachem Milieu deutlich benachteiligt.

Diese Erkenntnis öffnete mir die Augen dafür, dass die horizontale Durchlässigkeit doch weitaus wichtiger ist als ich bisher angenommen hatte, und es wurde mir klar, dass man die Erfolge der Grundschule nur dann in der Sekundarstufe I weiterführen kann, wenn das Schulsystem entscheidend geändert wird. Wie ein solches zukünftiges Schulsystem aussehen kann, beschreibe ich in diesem Buch.

Damit Sie wissen, wieso ich mich berechtigt fühle, eine »Schule der Zukunft« zu entwickeln, hier einige biografische Angaben: praktische Berufsausbildung, Pädagogikstudium, 10 Jahre Tätigkeit als Klassen- und Fachlehrer in verschiedenen Schularten, Aufbaustudien, 30 Jahre Dozent/Professor für Schulpädagogik/Allgemeine Didaktik, Studienaufenthalte/Gastprofessuren in den USA, in Finnland und Russland, Senatsbeauftragter für die schulpraktische Ausbildung, Projektmitarbeit auf medizinisch-rehabilitativem Gebiet, Mitbegründer der »Schule für alle«, die für Kinder von Asylbewerbern eingerichtet worden ist.

Mein besonderer Dank gilt meiner Frau Antje Hüter-Becker, die dieses Buch kritisch begleitet hat. Mein Freund Peter Kalb vom Beltz-Verlag hat diese Publikation ermöglicht, dafür danke ich ihm.

Sommer 2004 *Georg E. Becker*

Einleitung

Internationale Bildungsexperten der Organization for Economic Cooperation and Development (OECD) reisen durchs Land und stellen dem deutschen Schulsystem wieder einmal ein vernichtendes Zeugnis aus: Weder Lehrer noch Schulen müssen in der Bundesrepublik Deutschland Rechenschaft darüber ablegen, was sie leisten. Selbst hoch engagierte Lehrerkollegien werden durch ein unflexibles System von Verwaltung und Besoldung gelähmt. In kaum einem anderen Land ist der Beamtenstatus so ausgeprägt. Die weltweit einmalige Trennung der Schüler in Sonder-, Haupt-, Realschüler und Gymnasiasten spiegelt ein vergangenes ökonomisches und gesellschaftliches System. Die Barrieren zwischen den Schularten spalten auch die Lehrer in verschiedene Interessengruppen. Mit solchen Schulen ist Deutschland auf dem Weg in eine alte Zeit.[1]

Fast zeitgleich, im Dezember 2003, findet an der Evangelischen Akademie in Bad Boll eine Fachtagung statt zum Thema »Bildungsstandards«.[2] Die Akademie kann die zahlreichen Besucher, die aus der ganzen Republik angereist sind, kaum fassen. Mehrere Minister, Staatssekretäre, auswärtige Referenten, Bildungsexperten und Journalisten fordern ergebnisorientiertes Lehren und Lernen, Fokussierung auf zentrale Dimensionen und Stufen der Lernprozesse, kumulatives und nachhaltiges Lernen, Konkretisierung der Leistungserwartungen und die explizite Unterscheidung mehrerer Leistungsstufen. Außerdem soll den Lehrerinnen und Lehrern durch Kompetenzmodelle ein Referenzrahmen für ihr pädagogisches Handeln mitgeliefert werden (Klieme 2004). Ist das nun der Ausweg aus der bundesdeutschen Bildungs- und Schulmisere?

Der Zustandsbericht der OECD-Experten wird von den Bildungspolitikern erneut kaum zur Kenntnis genommen. Offensichtlich hat man sich seit Jahrzehnten an die vernichtende Kritik gewöhnt. Eine breite Diskussion zur überfälligen Reform des 85-jährigen Schulsystems findet nicht statt.[3] Offensichtlich ist ein Systemwandel, wie er von Bildungsexperten nahe gelegt wird, politisch nicht opportun oder nicht durchsetzbar. Statt ernsthaft darüber nachzudenken, wie sich die Selektion 10-jähriger Schüler vermeiden lässt, wie mehr Chancengerechtigkeit für unterprivile-

1 Kahl, R.: Marionetten an der Tafel. *Die Zeit*, Nr. 50 vom 4.12.2003.

2 Evangelische Akademie Bad Boll: Zusammenfassung der Referate bei der Fachtagung Bildungsstandards, 15.–17.12.2003.

3 Auf der Reichsschulkonferenz 1920 wurde beschlossen, alle Kinder in eine vierjährige Grundschule zu schicken und weiterführende Schulen einzurichten. Das viergliedrige Schulsystem hat sich seit 85 Jahren nicht geändert.

gierte Schüler ermöglicht werden kann und wie sich die Barrieren zwischen den Schularten und Interessengruppen abbauen lassen, sagt man den Lehrerinnen und Lehrern lediglich, welche Standards sie zu erreichen haben. Auch beschäftigt man sich nicht mit der Frage, welche Voraussetzungen und Bedingungen erfüllt sein müssen, damit diese Standards überhaupt erreicht werden können. Deshalb werden in diesem Buch jene Fragen und Probleme angesprochen, die in der politischen Diskussion oft ausgeklammert sind.

Die zumeist unbefriedigenden Leistungen deutscher Schüler bei internationalen Vergleichsstudien haben bei Bildungspolitikern, in der Schuladministration, an Hochschulen und Schulen heftigen Aktionismus ausgelöst. Die allgemeine Verunsicherung ist durchaus zu begrüßen, weil sich ohne emotionale Beteiligung nichts bewegt und nichts verändert, was Theodor Litt 1962 in die Worte fasste: »Nichts geschieht auf dieser Welt ohne Leidenschaft!«[1] Nun werden in den Medien Reformvorschläge unterbreitet, wie aus der »Bilanz des Schreckens« eine Erfolgsbilanz werden könnte[2]: So möchte man das Schulsystem reformieren, ohne das Wort Gesamtschule zu erwähnen[3], den privilegierten Nachwuchs auf die Kinderuniversität schicken[4], die anheimelnde Dorfschule reaktivieren[5], das Wissen um die Biochemie des Hippocampus nutzbar machen[6] und Kinder schon mit vier Jahren in die Schule schicken[7]. Man kürt die »Lehrerin des Jahres«[8], fordert ein »Bleiberecht für Schüler«[9] und führt eine nicht enden wollende Debatte über Kopftuch, Kreuz und Kutte[10]. Die Flut der Reformvorschläge und Ablenkungsmanöver lässt sich kaum noch überschauen. Deshalb werden in diesem Buch die vielen Vorschläge gesichtet, geordnet, und es wird versucht, bedeutsame von weniger bedeutsamen zu unterscheiden.

Im Dezember 2003 ist es den Kultusministern der Länder tatsächlich gelungen, sich auf bundeseinheitliche Bildungsstandards zu einigen.[11] Diese Standards sollen das Leistungsniveau in zentralen Lernbereichen heben, Lehrer und Schüler motivie-

1 Theodor Litt hielt 1962 eine Abschiedsvorlesung im Kurpfälzischen Museum in Heidelberg.

2 Zeit-Interview zum Thema: Die Bilanz des Schreckens. Th. Kerstan und M. Spiewak im Gespräch mit K. Klemm, H. Lange und H. von der Heide. *Die Zeit,* Nr. 50 vom 4.12.2003.

3 Kahl, R.: Dreißig Jahre Krieg. Bildungspolitik ist in Deutschland ein Glaubenskampf. *Die Zeit,* Nr. 28 vom 4.7.2002.

4 Mösle, M.: Die Jüngsten wollen's wissen. *Die Zeit,* Nr. 29 vom 11.7.2002.

5 Otto, J.: Vision Dorfschule. *Die Zeit,* Nr. 37 vom 5.9.2002.

6 Stern, E.: Rezepte statt Rezeptoren. *Die Zeit,* Nr. 40 vom 25.9.2003.

7 Zeit-Interview zum Thema: Mit vier Jahren in die Schule. M. Spiewak im Gespräch mit D. Lenzen. *Die Zeit,* Nr. 47 vom 13.11.2003.

8 Kür der »Lehrerin des Jahres 2002«. *Rhein-Neckar-Zeitung* vom 27.5.2002.

9 Zeit-Interview zum Thema: Bleiberecht für Schüler. Th. Kerstan im Gespräch mit R. Hendricks. *Die Zeit,* Nr. 51 vom 12.12.2002.

10 An der Pädagogischen Hochschule besuchte Frau F. Ludin mehrere Lehrveranstaltungen des Autors und trug – ein Kopftuch, das wohl niemand als störend empfand. Die endlose Kopftuch-Debatte, die auf höchster politischer Ebene geführt wird, lenkt von den wirklich bedeutsamen Problemen im Bildungsbereich ab.

11 Reiche, S.: Nach Beschlussfassung der KMK: Wie werden Standards wirksam? Referat auf der Fachtagung der Evangelischen Akademie Bad Boll, gehalten am 16.12.2003.

ren, ergebnisorientierter zu lehren und zu lernen. Bei Wahrung des föderalen Prinzips sollen sie das Schulwesen vereinheitlichen, die Basis für einen Leistungsvergleich zwischen den Bundesländern schaffen und die Mobilität aller Beteiligten erhöhen. Standards sollen die Schulinspektion ermöglichen und den Inspektoren die Beratungstätigkeit erleichtern.[1]

Leider sind Zweifel angebracht, ob sich der Reformstau im Bildungs- und Schulwesen mit Hilfe administrativer Vorgaben – Standards und Kompetenzstufen genannt – auflösen lässt. Ulrich Herrmann schreibt deshalb über »illusionäre Erwartungen«, die im Jahre IV nach PISA an die »Bildungsstandards« geknüpft werden (Herrmann 2004). Die Diskussion über Bildungsstandards scheint eher eine Alibi-Funktion zu haben. Denn solange man über Standards diskutiert und diese jahrelang entwickeln lässt, braucht man sich nicht mit unbequemen Fragen zu befassen. Deshalb werden in einem einleitenden Kapitel die Möglichkeiten, Grenzen und Gefahren dieser »standardisierten Innovation« aufgezeigt, dann aber werden die Probleme aufgegriffen, die unbedingt diskutiert und gelöst werden müssen, soll aus der erschreckenden Bilanz doch noch eine Erfolgsgeschichte werden.

Im Mittelpunkt der weiterführenden Kapitel stehen Überlegungen zur Gründung »Differenzierender Leistungsschulen« als »Schulen der Zukunft« und Alternative zum 85-jährigen viergliedrigen Schulsystem. Vorschläge zu mehr Chancengerechtigkeit für unterprivilegierte Schüler, zur Einrichtung von Ganztagsschulen, zur Einführung des Epochenunterrichts, zum sozialen Lernen, zu einer sinnvolleren Beurteilungspraxis und zu einer berufsfeldzentrierten Lehrerbildung folgen. Wenn dabei einzelne Sachverhalte wiederholt und in anderen Zusammenhängen vorkommen, so verdeutlicht dies, dass ›Schule‹ ein komplex strukturiertes System ist, dessen einzelne Elemente nur aus didaktischen Gründen getrennt betrachtet werden können.

Die »Differenzierenden Leistungsschulen« – nicht zu verwechseln mit »Integrierten Gesamtschulen« – werden in Anlehnung an das finnische Schulsystem beschrieben (Piri/Domisch 2002). Sie verfolgen das Ziel, möglichst alle Schüler ihrem Lernvermögen entsprechend zu fordern und zu fördern, so wie es auch im Artikel 11 der Verfassung des Landes Baden-Württemberg festgeschrieben ist:

1. Jeder junge Mensch hat ohne Rücksicht auf Herkunft oder wirtschaftliche Lage das Recht auf eine seiner Begabung entsprechende Erziehung und Ausbildung.
2. Das öffentliche Schulwesen ist nach diesem Grundsatz zu gestalten.
3. Staat, Gemeinden und Gemeindeverbände haben die erforderlichen Mittel, insbesondere auch Erziehungsbeihilfen, bereitzustellen.

In den Grundschulen ist dieser hohe Anspruch weitgehend erfüllt. Die baden-württembergischen Grundschüler sind der IGLU-E-Studie zufolge national und in-

1 Spiewak, M.: Alarm im Lehrerzimmer. Deutschlands Kultusbehörden entdecken die Schulinspektion. *Die Zeit*, Nr. 13 vom 18.3.2004.

ternational in der Spitzengruppe zu finden.[1] Garanten dieses Erfolgs: Alle Kinder der entsprechenden Jahrgänge besuchen die Grundschule und innerhalb dieser Schule und des Unterrichts wird versucht, durch Differenzierungsmaßnahmen dem unterschiedlichen Lernvermögen der Schüler gerecht zu werden. Außerdem sind die Grundschullehrerinnen und -lehrer sehr praxisnah ausgebildet.

In der Sekundarstufe I zeigt sich im Bildungsmusterland Baden-Württemberg dann allerdings eine deutliche Kluft zwischen Verfassungsrecht und Verfassungswirklichkeit. Die Selektion 10-jähriger Kinder führt zu sozialer Entmischung und Benachteiligung der Haupt- und Sonderschüler, der Schüler aus sozial schwachem Milieu und aus Migrantenfamilien. Es überrascht nicht, dass hier die Schülerleistungen bei internationalen Vergleichsstudien unbefriedigend sind. Genau deshalb wird mit diesem Buch die Absicht verfolgt, auf diese benachteiligten Schülergruppen aufmerksam zu machen, und es wird der Vorschlag unterbreitet, durch Einführung »Differenzierender Leistungsschulen« das Niveau zu heben.

Das föderale Bildungs- und Schulwesen erlaubt keine generelle Debatte. Die Argumentation bezieht sich deshalb sehr häufig auf das konkrete Beispiel im Land Baden-Württemberg. Wollte man alle Bundesländer in gleicher Weise berücksichtigen, müsste ein Buch zur Schulsystem-Vergleichsforschung geschrieben werden. Da jedoch das viergliedrige Schulsystem für die Sekundarstufe in fast allen Bundesländern immer noch vorherrscht, lassen sich viele Argumente und Einsichten auf die Verhältnisse in den anderen Bundesländern übertragen.

Die letzten Kapitel beziehen sich auf die Lehrerbildung, die berufliche Eignung der Studierenden, auf ein berufsfeldzentriertes Studium, die notwendigen Praktika, ein neues Rollenverständnis und verändertes Berufsbild, auf eine verbindliche Fortbildung und eine dringend benötigte Statusaufwertung. Gebraucht werden nämlich theoriebewusste und handlungskompetente Lehrerinnen und Lehrer.

Das Buch richtet sich an alle Leserinnen und Leser, die an der Neugestaltung des Schulwesens mitarbeiten wollen, in erster Linie an angehende und praktizierende Lehrerinnen und Lehrer, an die Entscheidungsträger in den Parlamenten, Ministerien und Aufsichtsbehörden, damit sie innovative Ansätze unterstützen und juristisch begleiten. Drittens fordert es Schulleiterinnen und Schulleiter auf, die Freiräume auch zu nutzen, welche eine Teilautonomie bietet. Und schließlich wendet es sich an alle verantwortungsbewussten Staatsbürgerinnen und Staatsbürger, die an der Neugestaltung des Schul- und Bildungswesens mitarbeiten wollen.

1 Schreiben des Ministerpräsidenten des Landes Baden-Württemberg und der Kultusministerin des Landes an die öffentlichen und privaten Grundschulen, Grund- und Hauptschulen und Sonderschulen mit Bildungsgang Grundschule vom 4.2.2004, die hervorragenden Ergebnisse aus IGLU-E betreffend.

Bildungsstandards – Ausweg oder Alibi?

Die Schwächen des bundesdeutschen Bildungswesens und Schulsystems sind heute allgemein bekannt. Bei internationalen Vergleichsstudien rangieren deutsche Schüler der Sekundarstufe mit ihren Ergebnissen auf hinteren Rangplätzen, immerhin noch vor den Schülern aus Mexiko und Brasilien (Baumert u.a. 2001), was für ein Trost! Der Anteil der Schüler, welche die Hochschulreife erlangen, ist viel zu gering. In vergleichbaren Industrieländern studieren mehr junge Menschen, was für Deutschland mit einer wissensbasierten Gesellschaft langfristig gesehen bedenklich ist. Das »Humankapital« wird in Deutschland nicht ausgeschöpft.

Im Vergleich mit anderen Industrienationen gibt es in Deutschland für Schüler aus sozial schwachem Milieu oder aus Migrantenfamilien wenig Chancengerechtigkeit. Sie haben nur selten die Möglichkeit, ein Gymnasium und eine Hochschule zu besuchen, denn in Deutschland sind die Bildungschancen besonders stark an den sozioökonomischen Status gekoppelt. Die Kinder höherer Beamter und Akademiker besuchen zu 80 Prozent das Gymnasium. Bildungsprivilegien werden unreflektiert von einer Generation an die nächste weitergereicht.

Dem Handwerk und der Industrie fehlen oft geeignete Bewerber, weil etwa 18 Prozent der Jugendlichen nicht über die erforderlichen Grundfertigkeiten verfügen – sie können nicht ausreichend lesen, schreiben und rechnen, um eine Ausbildung erfolgreich zu durchlaufen. So beschreibt E. Kouli, Leiterin der Abteilung Bildungspolitik der Baden-Württembergischen Handwerkstage, die Situation wie folgt: »Für die Wirtschaft ist die Sicherung des Nachwuchses von existenzieller Bedeutung. Die Betriebe brauchen Ausbildungsanfänger, die in der Lage sind, die Anforderungen zu erfüllen, ohne vom ersten Tag an auf Unterstützungsmaßnahmen verschiedener Bildungsträger angewiesen zu sein. Trotz umfassender Bildungspläne haben viele Schulabgänger Schwierigkeiten, die begonnene Ausbildung erfolgreich abzuschließen. Zudem bleiben viele junge Menschen auf Grund mangelnder Ausbildungsreife ohne Ausbildungsstelle. Und umgekehrt bleiben viele Ausbildungsstellen mangels geeigneter Bewerber unbesetzt. In Anbetracht dessen müssen Standards vor allem Folgendes leisten: Sie müssen die Lernergebnisse der Schule nachhaltig verbessern, damit keine Potenziale verschenkt werden.«[1]

Das Bildungssystem ist in 16 Subsysteme mit verschiedenen Schulsystemen, Lehrplänen, Fächerfolgen und Anforderungen zersplittert. Weil einheitliche Zielset-

1 Evangelische Akademie Bad Boll: Zusammenfassung der Referate bei der Fachtagung Bildungsstandards, 15.–17.12.2003.

zungen fehlen, lassen sich die Schülerleistungen zwischen den einzelnen Bundesländern kaum vergleichen. Nach wie vor ist es für Familien mit schulpflichtigen Kindern schwierig, das Bundesland zu wechseln.

Bildungsstandards – Retter aus der Not

Dies soll nun mit Hilfe bundeseinheitlicher Bildungsstandards besser werden. Auf einer Konferenz der Kultusminister im Mai 2002 wurde die Entwicklung einheitlicher Standards beschlossen. Vor der Entwicklung nationaler Bildungsstandards schreckte man zurück, um allen zentralistischen Tendenzen vorzubeugen. Am 4. Dezember 2003 wurden dann tatsächlich durch die Konferenz der Kultusminister bundeseinheitliche Bildungsstandards verabschiedet. Die Länder verpflichteten sich, »die Standards ab dem Schuljahr 2004/2005 als Grundlage der fachspezifischen Anforderungen für den Mittleren Schulabschluss zu übernehmen, das heißt, die Standards zu implementieren und anzuwenden, was insbesondere die Lehrplanarbeit, die Schulentwicklung und die Aus- und Fortbildung der Lehrkräfte betrifft.«[1]

Außerdem einigte man sich auf die Einrichtung eines »Wissenschaftlichen Instituts der Länder zur Qualitätssicherung« an der Berliner Humboldt-Universität. Dieses Institut soll standardisierte Aufgaben für den Mittleren Bildungsabschluss bereitstellen und die Aufgaben permanent revidieren. Darüber hinaus hat sich das Institut die Aufgabe gestellt, »Systemmonitoring« zu betreiben, das heißt, die verschiedenen Schulsysteme zu vergleichen und die einzelnen Bundesländer hinsichtlich einer Systemänderung zu beraten.

Was unter einem Bildungsstandard verstanden wird

Bildungsstandards bezeichnen jene Lernleistungen, die Schüler eines bestimmten Alters in einem benennbaren Lernfeld oder Fach erbringen sollten und die sich nach Ausprägungsgraden oder Kompetenzstufen unterscheiden lassen. »Bildungsstandards als Ergebnisse von Lernprozessen werden konkretisiert in Aufgabenstellungen und schließlich Verfahren, mit denen das Kompetenzniveau, das Schülerinnen und Schüler tatsächlich erreicht haben, empirisch zuverlässig erfasst werden kann« (Klieme 2003). Gute Bildungsstandards haben nach Klieme sieben Merkmalen zu genügen, dem der *Fachlichkeit*, der *Fokussierung* und der *Kumulativität*. Sie sollen für alle *verbindlich* sein, *Differenzierung* ermöglichen, *verständlich* und *realisierbar* sein.

1. Unter dem Merkmal der *Fachlichkeit* wird die Übereinstimmung mit der korrespondierenden Struktur einer Disziplin verstanden.

1 Reiche, S.: Nach Beschlussfassung der KMK: Wie werden Standards wirksam? Referat auf der Fachtagung der Evangelischen Akademie Bad Boll, gehalten am 16.12.2003.

2. Das Merkmal der *Fokussierung* möchte einen Kernbereich des Lerninhalts in den Mittelpunkt rücken.
3. Die *Kumulativität* zielt auf ein systematisch aufgebautes vernetztes Lehren und Lernen.
4. Mit dem Merkmal der *Verbindlichkeit* soll ein Mindeststandard für Schüler aller Schularten definiert werden.
5. Das Merkmal der *Differenzierung* umschreibt verschiedene Kompetenzstufen, die Schüler mit unterschiedlichen Lernmöglichkeiten erreichen können.
6. Mit dem Merkmal der *Verständlichkeit* soll sichergestellt werden, dass die Beschreibung eines Standards einfach, kurz, prägnant und gegliedert erfolgt, damit die Rezipienten den Standard auch in gleicher Weise auffassen.
7. Das Merkmal der *Realisierbarkeit* stellt für Schüler und Lehrerinnen eine Herausforderung dar, setzt es doch bei allen Beteiligten Anstrengungsbereitschaft voraus, sollen die Standards mit angemessenen Kompetenzstufen erreicht werden (Klieme u.a. 2003).

Wer nun versucht, zu einem beliebigen Lernbereich einen Bildungsstandard zu definieren, der alle diese Merkmale enthält, stößt auf erhebliche Schwierigkeiten. Bezeichnenderweise wurden überwiegend Beispiele aus dem Fach Mathematik publiziert, so die »Kompetenzstufen und Schwierigkeitsmodelle für den PISA-Test zur mathematischen Grundbildung« (Neubrand u.a. 2002).

F. E. Weinert stellt die Frage, was eigentlich definiert und geprüft werden soll: »Fachliche oder fachübergreifende Leistungen, Wissen oder Können, kognitive Kompetenzen oder Handlungskompetenzen?« Er gibt keine eindeutige Antwort, sondern unterscheidet

> »fachliche Kompetenzen (z.B. physikalischer, fremdsprachlicher, musikalischer Art), fachübergreifende Kompetenzen (z.B. Problemlösen, Teamfähigkeit), Handlungskompetenzen, die neben kognitiven auch soziale, motivationale, volitionale und oft moralische Kompetenzen enthalten und es erlauben, erworbene Kenntnisse und Fertigkeiten in sehr unterschiedlichen Lebenssituationen erfolgreich, aber auch verantwortlich zu nutzen« *(Weinert 2001, S. 27/28).*

Weinert weist auf die Notwendigkeit hin, fachliche Kompetenzen zu erwerben, um fachübergreifende Probleme lösen zu können.

Wozu Bildungsstandards?

An die Formulierung bundeseinheitlicher Bildungsstandards mit entsprechenden Kompetenzstufen werden mancherlei Hoffnungen geknüpft:

- Zunächst einmal hoffen die politisch Verantwortlichen, das Schulwesen in der Bundesrepublik Deutschland zu vereinheitlichen, indem sichergestellt wird, dass bundesweit in bedeutsamen Lernbereichen Fundamente gelegt werden.
- Mit bundeseinheitlichen Bildungsstandards soll erhöhte Mobilität für Lehrerinnen und Lehrer, Eltern und Schüler gewährleistet werden. Lehrer sollen in allen Bundesländern einsetzbar sein und der Umzug von Familien mit schulpflichtigen Kindern von einem Bundesland in das andere könnte auf Grund der Standards künftig problemloser erfolgen.
- Einheitliche Standards sollen erlauben, die Schülerleistungen zwischen den einzelnen Bundesländern zu vergleichen, Stärken und Defizite der Schüler sichtbar werden lassen und so auch politische Interventionen zur Bildungsförderung ermöglichen.
- Bildungsstandards sollen den Vergleich von Schülerleistungen in unterschiedlichen Schulsystemen ermöglichen, z.B. zwischen den Bundesländern Baden-Württemberg und Sachsen (Systemmonitoring).
- Bildungsstandards sollen generell für mehr Transparenz im Bildungssystem sorgen, sie können auch als Referenzsystem für internationale Vergleichsstudien dienen.
- Standards mit entsprechenden Kompetenzstufen und Testaufgaben, die den Haupttestgütekriterien der Validität, Objektivität und Reliabilität genügen, können zur Lehr-Lerndiagnose und zur individuellen Förderung genutzt werden.
- Mit Hilfe der Standards sollen die Lehr-Lernleistungen einzelner Schulen und Lerngruppen gültiger, objektiver und zuverlässiger beurteilt werden können. Wenn z.B. die Lernleistungen einer Klasse im Vergleich zur Parallelklasse weit hinter den Erwartungen zurückbleiben, lässt sich durch mehr Unterricht oder einen Lehrerwechsel begründet intervenieren.
- Standards und vorgegebene Testaufgaben sollen dazu beitragen, den Anteil derjenigen Schüler zu verringern, die heute die untersten Kompetenzstufen nicht erreichen, sodass sie durch eine gezielte Förderung doch noch eine Ausbildung aufnehmen und erfolgreich abschließen können.
- Wenn möglichst viele Schüler auf hohe Standards, Kompetenzstufen und auf einen Mittleren Bildungsabschluss hin arbeiten, ist davon auszugehen, dass sich auch die Anzahl der Abiturienten und der Studierenden erhöhen wird. Auf diese Weise soll eine bessere Ausschöpfung des »Humankapitals« erreicht und unsere wissensbasierte Gesellschaft zunehmend international konkurrenzfähig werden.
- Wenn Schüler und Lehrer bemüht sind, möglichst hohe Standards zu erreichen, werden sie vermutlich bei internationalen Vergleichsstudien vordere Rangplätze einnehmen – wie dies bei IGLU-E in Baden-Württemberg schon der Fall ist.[1]

1 Schreiben des Ministerpräsidenten des Landes Baden-Württemberg und der Kultusministerin des Landes an die öffentlichen und privaten Grundschulen, Grund- und Hauptschulen und Sonderschulen mit Bildungsgang Grundschule vom 4.2.2004, die hervorragenden Ergebnisse aus IGLU-E betreffend.

- Standards sollen die meist viel zu umfangreichen Bildungs- und Lehrpläne ersetzen und so vielen Lehrern jene Freiräume eröffnen, die sie sich seit Jahren wünschen und die sie von einer unangemessenen Bevormundung befreien (Vollstädt 1999).
- Einzelne Kompetenzstufen sollen den Lehrern bedeutsame methodische Hinweise geben, indem sie mit ihren Schülern Kompetenz um Kompetenz erwerben, gewissermaßen eine Kompetenzsequenz durchlaufen, sich stufenweise emporarbeiten, um sich so einem besonders hohen Standard zu nähern.
- Bildungsstandards können zu einem professionellen Umgang zwischen Lehrern beitragen, so z.B. Gespräche über Schülerleistungen versachlichen.
- Bildungsstandards können einen Beitrag zur Schullaufbahnberatung leisten. Sofern ein Schüler eine bestimmte Kompetenzstufe erreicht bzw. nicht erreicht hat, können Lehrer überzeugender argumentieren.
- Und schließlich sollen mit der Einführung von Bildungsstandards Lehrer und Schüler stärker in die Pflicht genommen werden, ergebnisorientierter lehren und lernen und somit bessere Lehr-Lernleistungen erzielen.

Die Einigung auf bundeseinheitliche Standards ist zu begrüßen. Niemand kann etwas dagegen einwenden, wenn z.B. die Erwartung an 10-jährige Schüler gerichtet wird, am Ende des 4. Schuljahrs das Einmaleins und die Grundrechenarten zu beherrschen und Textaufgaben mit zunehmender Komplexität auf verschiedenen Kompetenzstufen zu lösen. Doch müssen einige kritische Anmerkungen gestattet sein:

Lässt sich »Bildung« »standardisieren«?

Ist ein gebildeter Mensch jemand, der vorgegebenen Standards auf zuvor definierten Kompetenzstufen genügt, oder handelt es sich vielleicht doch eher um einen bescheidenen Menschen, der um die Unzulänglichkeiten eigener Bildungsbemühungen weiß, der für alles Neue offen ist, der bereit ist, lebenslang zu lernen, und der sich seiner sozialen und gesellschaftlichen Verantwortung bewusst ist? Ist Bildung nicht etwas Einmaliges und Einzigartiges, das sich auf ganz unterschiedliche Art in jedem einzelnen Schüler vollzieht? Ist der Prozess nicht weitaus wichtiger als das Produkt? Ist nicht das Wort »Bildungsstandard« ein Widerspruch in sich? Ist es wünschenswert, eine standardisierte Bildung anzustreben? In den skandinavischen und angelsächsischen Ländern kennt man den Begriff »Bildungsstandard« nicht, sondern spricht schlicht von Lernzielen oder Erwartungen, von »Objectives« oder »Benchmarks«.

Wenn nun zwar der Begriff »Bildungsstandard« dem nachdenklichen Betrachter Probleme bereitet, muss er deshalb doch nicht gleich zum »Unwort des Jahres« vorgeschlagen werden. Besser wäre es vielleicht, von Leistungsstandards zu sprechen, von Erwartungen, die an Schüler eines bestimmten Alters zu richten sind. Und um diese Standards zu erreichen, bedarf es wohl eines lernzielorientierten Unterrichts.

Vieles ist schon da gewesen

Nachfolgend soll nicht der Eindruck erweckt werden, als sei alles schon einmal da gewesen, aber wer die curriculare Diskussion der 60er- und 70er-Jahre miterlebt hat, dem kommt vieles sehr bekannt vor, finden sich doch der situationsanalytische Ansatz (Robinsohn 1973), das exemplarische Prinzip (Wagenschein 1959) und das Operationalisierungskonzept (Mager 1972) in der aktuellen Diskussion um Standards und Kompetenzen wieder. So stellte Robinsohn die Frage, welche Qualifikationen Schüler erwerben sollen, damit sie in derzeitigen und künftigen Lebens- und Berufssituationen kompetent handeln können. Und Wagenschein forderte, bei der Auswahl der Inhalte exemplarisch vorzugehen und jene zu bevorzugen, die stellvertretend für viele andere vergleichbare Inhalte stehen, sodass den Schülern auf Grund der gewonnenen Kenntnisse und Einsichten Transferleistungen möglich sind. Und er übertrug dieses exemplarische Prinzip auch auf den methodischen Bereich, auf exemplarische Methoden, die vielfältig einsetzbar sind. Und Mager trat dafür ein, Lernziele zu operationalisieren, damit sie überprüft werden können, und stellte die Frage: Welche Schüler sollen was unter welchen Bedingungen in welcher Zeit und in welcher Qualität leisten? Kombiniert man nun diese drei curricularen Komponenten, die der Lebens- und Berufsbedeutsamkeit, des Fundamentalen und Exemplarischen sowie der überprüfbaren Qualifikationen, dann bleiben Standards mit entsprechenden Kompetenzstufen zurück.

Aus der Diskussion der 70er-Jahre ist weiterhin bekannt, dass sich Erwartungen, Ziele oder Standards in den Lernbereichen Mathematik, Naturwissenschaften, Werken, Sport und Technik operationalisieren lassen, wenn eindeutige Parameter für die Leistungsmessung zur Verfügung stehen. Und so ist es auch verständlich, dass sich die um eine Standardisierung der Bildungslandschaft bemühten Experten zunächst einmal am Fach Mathematik versuchen und »Kompetenzstufen und Schwierigkeitsmodelle für den PISA-Test zur mathematischen Grundbildung« publizieren (Neubrand u.a. 2002). Bekannt ist aber auch, dass sich Ziele in affektiven, sozioemotionalen und politischen Lernbereichen einer Operationalisierung weitgehend entziehen.

Standardisierte Fantasie und Empfindsamkeit?

Gleiches gilt übrigens auch für alle Lernprozesse, bei denen schöpferischer Einfallsreichtum im Spiel ist, sei es als einmaliger kreativer Akt oder als kreativer Prozess. Wie lassen sich wünschenswerte Eigenschaften wie Originalität, Variabilität, Flexibilität und Gedankenflüssigkeit, die in ihrer Gesamtheit Voraussetzungen sind für kreatives Handeln, standardisieren und in verschiedene Kompetenzstufen einteilen (Guilford 1964)?

Die Grenzen aller Standardisierungsbemühungen werden deutlich, wenn man an den Erwerb übergeordneter Einstellungen und Haltungen denkt, z.B. an den daseinsinterpretatorischen Ansatz, wie ihn H. v. Hentig (1971) verfolgt. Er fordert

Schüler und Lehrer dazu auf, gesellschaftliche Fehlentwicklungen nicht einfach hinzunehmen und sehenden Auges ins Verderben zu rennen, sondern diese prospektiv zu analysieren und nach Lösungsmöglichkeiten zu suchen, z.B. für gesellschaftspolitische Frage- und Problemstellungen wie »Unser Leben mit den veränderten Gesellschaftsstrukturen, den neuen Anforderungen im Schul- und Ausbildungswesen, den vielen allein lebenden Menschen, den vielen älter werdenden Menschen, den steigenden Kosten im Gesundheitswesen, den Errungenschaften der Gentechnik, den Problemen der Bioethik, der zunehmenden Mobilität und Verkehrsdichte, der großen Zahl an Verkehrstoten, den Umweltkatastrophen, der Klimaveränderung, dem organisierten Verbrechen, dem Terrorismus, dem Hunger in der Welt ...« (Becker 2001). Zu diesen und vielen anderen bedeutsamen Problemstellungen sind moralische Standards zu etablieren. Aber wie sollen im Hinblick auf solche Themen Kompetenzstufen ausgewiesen werden? Wenn z.B. ein Lehrer die Absicht verfolgt, bei seinen Schülern eine tolerante Einstellung und Haltung gegenüber Menschen fremder Kulturen zu erzeugen, wie lässt sich dann ein solches Anliegen in sechs Kompetenzstufen fassen, oder vielleicht sogar in vier Mal sechs Stufen, für jede der vier verschiedenen Schularten?

Es wird also nur wenige Fächer und Lernbereiche geben, in denen sich Standards mit Kompetenzstufen sinnvoll definieren lassen. Und selbst in jenen Bereichen muss vor der Gefahr eines einseitig lernzielzentrierten, produkt- und ergebnisorientierten Unterrichts gewarnt werden, wie ihn Operationalisierungsfetischisten befürworten. Wenn fast nur noch auf bestimmte Ergebnisse oder Produkte hingearbeitet wird, besteht die Gefahr, den Unterricht »durchzuziehen«, wie es im Jargon heißt. Und die Orientierung an den Schülern und am Prozess geht weitgehend verloren. Es bleibt dann wenig Zeit für individuelle und aktuelle Lernbedürfnisse der Schüler und der Lerngruppe, wenig Zeit für kreative Lernumwege, wenig Zeit, über die Vorgaben hinauszudenken, und wenig Zeit für das zentrale Anliegen des sozialen Lernens, für Spontaneität und Humor.

Die Angelsachsen haben das Problem erkannt und sprechen in diesem Zusammenhang von »teaching to the test«, von einem Unterricht, der allein darauf abzielt, gute Testergebnisse zu erzielen. Während in vielen nordamerikanischen Bundesstaaten eine Testepidemie ausgebrochen war und diese zwischenzeitlich meist erfolgreich bekämpft worden ist, besteht die Gefahr einer Testseuche in Deutschland noch nicht. Tests, auch Schulleistungstests, werden von deutschen Lehrern an Regelschulen selten oder nie eingesetzt. Daran hat auch die Streitschrift: »Die Testaversion des deutschen Intellektuellen« kaum etwas geändert (Ingenkamp 1989; Becker 2002b, S. 86ff.). Die große Aufregung über das schlechte Abschneiden der Schüler bei TIMSS und PISA ist vermutlich mit darauf zurückzuführen, dass in Deutschland erstmalig größere Schülerpopulationen getestet und die Testergebnisse einem internationalen Vergleich ausgesetzt worden sind. Die deutsche Öffentlichkeit war und ist wohl auch heute noch mit der Interpretation der Ergebnisse überfordert.

Wer setzt das »Maß aller Dinge«?

Sicher kann es nur von Nutzen sein, wenn sich deutsche Schüler internationalen Vergleichsuntersuchungen stellen. Schüler werden keinen Schaden nehmen, wenn man sie testet und überprüft, ob sie operationalisierbare Grundfertigkeiten beherrschen, sie also wie ihre Mitschüler in anderen europäischen Ländern über Lese- und Rechenfertigkeiten verfügen und über die Fähigkeit, Probleme zu lösen. Aber diese Kriterien allein dürfen nicht zur Zielsetzung eines jeden Unterrichts erhoben werden, in dem dann die nicht zu operationalisierenden Bereiche weitgehend ausgeklammert werden.

Sodann wäre die Frage zu stellen, welches Expertenteam befugt und kompetent sein soll, die Bildungsstandards mit ihren vielen Kompetenzstufen zu definieren, ein Gremium der OECD, eine Projektgruppe am Max-Planck-Institut, an einem erziehungswissenschaftlichen Institut oder in einem Ministerium? Ist ernsthaft daran gedacht, bundeseinheitliche Bildungsstandards mit entsprechenden Kompetenzstufen an der Humboldt-Universität zu Berlin definieren zu lassen? Und ist es baden-württembergischen und bayrischen Schülerinnen und Schülern, Lehrerinnen und Lehrern zuzumuten, Berliner Standards anstreben? Vor der Wende gab es die Pädagogische Akademie der Wissenschaften in Ostberlin, die für alle Standards und Pläne, bis hin zu den Stundenbildern, zuständig war. Wäre es nicht vielleicht sinnvoller, diese Aufgabe den zu schaffenden Bildungsregionen zu übertragen, um so das föderale Prinzip zu wahren und in einen fairen Wettbewerb einzutreten?

Einige Kultusminister haben schon eine Antwort auf diese Fragen gefunden, sie spielen Hase und Igel und rufen: »Wir sind schon da!« Sie lassen munter Standards und Kompetenzen formulieren, stellen sie ins Internet und sind von deren Gültigkeit überzeugt. Dieses radikalpragmatische Vorgehen ist entschuldbar, weil Minister unter Zeit- und Handlungsdruck stehen. Schließlich beginnt der nächste Schultag am nächsten Morgen, und die Lehrerinnen und Lehrer möchten sich auf Grund der bildungs- und schulpolitischen Diskussion an verbindlichen Bildungsstandards und Kompetenzstufen orientieren können. Aber was ist damit gewonnen, wenn in einem neuen Bildungsplan im Inhaltsverzeichnis vor jedem Fach oder Fächerverbund der Begriff »Standard« auftaucht und im Plan Lernziele beschrieben werden, die mit dem Begriff der »Kompetenz« eingeleitet werden? So sollen z.B. Grundschüler in Baden-Württemberg Bildungsstandards im Fach »Evangelische Religionslehre« erreichen und ethische Kompetenz, Sachkompetenz, personale Kompetenz, kommunikative Kompetenz, soziale Kompetenz methodische Kompetenz, ästhetische Kompetenz und obendrein noch hermeneutische Kompetenz erwerben (Bildungsplan 2004, S. 23). – Hoffentlich haben die Lehrerinnen und Lehrer das Standardwerk »Wahrheit und Methode« von Hans-Georg Gadamer (1960) gelesen und verstanden, damit sie den Grundschülern beim Erwerb hermeneutischer Kompetenz behilflich sein können. – Nach eindeutigen Standards mit Kompetenzstufen sucht man in vielen Bereichen vergebens – weil ihre Definition nicht gelingen will. Hier zeigt sich die Kluft zwischen politischem Pragmatismus und verantwortungsbewusster Nachdenklichkeit: Problembewusste Erziehungswissenschaftler fordern mehrere Jahre Zeit, um valide, objektive und reliable Standards mit entsprechenden Kompetenzstufen und Aufgabensammlungen bereitstellen zu können.

Diesen Gedankengang weitergeführt, stellt sich die Frage nach der permanenten Revision, wie sie S. B. Robinsohn (1973) gefordert hat. Aber wir wissen auch, dass alle Bemühungen um eine permanente Revision gescheitert sind und dass Pläne, sobald veröffentlicht, in Teilbereichen schon wieder überholt sind, was besonders auf die politische Bildung oder die Informationstechnik zutrifft. Und warum sollte dies ausgerechnet mit den Bildungsstandards anders sein? Ein Standard mit entsprechenden Kompetenzstufen mag im Jahr 2006 noch allgemein akzeptiert werden, aber problembewusste Lehrerinnen und Lehrer werden auch dann genötigt sein, sie eigenständig permanent zu revidieren. Projektgruppen, sofern sie empirisch arbeiten, werden sich überwiegend auf den Ist-Zustand beziehen, auch sie können gesellschaftliche Entwicklungen und Herausforderungen nicht voraussehen.

Auf einmal selbstständig entscheiden?

Mit der Formulierung von Standards und Kompetenzen war und ist die Absicht verbunden, die Lehr- und Bildungspläne zu vereinfachen, sie zu »entrümpeln«, wie es im Jargon heißt, und sie drastisch zu kürzen. Und weiterhin möchte man den Schulen, Lehrerinnen und Lehrern die Möglichkeit geben, im Rahmen vorgegebener Standards eigenständig über Inhalte und Ziele zu entscheiden. Die Absicht ist zwar lobenswert, doch fehlt offensichtlich vielen Lehrern die Fachkompetenz und der Mut, eigenständig Inhalte und Ziele zu wählen, zu sequenzieren und prozessorientiert mit den Schülern anzustreben. Daraus ist ihnen kein Vorwurf zu machen, denn schließlich wurden sie als Schülerinnen und Schüler nach einem Lehrplan unterrichtet, spätestens im Referendariat auf einen Lehrplan eingeschworen und anschließend kontrolliert, ob sie die Lehrplanvorgaben auch einhalten. Da viele von ihnen mit der gewonnenen Freiheit nichts anzufangen wissen, setzen sie sich nun in Arbeitsgruppen zusammen und – wie könnte es in Deutschland auch anders sein – entwickeln Pläne. Diese Lehrplanfixierung lässt sich wohl nur langfristig über eine Lehrerbildung lösen, in welcher die Schüler im Mittelpunkt des Studiums stehen und nicht die Fachinhalte und Ziele.

Mindestens Mindeststandard – oder was?

Unbeantwortet bleibt die Frage, welche Art von Standards erreicht werden sollen: Mindeststandards, durchschnittliche Standards oder weit überdurchschnittliche Standards, wie es in einer wissensbasierten Gesellschaft wünschenswert wäre. Lehrerinnen und Lehrer, die in Grund-, Sonder- und Hauptschulen unterrichten, wissen nur zu genau, dass es Schüler gibt, die nicht einmal die Mindeststandards erreichen werden. Für diese Schüler ist es völlig irrelevant, ob Expertengruppen Standards und Kompetenzstufen definieren und ob Ministerien einen ergebnisorientierten Unterricht einfordern, weil sie die vorgegebenen Standards trotz aller Bemühungen nicht erreichen werden. Entweder haben ihre Lehrerinnen und Lehrer dann ein schlechtes Gewissen oder sie bleiben gelassen, kümmern sich nicht um vorgeschriebene Standards und fordern Vertreter der Schulaufsichtsbehörden auf, es selbst einmal wieder mit dem Unterrichten zu versuchen.

Natürlich ist es kein Fehler, generell hohe Standards anzustreben. Doch kann man Standards nicht naiv von ministerieller Seite »top down« einfordern oder wie eine Ware aus einem Versandhauskatalog bestellen, ohne die Voraussetzungen zu schaffen, die notwendig wären, um hohe Standards zu erreichen. Wie lassen sich hohe Standards erreichen, ohne das 85-jährige Schulsystem zu reformieren, ohne »Differenzierende Leistungsschulen« als Ganztagsschulen einzurichten, ohne Erziehungswissenschaftliche Hochschulen, die eine berufsfeldzentrierte Ausbildung aller Lehrer garantieren?

Das standardisierte Individuum?

Weit überdurchschnittliche Standards, wie sie von begabten oder hoch begabten Schülern erwartet werden, lassen sich schließlich überhaupt nicht beschreiben und schon gar nicht standardisieren. Ein Schüler, der bei »Jugend forscht« einen Preis erringt, weil er einen glänzenden Einfall hatte, umsetzen konnte und daraus ein umweltverträgliches Produkt entwickelt hat, das sich reger Nachfrage erfreut, hat einen exorbitanten Standard erreicht und bewegt sich auf allerhöchster Kompetenzstufe, die sich jeder Standardisierung entzieht.

Welchen Standard und welche Kompetenzstufe ein Schüler erreicht, hängt nicht ab von bundes- oder landesweit formulierten Erwartungen und Zielvorstellungen, sondern von den individuellen Lernvoraussetzungen des Schülers, seinem Lernvermögen, seinen Vorkenntnissen und Vorerfahrungen, den erworbenen Lerntechniken und Lernstrategien, seiner Motivation und Volition sowie der Selbstwirksamkeit, der Bereitschaft, einen begonnenen Lernprozess selbstständig zu durchlaufen und erfolgreich abzuschließen. Die erreichten Standards und Kompetenzen sind natürlich auch abhängig von den Fähigkeiten des Lehrers, diesem Schüler beim Lernen zu helfen. Schließlich handelt es sich immer um einen Lehr-Lernprozess, um Lehr-Lernleistungen und Lehr-Lernergebnisse. Deshalb ist es wenig sinnvoll, das Erreichen von Standards einseitig von den Lehrern zu fordern. Schüler und Eltern, Schulträger, Schulaufsichtsbeamte und Bildungspolitiker sind schließlich mitverantwortlich und deshalb einzubeziehen.

Alle Lehrerinnen und Lehrer haben hinsichtlich jener Inhalte, die sie vermitteln und jener Ziele, die sie anstreben, Standards und Kompetenzstufen entwickelt und verinnerlicht. Seit jeher arbeiten sie gemeinsam mit ihren Schülern an der Zielerreichung, z.B. am Bestehen der Hauptschul- oder Realschulabschlussprüfung oder des

Abiturs. Und die Noten, die dann vergeben werden, sind durchaus den verschiedenen Kompetenzstufen vergleichbar.

Vertikale oder horizontale Kompetenz?

In der aktuellen Diskussion erscheint übrigens die Formulierung von Kompetenzstufen ungeklärt. Sie lassen sich vertikal und horizontal ausweisen und beliebig differenzieren. Nimmt man den Spracherwerb als Beispiel, lassen sich vertikal beliebig viele Kompetenzstufen formulieren, beginnend mit dem ersten Lautieren eines Säuglings bis hin zur Sprachkompetenz eines berühmten Literaturkritikers. Nach oben sind hier keine Grenzen gesetzt. Betrachtet man die Kompetenzstufen horizontal im Hinblick auf eine Jahrgangsstufe, lassen sich zwar nicht beliebig viele, aber doch zahlreiche Kompetenzstufen operationalisieren. Bezogen auf unser viergliedriges Schulsystem stellt sich die Frage, ob es sinnvoll sein kann, für jede Schulart spezifische Kompetenzstufen auszuweisen, was bei vier Schularten mit jeweils sechs Ausprägungsgraden 24 verschiedene Kompetenzstufen ergeben würde. An dieser Stelle zeigt sich einmal mehr die Fragwürdigkeit des viergliedrigen Schulsystems. Und es werden die Grenzen aller Bemühungen um Operationalisierung deutlich.

Ulrich Herrmann (2004) übt deshalb auch Kritik an dem Standardisierungs- und Kompetenzwahn, indem er »gezielte und vielfältige Reformen statt illusionärer Einheits-Standards« fordert. Für ihn sind Standards nicht mehr als »gut gemeinte Umformulierungen von Lehrplänen«. Sie »machen keinen Lehrer effektiver und keinen Schüler besser, sondern bedrohen nur die schwachen«. Und »wenn eine Firma marode ist und schlechte Bilanzen schreibt« (was für die Firma »Schule auf der Sekundarstufe I« sicher zutrifft [G.E. Becker]), »geht man gewöhnlich anders vor«. Herrmann betont, »dass es die Würde des heranwachsenden Menschen ausmacht, sein eigener ›Standard‹ sein zu dürfen«. Und an anderer Stelle zitiert er F. Paulsen (1965) und lenkt damit den Blick auf die negativen Bedingungen, unter denen Unterricht stattfindet und die es zu ändern gilt: »Überbürdung, demotivierende Notengebung, Sitzenbleiben, Nachhilfe, Schulmüdigkeit, Zergliederung der anzueignenden Stoffe und Themen in portionsweise ›Pensen‹ und stundenweise Stückelung; es wird nicht mehr richtig zusammenhängend gearbeitet und demzufolge auch nichts richtig gelernt.« (Herrmann 2003) Und er kritisiert »das Unterrichtsbetriebssystem, das den Unterricht auf den Vormittag konzentriert und das Schülerlernen auf den Nachmittag [...]« (Herrmann 2003, S. 627). Bei diesem geteilten Lernen erfahren Lehrer nichts darüber, wie ihre Schüler lernen, ob sie selbstständig arbeiten oder mit einem Nachhilfelehrer, sodass sie auch nicht abschätzen können, ob ihr Unterricht effektiv/ineffektiv ist oder das Lernen am Nachmittag. Wenn also Schule seit 100 Jahren bis heute derart mangelhaft beurteilt wird, muss über eine »Schule der Zukunft« nachgedacht werden.

Schule der Zukunft: Differenzierende Leistungsschule

Die Schule der Zukunft kann nur eine Schule für alle sein, eine Schule, die möglichst viele Schüler zum Mittleren Schulabschluss oder zur Hochschulreife führt, eine Schule, in der es die Probleme der vorzeitigen Selektion, der fehlenden horizontalen Durchlässigkeit und der sozialen Entmischung nicht gibt. Die Schule der Zukunft muss offener, gerechter und demokratischer sein und den Herausforderungen einer wissensbasierten Gesellschaft entsprechen (Oelkers 2003). Diese Schule der Zukunft kann nur eine Differenzierende Leistungsschule sein.

Diese Forderung ist nicht neu, wie der Bericht des Arbeitskreises Schulmodell beim Kultusministerium Baden-Württemberg aus dem Jahr 1968 zeigt, in dem Konzeptionen und Beispiele konkreter Planung vorgestellt werden (Bildung in neuer Sicht 1968). In diesem Bericht findet sich z.B. das Modell einer differenzierten Gesamtschule, das weitgehend dem einer Differenzierenden Leistungsschule entspricht (Albrecht u.a. 1968). Aber auch der Vorschlag von E. Kouli, Leiterin der Abteilung Bildungspolitik beim Baden-Württembergischen Handwerkstag, zielt in die gleiche Richtung.[1] Der Vorschlag ist keineswegs utopisch, existieren doch viele Differenzierende Leistungsschulen in skandinavischen und angelsächsischen Ländern (Piri/Domisch 2002; Domisch 2003). Auch einige Reformschulen in Deutschland – wie die Helene Lange Schule in Wiesbaden (Riegel 2004), die Laborschule Bielefeld, einige Landerziehungsheime, Montessorischulen, gut geführte Gesamtschulen, Ganztagsschulen oder Schulen wie die Offene Schule Kassel-Waldau (Buchfeld 2004) – beinhalten Elemente Differenzierender Leistungsschulen.

Gut geführte Grundschulen sind jetzt schon Differenzierende Leistungsschulen

Sie werden von allen Schülern besucht, Klassenlehrerinnen und Klassenlehrer fühlen sich für die Schüler verantwortlich, Blockunterricht ist die Regel, die Anzahl der Fächer oder Lernfelder ist sinnvoll beschränkt, und es wird in Unterrichtseinheiten oder epochal unterrichtet, bis sich für Lehrer und Schüler Lehr-Lernergebnisse abzeichnen. In Differenzierenden Leistungsschulen wird versucht, durch Maßnahmen der inneren und äußeren Differenzierung den unterschiedlichen Lernvoraussetzungen gerecht zu werden. Selbstverständlich bemühen sich die Beteiligten um hohe

1 Evangelische Akademie Bad Boll: Zusammenfassung der Referate bei der Fachtagung Bildungsstandards, 15.–17.12.2003.

Leistungsstandards und Kompetenzstufen. Doch wird »Leistung« nicht auf die operationalisierbaren Bereiche des Lehrens und Lernens reduziert, denn »sinnvolle Leistungen müssen sich an übergeordneten Normen und Wertvorstellungen messen lassen, wie sie sich in den Grundrechtsartikeln des Grundgesetzes, den christlichen Geboten oder in anderen Religionen finden. Sie alle fordern Achtung vor der Schöpfung, den Menschen, Tieren, Pflanzen und Ressourcen, gegenseitigen Respekt, Toleranz, Solidarität und Zivilcourage.« (Becker 2002, S. 11)

Die Bildungsleiter

Der Besuch des *Kindergartens* und der einjährigen *Vorschule* sollte für alle Kinder verbindlich sein. Selbstverständlich hat die Förderung der Sprachentwicklung im Zentrum der Bemühungen zu stehen. Unterricht findet an deutschen Schulen primär in deutscher Sprache statt, wer sie als Schüler nicht ausreichend beherrscht, profitiert vom Unterricht wenig oder nichts. Wer hingegen beim Schuleintritt über ein hohes Sprachniveau verfügt, kann dem Unterricht meist mühelos folgen und lernt ständig dazu. Wird dieser Umstand vernachlässigt, geht die Schere zwischen leistungsschwachen und leistungsstarken Schülern immer weiter auseinander. Aus dieser Einsicht ergeben sich zwei Konsequenzen, einmal die gezielte Sprachförderung der Kinder mit Sprachdefiziten im Kindergarten und in der Vorschule sowie Förderunterricht auf der Unterstufe der Differenzierenden Leistungsschule, weil es schließlich auf den Anfang ankommt!

Eine *flexible Einschulung* zwischen dem fünften und siebenten Lebensjahr – wie in Baden-Württemberg möglich – sollte selbstverständlich sein. Kinder wachsen und entwickeln sich nun einmal unterschiedlich, sodass ein bestimmtes Datum für den Schuleintritt nicht zu rechtfertigen ist.

Analog zur flexiblen Einschulung ist es sinnvoll, die *Ausschulung flexibel* zu gestalten und auf das Sitzenbleiben weitgehend zu verzichten. Letzteres ist erwiesenermaßen ineffektiv, unökonomisch, diskriminierend und mit keinem nennenswerten Lernzuwachs in den betreffenden Fächern verbunden.[1] Generell sollte es jedem Schüler gestattet sein, für das Erreichen des Mittleren Schulabschlusses ein Jahr länger zu benötigen, in begründeten Ausnahmefällen, z.B. bei Krankheit, zwei Jahre. Wer einen bestimmten Leistungsstandard nicht erreicht, erhält ein Abgangszeugnis, kann sich aber in dem entscheidenden Lernbereich oder den maßgeblichen Bereichen im Sinne eines zielerreichenden Lernens einer oder mehreren Nachprüfungen stellen, um doch noch den Schulabschluss zu schaffen (Eigler/Straka 1978). In vergleichbarer Weise ist bei der Hochschulreife zu verfahren. Schüler sollten Gelegenheit erhalten, das Abitur oder Fachabitur nach 11, 12 oder 13 Schuljahren abzulegen, in begründeten Ausnahmefällen nach 14 Schuljahren (siehe Tabelle 1).

1 Zeit-Interview zum Thema: Lasst das nutzlose Aussortieren! J. Otto im Gespräch mit K.-J. Tillmann. *Die Zeit*, Nr. 9 vom 21.2.2002.

Tab. 1: Bildungssystem in einer wissensbasierten Gesellschaft		
	Berufswelt	Lebenslanges Lernen
Schulart	**Jahrgangsstufe/Alter**	**Abschluss**
Hochschule/Fachhochschule	Erwachsene	diverse akademische Abschlüsse
Allgemeinbildendes Gymnasium	Schuljahre 10–12	Hochschulreife
Berufliches Gymnasium	Schuljahre 10–12	Hochschulreife
Duale Ausbildung	17- bis 19-Jährige	diverse berufliche Abschlüsse
Differenzierende Leistungsschule		Mittlerer Bildungsabschluss
• Oberstufe	Schuljahre 7–9	
• Mittelstufe	Schuljahre 4–6	
• Unterstufe	Schuljahre 1–3	
Einjährige Vorschule	Alle 5- bis 7-jährigen Schüler	Schulreife/Deutschkenntnisse
Kindergarten	Alle 4- bis 6-jährigen Schüler	

Struktur der Differenzierenden Leistungsschule

In der Differenzierenden Leistungsschule werden einer Klassenlehrerin oder einem Klassenlehrer etwa 23 Schüler für jeweils drei Jahre anvertraut. Sie haben also drei Jahre Zeit, um mit ihrer Lerngruppe, für die sie sich in besonderer Weise verantwortlich fühlen, die erwünschten Lehr-Lernerfolge zu erzielen und die erwarteten Leistungsstandards zu erreichen. Nach drei Jahren wechselt der Klassenlehrer als zentrale Bezugsperson, sodass es nicht zu einer abträglichen Rollenfixierung kommen kann. Da der Klassenlehrer über lange Zeit mit seinen Schülern zusammenarbeitet, gelingt fast immer der Aufbau einer zwischenmenschlichen Beziehung in wechselseitiger Verantwortung. Ein Klassenlehrer kann die Lernvoraussetzungen der Schüler genau einschätzen und ist deshalb in der Lage, ihnen Lernaufgaben zu stellen, die ihrem Lernvermögen entsprechen. Und er kann Maßnahmen der inneren Differenzierung ergreifen, die auf die Lernvoraussetzungen der Schüler abgestimmt sind.

Da Klassenlehrer in der Unter- und Mittelstufe fast alle Fächer erteilen, können sie gesamtunterrichtlich, fächerübergreifend und epochal unterrichten. Sie können jederzeit Projekte initiieren, durchführen und auswerten, sodass in vielen Klassen der Projektunterricht mit seinen Vorzügen die übliche Unterrichtskonzeption darstellt. In der Oberstufe setzt bei den älteren Schülern auch Fachunterricht ein, der vom Klassenlehrer ohne Spezialwissen nicht mehr geleistet werden kann.

Im beruflichen und allgemein bildenden Gymnasium ist der Unterricht nach Kursen gegliedert. Ein Kurs umfasst etwa 30 Wochenstunden und erstreckt sich über drei Wochen. Wer eine bestimmte Anzahl von Kursen in geforderten Fächern oder Lernfeldern erfolgreich absolviert hat, wird zum Abitur zugelassen. Wenn die Schüler drei Kurse gleichzeitig belegen, befassen sie sich sinnvollerweise intensiv mit wenigen Fächern. Da durch den täglich stattfindenden Kursunterricht die Kontinuität des Lehrens und Lernens gewahrt bleibt, verzeichnen Lehrer und Schüler immer wieder Lehr-Lernfortschritte und werden so in ihrer Arbeit ermutigt und bestätigt.

Um die intrinsische Motivation und die Freude am Lernen nicht zu gefährden, wird in der Unter- und Mittelstufe auf eine Benotung der Schülerleistungen verzichtet. Statt der Noten gibt der Lehrer seinen Schülern häufig Rückmeldungen, sagt ihnen, was sie gut und weniger gut gemacht haben und wie sie ihre Leistungen verbessern können. Vor Abschluss der Unter- und Mittelstufe finden Leistungskontrollen statt, um zu überprüfen, welche Schüler die zu erwartenden Standards und Kompetenzstufen erreicht bzw. noch nicht erreicht haben und bei welchen Schülern eine Förderung angebracht erscheint.

Eine Differenzierende Leistungsschule unterscheidet zwei Möglichkeiten

- Die *innere Differenzierung* umfasst alle Maßnahmen, die innerhalb einer Lerngruppe getroffen werden, um den unterschiedlichen Lernbedürfnissen Rechnung zu tragen, so z.B. Aufgabenstellungen, die sich nach Art und Umfang, Niveau oder Interesse unterscheiden. Zur Durchführung von Maßnahmen der inneren Differenzierung bedarf es zweckentsprechend eingerichteter Klassenzimmer, Lernumgebungen mit verschiedenen Lernbereichen sowie zahlreicher Lernmaterialien mit hohem Aufgabenanreiz, die auch Freiarbeit ermöglichen. Innere Differenzierung wird auf allen Schulstufen angestrebt, nicht nur auf der Unter- und Mittelstufe, wie heute noch weitgehend üblich.
- Die *schulische Differenzierung* bezieht sich auf Maßnahmen, bei denen Lerngruppen aufgeteilt oder neu gebildet werden, auf Niveaukurse, Stütz- und Förderkurse oder Arbeitsgemeinschaften. Möchte z.B. eine ausreichende Schülerzahl Latein, Griechisch oder Hebräisch lernen und stehen geeignete Lehrkräfte zur Verfügung, wird innerhalb der Schule differenziert und ein entsprechender Unterricht angeboten.

Die *systemspezifische Differenzierung* findet erst nach dem Mittleren Bildungsabschluss statt. Nun trennen sich die Wege der Schüler, sie steuern verschiedene Ziele an, doch bis zu diesem Zeitpunkt bleibt das übergeordnete Prinzip der Integration, der Solidarität und einer Schule für alle Schülerinnen und Schüler gewahrt. Ein Teil der Schüler beginnt nun eine Berufsausbildung und besucht die Berufsschule, ein anderer Teil besucht ein berufliches oder allgemeinbildendes Gymnasium.

Differenzierende Leistungsschulen sind offene Ganztagsschulen, anders lässt sich der angestrebte hohe Leistungsstandard nicht erreichen. Als Regel kann gelten: zwei Unterrichtseinheiten von jeweils 80 oder 90 Minuten am Vormittag und eine am Nachmittag, wobei Schüler der Unterstufe an zwei Nachmittagen in der Woche, die der Mittelstufe an drei und die der Oberstufe an vier Nachmittagen obligatorisch unterrichtet werden. Der Nachmittagsunterricht wird überwiegend von der Klassenlehrerin erteilt, weil nur sie über jene diagnostische Kompetenz verfügt, die erforderlich ist, um Schüler in Arbeits- und Übungsphasen optimal betreuen zu können. Schriftliche Hausaufgaben werden in einer so geführten Differenzierenden Leistungsschule fast überflüssig.

Die *Ausbildung der Lehrerinnen und Lehrer* ist auf die schulischen Anforderungen abgestimmt. Wer Lehrer werden möchte, kann zwischen drei Optionen wählen: Klassenlehrer für die Unter- und Mittelstufe, Klassenlehrer für die Mittel- und Oberstufe oder Fachlehrer bzw. Kursleiter für die Oberstufe, die Berufsschule oder für die Gymnasien. Im Rahmen eines mindestens achtsemestrigen Studiums sind von allen angehenden Lehrern Veranstaltungen zu besuchen, die sich unmittelbar auf das zentrale Berufsfeld beziehen, auf die Lernvoraussetzungen der Schüler, auf den Umgang mit schwierigen Schülern, auf die Planung, Durchführung und Auswertung von Unterricht. Zur Berufsfindung erscheint ein einjähriges Vorpraktikum in einem anderen Berufsfeld oder in der Rolle eines »Unterstützungslehrers« in einem sozialen Brennpunkt unverzichtbar. Auf diese Weise soll sichergestellt werden, dass möglichst nur jene jungen Menschen Lehrer werden, die den hohen Anforderungen auch gewachsen sind (Henecka/Gesk 1996).

Die Einrichtung Differenzierender Leistungsschulen ist keine Utopie, der nochmalige Hinweis auf deren Existenz in skandinavischen und angelsächsischen Ländern und auf Reformschulen in Deutschland mag genügen. Vor hundert Jahren galt das deutsche Schulwesen weltweit als vorbildlich. Nun gilt es als überholt und nicht mehr zeitgemäß. Also ist es unsere Aufgabe, den Reformstau zu beseitigen, das Schulwesen zu modernisieren, es gerechter und effektiver zu gestalten. Differenzierende Leistungsschulen zeigen den Weg dorthin.

Zukunft braucht Veränderung

1. Den Kulturföderalismus einschränken

Das Problem ist mit wenigen Sätzen zutreffend umschrieben: »Wie lange noch und mit welchem Recht wollen wir die zentrale Zukunftsfrage in einer wissensbasierten Gesellschaft, in einer Zeit, wo alle wirtschaftliche Entwicklung bildungsgeneriert ist, wo wir bis 2010 Weltmeister in Bildungsfragen werden wollen, weil wir nur so stärkster Wirtschaftsraum werden können, immer noch der regionalen Zuständigkeit allein überlassen? Noch dazu in einem Deutschland, in dem wir schon wieder (nein, immer noch) unter der deutschen Kleinstaaterei, der deutschen Teilung in 16 inhomogene, von der Leistungskraft völlig disparate Gebilde, leiden. Acht Länder wären nicht nur besser, wie Wolfgang Schäuble oder Bundesverfassungsgerichtspräsident und andere zu Recht sagen, sondern auch eine tragfähige Basis für einen funktionierenden Föderalismus.«[1] So weit der Minister für Bildung, Jugend und Sport des Landes Brandenburg, Steffen Reiche, auf der schon legendären Tagung zum Thema »Bildungsstandards« in der Evangelischen Akademie Bad Boll im Dezember 2003.

Kein Bildungs-Zentralstaat

Aus diesem Zitat lassen sich mehrere Folgerungen ziehen. Niemand möchte auf Grund der negativen zeitgeschichtlichen Erfahrungen eine zentralistische Kultur- und Bildungspolitik, mit einem Bundes-Bildungsminister, einer Bundes-Bildungsideologie, einer Bundes-Kulturkammer, einem Bundes-Bildungsplan, einem Bundes-Schulgesetz mit Erlassen und Verordnungen, die aus Berlin kommen und die von baden-württembergischen, bayrischen und sächsischen Lehrerinnen und Lehrern zu befolgen sind. Eine solche zentralistische Kultur- und Bildungspolitik wäre in der Tat verfehlt. Zwar könnten alle Schüler der Bundesrepublik problemlos den Schulort wechseln und die bundeseinheitlich gestalteten Schulbücher gleich mitnehmen. Auch würden sich die Eltern sofort wieder zurechtfinden, ihren Kindern lückenlos bei den Hausaufgaben helfen können. Bei einer bundeseinheitlichen Lehrerbildung wären auch die Lehrerinnen und Lehrer bundesweit einsetzbar. Doch die

1 Reiche, S.: Nach Beschlussfassung der KMK: Wie werden Standards wirksam? Referat auf der Fachtagung der Evangelischen Akademie Bad Boll, gehalten am 16.12.2003.

Gefahren sind hinreichend bekannt, die Gefahr der Indoktrination und Manipulation durch die jeweilig Regierenden, die Gefahr konformistischer Einstellungen und Haltungen, die Gefahr der Erstarrung des Gesamtsystems und des Fehlens einer belebenden Konkurrenz.

Aber auch keinen Flickenteppich

Das andere Extrem wird uns täglich vor Augen geführt, eine Aufsplitterung in 16 verschiedene Subsysteme, in 16 Bundesländer, die in ihrer Größe und Wirtschaftskraft stark variieren und deshalb nicht vergleichbar sind. 16 Kultusministerien mit 16 Ministern an der Spitze, mit 16 verschiedenen Schulgesetzen, unterschiedlichen Schulsystemen, eigenen Lehr- und Bildungsplänen – für die Steuern zahlenden Bürgerinnen und Bürger eine Zumutung. Vereinheitlichung, verbunden mit beträchtlichen Einsparungen, ist überfällig.

Vorschlag für Neugestaltung

Das föderale Prinzip ist wohl auf jeden Fall zu bewahren. Nahe liegend wäre es, vier große Bildungsregionen zu schaffen: Nord, Süd, Ost und West mit jeweils etwa 20 Millionen Einwohnern. Diese Art, neu zu ordnen, würde willkürliche Grenzziehungen bedeuten, einen unmittelbaren Vergleich mit den östlichen (»neuen«) Bundesländern ermöglichen und damit eine Wettbewerbssituation heraufbeschwören, die so nicht gewollt sein kann.

Optimal hingegen eine Neuordnung der *Bildungslandschaft in acht Regionen* mit etwa jeweils 10 Millionen Einwohnern. Die bevölkerungsreichsten Bundesländer wie Baden-Württemberg, Bayern und Nordrhein-Westfalen würden natürlich in ihrem Bestand unangetastet bleiben, während sich die bevölkerungsarmen Bundesländer angrenzende größere Partner suchen, anfangs mit diesen kooperieren und nach einer Übergangszeit fusionieren. So kann sich das Saarland mit Rheinland-Pfalz, Bremen mit Niedersachsen, Hamburg mit Schleswig-Holstein und Brandenburg mit Berlin verbinden. Die kulturelle Vielfalt mit ihren gewachsenen Traditionen bliebe weitgehend gewahrt, und es würde förderliche Konkurrenz und Wettbewerb zwischen den acht Regionen geben.

Langfristig wären bei einem Übergang von 16 Bundesländern auf acht Bildungsregionen Einsparungseffekte zu erzielen, Gelder, die unmittelbar den Schülern zugute kommen könnten. Schüler, Lehrer, Eltern, Staatsbürger und Steuerzahler interessieren sich kaum dafür, welcher Bildungsregion sie angehören. Allerdings haben sie ein Interesse daran, dass sparsam gewirtschaftet und qualifiziert unterrichtet wird. Die bildungspolitische Kleinstaaterei haben Politiker zu verantworten, und es liegt auch an ihnen, sie möglichst bald zu überwinden.

Leider wird die Umsetzung des Vorschlags auf unüberwindbare Hindernisse stoßen, und deshalb ist Pessimismus angebracht. Die Minister, Staatssekretäre und höheren Beamten aus acht Bundesländern werden sich leider gegen eine Neuordnung wenden und das Reformvorhaben blockieren, weil einige ihre Posten verlieren würden. Oder drastisch formuliert: Man kann nicht mit den Fröschen diskutieren, wenn der Sumpf trocken gelegt werden soll! Allerdings tagt schon eine Föderalismuskommission, auf deren Ergebnisse man gespannt sein kann. Vielleicht überrascht sie uns ja mit mehrheitsfähigen Ergebnissen und bringt so die Bundesrepublik Deutschland einen bedeutsamen Schritt voran?

2. Das Schulsystem reformieren

Das Schulsystem in der Bundesrepublik Deutschland wird seit Jahrzehnten kritisiert. Es gilt im internationalen Vergleich als überholt und nicht mehr wettbewerbsfähig, doch wird kaum etwas getan, um das System grundlegend zu verändern.

In einigen Bundesländern wird nach der vier- oder sechsjährigen Grundschule neben den vier traditionellen Schularten Sonder-, Haupt-, Realschule und Gymnasium auch noch die Gesamtschule angeboten. So betrachtet, ist es falsch, von einem dreigliedrigen Schulsystem zu sprechen, richtiger wäre es, das Schulsystem als viergliedrig zu bezeichnen. Einige Länder, z.B. Sachsen, haben sich auf der Sekundarstufe für ein zweigliedriges System entschieden, die Haupt- und Realschule zusammengefasst, sodass etwa die Hälfte der Schüler die Oberschule, die andere das Gymnasium besucht.

Der Begriff »dreigliedriges Schulsystem« hat sich allerdings eingebürgert, als Gliederung des Schulwesens in Haupt-, Realschule und Gymnasium. Die Gliederung entspricht dem Dreiklassenwahlrecht des 19. Jahrhunderts und spiegelt eine überholte und deshalb höchst fragwürdige Begabungstheorie. Ihr zufolge lassen sich Schüler in drei Gruppen einteilen: die praktisch Begabten, welche die Hauptschule besuchen und als Arbeiter oder einfache Handwerker tätig werden, die mittelmäßig sowohl praktisch als auch theoretisch Begabten, welche die Real- oder Mittelschule besuchen und später einmal gehobene Berufe als Handwerksmeister, Angestellte oder Beamte ausüben, und in die theoretisch Begabten, die das Gymnasium oder die höhere Lehranstalt absolvieren, nach dem Abitur studieren und als Akademiker Führungspositionen bekleiden.

Die Einteilung der Menschen in drei Klassen hat Tradition, man erinnere sich nur an das philosophische Werk von Karl Marx oder an das Dreiklassenwahlrecht zur Kaiserzeit. Und genau so hat die Einteilung der Schüler in Haupt-, Realschüler und Gymnasiasten Tradition, wobei man immer die Sonderschüler zu vergessen pflegt. Ebenso traditionsreich ist die Einteilung der Schüler in drei Begabungsrichtungen – praktisch begabte, praktisch sowie theoretisch begabte und theoretisch begabte Schüler. Nur entspricht heute diese Einteilung nicht mehr einer offenen demokratischen Gesellschaft und der modernen Arbeitswelt (Oelkers 2003).

Die Klassengesellschaft ist überholt

In wissensbasierten Gesellschaften ist dieses Denken längst überholt. Den Beruf des ungelernten Arbeiters gibt es kaum noch, auch Facharbeiter müssen immer höhere Qualifikationen nachweisen. Auf allen Ebenen sind kompetente und teamfähige Mitarbeiter gefragt. In jenen Ländern, deren Schüler auf Grund internationaler Vergleichsstudien die vorderen Rangplätze einnehmen, verzichtet man bewusst auf die Zuordnung der Schüler zu verschiedenen Schularten, sondern schickt sie zunächst einmal neun Jahre lang in *eine* Schule, um das Begabungs- und Fähigkeitspotenzial der nachfolgenden Generation auszuschöpfen und eine vorzeitige Festlegung der Schüler zu vermeiden.
Hauptkritikpunkte am viergliedrigen Schulsystem sind:

- Selektion der Schüler im Alter von zehn Jahren,
- mangelnde horizontale Durchlässigkeit zwischen den Schularten,
- soziale Entmischung und
- als Folge Schülerleistungen in der Sekundarstufe, die weit hinter den Erwartungen zurückbleiben.

Nach der Grundschule, die in Baden-Württemberg als Erfolgsmodell bezeichnet werden kann, werden die Schüler – den Empfehlungen der Lehrer und den Wünschen der Eltern entsprechend – einer der vier Schularten zugewiesen, sofern sie nicht schon die Sonderschule besuchen. Diese Selektion erfolgt ziemlich willkürlich und entspricht oft nicht dem tatsächlichen Leistungsvermögen. Einer UNICEF-Studie aus dem Jahr 2002 zufolge zeigen im 8. Schuljahr 40 Prozent der Realschüler und 6 Prozent der Hauptschüler bessere Mathematikleistungen als das letzte Viertel der Gymnasiasten.[1] Doch die zu frühe Selektion verhindert, dass diese 46 Prozent junger Menschen auf dem Gymnasium erfolgreich sind; ihr Begabungspotenzial liegt brach.

Die Selektionssünde

Durch die *zu frühe Selektion* im Alter von zehn Jahren werden leistungsschwache und die ausländischen Schüler besonders benachteiligt. Aussortiert finden sie sich in der Hauptschule wieder. In einer Schule für alle Schüler bis zum 16. Lebensjahr, wie es in anderen Ländern üblich ist, würden sie erheblich profitieren, so vom anspruchsvolleren Lernmilieu und der anspruchsvolleren Sprachumgebung. Statt dessen fasst man die ausländischen Schüler mit ihren Sprachdefiziten und die deutschen mit ihren allgemeinen Lerndefiziten zusammen, weist sie in eine Hauptschule ein und wundert sich, wenn diese in der Öffentlichkeit als Restschule bezeichnet

1 Spiewak, M.: Aussortiert. *Die Zeit*, Nr. 48 vom 21.11.2002.

wird. – Und außerdem ist man erstaunt darüber, dass in Deutschland die Möglichkeit, ein Abitur abzulegen und zu studieren, in besonderer Weise vom sozioökonomischen Status der Eltern abhängt.

Bezogen auf die Stadt Heidelberg sieht das Selektionsproblem im Schuljahr 2003/04 folgendermaßen aus: Der Anteil ausländischer Schüler an Heidelberger Schulen beträgt insgesamt 12,6 Prozent. Zwischen den einzelnen Schularten gibt es allerdings erhebliche Unterschiede. Während es in der Grundschule 17 Prozent sind, steigt der Anteil auf über 31 Prozent in den Hauptschulen und sinkt auf 4,8 Prozent in den Gymnasien.[1] In einer Gymnasialklasse befinden sich demnach ein bis zwei ausländische Schüler, die fast gar nicht in Erscheinung treten. Auch muss in Betracht gezogen werden, dass in der Universitätsstadt Heidelberg viele ausländische Hochschullehrer und Stipendiaten ihre Kinder in das Gymnasium schicken. In den Hauptschulklassen ist jeder dritte Schüler ein Aus-, Um- oder Übersiedler, ein Flüchtling oder Asylbewerber. In einigen Klassen steigt der Anteil ausländischer Schüler auf über 50 Prozent. Die Zahlen sprechen für sich: Diese viel zu frühe Selektion der Schüler ist sozial ungerecht, unsolidarisch, fremdenfeindlich, unchristlich und unökonomisch, weil viele dieser »Restschüler« später keinen Anschluss an das Ausbildungssystem finden.

Die Sünde der mangelnden Durchlässigkeit

Neben der zu frühen Selektion ist ein weiterer Kritikpunkt die *kaum vorhandene horizontale Durchlässigkeit* zwischen den Schularten. Zwar sind Abstufungen vom Gymnasium in die Realschule üblich, auch von der Realschule in die Hauptschule und von Letzterer in die Sonderschule. Doch die Überweisung eines Hauptschülers in die Realschule oder eines Realschülers ins Gymnasium findet nur in Ausnahmefällen statt. Das Verhältnis derjenigen Schüler, die abgestuft werden, zu jenen, die eine höhere Einstufung erfahren, beträgt etwa 20:1 (Nordrhein-Westfalen 2002). Der Übergang in eine anspruchsvollere Schulart wird durch unterschiedliche Lernangebote und differierende Fächerfolgen erschwert. Aber auch die Lehrer haben kein besonderes Interesse, ihre leistungsstarken Schüler zu überweisen, was durchaus verständlich ist. So äußerte sich der Rektor einer Realschule zu diesem Problem: »Wir werden doch nicht unsere Zugpferde ins Gymnasium schicken!« Ist also ein Schüler im zehnten Lebensjahr einer bestimmten Schulart zugewiesen worden, gibt es für ihn fast kein Entrinnen. Einmal Hauptschüler, immer Hauptschüler, zumindest für die nächsten sechs Jahre.

Halbwahrheiten werden nicht dadurch wahr, dass man sie gebetsmühlenartig wiederholt. So wird in Baden-Württemberg von verantwortlicher Seite immer wieder erklärt, das Schulsystem sei durchlässig, was einerseits wahr, andererseits unwahr

1 In Heidelberg kein Einbruch bei den Schülerzahlen. *Rhein-Neckar-Zeitung*, Nr. 79 vom 3./4.4.2004.

ist.[1] Schließlich lernen schon Pädagogikstudenten im Anfangssemester den Unterschied zwischen horizontaler und vertikaler Durchlässigkeit kennen. Erstere ist beispielsweise in Baden-Württemberg – von den Abstufungen abgesehen – nicht gegeben, letztere hingegen ist vorhanden, was zu begrüßen ist. Der Hinweis auf die vertikale Durchlässigkeit, auf die zahlreichen Fachschulen, Fachoberschulen und beruflichen Gymnasien, die später bei entsprechenden Leistungen den Haupt- und Realschülern offen stehen, kann nicht darüber hinwegtäuschen, dass viele Haupt- und Realschüler jahrelang unterfordert sind und ihnen im selektiven Schulsystem Lernchancen vorenthalten werden.

Ein gravierender Nachteil des viergliedrigen Schulsystems besteht auch in der Tatsache, dass 10-jährige Kinder und deren Eltern gar nicht wissen können, welche Schule den Kindern gemäß sein könnte. Unter der Überschrift »Realschule oder Gymnasium: Wohin nach der Grundschule?« findet sich in der Rhein-Neckar-Zeitung eine ganzseitige Anzeige.[2] Vorgestellt werden neun verschiedene Heidelberger Gymnasien mit ihren unterschiedlichen Schulprofilen, die Internationale Gesamtschule und zwei Realschulen. Das Angebot für die künftigen Gymnasiasten ist beeindruckend und reichhaltig, das für die Realschüler dürftig, und ein Angebot für Hauptschüler fehlt. Für sie finden sich keine Hinweise auf attraktive »Bildungswerkstätten«, man hat die Gruppe der Hauptschüler einfach vergessen. Man sollte sich in die Lage jener Kinder versetzen, die eine Hauptschulempfehlung erhalten haben und deren Gedanken und Gefühle nachvollziehen bzw. nachempfinden – kein Angebot, schlechte Chancen, »Restschüler«.

Die Sünde der sozialen Entmischung

Die vorzeitige Selektion führt zu einer *sozialen Entmischung*, die höchst bedauerlich ist, sich aber nicht vermeiden lässt. Besonders sichtbar wird dies in ländlichen Regionen, wenn sich die 10-Jährigen im Winter bei Dunkelheit morgens in aller Herrgottsfrühe an den Bushaltestellen einfinden und in vier verschiedene Richtungen abfahren. Ein Bus nimmt die Hauptschüler auf, der nächste die Realschüler, der dritte fährt in die Kreisstadt zum Gymnasium und der Kleinbus einer Hilfsorganisation sammelt die Sonderschüler ein. Die Schüler der verschiedenen Schularten – so wurde dem Autor glaubhaft versichert – sprechen nicht miteinander, warten und frieren. Da Schüler einer bestimmten Schulart gleiche Schulwege zurücklegen und – sofern sie dieselbe Klasse besuchen – auch dieselben Hausaufgaben haben, befreunden sie sich untereinander. Mit Schülern anderer Schularten kommen sie selten in Berüh-

1 Rhein-Neckar-Zeitung-Interview zum Thema: Die Hauptschulen sind besser als ihr Ruf. H. Buchwald im Gespräch mit E. Groß. *Rhein-Neckar-Zeitung* vom 24.4.2002. – Zeit-Interview zum Thema: Freiheit für die Schule. Was ist in Deutschland seit Pisa passiert? M. Spiewak im Gespräch mit A. Schavan und A. Schleicher. *Die Zeit*, Nr. 50 vom 5.12.2002.

2 *Rhein-Neckar-Zeitung* vom 8./9.3.2003.

rung, es sei denn im Konfirmandenunterricht, in einer Pfadfindergruppe, bei der Jugendfeuerwehr oder in einem Verein.

Die Hauptschüler entwickeln häufig Minderwertigkeitsgefühle. Ihnen bleibt nicht verborgen, dass ihre Schulart in der Öffentlichkeit als »Restschule« bezeichnet wird. Die Umbenennung in »Bildungswerkstatt« ändert nichts an der Tatsache, dass sich die Schüler als »Rest« betrachten, als Schülergruppe mit den schlechtesten Berufsaussichten – und den geringsten Zukunftschancen. Diese Aussonderung wirkt auch unmittelbar in den Unterricht der Hauptschule hinein:

> »(1) Es fehlt in homogen zusammengesetzten Leistungsgruppen für die Leistungsschwächeren die Anregung durch die Leistungsstärkeren. Auf die Sozialisationsbedingtheit der unterschiedlichen Ausgangsbedingungen und Lernmöglichkeiten ist bereits nachdrücklich hingewiesen worden. (2) Eine Zuweisung zu homogenen Gruppen führt häufig dazu, dass auch die Lehrer bestimmte Zuschreibungen im Hinblick auf die Schüler vornehmen, selbst wenn sie gegenteilige Absichten hegen: Dies ›ist‹ eine leistungsstarke Gruppe, von der kann ich etwas erwarten. – Dies ›ist‹ die leistungsschwächste Gruppe, die Lernchancen dürften wohl sehr begrenzt sein. (3) Eine Zuweisung zu homogenen Gruppen, die sich im Laufe der Zeit gewöhnlich verfestigen, hat offenbar Auswirkungen auf die Selbsteinschätzung der Schüler. Vor allem dann, wenn Schüler in die niedrigen Leistungskurse eingestuft werden, identifizieren sie sich häufig mit dieser Zuordnung. Sie betrachten sich selbst als leistungsschwach, und das wirkt sich negativ auf ihre Lernmotivation, ihre Anstrengungsbereitschaft und ihr Selbstvertrauen aus.« (Klafki 1991, S. 179/180)

Die Realschüler erkennen bald die ihnen zugeschriebene Mittelmäßigkeit und finden sich mit ihr ab. Bei guten Leistungen bleibt ihnen immerhin die Aussicht, anschließend ein berufliches Gymnasium besuchen zu können.

Völlig unbegründet – wie die schlechten Ergebnisse bei TIMSS und PISA zeigen – entwickeln viele Gymnasiasten ein Elitebewusstsein und Überlegenheitsgefühle. Bildlich gesprochen, schauen die Hauptschüler zu Boden, die Realschüler geradeaus, die Gymnasiasten heben ihre Nasen in den Himmel, und die Sonderschüler bleiben zumeist unsichtbar.

Der sozialen Entmischung entspricht später die häufig beklagte Entsolidarisierung der Gesellschaft. In Ländern, die ein integratives Schulsystem favorisieren, sind sozialschichtspezifische Unterschiede im Umgang miteinander kaum zu erkennen. Man ist stolz auf die Gleichheit auf hohem Niveau. Man begegnet sich meist freier und unvoreingenommener, interessiert sich zunächst einmal für den Mitmenschen, fragt nicht nach dessen Schulbildung und Beruf, sondern danach, was er als Mensch und Freund zu bieten hat. Gastfreundschaft und Solidarität sind hoch geschätzte Werte, die man wechselseitig pflegt, Werte, die allerdings auch in Skandinavien und in vielen angelsächsischen Ländern mit zunehmender Verrechtlichung und Ökonomisierung aller Lebensbezüge rückläufig sein sollen.

Durchs Netz gefallen: Die Sonderschulen

Dagmar Hänsel (2003) macht in ihrem Beitrag »Die Sonderschule – ein blinder Fleck in der Schulsystemforschung« darauf aufmerksam, dass die Sonderschüler extrem benachteiligt sind. Was bisher in vergleichenden Statistiken wenig auffiel, brachte PISA ans Licht: Sonderschüler erreichen zu 100 Prozent nur eine mittlere Lesekompetenz, den untersten von acht Leistungsbereichen, während sich die Hauptschüler nur zu zwei Prozent in diesem Bereich bewegen. Die Segregation der Sonderschüler von anderen Schülern verhindert, dass sie ihre potenziellen Lernmöglichkeiten ausschöpfen, weil ihnen die Anregungen fehlen, die nachweislich von heterogenen Lerngruppen ausgehen. Dieses Anregungspotenzial wird höher eingeschätzt als der sozioökonomische Status und der familiale Hintergrund. Hänsels fundierte Kritik gipfelt in dem Zitat: »Nicht die Kinder, sondern die Sonderschullehrer benötigen die Sonderschule als eigenständige Institution [...]. Die Sonderschule ist als eigenständige Institution, die sich im Gegenüber zur Regelschule bestimmt, denn auch nur im Zusammenhang mit den Abgrenzungsbestrebungen und standespolitischen Interessen der sonderpädagogischen Profession angemessen zu verstehen.« (Hänsel 2003, S. 605)

Was in anderen Ländern möglich ist, sollte auch in Deutschland möglich sein, nämlich die Einrichtung von Schulen, die von *allen* Schülern gemeinsam bis zum 16. Lebensjahr besucht werden, in denen es keine vorzeitige soziale Entmischung und Entsolidarisierung gibt, und in denen doch jeder Schüler seinen individuellen Begabungen und Fähigkeiten entsprechend gefordert und gefördert wird.

Schlechte Aussichten

Leider sind die Aussichten, das viergliedrige Schulsystem zu überwinden, äußerst gering. Jene Personengruppen, die innovativ werden könnten – Politiker, Akademiker und höhere Beamte – wissen ihre Kinder und Enkelkinder zu 80 Prozent auf einem Gymnasium. Sie spüren keinen Handlungsdruck, und deshalb gibt es aus ihrer Sicht auch keinen Handlungsbedarf. Schließlich haben sie fast alle das deutsche Gymnasium durchlaufen, wenn auch manchmal durchlitten, und Karriere gemacht. In konservativ regierten Bundesländern lassen sich mit der Forderung, das Schulsystem umzugestalten, keine Wahlen gewinnen. Die Eltern der Hauptschüler, Aussiedler und Migranten sind zwar als Wähler nicht völlig zu vernachlässigen, doch haben andere Wählergruppen Priorität. So ist eine Schulsystemdebatte unerwünscht, obgleich sie dringend notwendig wäre. Schließlich ist in keiner anderen vergleichbaren Industrienation die Chance eines Schülers zu studieren, so eng an den sozioökonomischen Status gekoppelt wie in der Bundesrepublik Deutschland.

Die Oberbürgermeisterin der Stadt Heidelberg, Beate Weber, früher selbst einmal Lehrerin, beklagte in einem Interview den fehlenden Mut und die mangelnde Reformbereitschaft der Politiker, wenn es um die Systemänderung geht: »Wir bräuchten vielleicht ein System wie in Finnland, wo alle Schüler bis zum neunten Schuljahr gemeinsam in eine Schule gehen. Die Ganztagsschule kann Kindern darüber hinaus eine hervorragende zusätzliche qualifizierte Förderung bieten; hier erhalten sie in ihrem Sozialverhalten, in ihren musischen Fähigkeiten und in anderen Aktivitäten mehr Anregungen als in der Halbtagsschule. Aber an eine solche große Schulreform traut sich doch ernsthaft niemand von unseren Politikern ran. Stattdessen wird verstärkter Leistungsdruck gefordert. Wir müssen eine intensive bildungspolitische Debatte führen über diese Dinge, und zwar auf allen Ebenen: Im Bund, im Land und in den Kommunen.«[1]

3. Für mehr Chancengerechtigkeit sorgen

Im Interesse unserer Kinder und Schüler, aber auch im Streben nach einer offenen und demokratischen Gesellschaft, brauchen wir in der Bundesrepublik Deutschland mehr Chancen*gerechtigkeit* (Oelkers 2003). Chancen*gleichheit* lässt sich ohnehin nie erzielen, denn zu unterschiedlich sind das genetische Potenzial, die Bedingungen der frühkindlichen und familialen Sozialisation, die Förderung im Kindergarten und in der Vorschule. Zu unterschiedlich sind die Lernvoraussetzungen der Kinder, ihr Sprach- und Lernvermögen und ihre Lernbereitschaft, schon wenn sie eingeschult werden. Da es also nie Chancengleichheit geben kann, wird im Folgenden der Begriff der Chancengerechtigkeit gebraucht. Absolute Gerechtigkeit – so wird der kritische Leser sofort einwenden – gibt es natürlich auch nicht. Aber das Bemühen um größtmögliche Chancengerechtigkeit sollte für alle Staatsbürgerinnen und Staatsbürger Aufgabe und Verpflichtung sein.

In Baden-Württemberg ist diese Verpflichtung sogar im Artikel 11 der Landesverfassung festgeschrieben. Doch wie sieht es mit der Chancengerechtigkeit wirklich aus? Wird der Verfassungsauftrag erfüllt? Wie groß ist die Diskrepanz zwischen Verfassungsrecht und Verfassungswirklichkeit? Hat jeder junge Mensch ohne Rücksicht auf Herkunft oder wirtschaftliche Lage das Recht auf eine seiner Begabung entsprechende Erziehung und Ausbildung? Ist das öffentliche Schulwesen nach diesem Grundsatz gestaltet? Und stellen Staat und Gemeinden die dafür erforderlichen Mittel bereit?

Diese Fragen sind nicht neu, und die Diskussionen um mehr Chancengerechtigkeit flammen immer wieder auf. Leider wird das Anliegen – mehr Chancengerechtigkeit für die Schüler – parteipolitisch missbraucht. Wer diese Diskussion eröffnet, wird in die linke Ecke gerückt, des sozialistischen Gedankenguts oder der Gleichmacherei bezichtigt. Das hilft aber den unmittelbar beteiligten und betroffenen Schülern nicht weiter. Deshalb wird der Versuch unternommen, die Diskussion zu ver-

1 Rhein-Neckar-Zeitung-Interview zum Thema: An die große Reform traut sich doch keiner ran. P. Wiest im Gespräch mit B. Weber (Oberbürgermeisterin von Heidelberg, ehemals Lehrerin). *Rhein-Neckar-Zeitung* vom 22.2.2002.

sachlichen, jene Bereiche anzusprechen, in denen Chancengerechtigkeit weitgehend verwirklicht ist, und jene, in denen Ungerechtigkeiten vorherrschen.

Die lange Spur der Ungerechtigkeit

Betrachten wir das Problem der Chancengerechtigkeit im Bildungswesen über einen längeren Zeitraum hinweg, so lassen sich Ungerechtigkeiten nicht übersehen. Die Bildungsmöglichkeiten waren stets an Standesprivilegien und die wirtschaftliche Lage der Familien gekoppelt. Wer es sich leisten konnte, schickte seine Kinder zur Schule und zur Universität. Wer es sich nicht leisten konnte, dessen Kinder blieben ungebildet und zumeist auch arm. Das ist in vielen Staaten dieser Erde auch heute noch so. Auch in der Bundesrepublik Deutschland schicken wohlhabende Eltern ihre Kinder auf teure Privatschulen, um deren Bildungschancen zu erhöhen.

In Deutschland führte die Reichsschulkonferenz am 28.4.1920 zu mehr Bildungsgerechtigkeit. Der Beschluss, alle Kinder für vier Jahre in eine Schule, die für alle verbindliche Grundschule, zu schicken, war der entscheidende Durchbruch zu mehr Chancengerechtigkeit. Auch begabte und hoch begabte Schüler aus einkommensschwachen und bildungsfernen Familien haben seitdem die Chance, eine höhere Schule zu besuchen. Sie müssen nicht mehr wie im 19. Jahrhundert darauf warten, bei einer Schulvisitation im Rahmen der kirchlichen Schulaufsicht zufällig von einem Pfarrer entdeckt und gefördert zu werden.

Während man bei der Einführung der Grundschule vom Gleichheitsgrundsatz ausging, konnte man sich bei der Gestaltung des weiterführenden Schulwesens nicht zu diesem Grundsatz durchringen. Zu stark waren die standespolitisch geprägten Interessengegensätze, sodass – gestützt auf eine fragwürdige Begabungstheorie – ein Schulsystem aufgebaut wurde, das überkommenen Vorstellungen entsprach. Der Besuch des Gymnasiums blieb meist den Kindern der Oberschicht vorbehalten, des Adels, der Akademiker, der höheren Beamten, der Großbürger und Bildungsbürger. Die Mittel- oder Realschule wurde für die Kinder der sozialen Mittelschicht erfunden, der Kaufleute, Handwerker, der kleineren Beamten und Angestellten. Und die Volksschule wurde den Kindern der Arbeiter und Bauern angeboten. Außerdem richtete man Hilfsschulen für die Behinderten ein, sodass ein viergliedriges Schulsystem entstand. Die Schulen wechselten häufig ihre Namen, aus der Mittelschule wurde die Realschule, aus der Volksschule die Hauptschule – neuerdings in Baden-Württemberg auch »Bildungswerkstatt« genannt. Aus der Hilfsschule wurde zunächst die Sonderschule und dann die Förderschule. Die Etiketten wurden ausgetauscht, doch die Schülerselektion blieb dieselbe.

In vielen Bundesländern ist es bis heute bei dieser Gliederung des Schulsystems geblieben. In der bildungspolitischen Diskussion werden die Sonderschulen oft vergessen. Für jede Schulart werden besondere Lehrer ausgebildet, für die Sonderschulen, die Grund- und Hauptschulen, die Realschulen und für die Gymnasien. Eine kaum zu rechtfertigende unterschiedliche Besoldung verfestigt die traditionellen

Strukturen. So erteilen die Grund- und Hauptschullehrer mehr Unterricht als Gymnasiallehrer. Die Grundschullehrer haben es mit besonders heterogenen Lerngruppen zu tun und müssen ständig differenzieren. Die Hauptschullehrer leisten schwierige Erziehungsarbeit und ihr Arbeitsfeld ist besonders konfliktträchtig. Ob die etwas höhere Fachkompetenz der Realschul- und Gymnasiallehrer die lebenslang höhere Besoldung rechtfertigt, muss bezweifelt werden.

Die Diskussion um mehr Chancengerechtigkeit flammte in den 60er-Jahren auf, als der Sputnik-Schock die westlichen Demokratien verunsicherte und mobilisierte, als Georg Picht »Die deutsche Bildungskatastrophe« (1964) heraufbeschwor, als die 68er-Studentenbewegung den »Student aufs Land« schickte, um »das katholische Mädchen vom Lande« – dessen Bildungschancen damals noch sehr gering waren – an die Universitäten zu locken.

Zwischen ideologischen Flügelkämpfen zerrieben

Leider wurde die Diskussion um mehr Chancengerechtigkeit immer unter politischem Vorzeichen geführt, und das ist bis heute so geblieben. Befürworter integrierender Schulsysteme gehören fast immer der SPD, der FDP oder den Grünen an, sie gelten als linksliberal oder sozialistisch infiziert. Die Gegner kommen meist aus dem konservativen Lager und vertreten parteipolitisch die Interessen der CDU/CSU. Die einen wollen das traditionelle Schulsystem überwinden und polemisieren, man würde die Schüler wie Eier auf dem Wochenmarkt in die Güteklassen A, B, C und D einteilen. Und die anderen wollen das traditionelle Schulsystem bewahren, fürchten drastische Niveaueinbußen, stellen die Behauptung auf, die Lehrtempi würden sich nach den leistungsschwächsten Schülern richten und sprechen von einer »Diktatur der letzten Bank«.

Die Diskussion um das Für und Wider der Gesamtschule wird in den Lehrerverbänden fortgesetzt, um verbandspolitische Interessen zu sichern. Die Schüler, um die es ja wohl gehen sollte, werden dabei häufig ausgeklammert. Die Gewerkschaft Erziehung und Wissenschaft plädiert für die Einführung von Gesamtschulen sowie für eine Angleichung der Besoldung der Gewerkschaftsmitglieder, der Realschullehrerverband setzt sich ein für die Beibehaltung der Realschulen und der Philologenverband – wie könnte es auch anders sein – macht sich stark für die Beibehaltung der in vieler Hinsicht privilegierten Gymnasien. Die tatsächlichen Unterschiede zwischen den einzelnen Lehrergruppen sind zwar gering, doch je geringer die Unterschiede, desto größer sind die Abgrenzungsbestrebungen.[1]

1 Als Senatsbeauftragter für die schulpraktische Ausbildung führte der Autor an der Pädagogischen Hochschule Heidelberg in den 80er-Jahren mehrere Veranstaltungen für Ausbildungslehrer durch. Gemeinsame Veranstaltungen für Grund-, Haupt- und Realschullehrer scheiterten. Erst als getrennt eingeladen wurde, waren die Teilnehmer zufrieden und die Veranstaltungen erfolgreich.

Zwei Ereignisse haben in den letzten Jahren die Diskussion um mehr Chancengerechtigkeit aufleben lassen: die Vereinigung von Deutschland-West und Deutschland-Ost und die Ergebnisse internationaler Vergleichsstudien wie TIMSS und PISA. Nach der Vereinigung mussten sich in den jungen Bundesländern natürlich auch die Schulsysteme ändern. Statt die sozialistische Einheitsschule durch Differenzierungsmaßnahmen zu erneuern, wurde sie zunächst einmal abgeschafft. Gemäß der Kulturhoheit gingen die neuen Bundesländer eigene Wege. Einige übernahmen das 85-jährige Schulsystem der alten Bundesländer. Sachsen hingegen entschloss sich zu einem Sonderweg, verzichtete auf die Einführung der Hauptschule als »Restschule« und entschied sich für ein Schulwesen, das sich zwischen dem traditionellen und dem Einheitsschulsystem bewegt.

Die Ergebnisse internationaler Vergleichsstudien deuten darauf hin, dass sich mit einem anderen als dem traditionellen Schulsystem vielleicht doch bessere Lehr-Lernergebnisse erreichen lassen (Döbert 2003). In Kanada, Australien oder Skandinavien schickt man die Schüler neun Jahre lang in eine gemeinsame Schule und erzielt in diesen Systemen gute Leistungen. Allerdings sind die Lehrer in diesen Ländern besonders bemüht, durch Differenzierungsmaßnahmen den verschiedenen Begabungen und Fähigkeiten der Schüler gerecht zu werden.[1] Nach dem Mittleren Bildungsabschluss können sich die Schüler für eine Berufsausbildung oder für das Gymnasium entscheiden. Existenzbedeutsame Schullaufbahn-Entscheidungen müssen also erst im 16. Lebensjahr getroffen werden. Auf diese Weise wird ein hohes Maß an Chancengerechtigkeit erreicht.

Das Erfolgsmodell Grundschule

In der Grundschule ist Chancengerechtigkeit weitgehend verwirklicht und die Schule kann, zumindest in Baden-Württemberg, als Erfolgsmodell bezeichnet werden. Dies gilt so lange, bis andere Studien die Ergebnisse der IGLU-E-Untersuchung relativieren. Der Grundsatz »allen das Gleiche« hat sich für Grundschüler bewährt, was jedoch nicht heißt, dass allen Schülern die gleichen Lerninhalte angeboten werden, sie gleiche Ziele anstreben und im Gleichschritt lernen. So sahen sich der Ministerpräsident und die Kultusministerin des Landes Baden-Württemberg veranlasst, das Erfolgsmodell zu preisen, die Lehrerinnen und Lehrer zu loben und ihnen zu danken: »... in der vergangenen Woche wurde eine weitere internationale Studie vorgestellt, die die Arbeit an unseren Grundschulen betrifft. IGLU-E (Internationale Grundschul-Lese-Untersuchung) zeigt die Leistungen von Kindern am Ende der vierten Grundschulklasse in zentralen Kompetenzbereichen (Lesen, Mathematik

1 P. Linnakylä von der Universität Jyväskylä, Finnland, sprach auf der Fachtagung zum Thema Bildungsstandards in der Evangelischen Akademie Bad Boll über die Notwendigkeit, die Lehrer zu qualifizieren und die Schüler individuell zu fördern. Der Begriff »Bildungsstandards« sei in Finnland unbekannt.

und Naturwissenschaften) in einigen Ländern der Bundesrepublik Deutschland im nationalen und internationalen Vergleich. Baden-württembergische Grundschulen haben daran teilgenommen. In allen drei Leistungsbereichen schneiden die Schülerinnen und Schüler unserer Grundschulen hervorragend ab. Sie liegen in der internationalen Spitzengruppe und national auf Platz 1. Zu diesem Ergebnis möchten wir Ihnen ... sehr herzlich gratulieren.« Und weiter wird aus der Veröffentlichung des deutschen IGLU-Konsortiums zitiert: »Baden-Württemberg ist das beste europäische Land in Mathematik, und bei den naturwissenschaftlichen Kompetenzen knüpft es an die Spitzenleistungen asiatischer Länder an. Es belegt im internationalen Vergleich den 2. Platz gleichauf mit Japan. Die Grundschule ist die modernste, kreativste und innovativste Schulart.« – Diese erfreulichen Ergebnisse werden auf zahlreiche Reformprojekte zurückgeführt, wie »Schulanfang auf neuen Wegen« (flexible Einschulung), die Kooperation mit den Kindergärten, die verlässliche Grundschule (zumindest halbtägige Betreuung in der unterrichtsfreien Zeit), Kooperation mit den Kindergärten, Förderkonzepte für lernschwache und hoch begabte Kinder, auf Diagnosearbeiten sowie die verbindliche Einführung des Fremdsprachenunterrichts«.[1] – So weit die euphorische Erfolgsbilanz, und man möchte den politisch Verantwortlichen zurufen: »Weiter so!« Diese Erfolge müssten sich doch in ähnlicher Weise auf die Sekundarstufe I übertragen lassen? Doch darauf werden wir vergeblich warten, weil die Bereitschaft fehlt, das viergliedrige Schulsystem zu reformieren und eine »Schule der Zukunft« zu entwickeln.

Schulen erster, zweiter und dritter Klasse

Während in der erfolgreichen Grundschule alle Schüler gemeinsam in einer Schule unter vergleichbaren Rahmenbedingungen – Personalausstattung, Raumprogramm, Sachmittel – unterrichtet werden, müssen die Schularten der Sekundarstufe I unter verschiedenen Bedingungen arbeiten. Nicht nur die Schüler werden selektiert, sondern man stattet die Schulen unterschiedlich aus mit Personal, Räumen und Sachmitteln. Die Gymnasien und die Sonderschulen werden sehr gut mit Lehrerinnen und Lehrern versorgt, die Grund-, Haupt- und Realschulen weniger gut. Diese Tatsache steht im Widerspruch zum Artikel 11 der Verfassung des Landes Baden-Württemberg, der eine Erziehung und Ausbildung aller jungen Menschen ohne Rücksicht auf Herkunft oder wirtschaftliche Lage fordert. Für einen Gymnasiasten wird etwa viermal so viel Geld für Lehrkräfte aufgewendet wie für einen Hauptschüler.[2] Der hohe Personalaufwand für die Sonderschulen erscheint gerechtfertigt. Die

1 Schreiben des Ministerpräsidenten des Landes Baden-Württemberg und der Kultusministerin des Landes an die öffentlichen und privaten Grundschulen, Grund- und Hauptschulen und Sonderschulen mit Bildungsgang Grundschule vom 4.2.2004, die hervorragenden Ergebnisse aus IGLU-E betreffend.

2 Weber, B.: »Lieber eine Bildungsoffensive als die Olympiade«. Ein Bericht von K. Baumbusch. *Rhein-Neckar-Zeitung* vom 15.3.2003.

Grundschulen leisten trotz geringer finanzieller Aufwendungen sehr gute Arbeit. Haupt- und Realschulen müssen sich mit einer geringeren Finanzierung abfinden. Wie lässt sich die luxuriöse Personalausstattung der Gymnasien rechtfertigen? Etwa durch das schlechte Abschneiden bei internationalen Leistungsvergleichen? Wäre es nicht gerechter, in alle Schularten gleich viel zu investieren? Sollte man nicht gerade leistungsschwache Hauptschüler intensiv fördern, um ihnen so zu mehr Chancengerechtigkeit zu verhelfen?

Nicht nur die *Personalkosten* differieren zwischen den Schularten erheblich, sondern auch die *Raum-* und *Medienausstattung* sowie die *Sachmittel*. Wer unvoreingenommen im Rahmen eines Forschungsprojekts die Schulen verschiedener Schularten besucht, dem fallen sofort die Unterschiede auf.[1] Die Ausstattung der Hauptschulen ist meist dürftig, und fragt man nach dem Grund, erhält man die Antwort: »Für die da, genügt das!« Die Ausstattung der Realschulen kann als zufrieden stellend bezeichnet werden und die der Gymnasien als gut bis sehr gut. Natürlich gibt es auch Ausnahmen und regionale Unterschiede. Besonders schlecht ausgestattet sind viele Stadtschulen, was übrigens auch auf einige Gymnasien zutrifft. Im ländlichen Raum, wo mehr Kinder die Hauptschule besuchen, weil sie die weiten Wege zur Realschule oder zum Gymnasium scheuen, sieht es etwas besser aus. Hier identifizieren sich Gemeinden noch mit ihrer Schule und statten auch Hauptschulen – bei ausgeglichenem Gemeindehaushalt – sehr gut aus. In vielen Privatschulen und im Rahmen einzelner Schulprojekte sind die Rahmenbedingungen sogar hervorragend (Scheufele 1996). Aber generell sind die Unterschiede zwischen den Schularten fast immer augenfällig: dürftig die Hauptschulen, mittelmäßig die Realschulen und sehr gut die Gymnasien. Gerechter wäre eine vergleichbare Ausstattung aller Schulen der Sekundarstufe I durch die Schulträger. Und würde man die Schularten in eine Differenzierende Leistungsschule integrieren, wäre die Ausstattung für alle Schüler gerecht.

Was ein Schüler kosten darf

Auch für den Schul- und Unterrichtsbedarf werden für die Schüler einzelner Schularten unterschiedliche Beträge veranschlagt, so für die Grundschüler 70, die Hauptschüler 100, für die Realschüler 120 und für die Gymnasiasten und Berufsschüler 140 Euro im Jahr. Werden nicht gerade auch für Grund- und Hauptschüler anspruchsvolle Lernmaterialien benötigt, um ihnen bessere Lernchancen bieten und sie optimal fördern zu können?[2]

1 Der Autor hatte Gelegenheit, im Jahr 2000 im Rahmen eines Forschungsprojekts zur Frage der »Vorherrschenden Orientierungen von Lehrern im Hinblick auf die Berufsausübung« – 30 Schulen verschiedener Schularten zu besuchen. Die Unterschiede zwischen den Hauptschulen, Realschulen und Gymnasien wurden dabei besonders augenfällig. Literatur: Hartmann-Kurz/Donetskaja/Becker (2001).

2 Unterlagen des Schulverwaltungsamts der Stadt Heidelberg vom 12.3.2004.

Allein schon wegen der unterschiedlichen Höhe der Personalkosten, der Raumausstattung sowie der unterschiedlichen Ausgaben für Sachmittel, für Schul- und Unterrichtsbedarf, kann das viergliedrige Schulsystem nicht gerecht sein. Mit welcher Begründung investieren Steuerzahler und öffentliche Hand mehr Geld in einen Gymnasiasten als in einen Hauptschüler, wo doch Letzterer weitaus geringere Zukunftschancen hat? »1998 betrug die Arbeitslosenquote in Deutschland insgesamt 10,5 Prozent. In der Gruppe der Erwerbstätigen ohne formalen Berufsbildungsabschluss lag sie dagegen bei 25,8 Prozent und bei den Erwerbstätigen mit Hochschulabschluss bei ›nur‹ 3,4 Prozent. Schließlich schlagen sich Schul- und Berufsausbildung im erzielbaren Einkommen nieder: Wenn das Einkommen der Absolventen der dualen Ausbildung für 1998 mit 100 Prozent angesetzt wird, so beläuft sich das entsprechende Einkommen der Erwerbstätigen ohne abgeschlossene Berufsausbildung auf 78 Prozent; Erwerbstätige mit einer Ausbildung an Fachschulen oder an Berufsakademien erreichen 106 Prozent, solche mit einem Hochschulabschluss dagegen 157 Prozent.« (Klemm 2003, S. 243) Die Gymnasiasten mit den besten Zukunfts- und Verdienstaussichten werden also stärker gefördert als die Hauptschüler mit den geringsten Zukunftschancen. Dabei würde die intensive Förderung leistungsschwacher Hauptschüler langfristig gesehen auch die Sozialkassen entlasten.

Kinder, die keine sind

Im traditionellen viergliedrigen Schulsystem sind die Chancen der Schüler ungerecht verteilt. Sonderschüler werden gut versorgt und betreut, allerdings meist schon systembedingt von anderen Schülern fern gehalten. Gymnasiasten haben alle Chancen, Realschüler gute Chancen, Hauptschüler schlechte Chancen und Asylbewerber sind fast chancenlos, weil man sie nicht einmal zur Schule schickt. So unterscheidet die Ministerialbürokratie in Baden-Württemberg zwischen »anerkannten« und »nicht anerkannten« Kindern. Anerkannte Kinder unterliegen der Schulpflicht, und um die »nicht anerkannten« Kinder braucht man sich nicht zu kümmern. Dabei stützt man sich auf folgende Rechtslage: Sofern es Kindern gelingt, auf dem Wasser- oder Luftweg das Territorium der Bundesrepublik Deutschland zu erreichen, müssen auch sie einen Asylantrag stellen. Diese Kinder sind keine Deutschen im Sinne des Grundgesetzes. Für sie gilt deshalb auch nicht das Grundgesetz und somit auch nicht die allgemeine Schulpflicht. Formal ist diese Argumentation der Juristen fürchterlich logisch und korrekt. Aber was soll aus Kindern werden, die man »wegen ihrer kurzen Verweildauer« – die manchmal allerdings mehrere Jahre währt – in staatlichen Sammelunterkünften nur verwahrt und sie nicht einmal zur Schule schickt? Die einzelnen Bundesländer verfahren entsprechend ihrer Kulturhoheit ganz unterschiedlich. Bayern beispielsweise schickt alle Kinder zur Schule nach dem Motto: Aus einem Kind, das nicht zur Schule geht, wird nix! – Zweifellos eine richtige Einstellung. Baden-Württemberg gewährt den »nicht anerkannten« Kindern 10 Wochenstunden Deutschunterricht in den Sammelunterkünften, was zu begrüßen ist. (Becker/Hartmann-Kurz/Nagel 1997)

Wenn man also ein »nicht anerkanntes« Kind jahrelang in einer Sammelunterkunft aufbewahrt und erst nach der Anerkennung des Asylantrags ein regelmäßiger Unterricht einsetzt, kommt es zu einem erheblichen Beschulungsrückstand, der meist mit einer Abstufung um mindestens eine Schulart verbunden ist. Viele dieser Kinder finden sich dann in der Sonderschule wieder und erreichen keinen Schulabschluss. Diese Jugendlichen können ohne qualifizierten Schulabschluss keine Ausbildung durchlaufen, finden selten eine dauerhafte Beschäftigung, werden arbeitslos und fallen eines Tages als Sozialhilfeempfänger der Allgemeinheit zur Last.

Im Hinblick auf die »nicht anerkannten« Kinder wäre eine Offensivstrategie angebracht. Anstatt sie mit juristischen Tricks von der Schule fern zu halten und ihnen gegenüber grob ungerecht zu verfahren, sollte man allen Asylbewerbern und deren Angehörigen sofort bei der Einreise erklären: In Deutschland muss jedes Kind zur Schule gehen. In diesem Land gibt es die Schulpflicht, und wer diesen Grundsatz nicht akzeptiert, braucht keinen Asylantrag zu stellen. Im Interesse der Kinder und im gesamtgesellschaftlichen Interesse wäre ein solches Vorgehen voll gerechtfertigt, obgleich es auf den ersten Blick rigoros erscheint. – Übrigens hat jedes Kind nach Artikel 28 der Kinderkonvention der Vereinten Nationen ein Recht auf Unterricht (Terre des hommes 2000).

Zusammenfassend bleibt festzuhalten ...

Die anzustrebende Chancengerechtigkeit ist für die Grundschüler des Landes Baden-Württemberg gegeben. Keine Chancengerechtigkeit gibt es an den weiterführenden Schulen für viele Haupt- und Realschüler. Mehr Gerechtigkeit ließe sich nur durch eine vergleichbare Personal-, Raum- und Sachausstattung an den verschiedenen Schularten erzielen. Gerecht wäre es wohl, in jeden jungen Menschen – ob Haupt-, Realschüler oder Gymnasiast – gleich viel zu investieren. Und es wäre auch gerechter, alle Lehrerinnen und Lehrer unter vergleichbaren Bedingungen arbeiten zu lassen. Grob ungerecht ist es, »nicht anerkannte« Kinder vom Unterricht auszuschließen. Das ist einer Kulturnation unwürdig.

4. Den Schulanfang optimieren

> »Wer aus Schweden, Finnland oder Kanada nach Deutschland zurückkommt, reibt sich die Augen und möchte am liebsten seine Landsleute auf große Klassenfahrt in diese Länder schicken. Unsere Bildungsdebatten sind provinziell. Wir brauchen Bilder, wie es anders sein könnte und wie es besser geht. Wir brauchen real existierende Visionen, wie Schule gemacht werden kann.« So wird ein Video von Reinhard Kahl mit dem Titel: »Auf den Anfang kommt es an«, eingeführt. (Kahl 2003)

Kommt es denn wirklich auf den Anfang an?

Ist nicht aus vielen Kindern, die ungünstige Sozialisationsbedingungen hatten, für die es in den Kriegs- und Nachkriegsjahren zeitweise gar keinen Unterricht gab, auch noch etwas geworden? Gibt es nicht unzählige Bildungsbiografien, die diese Behauptung widerlegen, Schüler, die nach einem Schulwechsel aufblühten, Auszubildende, die bei einem anderen Lehrherrn vorzügliche Leistungen erbrachten, Studierende, die nach einem Wechsel des Studiengangs in kurzer Zeit ein sehr gutes Examen ablegten, oder Angestellte, die in einem anderen Betrieb eine verantwortungsvolle gut bezahlte Position übertragen bekamen? Kommt es wirklich auf den Anfang an? Gibt es in einer Zeit des lebenslangen Lernens nicht auch ehrgeizige Senioren, die sich im fortgeschrittenen Alter stolz mit einem Doktortitel schmücken? Also kann es wohl doch nicht nur auf den Anfang ankommen, oder vielleicht doch?

Ja, es kommt auf den Anfang an!

Eine didaktische Überlegung soll die Behauptung stützen, dass vom Anfang der Schulzeit zwar nicht alles, aber doch sehr viel abhängt. Um anspruchsvollere Lernprozesse aufnehmen, durchlaufen und erfolgreich abschließen zu können, benötigen die Schüler Vorkenntnisse. Wird eine Aufgabe gestellt, profitieren diejenigen Schüler vom nachfolgenden Unterricht, die über die erforderlichen Vorkenntnisse verfügen. Sie kommen im Lernprozess voran, erzielen gute Leistungen und haben meist auch Spaß am Unterricht. Andere Schüler, die nicht über die erforderlichen Vorkenntnisse verfügen, profitieren vom nachfolgenden Unterricht wenig oder nichts und werden frustriert (Weinert/Zielinski 1977). Vorkenntnisse allein garantieren zwar noch nicht den Lernerfolg, weitere Variablen sind wahrscheinlich ebenso bedeutsam, wie die Leistungsmotivation, die Volition, vorhandene Lerntechniken und Lernstrategien sowie die Selbstwirksamkeit, die Bereitschaft, sich einer Anforderung zu stellen, und das Zutrauen in die eigene Leistungsfähigkeit. Aber ohne die erforderlichen Vorkenntnisse ist ein Schüler verloren.

Eine zweite Überlegung soll ebenfalls die Behauptung stützen, wie wichtig der Anfang ist. Schulisches Lehren und Lernen ist fast immer an die Sprache gebunden. Der Unterricht in Deutschland – wie könnte es auch anders sein – findet überwiegend in deutscher Sprache statt. Wer am Anfang der Schulzeit die deutsche Sprache versteht und sich in ihr bewegen kann, vermag meist ohne Schwierigkeiten dem Unterricht zu folgen. Wer kaum Deutsch versteht und sprechen kann, profitiert vom Unterricht wenig oder nichts. Alles was ein Schüler in den ersten Jahren nicht lernt, muss er in späteren Jahren mit viel größerem Aufwand nachholen.

Früh übt sich

Also ist Frühförderung angezeigt in der Familie, im Kindergarten, in der Vor- und Grundschule. Neurophysiologische Forschungsergebnisse beweisen, dass Säuglinge von Geburt an kommunizieren, Kontakt für sie (über)lebensnotwendig ist, weil sie ohne nonverbale und verbale Zuwendung in allen Ausdrucksmöglichkeiten verkümmern. Auf die große Lernfähigkeit von Säuglingen wird immer wieder hingewiesen. Da sich bei vielen Säuglingen deutliche Kommunikationsdefizite abzeichnen, bietet z.B. die Abteilung für Psychosomatische Kooperationsforschung und Familientherapie an der Universität Heidelberg jungen Eltern einen Kurs an: »Wie wird das zu Dritt wohl alles werden?«[1] Die zweite Kurseinheit umfasst die »Eltern-Kind-Kommunikation« und die »Interaktionsbereitschaft des Babys«, »Umgang mit dem Schreien« und »Kommunikation mit dem Baby«. Kurse dieser Art sind für Eltern, die ein behindertes Kind zu betreuen haben, besonders wichtig, weil durch intensive Kommunikation Defizite ausgeglichen werden können. Kritische Leser halten diese Art der Frühförderung vielleicht für verfrüht – schließlich haben wir doch alle, ohne dass unsere Eltern solche Kurse besucht hätten, eines Tages sprechen gelernt. Da jedoch in Verbindung mit solchen Kursen noch keine gesicherten Ergebnisse aus Langzeituntersuchungen vorliegen, sollten diese von den Kritikern abgewartet werden.

Normalerweise fördern die Eltern in den ersten Lebensjahren die Sprachentwicklung ihrer Kinder, indem sie mit ihnen singen und spielen, vorlesen, Tischgespräche führen und Gute-Nacht-Geschichten erzählen. Die Familienmitglieder interagieren und kommunizieren und bieten so Sprachvorbilder. Auch entstehen viele Situationen, die zum aktiven Sprachgebrauch herausfordern. In einer intakten Familie bewegen sich die Kinder in einer anspruchsvollen Sprachumgebung und übernehmen im Laufe der Jahre den elaborierten Code. In jüngster Zeit mehren sich allerdings die Anzeichen, dass immer mehr Kinder auf eine anspruchsvolle Sprachumgebung verzichten müssen.

Den Kindern hat es die Sprache verschlagen

Gestützt wird diese Vermutung durch den Besuch eines Kindergartens im März 2004. Nach Angabe der Leiterin sind von 98 Kindern 30 sprachauffällig, von diesen sind 22 in logopädischer, fünf in ergotherapeutischer Behandlung und drei gehen zum therapeutischen Reiten.[2] Logopäden aus verschiedenen Regionen bestätigen, dass etwa jedes vierte Kind behandlungsbedürftig sei.[3] Ob tatsächlich in jedem Fall eine Behandlung notwendig ist, kann bezweifelt werden. Schließlich muss nicht jede Abweichung von der normalen Sprachentwicklung, die ohnehin nur eine Fiktion darstellt, behandlungsbedürftig sein. Erfahrungsgemäß erfolgen die Korrekturen

1 Gregor, A. und Cierpka, M.: Informationen zum Elternkurs: »Wie wird das zu Dritt wohl alles werden?« Abteilung für Psychosomatische Kooperationsforschung und Familientherapie, Universitätsklinikum Heidelberg, Bergheimer Str. 54, 69115 Heidelberg.

2 Kindergarten Wilhelmsfeld, Daten vom März 2004. 69259 Wilhelmsfeld.

3 Bestätigung der Angaben aus dem Kindergarten in Wilhelmsfeld durch Lehrlogopädinnen der Universitäten Ulm und Regensburg.

zumeist auch ohne therapeutische Hilfe. Vor einem halben Jahrhundert war der Beruf des Logopäden noch weitgehend unbekannt, behandelt wurden damals nur wenige Kinder. Unter den heute 60-jährigen Erwachsenen finden sich nur wenige mit einer Sprachstörung oder einer Behinderung, die in der Kindheit hätte behandelt werden müssen. Dennoch sind natürlich Versäumnisse in der Kindheit besonders gravierend. Und der allgemeine therapeutische Grundsatz – je früher interveniert wird, desto größer sind die Behandlungserfolge – gilt natürlich auch für die Logopädie. So betrachtet, sind prophylaktische Maßnahmen fast immer auch gerechtfertigt.

Wenn heute die Behandlungsbedürftigkeit bei etwa jedem vierten Kind nachgewiesen werden kann, müssen die Ursachen in den veränderten Sozialisationsbedingungen zu finden sein. Von Logopädinnen werden besonders häufig drei mögliche Gründe genannt: zu wenig Kommunikation in der Familie, fehlende Sozialkontakte und zu hoher Fernsehkonsum. Wer als Kind in einer sprachlosen Familie aufwächst und täglich viele Stunden allein vor dem Fernseher verbringt, scheint eklatant benachteiligt. Abhilfe könnten nur die Eltern selbst oder die sozialpädagogischen Mitarbeiterinnen in den Kindergärten schaffen. Da Erstere offensichtlich häufig versagen, sind Letztere gefordert.

Im deutschen Südwesten versucht die Landesstiftung Baden-Württemberg mit Hilfe des Projekts »Sprachförderung im Vorschulalter« gegenzusteuern. »Vorrangiges Ziel des Projektes der Landesstiftung ist es, Kindern die Chance zu eröffnen, intensiv mit der deutschen Sprache in Kontakt zu kommen, und dadurch deren altersgemäße Sprachentwicklung zu fördern und zu unterstützen. Das Projekt will durch kindgerechte und spielerische Angebote einen Beitrag zur Chancengleichheit und Verbesserung der individuellen Lebenschancen der Kinder leisten.«[1] Da es auf diesem Gebiet zu wenig Fachkräfte gibt, die solche Kurse durchführen könnten, werden zunächst Multiplikatorinnen geschult. Die Nachfrage der im Beruf stehenden Kindergärtnerinnen an Kursen zur Sprachstandserhebung, systematischen Beobachtung und zu gezielten Sprachfördermaßnahmen kann deshalb noch nicht abgedeckt werden. Doch wäre es ungerecht, von einer übereilten Initiative oder einem blinden Aktionismus zu sprechen. Mit diesem Projekt ist ein Anfang gemacht.

»Es muss nicht immer Kaviar sein«

Aber müssen es immer gleich Kurse mit Anmeldefristen und einem relativ hohen Zeit- und Kostenaufwand sein? P. Küspert und W. Schneider haben Sprachspiele für Kinder im Vorschulalter entwickelt und erprobt. Unter dem Titel »Hören, lauschen, lernen« wird ein Trainingsprogramm zur Vorbereitung auf den Erwerb der Schriftsprache angeboten. Das Programm beginnt mit Lauschspielen zum Üben des genau-

1 Landesstiftung Baden-Württemberg. Ausschreibung 2003 – Fortbildung von Multiplikatorinnen – Sprachförderung im Vorschulalter. Dezember 2003. Schreiben vom 21.1.2004, Landratsamt Rhein-Neckar-Kreis, Postfach 10 46 80, 69036 Heidelberg.

en Hin-Hörens, fährt fort mit Reimübungen und führt dann in die Einheiten Satz, Wort und Silbe ein. Schließlich werden der Anlaut und einzelne Laute im Wort bewusst gemacht. Das Trainingsprogramm umfasst einen Zeitraum von 20 Wochen und ist in täglichen Sitzungen von zehn Minuten in Kleingruppen mit Vorschulkindern durchzuführen. Die Unterlagen sind allgemein verständlich formuliert, sodass es engagierten sozialpädagogischen Mitarbeiterinnen möglich sein sollte, sich eigenständig einzulesen, sich mit dem Arbeitsmaterial vertraut zu machen und die methodische Kompetenz zu erwerben, die für eine gezielte Sprachförderung der Kinder notwendig ist. Da an vielen Kindergärten seit Jahren Sprachförderung üblich ist, könnte dieses Trainingsprogramm die noch vorhandenen Lücken in kurzer Zeit schließen helfen (Küspert/Schneider 2002). Ziel muss eine flächendeckende gezielte Sprachförderung aller Kinder im Vorschulalter sein nach dem Grundsatz: Kinder, die eingeschult werden, haben auf einem angemessenen Niveau die deutsche Sprache zu beherrschen, damit sie dem Unterricht folgen können. Wer sie nicht beherrscht, muss individuell gefördert werden, weil es schließlich auf den Anfang ankommt.

Allerdings sollte man die Ergebnisse, die mit solchen Trainingsprogrammen erzielt werden können, auch nicht überschätzen. Nach dem Sputnik-Schock 1957 versuchte man in den Vereinigten Staaten – übrigens in vergleichbarer Weise wie nach dem PISA-Schock 2000 in Deutschland – die Leistungsdefizite amerikanischer Schüler durch Frühförderprogramme (Head-Start-Programs) auszugleichen. Die hohen Erwartungen, die an diese Programme geknüpft wurden, haben sich nicht erfüllt. Man kam zu der Einsicht, dass Trainingsprogramme familiale Sprachumgebungen nicht ersetzen können. Was sind schon wenige Trainingsminuten im Vergleich zu mehreren Stunden gelungener Kommunikation mit Eltern und Geschwistern?

Der Schulanfang ist für jene Schüler besonders erschwert, welche die deutsche Sprache nur unzureichend beherrschen, weil in ihren Familien kaum deutsch gesprochen wird, wenn sie als Asylbewerber, Spätaussiedler oder Flüchtlinge zu uns kommen. Selbst bei intensiver Sprachförderung dauert es ein bis zwei Jahre, bis diese Schüler annähernd das Sprachniveau ihrer Mitschüler erreicht haben und dem Unterricht folgen können. Der Sprachrückstand führt zu einem Beschulungsrückstand und oft zu einer Abstufung in eine geringere Schulart. Der potenzielle Gymnasiast findet sich in der Realschule wieder, der Realschüler in der Hauptschule und der Hauptschüler in der Sonderschule. Die Ausbildungs- und Berufschancen sind weitaus geringer als die ihrer deutschen Mitschüler, weil sie schlechtere Startbedingungen haben.

Für Kinder, die einen Asylantrag gestellt haben, ist ein sofort einsetzender intensiver Sprachunterricht besonders wichtig. Wird ihr Asylantrag akzeptiert, finden sie schneller Anschluss an das Schul- und Ausbildungssystem. Müssen sie Deutschland wieder verlassen, weil ihr Asylantrag abgelehnt worden ist, können sie im Zeitalter der Globalisierung mit ihren Deutschkenntnissen für Unternehmer und Touristen Sprachbrücken bauen.

5. Den Unterricht neu organisieren

Es bedarf keiner kostspieligen Beraterverträge mit berühmten Firmen wie Roland Berger oder McKinsey, um festzustellen, dass die teuren Lehrdeputate an deutschen Halbtagsschulen nicht optimal eingesetzt werden. Lehre, wie sie auf der Sekundarstufe zumeist stattfindet, ist weder effektiv noch effizient.

An deutschen Halbtagsschulen richten sich die Lernzeiten zumeist nach den Wünschen und Bedürfnissen der Lehrerinnen und Lehrer, die vormittags ihr Deputat ableisten und den Nachmittag zu Hause verbringen wollen, nicht aber nach dem Lernvermögen der Schüler. Ohne Rücksicht auf deren Lernvermögen werden Schüler zwischen 8.00 und 13.00 Uhr oft mit fünf oder sechs Fächern und Einzelstunden traktiert.

Fragt man einen deutschen Schüler, der eine solche Halbtagsschule auf der Sekundarstufe I besucht, was er am Morgen in der Schule gelernt habe – was übrigens ziemlich taktlos ist –, bekommt man zur Antwort: »Deutsch, Mathe, Bio, Englisch, Musik und Reli.« Diese Aufzählung der Fächer beinhaltet keine Informationen über den Unterricht, über dessen Inhalte oder über die von den Schülern gewonnenen Einsichten. Mitunter fällt die Antwort noch unbefriedigender aus: »In der ersten Stunde kam Frau Müller, unsere Direktorin. Sie sagte uns, dass Frau Maier, unsere Klassenlehrerin, krank sei und wir eine Vertretung bekommen würden. In der zweiten Stunde kam Frau Lehmann, die sagte uns, dass bei einer Vertretungsstunde nicht viel rauskomme, wir könnten machen, was wir wollen, nur keinen Blödsinn. In der dritten Stunde hatten wir Mathe, da wurden endlos die Hausaufgaben kontrolliert. In der Englischstunde ging es mit Lesson 13 weiter, und dann konnten wir nach Hause gehen, weil doch Frau Maier krank war.« – Erst wenn man hartnäckig bleibt und nachfragt, erfährt man vielleicht, was in der einen oder anderen Stunde gelehrt und gelernt worden ist.

Ein spurloser Vormittag für die Schüler

Der Unterricht an Halbtagsschulen hinterlässt im Bewusstsein der Schüler kaum Spuren. Selten gehen Schüler gerne in eine weiterführende Schule, sie fühlen sich unter Druck gesetzt und stöhnen über die vielen Hausaufgaben. An einem Vormittag müssen sie sich auf bis zu sechs verschiedene Lehrer und ebenso viele Lerninhalte einstellen, manchmal sogar mehrmals das Klassenzimmer wechseln. Die Pausen sind von Lärm erfüllt. Viele Schüler haben Angst, den Schulhof aufzusuchen, weil sie die aggressiven Verhaltensweisen ihrer Mitschüler fürchten. In der ersten Stunde sind einige unausgeschlafen, und in den letzten beiden Stunden sinkt die Konzentrationsfähigkeit stark ab. Nur noch die leistungsstarken und wohlmeinenden Schüler tun dem Lehrer einen Gefallen und beteiligen sich am Unterricht, die anderen sehnen tagträumend das Ende herbei. Der Gong um 13.00 Uhr bringt die Erlösung.

Ein Spiel mit Unbekannten für die Lehrer

Den Fachlehrern geht es an Halbtagsschulen, die im 45-Minuten-Takt organisiert sind, besonders schlecht. Sie müssen oft in sechs verschiedenen Klassen unterrichten, sich immer wieder auf neue Lerngruppen einstellen, deren Gruppenprozesse sie nur erahnen können. Sie müssen über 120 Schüler, die sie kaum kennen, erzieherisch betreuen, sechs verschiedene Themen ansprechen, aufgreifen und weiterführen. Die viel zu kurze Große Pause bringt kaum die erhoffte Erholung, weil Kollegen oder der Schulleiter dringende Anliegen vorbringen. In den Kurzpausen hetzen sie von Klassenzimmer zu Klassenzimmer. Um 13.00 Uhr sind sie völlig erschöpft, flüchten aus der Schule, um daheim erst einmal in den wohlverdienten Tiefschlaf zu fallen. Schließlich sind sechs Unterrichtsstunden weitaus anstrengender als sechs Stunden in einem Büro.

Und dabei haben die gestressten Schüler und Lehrer nicht einmal 6 × 45 Minuten gelernt und gelehrt. Empirischen Untersuchungen zufolge ist die Zeit, die sich auf den Unterricht selbst bezieht, viel kürzer. So sollen japanische Lehrer 95 Prozent der Zeit für den Unterricht nutzen, die deutschen hingegen nur 65 Prozent. Statt 270 Minuten werden nur 175 Minuten tatsächlich genutzt, 95 Minuten bleiben auf der Strecke. Eine Kurzstunde hat demnach nicht 45, sondern durchschnittlich nur 30 Minuten. Der Zeitverlust ist der falschen Unterrichtsorganisation, den Lehrern und den Schülern anzulasten. Die Lehrer müssen sich bis zu sechsmal auf den Unterricht vorbereiten und wichtiges Material zusammenraffen. Sie müssen sich für den Unterricht rüsten, benötigen also Rüstzeiten. Als Fachlehrer sind sie genötigt, häufig die Klassenzimmer zu wechseln. Mitunter müssen sie beträchtliche Wege zurücklegen, sodass in den Kurzpausen auf den Fluren und in den Treppenhäusern ein reger Verkehr herrscht. Diese Rüst- und Verkehrszeiten gehen den Lehr-Lernzeiten verloren.

Verzögerungstaktiken

Dann beginnen Lehrer den Unterricht oft unpünktlich, bleiben nach der Großen Pause noch ein paar Minuten im Lehrerzimmer sitzen, führen auf dem Gang ein Gespräch mit der Rat suchenden Kollegin oder warten am Kopiergerät, um sich mit dringend benötigtem Lernmaterial zu versorgen. Einige Lehrer sollen sogar Angst haben, bestimmte Klassenzimmer zu betreten, zögern den Unterrichtsbeginn hinaus, indem sie im Schulgebäude umherstreunen (Brück 1978; Weidenmann 1978).

Schüler verzögern den Unterrichtsbeginn bewusst, ergehen sich in allgemeiner Disziplinlosigkeit, freuen sich über die Turbulenzen und die Hilflosigkeit vieler Lehrer oder provozieren Auseinandersetzungen, damit möglichst viel Unterrichtszeit folgenlos verstreicht. Zwar kann man in diesem Zusammenhang sofort argumentieren, in diesen 15 Minuten finde »soziales Lernen« statt, doch sind hinsichtlich der sozialen Lernziele Zweifel angebracht. Die Frage drängt sich auf: Muss der Zeitverlust wirklich so groß sein?

»Klassische Bildung« – klassisch überholt?

Fragt man sich, warum der Unterricht an deutschen Halbtagsschulen so zerstückelt wird, muss man wohl hundert Jahre zurückblicken und den Bildungsbegriff jener Zeit betrachten, so wie er im Bildungsbürgertum vor und nach dem Ersten Weltkrieg vorherrschend war. Gebildet erschien jener Bürger, der über ein breites Allgemeinwissen verfügte, die deutschen Klassiker gelesen und mit Zitaten um sich werfen konnte, der des Lateinischen und vielleicht auch noch des Griechischen mächtig war. Es herrschte die Meinung vor, man könne den Schülern die Kenntnisse und Einsichten ihrer Zeit vermitteln. Und so lag es nahe, die Schulfächer in Anlehnung an die universitären Disziplinen auszuweisen und möglichst viele Fächer zu lehren, um so eine möglichst umfassende Bildung zu garantieren. Zwar hat man sich nach dem Zweiten Weltkrieg unter Fachleuten längst von dem fragwürdigen Ideal der materialen Bildung verabschiedet und Tagungen zum exemplarischen Lehren und Lernen durchgeführt, doch die große Zahl der Fächer ist geblieben. – Der Übergang zu einer fächerübergreifenden Sichtweise, zu Lernfeldern, in denen man sich sinnvoller bewegen kann, zum Erwerb von Schlüsselqualifikationen und Kompetenzen, bereitet große Schwierigkeiten. Schließlich haben Lehrer ihre Fächer studiert und möchten ihre Fachkenntnisse an die Schüler bringen.

In einer Kurzstunde, die in Wirklichkeit nur etwa eine halbe Stunde umfasst, können Lehrer nur expositorisch verfahren. Bildlich gesprochen sind sie nur in der Lage, ihren Schülern Schnittblumen zu liefern, sie können ihnen aber nicht vermitteln, selbst Pflanzen zu ziehen.[1] Häufig verläuft der Unterricht nach einem bekannten Schema: Begrüßung, Hausaufgabenkontrolle, einige Schüler werden abgefragt, dann trägt der Lehrer vor, geht im Stoff voran oder verfährt fragend-entwickelnd. Wenige Schüler beteiligen sich, die anderen schlafen. Beim Klingeln werden schnell noch Hausaufgaben gestellt, das war's dann. In einer halben Stunde lässt sich kein Unterricht realisieren, der modernen lernpsychologischen und didaktischen Einsichten entspricht.

Keine Würze in der Kürze

In Kurzstunden können bedeutsame Unterrichtskonzeptionen, wie z.B. Projektunterricht, Problemorientierter Unterricht oder Formen der Freiarbeit, nicht verfolgt werden. In einer halben Stunde gelingt es nur selten, eine Schülergruppe auf ein kognitiv anspruchsvolles Niveau zu heben, analytisches, verknüpfendes oder urteilendes Denken zu schulen (Bloom u.a. 1986). In Kurzstunden lassen sich auch selten anspruchsvolle Lernstrategien verfolgen. Zwar wird in der Literatur immer wieder die Überlegenheit entdecken lassender Strategien betont, doch fehlt in Kurzstunden

1 Der Vergleich stammt von J.W. Gardner. Nachzulesen in: Gage, N.L./Berliner, D.C.: Pädagogische Psychologie. Weinheim [5]1996, S. 494.

die Zeit für selbstständiges Lernen (Becker 2001, S. 130ff.). Kleingruppenarbeit ist fast unmöglich, weil die Zeit für das Durchlaufen einer Triade – 1. Arbeitsauftrag stellen, 2. Schüler betreuen, 3. Ergebnisse sichten – nicht ausreicht. Wie soll man etwa 30 Schüler in einer Kurzstunde experimentieren lassen? Und wie soll ein Projekt mit den Schritten – Projektinitiative, Diskussion der Initiative, Projektplan, Diskussion des Projektplans, Projekterarbeitung, Teilevaluation, Präsentation und abschließende Evaluation – durchgeführt werden, wenn die Kontinuität des Lehrens und Lernens nicht gewährleistet ist? Wie soll Problemorientierter Unterricht stattfinden – Problem darstellen, Kleingruppen bilden, Inkubationszeit berücksichtigen, Lösungsvorschläge erarbeiten lassen, Vorschläge präsentieren, diskutieren und nach der stimmigsten Lösung suchen lassen, – wenn Lehrer auf Grund der unsinnigen Zeitvorgabe nur Häppchenkost statt Mahlzeiten anbieten können? Die Konzentration auf eine Frage- oder Problemstellung, die ungestörte, auch längerfristige Beschäftigung mit einer Sache, der Versuch, sie geistig zu durchdringen, dies alles ist im 45-Minuten-Takt nicht möglich. Kurzstunden sind nicht mehr zeitgemäß. Sie sollten so schnell wie möglich – von wenigen Ausnahmen wie dem Schulchor abgesehen – aus den Stundenplänen verschwinden. Sie führen zu einer ungeistigen Betriebsamkeit, zu Unruhe, Hektik und Stress.

Aus der Sicht der Unterrichtsforschung ist ungeklärt, wie sich bei einer willkürlichen Abfolge der Fächer die interferierenden Prozesse auswirken, was also in Schülern vorgeht, wenn man ihnen ähnliche Fächer oder ein Kontrastprogramm anbietet, ob bestimmte Fächerfolgen günstig, andere ungünstig sind. Zwar liegt die Vermutung nahe, dass die Abfolge ähnlicher Fächer ungünstig ist. Doch empirische Ergebnisse sind dem Autor nicht bekannt. Die weit verbreitete Schulmüdigkeit sowie die ernüchternden Ergebnisse internationaler Vergleichsstudien deuten darauf hin, dass der Unterricht an deutschen Halbtagsschulen in der Sekundarstufe anders organisiert werden muss. Die Unterrichtszeiten sollten sich nach den Lernmöglichkeiten der Schüler und nicht nach lieb gewordenen Traditionen und Vorlieben der Lehrer richten. Im Interesse der Schüler erscheint der Übergang von Einzel- zu Doppelstunden sowie von Halbtags- zu Ganztagsschulen überfällig.

6. Offene Ganztagsschulen zur Regel werden lassen

In den angelsächsischen und skandinavischen Ländern, deren Schüler bei internationalen Vergleichsstudien vordere Rangplätze einnehmen, sind Ganztagsschulen die Regel. Zu einer menschenfreundlichen Zeit verlassen Eltern und Kinder morgens die Wohnung und finden sich am späten Nachmittag wieder ein. Die Eltern gehen ihren Berufen nach, die Kinder lernen über den Tag verteilt in der Schule. Der Unterricht wird durch längere Spielpausen und Freizeitaktivitäten aufgelockert, also rhythmisiert. Mittags gibt es in der Schule Lunch oder eine einfache gesunde Mahlzeit. Abends nimmt die Familie das gemeinsame Dinner. Weil die Schule der Lernort ist, sind Hausaufgaben am Feierabend selten ein Thema.

Wie allgemein bekannt, sieht die Situation in Deutschland ganz anders aus. Selbst 10-jährige Kinder werden in den Wintermonaten bei Dunkelheit aus dem Haus gejagt. In der Schule werden sie mit bis zu sechs Einzelstunden im 45-Minuten-Takt beglückt. Um 13.00 Uhr sind sie total erschöpft. Und wenn sie nach Hause kommen, beginnt der Kampf mit den Hausaufgaben. Die vorhandenen Familienmitglieder werden als Hilfslehrerinnen eingespannt. Und wenn es Zeugnisprobleme gibt und man genügend Geld hat, wird eine Nachhilfelehrerin engagiert.

Die Lehrerinnen und Lehrer müssen ebenfalls früh aus dem Haus. Sie sind daran interessiert, ihr Deputat möglichst ohne Freistunden ableisten zu können. Um 13.00 Uhr beginnt der Wettlauf zum Parkplatz. Das Kollegium startet durch und braust davon. Schließlich wussten sie schon bei Aufnahme des Studiums, dass an deutschen Halbtagsschulen ein gut bezahlter Halbtagsjob auf sie wartet (Schaarschmidt 2004). Allerdings sind auch sie, genau wie ihre Schüler, nach sechs Unterrichtsstunden total erschöpft. Viele Lehrer benötigen den Mittagsschlaf, weil sie sich nicht mehr aufrecht halten können. Dass die Berufsausübung so anstrengend sein würde, hatten sie sich bei Studienbeginn dann doch nicht vorgestellt.

Die international üblichen Ganztagsschulen sind den deutschen Halbtagsschulen in vielerlei Hinsicht überlegen. Vor allem sorgen sie für mehr Chancengerechtigkeit im Hinblick auf unterprivilegierte Schüler. Hierzu bedarf es keiner neuen Ergebnisse der Schulvergleichsforschung, denn die Argumente, die für die Ganztagsschule sprechen, sind erdrückend und überzeugend (Appel u.a. Hrsg. 2003). In Ausnahmefällen kann allerdings eine gut geführte Halbtagsschule besser sein als eine schlecht geführte Ganztagsschule. Die Schulorganisation allein garantiert noch keine hohen Lehr-Lernleistungen. Noch wichtiger sind die Qualifikationen und Kompetenzen der Lehrer, der Schulleitung und die Zusammenarbeit im Kollegium.

Halbtagsschüler: Ganztagsschüler – ein Vergleich

Unser *Halbtagsschüler* muss sehr früh aufstehen, damit er noch den Schulbus erreicht. Gefrühstückt hat er nicht oder unzureichend in aller Eile. Er geht fast jeden Morgen mit einem schlechten Gewissen zur Schule, weil er einige Hausaufgaben nicht oder nur unvollständig gemacht hat. Vor Unterrichtsbeginn gelingt es ihm, die Mathematikaufgaben abzuschreiben. Dann folgen ziemlich willkürlich fünf, manchmal sogar sechs Fächer hintereinander. Die Kurzpausen von fünf Minuten, aber auch die Große Pause sind von Lärm und aggressivem Verhalten der Mitschüler erfüllt. Sie dienen kaum der Entspannung und schon gar nicht seiner Erholung. Fragt er eine Lehrerin nach dem Sinn eines Themas, bekommt er manchmal zur Antwort, er möge nicht so viel fragen, später werde er schon erkennen, wie alles zusammenpasse. Die fünfte Stunde wird zur Qual, und in der sechsten Stunde muss er mit dem Schlaf kämpfen. Ihn überfällt eine allgemeine Schulmüdigkeit. Viele Lehrer betrachtet er als Feinde, die ihm kostbare Lebenszeit rauben und ihn permanent unter Druck setzen. Das Ende eines Schulvormittags erlebt er als Befreiung. Die Heimfahrt tritt er im Bewusstsein an, einige Hausaufgaben wieder einmal nicht erledigen zu können. Und für den Rest des Tages entwickelt er eine Überlebensstrategie. Hat er Glück, findet er daheim einen Menschen vor, der ihm eine Mahlzeit bereitet. Hat er Pech, ernährt er sich aus dem Kühlschrank. Ist er privilegiert, hilft ihm seine gebildete Mutter, selbst früher Lehrerin von Beruf, bei den Hausaufgaben, und sie fährt ihn anschließend auch noch zum Fußballtraining. Ist er unterprivilegiert, kämpft er im physiologischen Leistungstief vergeblich mit den Hausaufgaben und hängt anschließend mit Kameraden herum, die sein Schicksal teilen (Becker/Kohler 2002).

Unser *Ganztagsschüler*, der eine Differenzierende Leistungsschule besucht, muss später aufstehen, hat Zeit zum Frühstücken und kommt ausgeschlafener in die Schule. Der Unterricht beginnt im Sommer um 8.00 Uhr und im Winterhalbjahr um 8.30 Uhr. Block- und Epochenunterricht sind an seiner Schule die Regel. Nach dem ersten Block gibt es die Große Pause zwischen 10.00 und 10.45 Uhr. Nach dem zweiten Block folgt die Mittagspause zwischen 12.15 und 13.15 Uhr, Zeit genug, um eine leichte Mahlzeit einzunehmen, zu spielen, sich zu bewegen und zu erholen und das physiologische Leistungstief zu überbrücken. Im dritten Block wird je nach Alter zwischen 13.15 und 14.45 Uhr zwei- bis viermal pro Woche richtig gelernt und geübt. Der Klassenlehrer, der seine Interessen und Lernmöglichkeiten einzuschätzen weiß, hilft ihm dabei. Schriftliche Hausaufgaben sind selten. Im dritten Block, sofern kein Kernunterricht stattfindet, und im vierten Block, kann er besonderen Interessen nachgehen, z.B. den Lateinkurs oder den Schulchor besuchen oder regelmäßig am Fußballtraining teilnehmen. – Übrigens geht er gerne zur Schule, hat das Gefühl, dass die Lehrerinnen und Lehrer für ihn da sind und nicht umgekehrt. Zu einigen hat er ein wirklich gutes Verhältnis, weil sie ihm ja beim Lernen helfen und sich auch sonst um ihn kümmern. Wenn er am Spätnachmittag nach Hause kommt, kann er sogar berichten, was er in der Schule gelernt hat. Der Unterricht, als Blockunterricht epochal erteilt, hinterlässt bei ihm Spuren. Den sonst üblichen Ärger mit den Hausaufgaben kennt dieser Schüler nicht (siehe Tabelle 2, S. 57).

Für fast alle Schüler bietet eine gut geführte Ganztagsschule beachtliche Vorteile, weil in der Schule gelehrt und gelernt wird, die Unterrichtszeiten sinnvoll über den Tag verteilt sind, Pausen und Freizeitaktivitäten für Entspannung, Erholung und Spaß sorgen. Eine leichte kalorienarme Mittagsmahlzeit sorgt für Fitness und beugt dem Übergewicht vor. Für Schüler aus sozial schwachem Milieu ist die Ganztagsschule eine Notwendigkeit, denn wenn beide Eltern arbeiten müssen, um das Familieneinkommen zu sichern, können sie sich am Nachmittag nicht um ihr Kind und um die Hausaufgaben kümmern. Ganztagsschulen sind auch für Schüler unentbehrlich, deren Eltern nicht in der Lage sind, ihren Kindern bei den Hausaufgaben zu helfen, oder die den Nachhilfeunterricht nicht bezahlen können. Für alle diese Schüler bieten Ganztagsschulen mehr Chancengerechtigkeit.

Ganztagsschulen dienen der Gleichberechtigung

Ganztagsschulen sind aber auch für jene Schüler einzurichten, deren Mütter gerne arbeiten wollen, weil sie nicht für mehrere Jahre aus dem Berufsleben aussteigen können, ohne massive Nachteile in Kauf nehmen zu müssen. So gesehen leisten Ganztagsschulen einen bedeutsamen Beitrag zur Gleichberechtigung der Frau. Ganztagsschulen werden immer mehr zu einer wirtschaftlichen und gesellschaftlichen Notwendigkeit. Im Zeitalter der Globalisierung kann eine wissensbasierte Gesellschaft nicht auf die Mitarbeit der klugen jungen Frauen verzichten. Auf Dauer kann es sich unsere Gesellschaft wohl kaum leisten, jene Schülerinnen, die ihr Abitur bestanden und studiert haben, die teilweise hoch qualifiziert sind, für mehrere Jahre aus dem Wirtschaftsprozess auszugliedern, damit sie nach der Erziehungszeit auch noch jahrelang ihren Kindern bei den Hausaufgaben helfen. Wenn 41 Prozent der jungen Akademikerinnen kinderlos bleiben und sich eine dramatische demografische Entwicklung abzeichnet, liegt dies mit an den fehlenden Betreuungseinrichtungen im Vorschulalter und den fehlenden Ganztagsschulen.

In Deutschland sind etwa gut ein Drittel der Frauen mit Kindern (36 Prozent) berufstätig, in Frankreich hingegen sind es 59 Prozent. Kein Wunder: In Frankreich existiert ein flächendeckendes Netz staatlich organisierter Kinderbetreuungs-Angebote. Bereits 35 Prozent der Zwei- bis Dreijährigen besucht eine »ecole maternelle«, der Kindergarten ist dann für praktisch alle so selbstverständlich wie später die Schule und genauso selbstverständlich ist es, dass die Kinder dort den ganzen Tag verbringen und auch zu Mittag essen.[1] Schließlich sollten ausländische Schüler, welche die deutsche Sprache nur unvollkommen beherrschen, unbedingt eine Ganztagsschule besuchen. Denn in einer solchen Schule können sie sich ganztägig in einer deutschen Sprachumwelt bewegen, Sprachdefizite ausgleichen, einen Beschulungsrückstand aufholen, die Abstufung in eine geringere Schulart vermeiden und Anschluss an das deutsche Schul- und Ausbildungssystem gewinnen.

Die traditionellen Halbtagsschulen kommen für jene Schüler in Betracht, die nachmittags zu Hause aufgefangen und betreut werden, deren Eltern – meist sind es ja die Mütter – gerne Hausaufgaben betreuen und auch dazu in der Lage sind. Eltern, die über genügend Mittel für den Nachhilfeunterricht verfügen, bereitwillig ihre Kinder durch die Gegend kutschieren – von der Ballettstunde zum Klavierunterricht, vom Volleyball- zum Fußballtraining – aber auch für Eltern, die das schulische Fortkommen ihrer Kinder permanent kontrollieren wollen.

Schließlich soll es einige Schüler geben, die gerne eine deutsche Halbtagsschule besuchen, weil sie keine Probleme mit den Hausaufgaben haben und über die Zeit am Nachmittag frei verfügen möchten. Allerdings fehlt ihnen der Vergleich, denn sie wissen ja nicht, wie sie sich an einer professionell geführten ganztägigen Differenzierenden Leistungsschule fühlen und welche Leistungen sie dort erbringen würden.

1 Murr-Brück, E.: »Arbeiten gehen kann ich mir nicht leisten.« *Rhein-Neckar-Zeitung*, Nr. 252, vom 31.10./1./2.11.2003.

Die Ganztagsschule bietet Vorteile – auch für Lehrer

Für Lehrerinnen und Lehrer, die ganztägig an einer Differenzierenden Leistungsschule arbeiten, überwiegen die Vorteile gegenüber der Halbtagsschule bei weitem. Zunächst einmal beginnt auch für sie der Unterricht eine Stunde später. Wer jahrelang an einer Halbtagsschule unterrichtet hat, weiß, wie wohltuend es ist, einmal pro Woche eine Stunde später beginnen zu dürfen. In der Ganztagsschule können die Lehrer jeden Morgen später beginnen! Sodann bieten der Block- und Epochenunterricht methodisch weitaus mehr Möglichkeiten als der Fachunterricht im 45-Minuten-Takt. Der Blockunterricht lässt ausreichend Zeit für Kleingruppenarbeit und zum Einüben einer Technik oder Lernstrategie. In einer Doppelstunde lassen sich Schülerexperimente durchführen, und es kann problemorientiert unterrichtet werden. – In der Teepause von 45 Minuten können Kolleginnen und Kollegen, die mit denselben Schülern zu tun haben, Erziehungsfragen klären und über pädagogische Maßnahmen beraten. – In der ausgiebigen Mittagspause nach dem zweiten Block bleibt Zeit für Fachgespräche, für die Abstimmung der Inhalte und Ziele. Auch die Absprachen hinsichtlich der Aktivitäten des Schullebens lassen sich ohne Zeitdruck treffen. Außerdem bleibt noch genügend Zeit für die Vorbereitung auf den dritten Block und für Korrekturen. Wenn ein Klassenlehrer an drei Tagen in der Woche mit den ihm anvertrauten Schülern im dritten Block weiterarbeitet und übt, können die erwarteten Leistungsstandards auf hohen Kompetenzstufen nicht ausbleiben. Die Erfolgserlebnisse erhöhen das Selbstwertgefühl und die Berufszufriedenheit. – Ein Lehrer, der sich auf diese Weise einbringt, kann z.B. an zwei Wochentagen die Schule mittags und an drei Tagen gegen 15.00 Uhr verlassen, ohne völlig erschöpft zu sein. So bleibt ihm genügend Zeit für andere berufliche und außerberufliche Aktivitäten. Der ständige Ärger mit den Hausaufgaben entfällt ebenfalls. Die Zeiten, in denen Hausaufgaben gestellt, kontrolliert und nachgearbeitet sowie zahlreiche Hausaufgabenkonflikte bewältigt werden müssen, können unmittelbar für das Lehren und Lernen genutzt werden. Weitere große Vorteile ergeben sich aus einer höheren Wertschätzung der Lehrer-Arbeit durch Schüler und Eltern, aber auch durch die Aufwertung des Berufsbilds in der Öffentlichkeit. An Ganztagsschulen sind Lehrer keine gut bezahlten »Halbtagsjobber« mehr, sondern geachtete Experten für Lehr- und Erziehungsprozesse.

In einigen Bundesländern, wie z.B. in Rheinland-Pfalz, wird ein weit gespanntes Netz von Ganztagsschulen geknüpft. Dass es bei dieser Erneuerung Anlaufschwierigkeiten geben würde – z.B. bei der Kooperation mit den örtlichen Vereinen und den Kirchen – war vorauszusehen. Die Umstellung der Halbtags- auf Ganztagsschulen wird in Deutschland Jahrzehnte beanspruchen. Bei knappen Ressourcen ist es sicher richtig, mit dieser Umstellung an sozialen Brennpunkten zu beginnen. In Baden-Württemberg wird dieser Weg beschritten, zweifelsohne ein Schritt in die richtige Richtung, um das ungerechte viergliedrige Schulsystem etwas gerechter zu gestalten.

Tab. 2: Stundenplan eines 11-jährigen Schülers, der eine Differenzierende Leistungsschule besucht, die als Ganztagsschule geführt wird

Zeit	Mo	Di	Mi	Do	Fr
8.30–10.00	B	B	B	B	B
10.00–10.45	Große Pause – Sport- und Spielpause für die Schüler Teepause und Beratungsgespräche für die Lehrer				
10.45–12.15	B	B	B	B	B
12.15–13.15	Mittagspause – gemeinsame Mahlzeit Sport- und Spielpause für die Schüler Erholungspause und Fachgespräche für die Lehrer				
13.15–14.45	F	B	B	B	F
14.45–15.15	Pause				
15.15–16.45	F	F	F	F	F

Legende:

B = *Blockunterricht,* er ist obligatorisch und wird von der Klassenlehrerin oder von Fachlehrerinnen epochal erteilt. Ein Block kann auch nur 80 Minuten umfassen, es müsste die Hypothese geprüft werden, ob Schüler in 80 Minuten genau so viel lernen wie in 90.

F = *Fakultativer Unterricht,* er ist frei wählbar. Er wird von Unterstützungslehrern, Trainern, Musiklehrern, Geistlichen und anderen qualifizierten und interessierten Personen erteilt. Über die Einstellung und Entlassung sowie über die Arbeitsverträge entscheidet die Schulleitung. Der Schüler und sein Klassenlehrer beraten über das Zusatzangebot. Nach Anmeldung ist die Teilnahme Pflicht. Von den sieben ausgewiesenen F-Blöcken wird ein 11-jähriger Schüler etwa drei wahrnehmen, sodass sich für ihn eine Wochenstundenzahl von 32 ergibt.

Beratungsgespräche finden bei Bedarf täglich statt, sofern Erziehungsprobleme gelöst oder Konflikte bewältigt werden müssen. Ansonsten dient die Zeit der Erholung und Vorbereitung auf den nächsten Block.

Fachgespräche dienen der Klärung didaktischer und methodischer Fragen zwischen jenen Lehrern, die in derselben Klasse unterrichten. Sofern fächerverbindend unterrichtet wird, sind sie eine Notwendigkeit.

Leider gibt es auch zahlreiche Mobbing-Versuche gegenüber jenen Lehrerinnen und Lehrern, die mit einer teilweisen Verlagerung ihres Deputats auf den Nachmittag einverstanden sind. Wer z.B. 30 Jahre an einer Halbtagsschule tätig war, kann sich nicht vorstellen, wie sinnvoll und Kräfte sparend die Arbeit an einer Ganztagsschule sein kann. Man könnte die Bereitschaft von Lehrern, an Ganztagsschulen zu arbeiten, mit einer geringen Gehaltsaufbesserung honorieren, und das Mobbing würde vermutlich bald eingestellt werden.

Die Qualität einer Ganztagsschule ist neben der Qualität des Lehrpersonals und der fakultativen Angebote auch von günstigen Rahmenbedingungen abhängig. Die Lage der Schule, ihr Raumprogramm, die Mediothek, Beratungszimmer, Küche und Speisesaal, der Pausenhof, Spiel- und Sportplätze sind günstige, aber nicht unbedingt notwendige Voraussetzungen, um einen Ganztagsschulbetrieb aufzunehmen. Einige ungünstige Rahmenbedingungen lassen sich kurzfristig verändern, günstige lassen sich mittel- oder langfristig schaffen. Wenn allerdings eine Ganztagsschule zu einer Art Aufbewahrungsanstalt verkommt, sollte man besser auf ihre voreilige Einrichtung verzichten.

7. Lernumgebungen schaffen

Schulen und Klassenzimmer sind sehr unterschiedlich ausgestattet. So gibt es vorzüglich eingerichtete Schulen und Räume, die zu Lernumgebungen umgestaltet worden sind, aber auch Schulen, deren Ausstattung viel zu wünschen übrig lässt, mit Klassenzimmern, die Wartesälen gleichen.

Wie kommt es zu diesen großen Unterschieden? Die Ausstattung der Schulen ist in erster Linie Aufgabe der Schulträger, also der Gemeinden. Nun gibt es wohlhabende Kommunen mit einem hohen Steueraufkommen und einem großzügigen Schuletat, und Gemeinden, denen es am Nötigsten fehlt. Wenn in einer kleinen wohlhabenden Gemeinde der Schulleiter auch noch im Gemeinderat sitzt, kann er viel für seine Schule tun, Anträge kompetent begründen und Abstimmungen in seinem Sinn beeinflussen. In solchen Gemeinden ist es eine Freude, die Schule zu betreten und die Klassenzimmer zu bestaunen.

In vielen Stadtschulen sieht es leider ganz anders aus, trostlos nämlich. Endlose Flure, kahle Räume, frontale Sitzordnungen, alles wie vor hundert Jahren. Der Vergleich mit einer Strafvollzugsanstalt drängt sich auf. In den Klassenzimmern findet sich nur das Nötigste: Tische und Stühle, eine Wandtafel, ein Schrank, das ist alles. Lernmaterialien sucht man vergebens. Solche Schulen nehmen ihre Besucher nicht auf, sondern stoßen sie ab. Man kann sich kaum vorstellen, dass Schüler und Lehrer gerne in eine solche Schule gehen.

Hin und wieder gibt es Besucher, denen diese Defizite auffallen und die sich dann auch dem entsprechend äußern, so z.B. ein Hochschullehrer, der sich mit der Begründung, die Rahmenbedingungen seien für Schüler und Praktikanten unzumutbar, weigerte, ein Praktikum zu betreuen. Ohne schülergerecht ausgestattete Räume und ohne Lernmaterialien, so argumentierte er, sei kein moderner Unterricht möglich.[1] Und in ähnlicher Weise äußerten sich finnische Pädagogikstudenten,

1 Ein Hochschullehrer verweigerte 1985 die Betreuung von Praktikanten auf Grund der Rahmenbedingungen, die aus seiner Sicht für Schüler unzumutbar waren. Auf weitere Angaben wird aus Gründen des Datenschutzes verzichtet. Als Senatsbeauftragter für die schulpraktische Ausbildung leitete der Autor die Beschwerde an das Staatliche Schulamt weiter, ohne Ergebnis.

die nach Hospitationen an deutschen Grund- und Hauptschulen irritiert fragten: »Where are the materials, I can't teach without materials!«[1] Wie soll moderner Unterricht gestalten werden, wenn es an allem fehlt?

Neben dem Gefälle zwischen reichen und armen Gemeinden und den Schulen im ländlichen und städtischen Raum gibt es ein Gefälle, das weniger vom Geld oder Einzugsgebiet abhängt, sondern vom Engagement der Schulleitung und der Lehrer. Die Umgestaltung der Klassenzimmer zu Lernumgebungen, wie sie in angelsächsischen und skandinavischen Ländern üblich sind, wird von vielen Lehrern noch nicht als notwendige Aufgabe erkannt. Schließlich kann man auch bequem mit dem Lehrbuch in der Hand unterrichten, Lektion für Lektion, Seite für Seite, Aufgabe um Aufgabe. So wurden die Großeltern und Eltern unterrichtet, so wurde man selbst unterrichtet, und nun werden die Schüler wieder so unterwiesen. Warum sollte man sich also der Mühe unterziehen, Klassenzimmer zu Lernumgebungen umzugestalten, wenn es auch anders geht. Ein moderner Unterricht und eine schülergemäße Lernumgebung wird ja nicht unbedingt eingefordert. Eine externe Evaluation findet (noch) nicht statt. Wozu sich also engagieren, wenn das Gehalt gleich bleibt?

Die Lernumgebung beginnt vor den Klassenzimmern

Was versteht man unter einer »Lernumgebung« (Kasper 1979)? In ihr werden die Schüler nicht nur belehrt, sondern sie regt die Schüler zum selbstständigen Lernen an. Durch sie fühlen sich die Schüler herausgefordert, und in ihr fühlen sie sich emotional aufgehoben. Wichtig ist in diesem Zusammenhang, dass sich die Schüler mit ihrem Lehrer die Lernumgebung selbst gestalten. Nur so werden sie sich mit ihrer Umgebung identifizieren und die Gegenstände pfleglich behandeln. Bei sinkenden Schülerzahlen sollte es möglich sein, jeder Klasse ein eigenes Zimmer zuzuweisen. Kann diese wichtige Voraussetzung nicht erfüllt werden, sind Auseinandersetzungen zwischen jenen Klassen unvermeidbar, die gemeinsam den Raum nutzen.

Die Lernumgebung beginnt vor den Klassenzimmern. In einer Differenzierenden Leistungsschule, in der ein größeres Schulsystem in kleinere Subsysteme oder Pädagogische Einheiten untergliedert ist, weisen Tafeln den Weg in den Bereich der »Dichter« und zur Gruppe »Schiller« oder »Hölderlin«. Neben der Kleiderablage sollte es möglich sein, die Straßenschuhe mit Turnschuhen zu tauschen, was hygienischer und bequemer ist. Turnschuhe sind auch für die Bewegungsübungen, für Stille- und Entspannungsübungen vorteilhaft. Und da an Differenzierenden Leistungsschulen im Block unterrichtet wird und zwischen dem ersten und zweiten Block eine Pause von 45 Minuten liegt, lohnt sich der Aufwand, der mit dem Schuhwechsel verbunden ist.

1 Die Äußerungen stammen von Studierenden der Pädagogischen Fakultät der Universität Vaasa, Finnland, die im Mai 1984 die Pädagogische Hochschule Heidelberg besuchten und an der schulpraktischen Ausbildung teilnahmen.

Da ein Klassenlehrer eine Schülergruppe für drei Jahre betreut, hat auch er ein Interesse daran, den Raum wohnlich und funktionsgerecht zu gestalten. Schließlich verbringt auch er, je nach Schulstufe, zwischen 10 und 20 Wochenstunden in diesem Raum.

Eine Lernumgebung ist durch eine Raumaufteilung gekennzeichnet, die modernen Unterrichtskonzeptionen entgegenkommt. Die Schüler sitzen in Kleingruppen zusammen, sodass jederzeit Partner- oder Kleingruppenarbeit möglich ist – ohne Wechsel der Sitzordnung. Ein Teil des Raumes sollte, sofern er groß genug ist, für den Morgenkreis und für Rollenspiele frei gehalten werden. Einzurichten sind eine Leseecke mit bequemen Sitzmöbeln, eine Klassenbücherei mit Nachschlagewerken, eine Arbeitsecke mit verschiedenen Werkzeugen und eine Computerecke. Besonders wichtig sind Regale, in die Materialien für die Freiarbeit eingeordnet werden können. Je nach Schulstufe und Interessen lassen sich die Lernumgebungen durch einen Sandkasten, ein Aquarium, Herbarium oder Terrarium anreichern. Grünpflanzen sollten eine Selbstverständlichkeit sein.

Die Lernumgebung wird ergänzt durch eine große höhenverstellbare Klapptafel, eine Hafttafel und mehrere Korktafeln, um Schaubilder, Schülerarbeiten, das Verhaltensposter und die Klassenordnung anheften zu können. Zur technischen Ausstattung gehören neben dem Computer ein Overheadprojektor mit geeigneter Projektionswand, ein Video- und Kassettenrekorder.

Die Qualität der Lernmaterialien ist für Offenen Unterricht – Freiarbeit, Wochenplanarbeit, Stationenarbeit, Lerntheke – von entscheidender Bedeutung. Verfügen die Materialien – die Arbeitsmittel, das Arbeitsmaterial, die Arbeitsblätter, Lernspiele, Gesellschafts- und Computerspiele – über hohe Lernanreize, sind sie altersgerecht ausgewählt und bieten sie echte Lernchancen, werden die Schüler von sich aus die Lernangebote annehmen und mit dem Lernen beginnen, einfach weil sie sich für die Sachen interessieren. In solchen Fällen ist die Unterrichtszeit gut investiert und hohe Leistungsstandards sind fast schon gesichert. Der Lehrer kann sich zurücknehmen, zuhören, beraten und minimale Lernhilfen geben (Becker 2001, S. 197ff.).

Nun lassen sich fremd und selbst erstellte Materialien unterscheiden. Die von Lehrmittelfirmen produzierten und käuflich erworbenen sind meist perfekter aber auch teuer, und es ist abzuschätzen, ob der finanzielle Aufwand in einem zu rechtfertigenden Verhältnis zum vermutlichen Lerngewinn steht. Selbst gefertigte Materialien sind meist preiswerter, weniger vollkommen, haben aber den großen Vorteil, dass die Lernaufgaben auf das Lernvermögen der Schüler abgestimmt sind und die Materialien immer zur Verfügung stehen. Gemeinsam mit den Schülern gefertigte Materialien haben für diese einen hohen Stellenwert und werden – weil es sich um Eigenprodukte handelt, auf die man stolz sein kann – meist auch pfleglicher behandelt.

An vielen Pädagogischen Hochschulen und Erziehungswissenschaftlichen Fakultäten – so z.B. an der Pädagogischen Hochschule Schwäbisch Gmünd – gibt es ein Grundschulzentrum und ein Montessori-Studio, Einrichtungen, die allen interessierten Lehrerinnen und Lehrern offen stehen und in denen sie sich Anregungen für die Gestaltung von Lernumgebungen und die Fertigung von Lernmaterialien holen können.[1]

Die Einrichtung einer Lernumgebung erfordert Zeit und Kraft, Engagement und Geduld und schließlich auch noch Geld. So ist es zu erklären, dass viele Lehrer den Weg vom Klassenzimmer zur Lernumgebung noch nicht gefunden haben. Auf jeden Fall sollten engagierte Lehrer in ihrem Bemühen, eine schülergemäße Lernumgebung zu schaffen, ideell und finanziell unterstützt werden von Schulträger, Schulleitung, Kollegium, Eltern und Förderverein, sofern ein solcher besteht.[2] Damit Schüler selbstständig lernen können und lernen, wie man lernt, sind Lernumgebungen unentbehrlich, nicht nur an Grundschulen, sondern auch in der Sekundarstufe I.

An Differenzierenden Leistungsschulen kann auf schülergerechte Lernumgebungen nicht verzichtet werden. Sie sind eine Voraussetzung für Maßnahmen der Binnendifferenzierung und für die Steigerung der Lehr-Lerneffektivität. Sie tragen bei zur Verbesserung des Lern- und Gruppenklimas und zur Entwicklung einer Schulkultur, die leider in Deutschland – von Ausnahmen abgesehen – weitgehend fehlt (Oelkers 2003).

Neben den Lernumgebungen gehören auch die Fach- und Funktionsräume, Flure und Treppenhäuser sowie die Außenanlagen zum Lernumfeld der Schüler. An angelsächsischen Schulen ist die Schulbibliothek von großer Bedeutung. Aus ihr bezogen frühere Schülerjahrgänge ihr Wissen, ihre Einsichten und Erkenntnisse. Voller Stolz führt man deshalb Besucher zunächst einmal in die Bibliothek, zum geistigen Mittelpunkt der Schule. Ihr Bestand dokumentiert Kontinuität und Tradition, ist also Teil einer sichtbar gewordenen Schulkultur. – Im Internet-Zeitalter haben sich zwar die Akzente etwas verschoben, indem Besucher häufig zunächst in den Computerraum geführt werden. Ohne in Kulturpessimismus verfallen zu wollen, sind Zweifel angebracht, ob die moderne Informationstechnik eine Bibliothek als kulturelle Einrichtung ersetzen kann.

8. Schülergemäße Unterrichtskonzeptionen wählen

Die Anzahl der Unterrichtskonzeptionen hat sich in den letzten Jahren beträchtlich erhöht, und es ist auch für Fachleute nicht einfach, den Überblick zu wahren. Jeder Autor verwendet den Begriff der »Unterrichtskonzeption« anders, und so kommt es zu erheblichen Abgrenzungsschwierigkeiten. Deshalb wird versucht, eine tragende Definition voranzustellen. Bekannte Konzeptionen werden beschrieben, um abschlie-

1 Das Grundschulzentrum und das Montessori-Studio an der Pädagogischen Hochschule Schwäbisch Gmünd können jederzeit von interessierten Lehrern besucht werden. Auch ist die Teilnahme an Kursen möglich, die sich mit der Gestaltung von Lernumwelten befassen. Pädagogische Hochschule, 73525 Schwäbisch Gmünd, Oberbettringer Str. 200, Tel.: 07171/983276.

2 Ein gemeinnütziger Förderkreis sollte an allen Schulen gegründet werden, um außerplanmäßige Ausgaben tätigen zu können. Allerdings dürfen die Schulträger nicht durch Förderkreise aus ihrer Verpflichtung zur Schulfinanzierung entlassen werden.

ßend Empfehlungen für ihre Anwendung auf verschiedenen Schulstufen zu geben. Dem »Integrativen Unterricht« und dem »Epochenunterricht« werden besondere Kapitel gewidmet, weil sie in Differenzierenden Leistungsschulen unentbehrlich sind.

Betrachtet man »Unterricht« allgemein und abstrakt, dann besteht er aus zahlreichen Faktoren. Friedrich Winnefeld (1967) bezeichnete Unterricht als »Faktorenkomplexion«. Wenn wir seiner Auffassung folgen, können wir den Lehrer, jeden Schüler, Inhalte, Ziele, Medien, Methoden, Sozialformen, Rahmenbedingungen, Unterrichtszeit u.a.m. als Faktoren bezeichnen, die miteinander in Beziehung stehen und aufeinander einwirken. Wird nun ein oder werden mehrere Faktoren hervorgehoben oder zurückgestellt, dann wirkt dies auf alle anderen Faktoren ein, der Unterricht bekommt ein besonderes Gesicht, und es entsteht eine »Unterrichtskonzeption«. Ein Beispiel mag diese Sichtweise verdeutlichen: In jedem Unterricht werden auch Normen und Werte vermittelt. Einen wertfreien Unterricht kann es nicht geben, da es keiner Lehrerin möglich ist, sich vom subjektiven Normen- und Wertehorizont zu lösen. Betont die Lehrerin nun den Faktor »Normen und Werte«, z.B. die Toleranz gegenüber Andersdenkenden, dann entsteht ein »Wertorientierter Unterricht«. – Im 19. Jahrhundert bezeichnete man diesen übrigens als »Gesinnungsbildenden Unterricht«. – Ein »Wert« wird also in den Mittelpunkt des Unterrichts gerückt, die Schüler werden auf diesen Wert aufmerksam gemacht, reagieren, nehmen Bewertungen vor, stellen Vergleiche an. Und die Lehrerin erhofft sich bei den Schülern eine Einstellungs- und Haltungsänderung, vielleicht sogar eine lebenslange Verinnerlichung des Wertes »Toleranz« (Krathwohl 1975).

Die Vielzahl der Konzeptionen lässt sich verschiedenen Gruppen zuordnen:

a) **Unterrichtszeiten**
   - Blockunterricht
   - Epochenunterricht (Bentzien 1968; Kamm 2000)
   - Kursunterricht

Blockunterricht ist sinnvoller als Unterricht im 45-Minuten-Takt. Letzterer ist aus lernpsychologischer, arbeitswissenschaftlicher und didaktischer Sicht wenig sinnvoll, weil sechsmal am Vormittag Rüst- und Verkehrszeiten anfallen, Lehrer und Schüler sich immer wieder auf neue Inhalte und andere Personen einstellen, den Medieneinsatz organisieren und neue Räume aufsuchen müssen. Allein der Zeitverlust beträgt pro Vormittag mehr als eine Stunde. Hektik und Schulstress werden in den Schulvormittag hineingetragen, weil die Arbeitsabläufe schlecht organisiert sind.

Im *Blockunterricht* gibt es Zeit zum Lehren und Lernen, zum Lösen eines Problems, Zeit für ein Rollenspiel, Zeit zum Anwenden und Üben, Zeit auch für Partner- und Kleingruppenarbeit, Zeit zum Nachschlagen oder im Internet nach Informationen zu suchen.

Noch sinnvoller ist für viele Lernbereiche der *Epochenunterricht*. Bei dieser Konzeption wird die Kontinuität des Lehrens und Lernens gewahrt. Der Unterricht wird jeweils nach 24 Stunden weitergeführt, Zeit raubende Wiederholungen entfallen.

Lehrerin und Schüler verzeichnen laufend Lehr-Lernfortschritte und haben Freude an den erzielten Ergebnissen und den Leistungsstandards auf hohem Kompetenzniveau. Die Lehrerinnen müssen an einem Vormittag nur in zwei bis drei Klassen unterrichten. Sie lernen die Schüler besser kennen, der sonst übliche Stress entfällt, und es treten kaum Disziplinschwierigkeiten auf.

Kursunterricht erstreckt sich kontinuierlich über mehrere Tage, bis die Kursinhalte erarbeitet und die Kursziele erreicht worden sind. Auch hier wird die Kontinuität des Lehrens und Lernens gewahrt, und die Vorzüge sind mit jenen des Epochenunterrichts vergleichbar. In der beruflichen Erwachsenenbildung, der Fort- und Weiterbildung, sind Kurse selbstverständlich. Kursunterricht ist übrigens auch bei älteren Schülern beliebt. So wird von den finnischen Schülern in den letzten Jahrgängen verlangt, dass sie bestimmte Kurse belegen und erfolgreich absolvieren. Haben sie die Anforderungen erfüllt, können sie sich zum Abitur melden.

b) Ganzheitliches und strukturanalytisches Lernen

- Gesamtunterricht (Berthold Otto, 1859–1933; Vilsmeier 1960)
- Fächerübergreifender Unterricht
- Fächerverbindender Unterricht (Peterßen 2000)
- Fachunterricht
- Wissenschaftsorientierter Unterricht
- Studium generale

Schulanfänger denken und fühlen ganzheitlich, selten strukturanalytisch. Ihnen entspricht der *Gesamtunterricht*, welcher aktuelle Interessen und Lernbedürfnisse aufgreift und verfolgt. Im zweiten oder dritten Schuljahr beginnt zwar auch bei Grundschülern die Suche nach Strukturen, doch das Denken, Fühlen und Erleben ist noch überwiegend ganzheitlich bestimmt. Dieser entwicklungs- und lernpsychologischen Tatsache kommt der Gesamtunterricht entgegen. Der Lehrer geht den Interessen der Schüler nach, gemeinsam wird überlegt, was man tun könnte, man vereinbart Ziele und steuert diese an. In diesem Zusammenhang ist die Unterscheidung zwischen einem *freien* und einem *gebundenen* Gesamtunterricht wichtig. Während im freien Gesamtunterricht die Einfälle und Beiträge der Schüler laufend berücksichtigt werden, erfolgt im gebundenen Gesamtunterricht bei Einbeziehung der kindlichen Erlebniswelt ein zielgerichtetes oder ergebnisorientiertes Lehren und Lernen. Wenn z.B. der erste Schnee fällt, werden Vorschläge gesammelt, was man so alles mit dem Schnee machen könnte – einen Schneemann bauen, einen Schneemann malen, ein Lied vom Schnee singen, eine Schneeballschlacht veranstalten u.a.m. – Wenn es taut, entsteht ein Text: »Als unser Schneemann weinte«. Dieser Text wird intensiv geübt, bis ihn fast alle Schüler fehlerfrei schreiben können. Wenn sich auf Grund der Schneeballschlacht einige Schüler einen Schnupfen holen, wird über Hausmittel nachgedacht, Erkältungstee gekocht und getrunken. – Die Schüler haben in einem Gesamtunterricht das Gefühl, dass der Unterricht für sie da ist und der Lehrer ihre Interessen und Bedürfnisse berücksichtigt. Viele Schüler mögen deshalb auch ihren Lehrer und gehen gerne zur Schule.

In ähnlicher Weise wird beim *Fächerübergreifenden Unterricht* verfahren. Ausgangspunkt dieses Unterrichts ist nicht ein Fach, sondern ein Thema oder eine thematische Sinneinheit, die von verschiedenen Seiten betrachtet und erarbeitet wird. Die Zeit des Nationalsozialismus wird nicht im Fach Geschichte durchgenommen, man interessiert sich nicht nur für die nationalsozialistische Ideologie, die Vor- und Nachkriegszeit, die Demagogen, die Gewaltherrschaft, den Rassenkrieg, die Verbrechen und Morde, sondern auch für die Literatur jener Zeit, die Architektur, die bildende Kunst, für die Musik, ohne danach zu fragen, ob sich die eine oder andere Fragestellung einem bestimmten Fach zuordnen lässt. Auf diese Weise wird die Zeit des Nationalsozialismus für die Schüler lebendig. Und wenn ein solcher Unterricht epochal erteilt wird, wird er für viele Schüler zu einem Erlebnis. Der Unterricht in thematischen Sinneinheiten ist dem traditionellen Fachunterricht meist überlegen, weil er die Lebenswirklichkeit stärker berücksichtigt, Zusammenhänge aufzeigt und zum vernetzten Denken anregt.

Werden die Strukturen von zwei oder mehr Disziplinen inhaltlich verknüpft, dann haben wir es mit einem *Fächerverbindenden Unterricht* zu tun. Wenn sich der Geschichtslehrer mit dem Deutschlehrer, der Kunst- und Musikerzieher in einer Fachkonferenz zusammenfindet, um zu beraten, was sie zum Thema »Nationalsozialismus« beitragen können, ergibt der Unterricht auf Grund dieser Absprachen für die Schüler eher einen Sinn, weil sich die Lehrer zeitgleich und nicht zeitlich versetzt mit dieser Epoche befassen. Erst in der Oberstufe ist zunehmend *Fachunterricht* gefragt, der sich an der Struktur einer Disziplin orientiert und der dann auch Spezialkenntnisse des Lehrers voraussetzt. Gleiches gilt für den *wissenschaftsorientierten Unterricht*, für *Kurse* auf der gymnasialen Oberstufe.

An Hochschulen und Universitäten wird immer wieder versucht, über die Grenzen der eigenen Disziplin hinwegzuschauen, weil vernetztes Denken und eine disziplinübergreifende Forschung und Lehre notwendig geworden sind. Zu diesem Zweck halten die Vertreter verschiedener Disziplinen zu einem aktuellen Rahmenthema Vorlesungen in der Hoffnung, dass sich so über eine Ringvorlesung oder ein Studium generale bei den Hörern ein Gesamtbild ergibt. Damit schließt sich der Kreis von der Ganzheit über die Struktur zur Ganzheit. Gesamtunterricht, Fächerübergreifender Unterricht, Fächerverbindender Unterricht, Fachunterricht und Wissenschaftsorientierter Unterricht sind keine Gegensätze, sondern Unterrichtskonzeptionen, die sich ergänzen und die altersgemäß zu berücksichtigen sind.

c) Selbstständig lernen – Formen des Offenen Unterrichts

- Freiarbeit (Konrad 1999; Traub 1997 und 2000)
- Wochenplanarbeit
- Stationenarbeit

Um *Freiarbeit* realisieren zu können, bedarf es zahlreicher Lernmaterialien sowie Aufgaben mit hohem Lernanreiz. Ist diese wichtige Voraussetzung erfüllt, können sich die Schüler aus dem Lernangebot die Lernaufgaben frei wählen und entscheiden, ob sie allein, mit einem Partner oder in einer Kleingruppe arbeiten möchten. So entscheiden sie über den Inhalt, das Ziel, das Medium, die Sozialform und das Lerntempo weitgehend selbst. Allerdings müssen sie auch während der Freiarbeit Regeln des Sozialverhaltens achten. Der Lehrer hält sich zurück, hört zu, gibt minimale Lernhilfen und sorgt für die Einhaltung der für das Lehren und Lernen in Gruppen erforderlichen sozialen Ordnung. Die Qualität dieses Unterrichts ist in erster Linie von der Qualität der Lernangebote abhängig, von der Bereitschaft der Schüler, Selbstdisziplin zu üben, von der diagnostischen Kompetenz des Lehrers sowie seiner Fähigkeit, parallel laufende Prozesse eher indirekt zu steuern.

Am Beginn der *Wochenplanarbeit* überlegen sich die Schüler, welche Arbeiten sie in einem bestimmten zeitlichen Rahmen erledigen wollen und tragen die beabsichtigten Lernaktivitäten in einen individuellen Stundenplan ein. Im Stundenplan der Klasse sind mehrere Stunden für die Wochenplanarbeit vorgesehen. In dieser Zeit versuchen die Schüler, die individuellen Lernziele zu erreichen, man könnte auch sagen – ihr Plansoll zu erfüllen. Der individuelle Lernplan hat somit Vertragscharakter. Wie bei der Freiarbeit übernimmt der Lehrer überwiegend beratende Funktionen, wenn Schüler bei der Planung ihre Leistungsfähigkeit über- oder unterschätzen, wenn Lernschwierigkeiten auftreten, die nicht eigenständig überwunden werden können, oder wenn die für das Lehren und Lernen erforderliche soziale Ordnung empfindlich gestört wird.

Eine weitere Möglichkeit, den Unterricht zu öffnen, bietet die *Stationenarbeit.* Ein für die Schüler bedeutsames Thema wird in mehrere Unterthemen gegliedert, das Thema »Wald« z.B. in »Bäume und Sträucher«, »Tiere des Waldes«, »Nutzen des Waldes« und »Schädlinge«. Für diese vier Themen werden vier »Stationen« aufgebaut, die Lernmaterialien und Aufgaben mit möglichst hohen Lernanreizen bieten. Nun wenden sich die Schüler den einzelnen Stationen zu, bestaunen die Materialien, erfüllen die Arbeitsaufträge, präsentieren ihre Ergebnisse und stellen weiterführende Fragen. Da sich nicht alle Schüler gleichzeitig an einer Station aufhalten können, müssen auch hier Regeln für das Sozialverhalten abgesprochen und eingehalten werden. Die Qualität dieser Konzeption ist ähnlich wie bei der Freiarbeit von der Qualität der Lernangebote abhängig, von der Lernbereitschaft der Schüler sowie der Fähigkeit des Lehrers, die vielen Lernprozesse möglichst unauffällig und kompetent zu steuern.

d) Zielgerichtet lernen

- Lernzielorientierter Unterricht
- Problemorientierter Unterricht

Der *Lernzielorientierte Unterricht* ist ein ergebnisorientierter Unterricht. Lehrer und Schüler arbeiten auf ein Ziel hin, das entweder vom Lehrer vorgegeben, von Schülern vorgeschlagen oder zwischen Lehrer und Schülern vereinbart worden ist. Dieses Ziel kann der Erwerb einer bestimmten Qualifikation oder Kompetenz sein. In unterschiedlichen Situationsfolgen – z.B. Kurzvortrag und Aussprache; Medieneinsatz und Aussprache; Arbeitsauftrag stellen, Schüler betreuen, Ergebnisse sichten; Experiment vorbereiten, experimentieren, Ergebnisse sichten; Rollenspiel vorbereiten, spielen, über das Spiel nachdenken – werden Teillernziele angestrebt und Teilergebnisse erzielt, die schließlich zu einem Gesamtergebnis führen. Der Lehrer integriert die Schülerbeiträge in den Lehr-Lernprozess, beantwortet Fragen oder stellt sie zur Diskussion. Allerdings ist er bemüht, das Lehr-Lernziel nicht aus den Augen zu verlieren, um in der beschränkt zur Verfügung stehenden Zeit bestimmte Ergebnisse zu erreichen.

Wird der Lernzielorientierte Unterricht bewusst praktiziert, folgt er den taxonomischen Ansätzen, so für den kognitiven Bereich der Taxonomie von B. S. Bloom u.a. (1986), für den affektiven Bereich der Taxonomie von D. Krathwohl u.a. (1975) und für den psychomotorischen Bereich der Taxonomie von R. H. Dave (1968). So werden die Schüler im kognitiven Bereich mit zunehmendem Schwierigkeitsgrad über die Ebenen der Kenntnisse, des Verstehens, der Anwendung, der Analyse und der Synthese zu einer Bewertung und Beurteilung geführt. Haben Lehrer und Schüler bedeutsame Lehr-Lernziele erreicht, schließt die betreffende Unterrichtseinheit mit einem Lernzielorientierten Test (LOT). Sind die Ergebnisse positiv, werden die Beteiligten emotional stabilisiert und frei für weiterführende Ziele. Zeigen sich erhebliche Lehr-Lerndefizite, muss ein lückenschließendes Lehren und Lernen einsetzen, bis die zu erwerbenden Qualifikationen oder Kompetenzen erreicht worden sind (Eigler/Straka 1978).

Ein *Problemorientierter Unterricht* ist, kognitionstheoretisch betrachtet, ein anspruchsvoller Unterricht, denn er beginnt schon auf der zweiten Ebene der bloomschen Taxonomie mit der Problemdarstellung (Verstehen) und der Problemanalyse (Analyse). Der Lehrer trägt ein Problem vor oder setzt ein Medium ein, das ein Problem beinhaltet. Auf Grund der Problemstellung werden einige Schüler zunächst einmal ratlos sein, was durchaus beabsichtigt ist. Nur wenn die Problemstellung Lernwiderstände enthält, findet aktiv produktives Lernen statt. In wechselnden Sozialformen bemühen sich die Schüler, das Problem zu verstehen, es zu analysieren, nach Lösungswegen zu suchen, diese zu beschreiten und Teilergebnisse zu erzielen, bis sie schließlich zu einem Endergebnis gelangen, das in der Gruppe vorgetragen werden kann. Die unterschiedlichen Lösungsvorschläge werden präsentiert, verglichen und diskutiert. So gewinnen Schüler die wichtige Einsicht, dass sich Probleme durchaus unterschiedlich lösen lassen, umständlich oder elegant. Am Ende des Prozesses durchlaufen sie in Verbindung mit einer ähnlichen Problemstellung noch einmal den als optimal erkannten Weg, um so die Lernergebnisse zu sichern.

e) **Mit Medien lernen**
 - Computerunterstützter Unterricht
 - Electronic Learning
 - Fernstudien

Für den *Computereinsatz* im Unterricht bieten sich zahlreiche Möglichkeiten, wobei drei Bereiche hervortreten, erstens der Erwerb der Fähigkeiten zur Computernutzung, dann die Möglichkeiten der Informationsgewinnung und drittens die Arbeit mit verfügbaren Computerprogrammen. Der erstgenannte Bereich wird an den Schulen meist über einen Kurs zur Informationstechnischen Grundbildung (ITG) abgedeckt. Die Informationsgewinnung kann in Verbindung mit allen Unterrichtskonzeptionen sinnvoll sein. Wann und in welchem Umfang der Computer als Informationsquelle genutzt wird, hängt von mehreren Variablen ab, von den vorhandenen Computern – an deutschen Schulen gibt es nur einen Computer für durchschnittlich 15 Schüler (Stand 2004) – einem Internet-Anschluss, den Nutzern, also dem Lehrer und den Schülern, sowie der jeweiligen Zielsetzung des Unterrichts. – Wenn Schüler der dritten Klasse ein interaktives Lernprogramm »Fit in Mathe« durchlaufen, wird für sie der Unterricht abwechslungsreich und interessant.

Schüler können Computerprogramme eigenständig durchlaufen, sei es in der Schule im Rahmen der Binnendifferenzierung oder daheim. Im Unterschied zu den recht naiven Lernprogrammen des Programmierten Unterrichts (PU) der 70er-Jahre bieten moderne Programme hohe Lernanreize und interaktive Impulse. Qualität und Effektivität der Lernprozesse ist abhängig von der Qualität der Programme, von der Eigenmotivation und Volition des Lernenden sowie dessen Selbstwirksamkeit, d.h. von seiner Bereitschaft, das Programm zu bearbeiten und erfolgreich zu beenden. Der Lernende muss zur selbstständigen Arbeit bereit sein, sich also im Stadium der Selbstbildung befinden.

Eine andere Form des *E-Learning* schließt das *E-Teaching* ein, indem sich ein Lehrer mit seinen Schülern zum Unterricht im Internet trifft und so ein Netzbasiertes Lehren und Lernen stattfindet (NBL). Der Lehrer stellt Informationen, Aufgaben und Probleme ins Netz, die Schüler verarbeiten die Informationen, bearbeiten die Aufgaben und versuchen, die Probleme zu lösen. Sodann werden die Antworten und Lösungsvorschläge wieder ins Internet eingebracht, gesichtet und bewertet. Lehrer und Schüler interagieren, ohne in der Schule anwesend zu sein. Allerdings fehlt diesem Prozess die direkte Kommunikation, die soziale und affektive Dimension des Unterrichts. Zwar entsteht auch im Internet eine Art Lern- und Gruppenklima, doch muss bezweifelt werden, ob das Medium die sozialen Komponenten des Unterrichts ersetzen kann. Die Anwendungsbereiche dieser Konzeption werden künftig wohl überwiegend an den Hochschulen, in der beruflichen Erwachsenenbildung und in der Fort- und Weiterbildung zu finden sein. Bei Paulus/Strittmatter heißt es dazu: »Wie auch immer, PCs und Internet sollen den Stellenwert im Bewusstsein der Lehrenden erlangen, der ihnen gebührt, nämlich der eines weiteren, ergänzenden Lern- und Unterrichtsmediums, das gleichberechtigt neben Tafel, Overhead und Fernsehen, und vielleicht doch etwas oberhalb von Büchern anzusiedeln ist.« (Paulus/Strittmatter 2002, S. 301)

Seit Jahrzehnten sind *Fernstudien* im Bereich der Erwachsenenbildung etabliert und haben sich zweifelsohne bewährt. Im Mittelpunkt dieser Konzeption stehen Studienbriefe und Informationen, die sich teilweise auch über das Internet abrufen lassen. Die Teilnehmer bearbeiten die Unterlagen, studieren die Briefe und treffen sich in regionalen Arbeitskreisen zur direkten Kommunikation mit Kommilitonen und Dozenten. Über verschiedene Testverfahren werden die Studienergebnisse überprüft. – Der Trend geht wohl auch hier weg von den Studienbriefen und hin zum E-Learning und E-Teaching.

f) Gemeinsam lernen

– Integrativer Unterricht (Feuser 1987)

Mit der Konzeption des *Integrativen Unterrichts* wird das gemeinsame Lernen behinderter und nicht behinderter Schüler verfolgt. Im Mittelpunkt stehen also die Anliegen der sozialen Integration und des sozialen Lernens, der Versuch, möglichst alle Schüler in eine Lerngruppe zu integrieren, sie im Rahmen ihrer individuellen Möglichkeiten optimal zu fördern und den verständnisvollen Umgang miteinander zu pflegen. Lehrer der Regelschule arbeiten mit Sonderschullehrern zusammen, beraten immer wieder über Maßnahmen der inneren Differenzierung, betreuen verschiedene Kleingruppen, helfen einander beim Umgang mit den behinderten Schülern und bemühen sich um Kompetenztransfer. Die Grenzen dieser Konzeption liegen in Art und Schwere der Behinderung, z.B. lassen sich stark verhaltensauffällige oder mehrfach behinderte Schüler kaum integrieren. Doch gibt es auch institutionelle Zwänge und Einwände der Eltern, sofern sie die Lernchancen der eigenen Kinder durch die behinderten Kinder gefährdet sehen.

g) In Projekten lernen

– Projektunterricht (Frey 1998)
– Handlungsorientierter Unterricht (Gudjons 1986)

In den *Projektunterricht* fließen fast alle Faktoren der zuvor genannten Unterrichtskonzeptionen ein. Vielleicht ist der Unterricht auch deshalb bei den Schülern so beliebt, weil er der Lebenswirklichkeit nahe kommt. Es ist ideal, wenn ein Projekt durch Schüler initiiert wird, weil sie sich dann voll mit ihm identifizieren. Doch oft wird der Lehrer in Kenntnis aktueller Lernbedürfnisse initiativ werden und einen Vorschlag unterbreiten. Ein Projekt erfordert fast immer ein ganzheitliches oder fächerübergreifendes Vorgehen, es lässt sich selten einem Fach zuordnen. Da Schüler und Lehrer im Verlauf der Projektarbeit auf Widerstände stoßen werden, sind Überraschungen, die den Unterricht interessant werden lassen, ganz normal. Gemeinsam verfolgen Schüler und Lehrer das vereinbarte Projektziel, sie kooperieren, sehen das Projekt wachsen und freuen sich in der Gruppe über den Arbeitsfortschritt. Die Schüler können sich entsprechend ihrer individuellen Fähigkeiten einbringen, relativ frei arbeiten und kreativ werden. Stößt man unvermutet auf ein größeres Problem, muss gemeinsam nach einer Lösung gesucht werden. Je nach Zielsetzung wird natürlich auch das Internet genutzt, um Informationen zu gewinnen. Ist das Projektziel erreicht, betrachten Schüler und Lehrer den zurückliegenden Prozess und die Stadien der Verwirklichung kritisch, um Einsichten für die künftige Projektarbeit zu gewinnen.

Eine wesentliche Voraussetzung für eine gelungene Projektarbeit ist der zeitliche Rahmen, die Wahrung der Lehr-Lernkontinuität. Grundschul- und Klassenlehrer, die täglich mehrere Stunden in ihrer Klasse unterrichten, können jederzeit einen projektorientierten Unterricht verwirklichen. Wird Unterricht im 45-Minuten-Takt von Fachlehrern erteilt, ist projektorientiertes Lernen praktisch nicht möglich. Die einzelnen Phasen – Projektinitiative, Diskussion der Initiative, Projektplan, Diskussion des Plans, Arbeit in Kleingruppen, Präsentation der Ergebnisse aus den Kleingruppen, Zusammenführung der Ergebnisse und retrospektive Kritik – sind aufeinander bezogen und können sinnvoll nur kontinuierlich durchlaufen werden. Deshalb findet an vielen weiterführenden Schulen allein aus stundenplantechnischen Gründen kein Projektunterricht statt, sondern es wird am Ende eines Schulhalbjahrs oder Schuljahrs als didaktisches Alibi eine Projektwoche zelebriert, wenn alle Beteiligten erschöpft sind und sich auf die Ferien freuen. Diese Projektwochen werden der Unterrichtskonzeption mit ihren vielen Vorzügen nicht gerecht.

Der Handlungsorientierte Unterricht, wie er von Gudjons (1986) dargestellt und vertreten wird, unterscheidet sich kaum vom Projektunterricht, so wie er von John Dewey (1859–1952) in den 30er-Jahren des vorigen Jahrhunderts beschrieben worden ist. Man geht möglichst von Erlebnissen oder Erfahrungen der Schüler aus, orientiert sich an deren Interessen und Lernbedürfnissen, fordert die Schüler auf, den Unterricht mit zu planen und zu organisieren, um sie so in die Verantwortung für den gemeinsamen Lehr-Lernprozess zu ziehen. Lehrer und Schüler vereinbaren Ziele und arbeiten auf ein Ergebnis hin. Soziales Lernen, das Lernen in kleinen Gruppen sowie die Entwicklung der Teamfähigkeit stehen im Mittelpunkt der Konzeption, aber auch das Handeln der Schüler, das Gewinnen von Primärerfahrungen und das Lernen mit vielen Sinnen. Im Rahmen dieser Konzeption wird ganzheitlich oder fächerübergreifend gearbeitet. Bestimmte Aktivitäten finden auch außerhalb der Schule statt, wobei sich oft eine gesellschaftliche Relevanz zeigt. Die Umsetzung dieser Konzeption erfolgt – wie könnte es anders sein – in einer Planungs-, Durchführungs- und Auswertungsphase. Gudjons ist es gelungen, diese Unterrichtskonzeption bekannt zu machen und sie mit weiteren didaktischen Einsichten anzureichern, doch die Abgrenzung zum Projektunterricht fällt schwer.

Abschließend sind die Fragen zu beantworten, welche Unterrichtskonzeptionen auf welcher Schulstufe Vorrang haben sollten, weil sie den Schülern einer Altersstufe am ehesten entsprechen und welche Konzeptionen am effektivsten sind. Um die Frage zu beantworten, welche Unterrichtskonzeption auf welcher Schulstufe vorrangig einzusetzen ist, wird von einer Differenzierenden Leistungsschule ausgegangen (siehe Tabelle 3, S. 70).

Was die Frage nach dem effektivsten Unterricht angeht, so lassen sich beim derzeitigen Forschungsstand noch keine eindeutigen Aussagen treffen. Wahrscheinlich ist eine Kombination von geschlosseneren und offeneren Konzeptionen sinnvoll und effektiv, von einem Lernzielorientierten Unterricht, der in einen Offenen Unterricht übergeht und die Individualisierung der Lernprozesse ermöglicht. B. S. Bloom (1984) hat übrigens eine verblüffende Antwort parat, indem er eine Konzeption nennt, die in diesem Beitrag gar nicht auftaucht, nämlich den »Unterricht im tutorialen System«, in dem sich ein Lehrer einem Schüler zuwendet und ihn intensiv be-

Tab. 3: Zuordnung von Unterrichtskonzeptionen zu Schulstufen		
Allgemeinbildende Gymnasien, Berufliche Gymnasien	Schuljahre 10 bis 12	Fachleistungskurse, epochal, ca. 32 Stunden auf drei Wochen verteilt, drei Kurse parallel, Projekte
Differenzierende Leistungsschule		
Oberstufe	Schuljahre 7 bis 9	Lernzielorientierter Unterricht, D, M, E, F Fächerverbindender Epochenunterricht, Projekte und Offener Unterricht – Klassenlehrer und mehrere Fachlehrer
Mittelstufe	Schuljahre 4 bis 6	Lernzielorientierter Unterricht D, M, E Fächerübergreifender Epochenunterricht, Projekte und Offener Unterricht – Klassenlehrer und wenige Fachlehrer
Unterstufe	Schuljahre 1 bis 3	Gesamtunterricht und Offener Unterricht – Klassenlehrerin und evtl. ein weiterer Lehrer, projektorientierter Unterricht ist jederzeit möglich
Anmerkung: In den Schuljahren 1 bis 9 sind jeweils für drei Jahre Klassenlehrer für die Lerngruppen verantwortlich. Mit zunehmendem Alter der Schüler wird deren Arbeit durch Fachlehrer ergänzt.		

treut und berät. Diese Konzeption der tutorialen Instruktion lässt sich natürlich allein aus Kostengründen kaum verwirklichen. Und die soziale Komponente des Unterrichts tritt stark zurück, weil dem einsam Lernenden der Umgang mit Gleichaltrigen fehlt.

9. Integrativen Unterricht fördern

Dieses Kapitel befasst sich mit der vierten Schulart, der Sonderschule. Eigenartigerweise wird immer nur vom dreigliedrigen Schulsystem gesprochen, obwohl es doch tatsächlich viergliedrig ist. Stets ist von der Hauptschule, der Realschule und dem Gymnasium die Rede, manchmal auch noch von der Gesamtschule, aber die Sonderschule wird fast immer ausgeblendet. Bezeichnend für eine Gesellschaft mit den Idealen »Schönheit – Jugend – Leistungsfähigkeit«?

In einer Sonderschule werden jene Schüler unterrichtet, die dem Unterricht in einer Regelschule nicht folgen können oder die den Unterricht durch ihr stark abweichendes Verhalten stören. Früher wurden solche Schulen auch Hilfsschulen genannt, dann Sonderschulen oder Förderschulen. Wie man die Schulen bezeichnet, ist nicht ganz unerheblich, denn es fällt Eltern wohl leichter, ihr Kind in eine Förderschule als in eine Hilfsschule zu schicken. Im Rahmen dieses Beitrags wird die bundesweit übliche Bezeichnung Sonderschule gewählt.

Die Meinungen darüber, welche Schüler sonderschulbedürftig sind und welche nicht, gehen weit auseinander. Um uns einer Antwort zu nähern, betrachten wir die einzelnen Gruppen, die in Sonderschulen anzutreffen sind:

- körperbehinderte Schüler, die z.B. auf einen Rollstuhl angewiesen sind,
- sehbehinderte Schüler, die meist noch über Sehreste verfügen,
- hörgeschädigte Schüler (die Tauben),
- sprachbehinderte Schüler (die Stummen),
- sprach- und hörgeschädigte Schüler (die Taubstummen),
- geistig behinderte Schüler,
- mehrfach behinderte Schüler und
- verhaltensauffällige oder verhaltensgestörte Schüler.

Alle diese behinderten Kinder und Jugendlichen hat man in Deutschland in den letzten hundert Jahren sorgfältig selektiert, gruppiert und für jede Behinderungsart Sonderschullehrer ausgebildet in der gut gemeinten Absicht, die Schüler so optimal fördern zu können. Für die verschiedenen Behinderungsarten wurden Sonderschulen gebaut, Einrichtungen mit Internaten und mit Spezialausstattungen, um so die Lehr-Lernprozesse optimieren zu können. Außerdem wird für jeden Sonderschüler etwa doppelt so viel Geld ausgegeben wie für einen Gymnasiasten (Klemm 2003). Und so könnte man sich eigentlich zufrieden zurücklehnen und den Schülern und Lehrern an den Sonderschulen weiterhin guten Erfolg wünschen. Doch leider ist dem nicht so, weil die Institutionen mit ihren selektiven Schülergruppen, den spezialisierten Lehrern, ihren Internaten und Sonderausstattungen eine eigene Dynamik entwickeln, welche die Reintegration der Schüler in eine offene Gesellschaft und in die Arbeitswelt auch behindern kann. Überspitzt formuliert kann man sagen, dass Behinderteneinrichtungen oft einen Beitrag zur Behinderung ihrer Klientel leisten.

Eltern, die ein behindertes Kind haben, möchten es zunächst einmal in eine Regelschule schicken. Sie fürchten zu Recht eine Etikettierung und Stigmatisierung, wenn ihr Kind ausgegrenzt wird. Hinter vorgehaltener Hand wird doch davon gesprochen, dass das Kind nicht mitkomme, deshalb die Sonderschule besuchen müsse, dass die Eltern zu bedauern seien, das Kind zur Last werde u.a.m. Der Elternwunsch, das behinderte Kind in eine Regelschule zu schicken, ist also verständlich.

Leider gibt es Vertreter der Sonderpädagogik (Feuser/Meyer 1995), die den Eltern suggerieren, ein Unterricht in der Regelschule sei in jedem Fall möglich, jeder Schüler könne und müsse integriert werden. Eine solche Position ist schwer zu erschüttern, denn welcher gute Mensch möchte schon Selektion und Segregation befürworten?

Betrachtet man die einzelnen Behinderungsarten realistisch, dann gibt es eine Gruppe, die sich nicht in den Unterricht der Regelschulen integrieren lässt, nämlich die der verhaltensauffälligen oder verhaltensgestörten Schüler. Wenn Schüler mehrmals pro Unterrichtsstunde ein stark abweichendes Verhalten zeigen, ist die für das Lehren und Lernen erforderliche soziale Ordnung empfindlich gestört. Unterricht ist nur noch unter hohem Zeitverlust oder gar nicht mehr möglich, was den Mitschülern gegenüber nicht verantwortet werden kann, weil auch sie ein Recht auf Unterricht haben. – Wenn z.B. ein Grundschüler immer »Hund« spielt, auf allen vieren durch das Klassenzimmer läuft und bellt, hin und wieder das Klassenzimmer als »Hund« verlässt, in die Nachbarzimmer einfällt und auch dort bellt und sich dieses stark abweichende Verhalten mehrmals pro Unterrichtsstunde zeigt und über Monate hinzieht, ist eine kinderpsychiatrische Behandlung angebracht. Die Bemühungen des Lehrers um eine Integration stoßen bei diesem Schüler an Grenzen.

Einer zweiten Gruppe tut man wohl kaum einen Gefallen, wollte man sie in den Unterricht einer Regelschule integrieren, jene Schüler, die schwerst oder mehrfach behindert sind. Zu dieser Gruppe sind 15 bis 20 Prozent der Sonderschüler zu zählen.[1] Ein blinder Schüler lässt sich einordnen und einer Spezialeinrichtung zuführen, ein taubstummer ebenfalls. Aber was soll mit jenen Schülern geschehen, die sich nicht mehr einer Gruppe zuordnen lassen. Im Hinblick auf diese Gruppe wurde das Unwort »Selektionsrest« geprägt.[2] Worin liegt das Integrationsproblem? Ein Kind, das weder hören noch sehen noch sprechen noch aufrecht sitzen oder stehen kann, bei dem das Pflegepersonal kaum eine Verbesserung des Pflegezustands feststellt, ist natürlich nicht in der Lage, am Unterricht einer Regelschule teilzunehmen. Es ist auch fragwürdig, dieses Kind einmal pro Woche von einem Pfleger in ein Klassenzimmer rollen zu lassen, damit ihm immer wieder bewusst wird, was es im Vergleich zu den anderen Kindern nicht kann. – Verhaltensauffällige und schwerst behinderte Kinder lassen sich also kaum integrieren. Aber vielleicht müssen derart überzogene Forderungen nach Integration aller Schüler erhoben werden, um sich bei der Schulverwaltung und in der Öffentlichkeit überhaupt Gehör zu verschaffen und um durch eine Maximalforderung wenigstens noch ein mittleres Ergebnis zu erzielen.

Sonderschüler können ganz unterschiedlich betreut und unterrichtet werden

Über die verschiedenen Modelle lässt sich diskutieren und streiten, um den bestmöglichen Weg zu suchen. Zunächst einmal weist man sie in eine Sonderschule ein, z.B. in eine Blindenschule oder Schule für Gehörlose, in eine Schule mit Internat, in der sie von Fachkräften betreut und unterrichtet werden. Dann gibt es die Möglichkeit, *Sonderschulklassen in die Regelschulen zu verlagern,* also Außenklassen zu bilden. Die Sonderschüler haben so die gleichen Schulwege wie die nicht behinderten Schü-

1 Münstermann, G.: Welche Schulform wird behinderten Kindern gerecht? *Rhein-Neckar-Zeitung* vom 27.9.2002.

2 Das Unwort des Jahres »Selektionsrest« wurde mehr oder weniger gedankenlos von einem Vertreter der Sonderpädagogik an der Pädagogischen Hochschule Heidelberg geprägt, um auf die mehrfach- und schwerstbehinderten Schüler aufmerksam zu machen.

ler, und sie treffen diese in den Pausen. Weiterhin können bestimmte Lernaktivitäten – wie Sport, Musik oder Bildhaftes Gestalten – von behinderten und nicht behinderten Schülern gemeinsam bestritten werden. Gleiches gilt für die Aktivitäten des Schullebens, für Feste, Feiern und verschiedene Veranstaltungen.

Möglich ist auch die *Integration von Sonderschülern einer spezifischen Behinderungsart* in eine Klasse der Regelschule, indem z.B. fünf geistig behinderte Schüler mit 13 nicht behinderten gemeinsam von zwei Lehrern unterrichtet werden. Der eine ist Grundschullehrer, der andere Sonderschullehrer. Was diese 18 Schüler gemeinsam tun können, wird auch gemeinsam getan. Bei bestimmten Aktivitäten können die nicht behinderten Schüler den behinderten helfen, bei anderen Lernaktivitäten setzt die innere Differenzierung ein. Der Sonderschullehrer zieht sich mit den behinderten Schülern in einen Nebenraum zurück und fördert sie gezielt, um Defizite abzuschwächen oder sogar auszugleichen. Häufig ist die Kooperation mit Ergotherapeuten, Physiotherapeuten, Logopäden oder Psychologen erforderlich. Und auch die Eltern werden in das pädagogisch-therapeutische Team einbezogen.

Stellvertretend für die zahlreichen gelungenen integrativen Schulmodelle dieser Art sei die Sophie-Scholl-Schule genannt, eine Grund- und Sonderschule der Lebenshilfe Gießen. Entscheidend für die Lehr-Lern-Erfolge sind die Kooperationsbereitschaft und -fähigkeit der Lehrer und Mitarbeiter im pädagogisch-therapeutischen Team. »Die Zusammenarbeit im Klassenteam beinhaltet u.a. das gemeinsame Erstellen eines Arbeitsplanes unter Berücksichtigung der Individualisierung und Differenzierung bezüglich Didaktik und Methodik im gemeinsamen Unterricht und die gemeinsame Vorbereitung, Durchführung und Reflexion unter Berücksichtigung der individuellen und fachlichen Kompetenzen von allen pädagogischen Fachkräften.«[1]

Würde man einen solchen integrativen Ansatz konsequent verfolgen, müsste rein rechnerisch etwa jede achte Schulklasse so arbeiten. Jeder achte Klassenlehrer müsste bereit sein, in einer Integrationsklasse zu arbeiten, sich mit Schülern einer Behinderungsart intensiv zu befassen und Förderkompetenzen zu erwerben. In diesem Zusammenhang wird häufig ein Schlagwort gebraucht, man spricht gerne von »Kompetenztransfer«. Ein Lehrer erwirbt Kompetenzen einer Logopädin oder Physiotherapeutin, und umgekehrt erwerben Letztere Lehrqualifikationen. Oder einfacher gesagt, man zeigt sich wechselseitig, wie man was macht. Ob ein solcher Transfer gelingt, hängt wohl in erster Linie von der Motivation und Kooperationsbereitschaft der Beteiligten ab.

Um einen solchen integrativen Ansatz allgemein nutzbar umzusetzen, müssten viele Sonderschulen bereit sein, sich als Institution in Frage zu stellen. Der Tag, an dem Sonderschullehrer mit ihren Lerngruppen den Exodus veranstalten, um sich mit ihren Schülern in die Klassen der Regelschulen zu integrieren, ist noch nicht in Sicht, aber das Nachdenken über eine solche Lösung muss erlaubt sein.

1 Sophie-Scholl-Schule. Integrative Grund- und Sonderschule der Lebenshilfe Gießen e.V. Grüninger Weg 26, 35415 Pohlheim-Garbenteich; Rektorin: Wildtrud Thies.

Schließlich wäre noch eine ganz andere Lösung denkbar, nämlich die finnische. In diesem Land verfolgt man konsequent eine integrative Konzeption. Wenn im Norden des Landes nur noch fünf Einwohner pro Quadratkilometer anzutreffen sind, ist es unmöglich, ein differenziertes Schulsystem aufzubauen. Die Schulwege wären für die Schüler einfach zu weit. Schließlich kann man nicht täglich 100 Kilometer auf eisglatten Straßen zurücklegen. Also hat man sich auf Grund der geografischen Gegebenheiten dafür entschieden, möglichst alle Kinder in den Familien und in den Gemeinden aufwachsen zu lassen und sie in die örtlichen Schulen zu integrieren.

Damit die behinderten Schüler am Ort möglichst gut betreut und gefördert werden können, besuchen angehende Klassenlehrer im Rahmen ihres achtsemestrigen Studiums Lehrveranstaltungen zur Frage: »How to teach the handicaped children?«[1] Sie erhalten also eine Grundausbildung zum Sonderschullehrer. Wenn sie dann in ihrer Klasse auf einen behinderten Schüler treffen, bemühen sie sich gemeinsam mit den Kollegen um dessen Lernfortschritt. Und wenn sie nicht weiterwissen, bitten sie die Professorin in Helsinki telefonisch um Rat oder faxen die Fallbeschreibung mit dem Befund an sie mit der Bitte um konkrete Hinweise auf Fördermöglichkeiten. – Auch ist es selbstverständlich, dass sich fast alle – die Mitschüler, die Eltern der nicht behinderten Schüler und die Gemeindemitglieder – um das behinderte Kind kümmern und bei den Eltern anfragen, ob und wie sie helfen können. Dieses große Maß an Solidarität ist bewundernswert, aber es ist auch eine Art Versicherung, weil die eigene Familie eines Tages auf Hilfe angewiesen sein könnte. – Natürlich gibt es auch in Finnland in den größeren Städten wenige Spezialeinrichtungen für schwerst behinderte oder verhaltensauffällige Schüler, die in Internaten untergebracht und klinisch betreut werden müssen.

Einerseits haben wir in der Bundesrepublik Deutschland ein gut ausgebautes Sonderschulwesen, um das uns andere Länder beneiden, und Fachkräfte, die sich um die behinderten Schüler intensiv bemühen. Andererseits führt gerade dieses Sonderschulwesen dazu, behinderte Schüler zu selektieren und sie voreilig in besondere Einrichtungen zu überweisen. Der Unterricht in Spezialeinrichtungen führt zu Schwierigkeiten bei der Reintegration. Weitaus mehr behinderte Schüler als heute üblich könnten in den Regelschulen unterrichtet werden, sofern bei allen Beteiligten die Bereitschaft dazu vorhanden wäre.

10. Epochenunterricht einführen

Wie schon mehrfach betont, ist der Unterricht im 45-Minuten-Takt zumeist unsinnig, Blockunterricht schon sinnvoller, noch besser ist Epochenunterricht, der überwiegend in Doppelstunden erteilt wird. Im Epochenunterricht wird die Anzahl der

1 1985 nahm der Autor eine Gastprofessur an der Pädagogischen Fakultät in Vaasa, Finnland, wahr. Die Studierenden, angehende Klassenlehrer, wurden zwei Gruppen zugeteilt. Die eine besuchte die Lehrveranstaltungen des Gastes, die andere die einer finnischen Kollegin aus Helsinki zum Thema »How to teach the handicaped children?«.

Fächer sinnvoll reduziert. Statt in einer Unterrichtswoche zwölf verschiedene Fächer anzubieten, wird die Zahl der Fächer oder Lernfelder auf etwa sechs begrenzt.

Vergleicht man die Stundenpläne deutscher und angelsächsischer Schüler, fällt sofort die unterschiedliche Fächerzahl auf. Deutsche Schüler haben ein Dutzend oder mehr Fächer im Plan, die angelsächsischen Schüler fünf bis sieben »Subjects«. Betrachten wir den Stundenplan eines 12-jährigen Schülers aus dem Jahr 2003/2004, der im 6. Schuljahr ein typisch deutsches Gymnasium besucht, das als Halbtagsschule geführt wird[1] (siehe Tabelle 4).

Tab. 4: Typischer Stundenplan – 6. Klasse Gymnasium

Std.	Mo	Di	Mi	Do	Fr
1.	Bio	D	D	E	M
2.	Sport	Reli	E	Bio	M
3.	D	BK	Erdk	M	Musik
4.	D	BK	LQ	D	E
5.	E	M	Sport	Erdk	Reli
6.	Musik	E	Sport	Naturph	Erdk
7.			ITG	Naturph	
8.			ITG		

Legende:
BK = Bildende Kunst; LQ = Lions Quest, ein Zukunftsprogramm für Jugendliche[2];
ITG = Informationstechnische Grundbildung; Naturph = Naturphänomene

Häppchen-Angebote

Dieser Schüler wird also in einer recht willkürlichen Abfolge mit 33 Wochenstunden bedacht, mit 21 Einzelstunden und 6 Doppelstunden. Am Donnerstagvormittag muss er sich zu festgelegten Zeiten für Englisch, Biologie, Mathematik, Deutsch, Erdkunde und für Naturphänomene interessieren. Auch bei guter Begabung und hoher Leistungsmotivation kann er nur bis zur dritten Stunde aufmerksam folgen, in der vierten hat er schon erste Konzentrationsschwierigkeiten, was ganz natürlich ist, in der fünften massive Ermüdungserscheinungen, und die Naturphänomene erschöpfen ihn vollends. Motivations- und lernpsychologisch betrachtet, ist ein solcher Stundenplan unverantwortlich.

1 Es handelt sich um den Stundenplan eines Schülers der 6. Klasse aus dem Schuljahr 2003/2004 eines kurpfälzischen Gymnasiums.

2 Erwachsen werden. Ein Zukunftsprogramm für Jugendliche macht Schule. Hilfswerk der Deutschen Lions e.V. – Ressort Lions-Quest-Sekretariat, Bleichstraße 1–3, 65183 Wiesbaden.

Jeder geistig tätige Mensch befasst sich so lange mit einem Gebiet, wie es ihn interessiert und bis sich Erfolge abzeichnen. Dann geht er zum nächsten Gebiet über, vielleicht auch noch zu einem dritten am Tag. – Von Schülern verlangt man, dass sie sich an einem halben Tag bis zu sechs verschiedenen Themen zuwenden und dass sie sich am Nachmittag mit drei verschiedenen Hausaufgaben befassen. Bezogen auf unser Beispiel soll der Schüler innerhalb von fünf Tagen etwa 42-mal einen Lernprozess aufnehmen zu Inhalten, die ihn selten interessieren. 21 Einzelstunden plus 6 Doppelstunden plus 15-mal Hausaufgaben ergibt 42. Auch auf diese Weise lässt sich erklären, warum fast alle Schüler nicht gerne zur Schule gehen.

In diesem Zusammenhang ist oft das Argument zu hören, Schüler könnten sich nun einmal nicht für alles interessieren und man müsse es ihnen deshalb überlassen, aus einem großen Angebot auszuwählen. Dieses Argument ist zynisch und arbeitswissenschaftlich unhaltbar, weil mit einem hohen Aufwand an kostspieligen Lehrdeputaten nur geringe Lernerfolge erzielt werden. Auf Grund nüchterner wirtschaftlicher Überlegungen ist es nicht zu verantworten, dass in den fünften Stunden kaum noch etwas und in den sechsten Stunden meist nichts mehr gelernt wird. Außerdem müssen Lehrkräfte eine fragwürdige Rolle übernehmen, nämlich die eines Sämanns, der zwar sät, aber nicht weiß, ob die Samenkörner aufgehen werden. Auch so lässt sich erklären, warum bei vielen Lehrerinnen und Lehrern das Engagement nachlässt und sie wenig Freude am Beruf haben.

Das war schon immer so

Stundenpläne nach dargestelltem Muster haben an weiterführenden Schulen in Deutschland Tradition. Vergleicht man einen Stundenplan aus dem Jahr 1920 mit einem Plan von heute, wird man feststellen, dass sich die Anzahl der Fächer kaum geändert hat. Da die Schüler viel lernen sollen – was ja durchaus löblich ist –, wurde und wird möglichst viel in den Plan hineingepackt. Und da man eine möglichst breite Allgemeinbildung anstrebt, wurden und werden bis heute möglichst viele Fächer angeboten, Lehrinhalte, welche die Lehrer studiert und zu bieten haben. Stundenpläne an Halbtagsschulen richten sich nicht primär nach dem Lernvermögen und den Interessen der Schüler, sondern in erster Linie nach den Fachkenntnissen und Interessen der Lehrer. Letztere möchten gerne ihre Deputate möglichst lückenlos bis 13.00 Uhr im Stundenplan unterbringen. Viele Lehrer unterrichten ihre studierten Fächer, nicht aber Schüler.

Ein angelsächsischer oder skandinavischer Stundenplan sieht ganz anders aus. Natürlich beinhaltet auch er zunächst einmal einige Kernfächer wie Englisch, Mathematik, eine oder mehrere Fremdsprachen, sodann das Fach Sport und ein Fach aus dem musisch-ästhetischen Bereich. Die Nebenfächer werden epochal erteilt, sodass über das Schuljahr bzw. die Schuljahre verteilt alle Fächer oder Lernfelder abgedeckt werden.

Es ginge aber auch anders

Bezogen auf unser Beispiel aus einem typisch deutschen Gymnasium wäre eine Umstellung vom fragwürdigen Fachunterricht mit 21 Einzelstunden und 6 Doppelstunden hin zu einem Epochenunterricht jederzeit kostenneutral möglich. Unser bedauernswerter Schüler muss fünf Nebenfächer zu je zwei Wochenstunden über sich ergehen lassen – Bildende Kunst, Biologie, Erdkunde, Informationstechnische Grundbildung und die Naturphänomene – insgesamt also 10 Wochenstunden. Diese 10 Stunden könnten auf *ein* Fach auf *eine* Epoche von drei Wochen konzentriert werden. Die Epoche würde dann insgesamt 30 Unterrichtsstunden umfassen. Das Epochenfach würde nun täglich mit einer Doppelstunde im Plan auftauchen. Die Anzahl der Fächer oder Lernfelder wäre so schon einmal um vier reduziert. Für diese Umstellung bedarf es nur etwas didaktischer Fantasie und Organisationstalent. Dass diese Umstellung ohne Mehrkosten jederzeit gelingt, beweisen viele Privat- und Reformschulen, Landerziehungsheime, Montessori- und Waldorfschulen.

Bentzien (1968) hat schon vor Jahren den *Epochenunterricht* mit seinen Vorteilen beschrieben. In jüngster Zeit hat sich Kamm (2000) mit dieser Unterrichtskonzeption befasst. Doch leider ist sie bis heute an vielen weiterführenden Schulen noch unbekannt, was im Interesse der zu unterrichtenden Schüler zu bedauern ist, weil der Epochenunterricht bemerkenswerte *Vorteile* bietet:

- Zunächst einmal wird die Kontinuität des Lehrens und Lernens gewahrt, indem das Thema am nächsten Tag wieder aufgegriffen und weitergeführt werden kann.
- Die am Vortag erworbenen Kenntnisse, Einsichten und Kompetenzen sind noch präsent, sodass zeitraubende Wiederholungen entfallen.
- Die Aktualisierung der Lernergebnisse erfolgt nach 24 Stunden, was sich besonders günstig auf die Gedächtnisleistungen und die Behaltwerte auswirkt.
- Viele interferierende Prozesse, negative Auswirkungen auf Grund einer fragwürdigen Fächerabfolge, können gar nicht erst auftreten.
- Schüler und Lehrer können sich besser auf das jeweilige Thema konzentrieren.
- Schüler und Lehrer haben mehr Zeit, um sich mit dem Thema vertraut zu machen, sich einzudenken und es altersgemäß zu durchdenken.
- Schüler und Lehrer brauchen sich nur auf das Epochenfach vorzubereiten, nicht aber auf fünf verschiedene Fächer. Sie können dies aber umso intensiver tun.
- Der Epochenunterricht bietet bessere methodische Möglichkeiten, so für die Kleingruppenarbeit, für Problemorientierten Unterricht oder für Projektunterricht.
- Gemeinsam können sie das Klassenzimmer der Epoche ausgestalten, Medien zusammentragen, präsentieren und Schülerarbeiten ausstellen. – Wer das Zimmer betritt, kennt sofort das Epochenthema.
- Weil das Thema täglich weitergeführt wird, haben Schüler und Lehrer häufiger Ergebnisse und Erfolgserlebnisse zu verzeichnen. Dieses positive Gefühl steigert die Leistungsmotivation der Schüler und führt zu einer größeren Berufszufriedenheit bei den Lehrern.

- Durch die kontinuierliche Arbeit am Thema werden auch weniger motivierte und leistungsschwache Schüler in den Unterricht eingebunden, weil ihnen gar nichts anderes übrig bleibt, als sich mit dem Thema zu befassen.
- Für Fachlehrer ergibt sich der Vorteil, dass sie nur zwei oder drei, nicht aber fünf oder sechs Schülergruppen am Tag zu unterrichten haben und dass sie diese Gruppen am nächsten Tag wieder sehen. Die einzelnen Schüler werden eher wahrgenommen, man kann eine Beziehung zu ihnen aufbauen, besser auf sie eingehen, und sie werden so nicht zu Objekten des eigenen Instruktionsbemühens degradiert.
- Auch das Lern- und Gruppenklima verändert sich positiv, weil es keinen ständigen Lehrerwechsel gibt. Die sonst übliche Hektik entfällt.
- Die Schüler führen ein Epochenheft, in das sie die bedeutsamen Kenntnisse und Einsichten eintragen. In dieses Heft darf gezeichnet, gemalt und eingeklebt werden. – So dokumentieren die Schüler die individuellen Lernergebnisse.
- Das Epochenheft dient auch der Ergebniskontrolle und der Beurteilung der Lernleistungen. Es bildet die Grundlage für wichtige Wiederholungen, wenn nach einer längeren Unterbrechung in dem betreffenden Lernfeld weiter gearbeitet wird. Viele Schüler, die epochal unterrichtet worden sind, heben ihre Epochenhefte lebenslang auf und sind stolz auf sie.

Natürlich gibt es auch *Einwände und Zweifel* hinsichtlich dieser Unterrichtskonzeption. Gefragt wird häufig nach den *Behaltwerten*: Wissen die Schüler in dem betreffenden Fach noch etwas, wenn es mehrere Wochen oder Monate nicht erteilt worden ist? – Wenn man den Schüler in unserem Beispiel am Dienstag fragt, was er denn in der Schule gelernt habe, antwortet er entweder mit »Nichts« oder er zählt die Fächer auf: »Deutsch, Religion ...«. Stellt man einem Schüler dieselbe Frage, der in einen Epochenunterricht involviert ist, bekommt man ganz andere Antworten, so z.B.: »Wir leben gerade im Mittelalter, ich bin ein Ritter, befinde mich auf einem Kreuzzug, ich hatte Malaria und weiß nicht, ob ich gesund zurückkommen werde.«

Eine andere Frage bezieht sich auf das *Sympathie-Antipathie-Gefüge*: Was geschieht mit einem Schüler, der einen Lehrer gar nicht leiden kann, und der ihn nun drei Wochen lang täglich zwei Stunden ertragen muss? Die Antwort ist sehr einfach: Dieser Schüler kann sich auf jenen Lehrer freuen, den er mag und mit dem er es in der nächsten Epoche zu tun bekommt.

Ein dritter Einwand wird gebracht: Wenn nun ein Schüler ein bestimmtes Fach ablehnt, werden dann nicht die drei Wochen für ihn zur Qual? Natürlich kann so etwas vorkommen, aber die intensive Beschäftigung mit einer Sache führt ja meist dazu, dass man Interessantes an ihr entdeckt. – Und außerdem kann sich der Schüler auf sein Lieblingsfach freuen.

Den vielen Vorteilen stehen also wenige mögliche Nachteile gegenüber, die sich mühelos entkräften lassen, Grund genug, den Unterricht im 45-Minuten-Takt so schnell wie möglich abzuschaffen, die Stundenpläne umzuschreiben und epochal zu unterrichten (siehe Tabelle 5).

Tab. 5: **Modifizierter Stundenplan – Epochenunterricht**					
Std.	**Mo**	**Di**	**Mi**	**Do**	**Fr**
1. und 2.	D	M	EN	D	M
3. und 4.	E	E	E	E	E
5. und 6.	M	EN	SP	D	MU
Legende: D = Deutsch; M = Mathematik; EN = Englisch; E = Epochenunterricht; SP = Sport; MU = Musik. Auf diese Weise würde die Anzahl der Fächer um die Hälfte reduziert.					

Aus der Sicht der Unterrichtswissenschaft ist nicht ganz geklärt, welche Fächer oder Lernfelder besser als Kernunterricht angeboten werden sollten und für welche der Epochenunterricht vorzuziehen ist. Nun wird niemand auf die Idee kommen, alle Sportstunden eines Schuljahrs auf eine oder zwei Epochen zu konzentrieren, Gleiches gilt für die Musikerziehung, obgleich vor den Bundesjugendspielen ein regelmäßiges Training sinnvoll sein kann und die Einstudierung eines Musicals besser in einer Epoche vor der Aufführung als in Einzelstunden erfolgt. Offene Fragen ergeben sich hinsichtlich des Fremdsprachenunterrichts. Ist es wirklich sinnvoll, über viele Jahre hinweg die Schüler Englisch, Französisch oder Latein lernen zu lassen, oder wäre es nicht vielleicht sinnvoller, die Sprachkompetenz, die Grundlagen und den Grundwortschatz – natürlich in Verbindung mit einer Exkursion nach Großbritannien und den Vorzügen der Neurolinguistischen Programmierung – in Intensivkursen zu erwerben? Die vielen erfolgreichen Sprachkurse an den Universitäten lassen vermuten, dass auch beim Spracherwerb eine andere Unterrichtsorganisation erfolgreicher sein kann.

11. Soziales Lernen fördern

Der Begriff des sozialen Lernens lässt sich nicht eindeutig definieren. Soziale Lernziele lassen sich nicht operationalisieren, wie das im Fach Mathematik oder in den Naturwissenschaften der Fall ist. Soziales Lernen ist eng mit der affektiven Lernzieldimension verknüpft und hat viel mit Sympathie und Antipathie zu tun (Krathwohl u.a. 1975). Sucht man nach einer tragenden Definition, so mag hier die Feststellung genügen, dass soziales Lernen auf Interaktion und Kommunikation angewiesen und ein verständnisvoller Umgang erstrebenswert ist. Ziel des sozialen Lernens ist also ein verständnisvoller Umgang zwischen Menschen, der Lehrerin und den Schülern, aber auch außerschulisch zwischen Eltern und Kindern und überall dort, wo Personen oder Gruppen kommunizieren und kooperieren (Minssen 1970).

Soziales Lernen ist in seiner Bedeutung unbestritten, geht es doch nicht nur um einen verständnisvollen Umgang in Familie, Schule oder Unterricht, sondern auch um die Qualität der Zusammenarbeit am Arbeitsplatz, um Teamfähigkeit, um die Art der Zusammenarbeit in Vereinen, Organisationen und politischen Parteien. So gesehen, hat soziales Lernen immer auch mit politischer Bildung zu tun (Behrmann 1999). Die gesellschaftspolitischen Frage- und Problemstellungen, die Gefahren unserer Zeit – Globalisierung, Umbau der Sozialsysteme, Armut und Hunger, Wirtschaftskriminalität, Umweltkatastrophen, Kriege, Terrorismus – lassen sich nur gemeinsam eindämmen durch politische Initiativen und Verhandlungen, durch einen verständnisvollen Umgang zwischen den politischen Machthabern und Völkern.

Soziales Lernen beginnt in der Familie

In ihr finden Erziehung und Sozialisation statt, Erziehung als eine direkte Einflussnahme der Eltern auf die Kinder, um erwünschte Verhaltensweisen und Einstellungen zu fördern, welche die Voraussetzungen bilden für einen verständnisvollen Umgang. Wenn Eltern erziehen, sprechen sie Gebote oder Verbote aus, und sie erwarten von ihren Kindern Gehorsam. »Erziehung besteht aus Einwirkungsversuchen. Selbst eine liberale Erziehung, die dem Prinzip des ›begleitenden Wachsenlassens‹ entspricht, zielt auf Einwirkung.« (Ludwig 2000) – Die Sozialisation gestaltet sich weitaus schwieriger. Moderne Eltern möchten ihre Kinder am Sozialisationsprozess beteiligen, möchten sogar, dass sie diesen aktiv mitgestalten. Sie begründen ihre pädagogischen Maßnahmen, diskutieren mit den Kindern über die Freizeit- oder Feriengestaltung, berücksichtigen deren Wünsche, verhandeln und schließen Kompromisse. Eltern und Kinder üben sich in einem verständnisvollen Umgang miteinander. Erziehung und Sozialisation sind komplementär zu sehen, schließen sich keinesfalls aus. Verantwortungsbewusste Eltern können nicht auf direkte erzieherische Einflussnahmen verzichten. Sie haben z.B. einen Anspruch darauf zu erfahren, wo und mit wem ihr 12-jähriger Sohn den Abend verbringt. Sie müssen im derzeit noch üblichen System der Halbtagsschulen darauf dringen, dass ihr Sohn seine Hausaufgaben erledigt. Andererseits ist Eltern anzuraten, Kinder mit entscheiden zu lassen, sobald ihre Einsichtsfähigkeit vorausgesetzt werden kann. Gebote oder Verbote sind schnell ausgesprochen, Verhandlungen sind unbequemer, anstrengender und kosten viel Zeit.[1]

Doch was wird in heutigen Familien sozial gelernt?

Allgemein beklagt wird der Umstand, dass die Familien in der heutigen Zeit ihren Aufgaben nicht mehr nachkommen, sei es aus Gleichgültigkeit, Bequemlichkeit, Unwissenheit oder auf Grund ungünstiger wirtschaftlicher Verhältnisse. Wer allein

1 Das Konzept der »emanzipierenden Mitbestimmung« stammt v. H. Giesecke, nachzulesen bei M. Benden (Hrsg.): Zur Zielproblematik in der Pädagogik. Klinkhardt, Bad Heilbrunn 1977.

erziehend ganztägig arbeiten muss, um den Unterhalt zu sichern, kann sich nicht zeitaufwendig um Hausaufgaben und Freizeitgestaltung kümmern. Gleiches gilt für Eltern, die beide voll berufstätig sind. Der Ruf nach staatlicher Intervention, nach ganztägiger Betreuung in Krippen, Kindergärten, Vorschulen, Kindertagesstätten und Ganztagsschulen ist einfach, aber kaum bezahlbar und überdies gefährlich. Schließlich kommt es auf die Qualität der pädagogischen Betreuung an, auf die fachliche, methodische, soziale und personale Kompetenz der pädagogischen Mitarbeiter und Lehrer. Jede Institution ist in erster Linie so gut oder so schlecht wie die in ihr handelnden Personen.

Auf Mitarbeit der Familie bei der Wahrnehmung erzieherischer Funktionen sowie der Begleitung der Sozialisationsprozesse kann die Schule nicht verzichten. Ideal ist eine Partnerschaft zwischen Schule und Elternhaus bei Erziehung und Sozialisation. Doch wenn der Schule der Partner fehlt, sind auf dem Gebiet des sozialen Lernens kompensatorische Maßnahmen der Schule gefragt. Eine intakte Familie oder ein soziales Umfeld, in dem sich der Schüler angenommen und aufgehoben fühlt, ist allerdings durch Lehrer an einer Halbtagsschule nicht zu ersetzen.[1]

Soziales Lernen ist unverzichtbar

Für die Zukunft unserer Gesellschaft ist das soziale Lernen von großer Bedeutung. So wie Eltern mit ihren Kindern und Lehrer mit ihren Schülern umgehen, so werden sich auch die Sozialbeziehungen außerhalb von Familie und Schule, am Arbeitsplatz, in den Vereinen und in den politischen Parteien gestalten. Umgekehrt wirken Einflussfaktoren aus der Gesellschaft in die Familien und Schulen hinein, wobei den Medien eine bedeutsame Rolle zukommt. Wenn Schüler in ihrer Klasse den »Superstar« suchen, wenn sie »Wer wird Millionär?« spielen, sich mit Harry Potter oder Außerirdischen identifizieren, wird dieser Einfluss besonders deutlich. – Schickt man Schüler zur Notenjagd auf ein deutsches Gymnasium und fordert sie immer wieder auf, zu gewinnen und sich durchzusetzen, ist diese Art des Umgangs in der Schule ein gutes Training, um im kapitalistischen Wirtschaftssystem zu überleben.

Die Versuche einiger Schulen, die Lernlücken durch »Benimm Unterricht« oder durch das Fach »Lions Quest« ausfüllen zu wollen, sind einerseits anzuerkennen, anderseits aber auch rührend.[2] Auf eine kurze Formel gebracht – ein solcher Unterricht kann nicht schaden, er wird aber auch nicht viel bewirken, er kann nur der berühmte Tropfen auf den heißen Stein sein. In einem neuen Schulfach, das einmal wöchentlich in einer Kurzstunde erteilt wird, lassen sich hoch gesteckte Ziele wie Motivation, Freude am Lernen, Erwerb sozialer Kompetenz, Toleranz und Achtung

1 Gaschke, S.: Die Keller-Kinder. Pflegefall Familie: Nicht die Ausbildungsunlust der Firmen ist das Problem, sondern die Erziehungsnot zu Hause. *Die Zeit,* Nr. 15 vom 1.4.2004.

2 Erwachsen werden. Ein Zukunftsprogramm für Jugendliche macht Schule. Hilfswerk der Deutschen Lions e.V. – Ressort Lions-Quest-Sekretariat, Bleichstraße 1–3, 65183 Wiesbaden.

anderen Menschen gegenüber, Verantwortung für sich und andere übernehmen, Engagement für sich und andere zeigen, sicher nicht erreichen. Die Organisation Lions-Quest erinnert an den Marshall-Plan, an Care-Pakete, Rosinen-Bomber und Schulspeisungen, zweifelsohne bedeutsame Hilfsprogramme aus Zeiten bitterer Not. Aber steht es um die deutschen Schulen wirklich schon so schlecht, dass auf diese Weise interveniert werden muss?

In ähnlicher Weise fragwürdig erscheint die Einführung der Benimm-Programme z.B. in Bremen oder im Saarland. In einem eigens dafür eingerichteten Fach »Benehmen, Höflichkeit, Ordnung« sollen bestimmte Themen wie »Grüßen« oder »Pünktlichkeit« erarbeitet werden. Ein solche Anstandsoffensive erinnert doch sehr an die Formalausbildung beim Militär. Fundierte neuere Studien zur Frage, wie sich deutsche Schüler benehmen, liegen nicht vor. »Doch sind eigens ersonnene Benimm-Programme dazu geeignet, den Sittenverfall umzukehren? Vieles spricht dafür, dass ein diktierter Anstandskanon in den Schulen so viel bewirkt wie das Toben eines genervten Vaters am Abendbrottisch – bestenfalls gar nichts, schlimmstenfalls Trotz. Kinder werden ja auch nicht plötzlich deshalb zu rücksichtsvollen Wesen, weil ihre Eltern mit ihnen eine halbe Stunde am Tag Benimm üben.«[1]

Damit Eltern, Schüler und Lehrer lernen, verständnisvoll miteinander umzugehen, bedarf es weit mehr. Alle an der Erziehung und am Sozialisationsprozess Beteiligten sind aufgefordert, immer wieder über die Art des Umgangs nachzudenken, zu diskutieren, Umgangsformen zu vereinbaren und einzufordern. Vordringlich muss es darum gehen, die Schule und den Unterricht so zu organisieren, dass entwicklungs- und lernpsychologische Einsichten berücksichtigt werden und ein Schul-, Gruppen- und Lernklima entsteht, das dem sozialen Lernen förderlich ist.

Unterricht ist auch soziales Lernfeld

Fast jede Unterrichtsstunde bietet Gelegenheiten, auf fragwürdige Umgangsformen aufmerksam zu machen und soziale Lernprozesse einzuleiten. So gesehen, sind alle Lehrerinnen und Lehrer ständig gefordert. Da gibt es auf Seiten der Schüler die Provokationen und Regelüberschreitungen, die nicht mehr toleriert werden können. Dann kommt es zu aggressiven Verhaltensweisen zwischen den Schülern und zu Angriffen auf Lehrer. Ein schwieriges Feld stellt die allgemeine Disziplinlosigkeit im Unterricht dar, wenn Lehren und Lernen nur noch unter großem Zeitverlust oder gar nicht mehr möglich sind. Ebenso bedeutsam ist die Außenseiterproblematik, wenn Schüler für das Verhalten eines Mitschülers kein Verständnis aufbringen, weil er leistungsschwach, behindert oder ausländischer Herkunft ist. Und dann kommt es während der Partner- oder Kleingruppenarbeit immer wieder zu Auseinandersetzungen und Schwierigkeiten, weil viele Schüler nicht zusammen arbeiten können oder wollen (Becker 2002a).

1 Kirsten, N.: Mit Anstand unterrichten. Allerorten werden Benimm-Programme für deutsche Schüler gefordert. *Die Zeit*, Nr. 37 vom 4.9.2003.

Soziale Konflikte sind unvermeidbar, doch sind sie nicht nur negativ zu sehen, weil sie Gelegenheiten zum sozialen Lernen bieten. Bei Schülern werden auch immer wieder Versagensängste auftreten, es wird sich zeitweise Schulmüdigkeit einstellen, und es wird Identitätskrisen geben, wie sie nun einmal für die Pubertät typisch sind. Solche existenzbedeutsamen Situationen fordern die Sensibilität, die personale und soziale Kompetenz aller Beteiligten. Die Vielzahl der genannten Konstellationen macht deutlich, dass soziales Lernen alle schulischen und außerschulischen Bereiche durchdringt, und ein verständnisvoller Umgang nicht in einer Kurzstunde erlernt werden kann.

Wer für seine Mitmenschen Verständnis aufbringt und bemüht ist, verständnisvoll mit ihnen umzugehen, verhält sich ehrlich, höflich, rücksichtsvoll, tolerant, kooperativ und solidarisch. Hätten alle Menschen diese Eigenschaften mit den ihnen zu Grunde liegenden Einstellungen verinnerlicht, würde eine »schöne neue Welt« im Umgang miteinander entstehen, die allerdings auch – um nicht langweilig zu werden – eine gepflegte Streitkultur einschließen sollte. Leider verhalten sich viele Menschen – und das gilt natürlich nicht nur für Schüler, sondern auch für Lehrer und Eltern – oft unaufrichtig, unhöflich, rücksichtslos, intolerant und egoistisch. Und deshalb sind alle Beteiligten in doppelter Hinsicht gefordert, einmal Verständnis aufzubringen und zum anderen deutlich zu machen, wo das Verständnis endet. Ein gutes Beispiel bietet die Hausaufgabenproblematik. Ein Lehrer wird für einen Schüler, der seine Hausaufgaben regelmäßig macht, sie aber einmal nicht vorzeigen kann, Verständnis aufbringen. Er darf aber kein Verständnis zeigen, wenn sich ein Schüler im Erfinden von Ausreden übt und ihn ständig belügt.

Schüler brauchen Vorbilder

Damit diese schwierigen sozialen Lernprozesse gelingen, benötigen Schüler Orientierungspunkte oder Vorbilder. Diese suchen und finden sie bei ihren Eltern und Lehrern. Sofern sie sich ihnen gegenüber verantwortlich fühlen, werden bestimmte Verhaltensmuster übernommen und verinnerlicht. Lernpsychologisch lässt sich dieser Sachverhalt über das Lernen am Modell mit der sozial-kognitiven Theorie erklären (Bandura 1986). In einer bestimmten Situation beobachten die Schüler an ihrem Lehrer ein bestimmtes Sozialverhalten. Sie werden darauf aufmerksam und beobachten den Handlungsablauf. Auf Grund der Beobachtungen bleiben bestimmte Eindrücke zurück, die gespeichert werden. Kommt es vielleicht erst nach Tagen zu einer ähnlichen Situation, werden die gespeicherten Erinnerungen aktiviert und die Schüler motiviert, sich in vergleichbarer Weise zu verhalten, so wie sie es bei ihrem Lehrer beobachtet haben.

Auf diese Weise werden förderliche Konventionen im Umgang miteinander eingeübt. Der Lehrer grüßt, und der Gruß wird erwidert. Er bittet um ein Heft, es wird ihm überreicht, und er bedankt sich dafür. Er hört aufmerksam zu und bedankt sich für den Beitrag. Allmählich merken die Schüler, was erwünscht und unerwünscht ist.

Sie übernehmen das Sozialverhalten und handeln in ähnlichen Situationen vergleichbar, indem sie auch mal »bitte« und »danke« sagen. Erfahrungsgemäß dauert ein solches »Trainingsprogramm zur Höflichkeit« mehrere Monate, bis es erfolgreich durchlaufen ist. Viel wichtiger, als förderliche Konventionen einzuüben, sind beispielhafte Orientierungen, wenn

- der Lehrer über die Eigenart eines Schülers, für die er nicht verantwortlich gemacht werden kann, großzügig hinwegsieht,
- er die Schüler auffordert, einen stotternden Mitschüler nicht auszulachen,
- verlangt, einem leistungsschwachen Mitschüler geduldig zuzuhören,
- er sich während der Mathematikarbeit neben einen Schüler setzt, der drei Wochen gefehlt hat, und ihm hilft,
- er während der Kleingruppenarbeit flüstert und von allen Schülern erwartet, leise zu sprechen, damit sie sich bei der Kleingruppenarbeit nicht gegenseitig stören,
- er die Schüler dem Herbergsvater gegenüber in Schutz nimmt, weil dieser sie ausnahmsweise zu Unrecht verdächtigt, die Nachtruhe gestört zu haben, und mit dem Rauswurf droht,
- die Schüler auffordert, bei nicht erledigten Hausaufgaben die Wahrheit zu sagen, oder
- wenn er die Widerwärtigkeiten des Schulalltags humorvoll erträgt und mitlachen kann.

Leider sind auch negative Modelle bekannt, die bei den Schülern einen schlechten Eindruck hinterlassen, wenn z.B. ein Lehrer einen Schüler wegen einer Ungeschicklichkeit »Trottel« nennt, einen anderen als »Versager« bezeichnet, zu leistungsschwachen Schülern sagt: »Ihr seid so dumm, dass es brummt, hört ihr nicht, wie es brummt?« – oder »Ihr seid so dumm, dass die Schweine nach euch schnappen«.[1] Jede Leserin und jeder Leser kennt ähnliche Äußerungen aus der eigenen Schulzeit. Man könnte Bände mit ihnen füllen. Einerseits sind sie ungeheuerlich, andererseits dürfen sie auch nicht überbewertet werden. Man weiß auch nicht, welche Enttäuschungen und Frustrationen vorausgegangen waren. Aber auf jeden Fall sind sie ein Zeichen mangelnden Respekts, belasten das Lern- und Gruppenklima und tragen nicht zu einem verständnisvollen Umgang bei.

Umgang braucht soziale Ordnungen

Schulordnung, Jahrgangsordnung, Klassenordnung oder ein Verhaltensposter regeln den sozialen Umgang von Schülern und Lehrern miteinander. In der Schulordnung werden jene Regeln festgehalten, die alle Schüler und Lehrer betreffen. Deshalb ist

1 Auf die Aufzählung weiterer diskriminierender Äußerungen wird verzichtet, weil sich Nachahmungstäter finden könnten.

sie in der Schulkonferenz zu beraten und zu verabschieden. Die Jahrgangsordnung betrifft alle Schüler eines Jahrgangs sowie die Lehrer, die in den betreffenden Klassen unterrichten. Auf einer Jahrgangskonferenz werden altersgemäße Regeln für den Umgang miteinander vereinbart. Für die Klassenordnung und das Verhaltensposter sind der Klassenlehrer und die Schüler einer Klasse verantwortlich. Dabei ist es wichtig,

- zwischen sinnvollen Regeln, zwischen förderlichen und fragwürdigen Ritualen zu unterscheiden,
- sich auf wenige bedeutsame Regeln zu beschränken,
- über diese Regeln ausgiebig zu diskutieren,
- Formulierungsvorschläge der Schüler aufzugreifen,
- einprägsame Formulierungen zu wählen,
- positive Formulierungen zu verwenden,
- über die Klassenordnung und das Verhaltensposter abstimmen zu lassen und
- sie als wichtige Dokumente in eine vorbildliche äußere Form zu bringen.

Sinnvolle Regeln sind nicht verhandelbar, sie lassen sich überzeugend begründen und sind deshalb auch einsichtig. Förderliche Rituale dienen dem sozialen Lernen und verbessern das Lern- und Gruppenklima, wenn z.B. in Grundschulklassen der Unterricht am Montagmorgen mit einem Morgenkreis beginnt, oder wenn jedem Schüler zum Geburtstag gratuliert wird, er sich ein Lied wünschen darf und ihm die Hausaufgaben erlassen werden. – Auf fragwürdige Rituale ist zu verzichten, weil sie einen verständnisvollen Umgang verhindern. Fragwürdig ist es, den Unterricht stets mit einem Gebet zu beginnen und das Gebet als Disziplinierungsmittel zu missbrauchen, weil es nun einmal üblich ist, beim Beten die Nebengespräche zu unterlassen.[1]

Ein Verhaltensposter für 10- bis 12-jährige Schüler könnte folgende Regeln enthalten

- Wir melden uns, wenn wir etwas sagen wollen,
- reden nicht durcheinander,
- warten, bis wir drankommen,
- hören zu,
- lassen den anderen ausreden,
- lachen den anderen nicht aus,
- stören uns nicht bei der Arbeit,
- helfen uns beim Lernen,
- wissen: dumme Fragen gibt es nicht.

1 Pfarrer Schoeneich, Theologieprofessor am Pädagogischen Institut in Heidelberg, bezeichnete 1961 das Morgengebet als »den größten Märtyrer aller Zeiten«.

Wenn die Klassenordnungen zwischen den Parallelklassen verglichen werden, sind lebhafte Diskussionen vorhersehbar. Gleiches ist zu erwarten, wenn die Schüler eine Abschrift vom Verhaltensposter mit nach Hause nehmen, um mit den Eltern über die Regeln zu diskutieren und deren Stellungnahmen im Unterricht vorzutragen – eine spannende Hausaufgabe!

Werden die Ordnungen gemeinsam mit den Schülern erarbeitet und demokratisch verabschiedet, fühlen sich die Schüler für die Einhaltung der Regeln mitverantwortlich. In diesem Zusammenhang ist es wichtig, dass alle Lehrer hinter den Vereinbarungen stehen. Schert auch nur einer aus, indem er selbst bestimmte Regeln verletzt, in Frage stellt oder Regelüberschreitungen zulässt, ist die gesamte soziale Ordnung in Gefahr. Weiterhin darf ein solches Bemühen nicht in die typisch deutsche Regelungswut ausarten, sodass sich die Schüler von lauter Regeln umstellt sehen und sich nicht mehr spontan und frei äußern.

Grundschüler verletzen häufig vereinbarte Regeln, weil sie noch nicht vom eigenen Lernverhalten abstrahieren können. Schließlich möchte man ja auch, dass sie sich in Lern- und Übungsphasen voll auf die Sache konzentrieren und alles andere vergessen.[1] Und dann beginnen Schüler in der Pubertät, Regeln zu überschreiten und die Grenzen zu testen, ein Spiel, das immer wieder neu beginnt. Übrigens werden vereinbarte Regeln von allen Beteiligten unterschiedlich aufgefasst, interpretiert und befolgt, sodass Überraschungen nicht ausbleiben können (Kalthoff/Kelle 2000).

Alle Gelegenheiten zum sozialen Lernen nutzen

Soziales Lernen wird durch *bestimmte Unterrichtskonzeptionen* gefördert, so durch den Projektunterricht, wenn sich Schüler in Kleingruppen verschiedenen Aufgaben zuwenden und zur Zusammenarbeit genötigt sind. Gleiches gilt für den Problemorientierten Unterricht, wenn Schüler nach der Problemstellung in Kleingruppen Lösungsvorschläge erarbeiten. Soziales Lernen ist ein wichtiges Anliegen des Integrativen Unterrichts, wenn nicht behinderte Schüler den behinderten Mitschülern beim Lernen helfen.

Soziales Lernen wird auch in *Helfersystemen* verfolgt, wenn sich ältere Schüler um jüngere kümmern oder leistungsstarke Schüler um leistungsschwache. Dabei besteht allerdings die Gefahr, dass die Helfer übereifrig die Lernwiderstände und somit auch die Lernchancen beseitigen. Dieses Helfersystem, früher an wenig gegliederten Landschulen üblich, ist heute leider in Vergessenheit geraten. Dabei stellt es in Übungsphasen eine Maßnahme der inneren Differenzierung dar und sollte auch unter dem Aspekt sozialen Lernens weiterhin berücksichtigt werden.

1 Mit dem Phänomen der »Polarisation der Aufmerksamkeit« hat schon Maria Montessori darauf hingewiesen, wie wichtig es ist, dass sich Schüler intensiv mit einer Sache befassen können. Dazu: Hellmich/Teigeler (Hrsg.) a.a.O., S. 34. An Halbtagsschulen, die im 45-Minuten-Takt arbeiten, bleibt Schülern für die Konzentration auf eine Sache keine Zeit.

Generell bietet die *Partner- und Kleingruppenarbeit* zahlreiche Möglichkeiten für soziale Lernprozesse. Wenn Schüler aufgefordert werden, Kleingruppen zu bilden, wenn sie sich innerhalb der Kleingruppe Ziele setzen, über Arbeitsaufträge beraten, Teilarbeiten vergeben, Teilergebnisse festhalten, die Ergebnisse der Kleingruppe formulieren und vortragen sind stets soziale Kompetenzen gefragt. Sind Letztere nicht vorhanden, müssen sie in Kleingruppen-Prozessen erworben werden.

Verständnisvolles Umgehen kann auch in *Rollenspielen* geübt werden, im darstellenden Spiel oder im Schultheater. Die Übernahme einer Rolle, das Hineinfinden, das Ausfüllen dieser Rolle, die spielerische Ausgestaltung und Erprobung der Rolle im Umgang mit den Mitspielern bieten zahlreiche Chancen zum Erwerb sozialer Kompetenzen.

Soziales Lernen findet im *Metaunterricht* statt, wenn ein Lehrer mit den Schülern über den Unterricht nachdenkt und diskutiert, so über die Auswahl der Inhalte, über bestimmte Ziele, über Bildungsstandards und Kompetenzstufen, über angemessene Sozialformen, Methoden oder Lernstrategien und über das Sozialverhalten. Zwar sind die Mitbestimmungsspielräume im »Unterricht über Unterricht« auszuschöpfen, doch die nicht verhandelbaren Entscheidungen hat ein Lehrer auf Grund seiner professionellen Kompetenz selbst zu treffen und zu verantworten. Kann er seine Entscheidungen überzeugend begründen, werden sie von den Schülern fast immer akzeptiert.

Soziales Lernen vollzieht sich häufig *metakommunikativ*, wenn Lehrer und Schüler über fragwürdige Umgangsformen nachdenken, die betreffende Situation analysieren und sich gemeinsam fragen, wie man künftig verständnisvoller miteinander umgehen kann. Metakommunikation kann retrospektiv, im »Hier und Jetzt« oder prospektiv sinnvoll sein. Wenn z.B. am Vortag die sechste Stunde im Chaos unterging, die Schüler, ohne sich zu verabschieden, davonstürmten, kann dies am nächsten Morgen Anlass sein für retrospektive Metakommunikation, indem die Lehrerin bemerkt: »Wenn ich an die letzte Stunde denke, packt mich jetzt noch der Graus.« Oder wenn Schüler durcheinander reden, sodass man sein eigenes Wort nicht mehr versteht, muss der Lehrer den Prozess unterbrechen, mit den Schülern beraten, wie es weitergehen soll oder an vereinbarte Gesprächsregeln erinnern. Oder wenn eine neue Diskussionsform praktiziert werden soll, sind prospektiv Regeln zu vereinbaren, weil sonst die beabsichtigte Kommunikation misslingt.

Zu erwähnen sind schließlich die in Mode gekommenen *Streitschlichter-Programme*, die an einigen Schulen erfolgreich praktiziert werden (Faller 1996; Jefferys-Duden 1999). Sie dienen der Bewältigung sozialer Konflikte und dem Erwerb sozialer Kompetenzen. Aus jeder Klasse werden zwei vertrauenswürdige Mitschüler gewählt, die bereit sind, sich zu Streitschlichtern ausbilden zu lassen. Gemeinsam mit den Schülern aus anderen Klassen werden die Streitschlichter-Anwärter im Zuhören und Beobachten geschult, manchmal auch darin, wie man Interesse zeigt, Anteil nimmt, um Klärung bittet, Emotionen umschreibt etc.

In der Mediatorenausbildung lernen die Schüler den idealtypischen Ablauf einer Streitschlichtung kennen mit den Phasen

- Ausgangslage klären, günstige Rahmenbedingungen schaffen, die streitenden Parteien aufklären, was man mit ihnen für sie vorhat.
- Die Sichtweise beider Parteien zur Kenntnis nehmen, Positionen klären, Gemeinsamkeiten und Differenzen festhalten.
- Gefühle und Wünsche der Konfliktparteien äußern lassen.
- Lösungsmöglichkeiten sammeln, diskutieren und bewerten lassen.
- Vereinbarungen treffen und von den Konfliktparteien unterzeichnen lassen.
- Einen Feedback-Termin vereinbaren, um Erfolge bzw. Misserfolge anzusprechen.
- Eine Nachverhandlung einleiten.

Mediatoren-Programme verfolgen das Ziel, alle sozialen Konflikte, welche Schüler selbst regeln können, auch durch Schüler schlichten zu lassen. Die Absicht – Förderung der Eigenverantwortung und Emanzipation – ist nur zu begrüßen. Außerdem werden die Lehrer entlastet, wenn sich Schüler beleidigen, kratzen, schlagen oder bespucken. Diese häufig auftretenden Randkonflikte können die Schüler untereinander regeln. Doch bei zentralen oder extremen Konflikten sind die Streitschlichter überfordert und die Lehrer gefragt. Auch gibt es zahlreiche Konfliktkonstellationen, bei denen eine Vermittlung nicht möglich ist. Wenn ein Schüler seinen Mitschülern genüsslich Reisnägel ins Fleisch drückt, ist keine Vermittlung möglich, oder soll man sich mit ihm darauf einigen – nicht mehr so oft und nicht ganz so tief? Oder wenn ein Schüler seine Mitschüler auf dem Schulweg abzieht, soll dann die Einigung heißen – nicht mehr so oft und nur in Maßen? Gleiches gilt für den Drogenmissbrauch, bei dem die von Gordon (1977) propagierte Methode III, die keinen Sieger und Besiegten kennt, nicht verfolgt werden kann. In den letztgenannten Fällen müssen Lehrer direkt Einfluss nehmen und den Schülern auch deutliche Niederlagen beibringen. – Übrigens nahm die Katastrophe um Robert Steinhäuser in Erfurt ihren Lauf, obwohl das betroffene Gymnasium ein Streitschlichter-Programm eingeführt hatte.

Soziales Lernen wird durch drei Komponenten unterstützt

- durch die Lernumgebung,
- das Lern- und Gruppenklima und
- die Unterrichtsorganisation.

Kommen die Schüler morgens in ein kahles, enges Klassenzimmer, in dem sie nur Tische und Stühle vorfinden, die nach vorne hin ausgerichtet sind, werden sie sich häufig balgen, rumschreien und toben. Es gibt ja in diesem Raum nichts Sinnvolles zu tun. Ganz anders ergeht es jenen Schülern, die in eine altersgemäße Lernumgebung eintauchen, in einen Raum, in dem sie in Kleingruppen zusammensitzen, jeder sein eigenes Ablagefach hat, sie in einem Buch aus der Klassenbücherei lesen können, sie in einer Ecke basteln, in einer anderen Ecke am Computer im weltweiten Netz surfen; wenn sie Pflanzen gießen, Fische im Aquarium füttern und bewundern können. Wer gerade nichts zu tun hat, schreibt, malt oder zeichnet etwas in sein »Hobbyheft«, in das alles Wichtige aufgenommen werden darf. Und wer will, unterhält sich mit seinem Tischnachbarn. Diese Schüler sehen keine Veranlassung, über Tische und Bänke zu springen und sich unsozial zu verhalten. Sie finden ein offenes Lernangebot vor und können eigene Lernwege im Sinne des gemäßigten Konstruktivismus beschreiten (Kohler 1998).

Die zweite Komponente ist das *Lern- und Gruppenklima*, für welches der Lehrer mitverantwortlich ist. Ein konstruktives Lernklima ist durch einen verständnisvollen Umgang zwischen dem Lehrer und seinen Schülern gekennzeichnet. Man akzeptiert, respektiert und toleriert einander, sagt sich aber auch offen, was man nicht mehr akzeptieren, respektieren und tolerieren kann. Der Lehrer äußert positive Erwartungen, erklärt den Schülern, dass man aufeinander angewiesen sei und gemeinsam möglichst hohe Leistungsstandards und obere Kompetenzstufen erreichen möchte. Er appelliert an die Mitarbeit und Anstrengungsbereitschaft, lobt und ermutigt, tadelt aber auch bei mangelnder Disziplin und Mitarbeit. Er verzichtet weitgehend auf Noten, versucht die Sachen, um die es geht, in das Zentrum des Unterrichts zu rücken, bietet Lernanreize und gibt den Schülern so oft wie möglich ein differenziertes Feedback, sagt ihnen, was sie gut und weniger gut gemacht haben und was sie künftig besser machen können (Walberg 1990).

Zahlreiche Aktivitäten des Schullebens – Projekte, Vorhaben, Lerngänge, Wanderungen, Sportveranstaltungen – beeinflussen das Lern- und Gruppenklima, bieten zahlreiche Gelegenheiten zum sozialen Lernen, führen zu gemeinsamen Erlebnissen, stärken das Wir-Gefühl, fördern den gruppendynamischen Prozess und führen die Schüler in das Stadium der konstruktiven Kooperation. In diesem wünschenswerten Stadium helfen sich die Schüler gegenseitig beim Lernen und vermeiden eine abträgliche Konkurrenz. Das Lern- und Gruppenklima wird auch durch die Art der *Lehrer-Schüler-Beziehungen* beeinflusst. Anzustreben ist ein offenes partnerschaftliches Verhältnis, der Verzicht auf Kommunikationsbarrieren bei gleichzeitiger Wahrung der pädagogischen Distanz. Lehrer sind nun einmal älter, verfügen meist über einen Kenntnis- und Erfahrungsvorsprung, von dem die Schüler profitieren möchten. Und Lehrer müssen die Lernleistungen der Schüler beurteilen und manchmal auch benoten. Die Unterschiede, die sich aus der Rollenverteilung ergeben, sollten nicht verwischt werden.

Die dritte Komponente bezieht sich auf die *Schul- und Unterrichtsorganisation*. In den Grundschulen hat das soziale Lernen einen hohen Stellenwert. Der Klassenlehrer arbeitet über lange Zeit mit seinen Schülern zusammen, kennt jeden Schüler mit seinen Lernvoraussetzungen, besonderen Begabungen und Fähigkeiten, aber auch mit seinen Lernschwierigkeiten und Schwächen. Die Ergebnisse der IGLU-E-Studie weisen die Grundschulen in Baden-Württemberg als Erfolgsmodell aus. Doch an den traditionellen Halbtagsschulen der Sekundarstufe I, die den Schülern Fachunterricht im 45-Minuten-Takt anbieten – die tatsächliche Unterrichtszeit im Durchschnitt nur 30 Minuten beträgt –, ist soziales Lernen fast nicht möglich. Viele Lehrer kennen nicht einmal die Namen der Schüler, können keine Beziehung zu ihnen aufbauen, und für soziales Lernen bleibt einfach keine Zeit. Kommt es zu Schwierigkeiten im Umgang miteinander, werden diese von den Lehrern fast immer als »Störungen« wahrgenommen und mit Hilfe von Disziplinierungstechniken – Strafarbeit, Klassenbucheintrag, mehr Hausaufgaben, Nachsitzen – eliminiert. Diese Lehrer unterrichten keine Schüler, sondern sie unterrichten ihr Fach nach dem Motto: Ich unterrichte Latein, Erziehung ist nicht meine Aufgabe, die Schüler haben gut erzogen zu mir zu kommen.

Um dem Anliegen des sozialen Lernens Rechnung zu tragen, ist es erforderlich, alle Schüler bis zum Mittleren Schulabschluss gemeinsam zu unterrichten, Differenzierende Leistungsschulen als Ganztagsschulen einzurichten, das geteilte Lernen abzuschaffen, die Zahl der Fächer durch Block- und Epochenunterricht zu reduzieren, Lernumgebungen zu schaffen und dem Alter der Schüler entsprechend Klassenlehrer einzusetzen.

Soziales Lernen hat immer auch eine politische Dimension

Auf der Suche nach geeigneten Leitlinien für den Umgang mit Schülern in einem demokratischen Gesellschaftssystem haben sich Erziehungswissenschaftler und Vertreter der politischen Bildung im Beutelsbacher Konsens parteiübergreifend auf wenige Punkte geeinigt, auf das *Indoktrinationsverbot*, das Gebot der *Kontroversität* sowie der *Analysefähigkeit*. Für die letztgenannte Kompetenz der Situationsanalyse hat Wehling als Ziel formuliert: »Der Schüler muss in die Lage versetzt werden, eine politische Situation und seine eigene Interessenlage zu analysieren sowie nach Mitteln und Wegen zu suchen, die vorgefundene Lage im Sinne seiner Interessen zu beeinflussen.« (Wehling 1977) Erstrebenswert ist ein solches Ziel auf dem Weg zum mündigen Staatsbürger, wenn es z.B. darum geht, in Bürgerinitiativen mitzuarbeiten, das Demonstrationsrecht wahrzunehmen, in Vereinen, in Organisationen oder politischen Parteien mitzuwirken, Wahlentscheidungen zu treffen oder politische Verantwortung zu übernehmen. Die Kompetenz der Situationsanalyse ist zunächst einmal auf die eigene Person gerichtet. Ebenso wichtig scheint die Fähigkeit zur Situationsanalyse im Hinblick auf andere Menschen im sozialen und gesellschaftlichen Umfeld, die Fähigkeit zum Perspektivenwechsel, die Fähigkeit, Gedanken und Gefühle anderer Menschen nachzuvollziehen und nachzuempfinden. An dieser Stelle ist der Beutelsbacher Konsens ergänzungsbedürftig (Schiele/Schneider 1996).

Zum Kompetenzerwerb bietet sich die Diskussion verschiedener Sichtweisen an (Becker 1998). Ein gesellschaftliches Thema, das die Schüler interessiert oder unmittelbar betrifft, wird aufgeworfen. Dann werden die Schüler aufgefordert, sich in eine direkt oder indirekt beteiligte Person zu versetzen, um deren Gedanken und Gefühle nachzuvollziehen und nachzuempfinden. Nach einer Besinnungs- und Vorbereitungsphase, die in wechselnden Sozialformen erfolgen kann, tragen die Schüler ihre unterschiedlichen Positionen vor, indem sie sich zu Beginn des Beitrags in ihrer gewählten oder übernommenen Rolle vorstellen. Im Diskussionsverlauf erleben die

Schüler, wie sich ihre Einstellungen und Haltungen zu dem Thema von Beitrag zu Beitrag – wenn auch nur leicht – verändern. So könnte ein Lehrer die Einführung von Bildungsstandards zum Anlass nehmen, eine Diskussion verschiedener Sichtweisen zu initiieren. Einige Schüler übernehmen die eigene Rolle, andere die eines Lehrers, des Schulleiters, des Ministers, des Vaters, der Mutter, des Handwerksmeisters oder anderer Personen. Meist führt die Diskussion verschiedener Sichtweisen zu einer Horizonterweiterung und zu größerer Toleranz.

Das Gebot der *Kontroversität* wird folgendermaßen begründet: »Was in Wissenschaft und Politik kontrovers ist, muss auch im Unterricht kontrovers erscheinen ... denn wenn unterschiedliche Standpunkte unter den Tisch fallen, Optionen unterschlagen werden, Alternativen unerörtert bleiben, ist der Weg zur Indoktrination beschritten.« (Wehling, a.a.O.) Um diesem Gebot entsprechend zu verfahren, bietet sich die Pro-Kontra-Diskussion als methodische Möglichkeit an. In einem Vorgespräch werden die gegensätzlichen Positionen herausgearbeitet, z.B. beim Thema »Todesstrafe« die Position A = Wiedereinführung, dann die Position B = jetzige Regelung beibehalten. Die Schüler bilden zwei Gruppen, übernehmen die eine oder andere Position, suchen für ihre Position nach Argumenten und bringen sie in die Pro-Kontra-Diskussion ein. Der Lehrer moderiert und ist bemüht, beiden Gruppen gleiche Redezeiten einzuräumen. Am Beginn und am Ende der Diskussion können Abstimmungen stehen, um Meinungsänderungen zu erfahren. Das Ende lässt sich aber auch ergebnisoffen und problembewusst gestalten, wenn es den Schülern besonders schwer fällt, sich für die eine oder andere Position zu entscheiden. In Abstimmungen üben sich die Schüler im Mechanismus demokratischer Beschlussfassung, und lernen dabei auch die Fragwürdigkeiten von Mehrheitsentscheidungen kennen.

Das Überwältigungsverbot, auch *Indoktrinationsverbot* genannt, lässt sich wie folgt umschreiben: »Es ist nicht erlaubt, den Schüler – mit welchen Mitteln auch immer – im Sinn erwünschter Meinungen zu überrumpeln und damit an der Gewinnung eines selbstständigen Urteils zu hindern. Hier genau verläuft nämlich die Grenze zwischen Politischer Bildung und Indoktrination. Indoktrination aber ist unvereinbar mit der Rolle des Lehrers in einer demokratischen Gesellschaft und der – rundum akzeptierten – Zielvorstellung von der Mündigkeit des Schülers.« (Wehling, a.a.O.) Dieses Indoktrinationsverbot wird oft falsch verstanden und im Rahmen der Lehrerbildung falsch vermittelt, wenn bei Referendaren oder Lehrern die Meinung vorherrscht, man dürfe sich den Schülern gegenüber politisch nicht äußern, dann ist dieses Missverständnis fatal, weil es eine Untertanenmentalität erzeugt, die eines Staatsbürgers unwürdig ist.

Selbstverständlich dürfen Lehrer ihre Schüler nicht indoktrinieren oder subjektive Beurteilungen vornehmen, die sich später als unhaltbar herausstellen. Natürlich sollten sie mit ihrer Meinung so lange zurückhalten, bis die Schüler Gelegenheit hatten, sich ihre eigene Meinung zu bilden. Aber am Ende einer Aussprache über ein gesellschaftspolitisches Problem kann und muss ein Lehrer Stellung beziehen, vor allem dann, wenn er von den Schülern nach seiner Meinung gefragt wird. Selbstverständlich darf er seine politische Meinung frei äußern. Er wird diese als eigene kennzeichnen und betonen, dass es auch andere Meinungen gibt. Und wenn ein Lehrer engagiert für Grund- und Menschenrechte eintritt und die Schüler von deren Wert und Notwendigkeit überzeugt, indoktriniert er sie nicht, sondern eröffnet ihnen einen anspruchsvollen Normen- und Wertehorizont.

12. Den psychomotorischen Bedürfnissen nachkommen

Die Symptome sind alarmierend. In der Bundesrepublik Deutschland soll jedes fünfte Kind Übergewicht haben, nicht mehr längere Zeit auf einem Bein stehen und schon gar nicht auf einem Bein hüpfen können. Die Schüler zeigen Bewegungsmängel in den Grundfertigkeiten wie Laufen, Werfen und Klettern. Und viele klagen schon über Rückenschmerzen. Einer Studie des Wissenschaftlichen Instituts der Ärzte Deutschlands zufolge werden die deutschen Schüler immer schlapper (WIAD 2003, 50). Zwischen 1995 und 2002 war bei den 10- bis 14-jährigen Jungen ein Fitness-Rückgang von rund 20 Prozent und bei den Mädchen sogar von 26 Prozent zu verzeichnen. Der Rückgang betrifft sowohl die Koordinationsfähigkeit als auch die Ausdauer.

Schlechte körperliche Fitness macht sich in vielen Lebensbereichen bemerkbar. Sie beeinträchtigt ganz allgemein die Lebensqualität und das Wohlbefinden, wirkt sich im Sozialverhalten negativ aus und vermindert das Lernvermögen. – Deshalb hat schon Johann Heinrich Pestalozzi gefordert, man möge den Zögling allseitig fördern, nämlich mit Herz, Kopf und Hand. Und aus den Satiren des altrömischen Dichters Juvenal kennen wir den Wunsch: »mens sana in corpore sano«, »möge in einem gesunden Körper auch ein gesunder Geist wohnen«. Für das hier angesprochene Problem müsste wohl eher formuliert werden »möge in einem schwächlichen Körper dennoch ein gesunder Geist wohnen«!

An den nordamerikanischen Colleges und Universitäten, den britischen Eliteschulen, aber auch an den deutschen Landerziehungsheimen und vielen Privatschulen hat der Sport seit jeher einen hohen Stellenwert. Sportliche Leistungen werden ebenso hoch eingeschätzt wie geistige, und man erhofft sich über den Sport eine Stärkung so wünschenswerter Eigenschaften, Einstellungen und Haltungen wie Ehrlichkeit, Fairness, Respekt vor dem Gegner, Teamfähigkeit und Durchhaltevermögen, Eigenschaften, die auch in anderen Lebensbereichen erwünscht sind. – Schüler, die drei oder mehr Wochenstunden Schulsport nachweisen konnten, sollen der PISA-Studie zufolge im Vergleich zu ihren Mitschülern besser abgeschnitten haben.

Wo sind die Ursachen für den Fitness-Rückgang zu vermuten?

Zunächst einmal liegt die Vermutung nahe, dass in der Schule zu wenig Sport getrieben wird. In der Tat haben 63 Prozent der Schüler maximal zwei Wochenstunden Sportunterricht, was natürlich zu wenig ist. In dieser Doppelstunde holen sie sich beim Geräteturnen blaue Flecke, bekommen Muskelkater, und acht Tage später beginnt das Martyrium aufs Neue.

Sodann werden viele Schüler im Unterricht zum Stillsitzen verurteilt, was deren psychomotorischen Bedürfnissen in keiner Weise entspricht. So ist es nur allzu verständlich, wenn sie beim Klingelzeichen ihre Sachen packen und davonstürmen.

Viele Schulhöfe sind wenig geeignet, die Bedürfnisse nach Spiel und Bewegung zu befriedigen. Für Parkplätze wird in den Innenstädten viel Geld ausgegeben, an eine Vergrößerung der Schulhöfe und deren schülergemäße Gestaltung ist kaum zu denken.

Außerdem sind die Pausenzeiten meist viel zu kurz, um die Bewegungsbedürfnisse der Schüler zu befriedigen. Ein Snack, ein Gang zur Toilette und schon läutet die Glocke das Ende der Pause ein.

Eine weitere Ursache liegt in der zunehmenden Verstädterung vieler Einzugsgebiete, gekoppelt mit zunehmender Verkehrsdichte. Es ist den Schülern weder zuträglich noch zumutbar, den Schulweg neben einer Hauptverkehrsstraße zu Fuß zurückzulegen. Und viele Schüler im städtischen Raum finden im Einzugsgebiet ihrer Schule kaum geeignete Spiel- und Sportplätze.

Während sich Schüler früher ihren Lebensraum gemeinsam mit Freunden aus der Nachbarschaft zu Fuß oder mit dem Fahrrad eroberten, findet heute zunehmend eine Verinselung statt. Viele Schüler bewegen sich nur noch 15 bis 30 Minuten am Tag intensiv, und die Wege von einer Freizeitaktivität zur anderen werden häufig mit dem Auto zurückgelegt. Die Eltern fahren den Sohn vom Besuch beim Schulfreund zur Klavierstunde oder von der Hausaufgabenbetreuung zum Nachhilfeunterricht.

Einige Schüler aus einkommensschwachen Familien – Hauptschüler, Migranten oder Asylbewerber – verfügen nicht über die finanziellen Mittel, um in einem Verein Sport zu treiben. Sie wissen wenig mit ihrer Freizeit anzufangen und hängen herum.

Für die mangelnde Fitness ist sicher auch der Medienkonsum mitverantwortlich, indem viele Schüler ihre Freizeit fast ausschließlich vor dem Fernsehapparat und am Computer verbringen.

Und schließlich müssen bei vielen Schülern falsche Ernährungsgewohnheiten genannt werden, die zu adipösen Symptomen führen können.

Weitere Ursachen kommen ins Spiel, wie z.B. das genetische Potenzial, falsche Essgewohnheiten in der Familie, fehlende Vorbildfunktion der Eltern sowie seelische Ursachen, wie das Frustessen bei Schulschwierigkeiten oder Liebeskummer.

Was die Schule tun kann

Wie üblich, soll die Schule auch bei diesem Problem, das überwiegend gesellschaftlich verursacht ist, wieder einmal helfen, die Fehlentwicklung korrigieren und gegensteuern, was bei der vorliegenden Multikausalität gar nicht so einfach ist.

Zunächst einmal kann im Unterricht, der ja in einer modernen Schule grundsätzlich als Blockunterricht von 90 Minuten erteilt wird, darauf geachtet werden, dass Schüler Gelegenheit erhalten, sich zu bewegen, sei es durch *Bewegungsspiele* oder durch *Bewegungsübungen*, die etwa nach der Hälfte der Unterrichtszeit das Sitzen unterbrechen und den psychomotorischen Bedürfnissen entgegenkommen. Solche Bewegungsphasen sind für jüngere Schüler eine Notwendigkeit. Werden sie nicht von der Lehrerin bewusst initiiert, werden die Schüler von sich aus aktiv, springen auf, laufen im Klassenzimmer umher, stören die Mitschüler bei der Arbeit und sorgen so für chaotische Verhältnisse, für welche die Lehrerin selbst verantwortlich ist. Bewegungsübungen sind auch nach längeren Phasen der Stillarbeit angebracht, so z.B. nach einem Diktat oder einer Rechenarbeit.

Interessant erscheint in diesem Zusammenhang ein Blick auf die *Stilleübungen* und die fernöstlichen *meditativen Techniken*, über welche gut ausgebildete Grundschullehrerinnen natürlich verfügen. Bewegung oder Versenkung? Sind die Schüler z.B. nach einer Pause mit ausreichender Bewegung »aufgekratzt« oder »kribbelig«, sind keine zusätzlichen Bewegungsspiele gefragt, sondern Stilleübungen, um sie zu sammeln. Die Filzplatten werden hervorgeholt, das Klassenzimmer wird abgedunkelt, Musik ertönt, und die Schüler werden für wenige Minuten auf eine Fantasiereise geschickt. Anschließend sind sie eher bereit und besser in der Lage, sich mit einem mathematischen Problem zu befassen. Die Entscheidung darüber, ob Bewegung oder Versenkung angebracht ist, kann die Lehrerin allein oder gemeinsam mit den Schülern treffen.

Zu beeinflussen sind die *Pausenzeiten*. Sie dürfen sich nicht nach dem Interesse der Lehrerinnen richten, die Schule so schnell wie möglich wieder zu verlassen, sondern sie sollten den psychomotorischen Bedürfnissen der Schüler entgegenkommen. Eine längere Spielpause von 45 Minuten kommt beiden Gruppen entgegen. Die Lehrerinnen können in aller Ruhe Kaffee trinken, sich entspannen und mental auf den nächsten Unterrichtsblock vorbereiten. Und die Schüler haben in dieser Zeit Gelegenheit zum Essen, Trinken und Spielen. Gleiches gilt übrigens auch für die Mittagspause an Ganztagsschulen, die mindestens eine Stunde umfassen sollte.

Die leidige Frage der Aufsicht

An dieser Stelle taucht in Deutschland sofort die Frage nach der Aufsichtspflicht und den möglichen versicherungsrechtlichen Implikationen auf. Wer soll die Schüler während längerer Pausen beaufsichtigen, und wie soll die Aufsicht vergütet werden? Diese Frage muss den örtlichen Gegebenheiten entsprechend unterschiedlich beantwortet und geregelt werden. In einigen Kantonen der Schweiz verzichtet man bewusst auf die Hofaufsicht, da die Kinder ja auch außerhalb der Schule unbeaufsichtigt miteinander spielen. Wenn sie ein wirkliches Problem haben, können sie jederzeit ins Lehrerzimmer kommen, sie wissen schließlich, wo die Lehrerinnen zu finden sind, wird argumentiert. Eine solche Regelung setzt allerdings schülerfreundliche Schulhöfe voraus, die groß genug und in verschiedene Spielzonen eingeteilt sind, sodass ein weitgehend aggressionsfreies Spielen der Schüler möglich ist. – Stadtschulen, die mit viel zu kleinen Schulhöfen auskommen müssen, auf denen sich viele hundert Schüler drängen und stoßen, sind in einer völlig anderen und schwierigeren Lage. Ausgiebige Pausen erfordern nun einmal günstige Rahmenbedingungen, damit sie ihren Zweck erfüllen können.

Bei der Aufsicht und beim Spiel sind in erster Linie die jungen Lehrerinnen und Lehrer gefragt, jene zwischen dem 25. und 45. Lebensjahr. Wer in Finnland Lehrer werden will, hat sich vor Aufnahme des Studiums einem Fitnesstest zu unterziehen, denn man ist der Auffassung, dass alle jüngeren Lehrer in der Lage sein sollten, mit den Schülern Sport zu treiben. In den kleinen Schulen am Polarkreis brauche man einfach Lehrer, die sich dieser Aufgabe stellen. Von den älteren Kollegen könne man dies nicht unbedingt verlangen, was sicher richtig ist. Unabhängig vom Alter können alle Lehrer die Schüler im Unterricht zu Bewegungsübungen anleiten. Offen bleibt vorerst die Frage, ob man auch die Studienbewerber in der Bundesrepublik einem Fitnesstest unterziehen sollte, damit sie mit den Schülern spielen und Sport treiben können und ihnen ein Vorbild sind.

Das Erbe der Vergangenheit überwinden

In der Zeit des Nationalsozialismus wurde die tägliche Sportstunde gefordert und meist auch verwirklicht. Sport war damals gleichbedeutend mit Wehrertüchtigung, und deshalb wagt heute kaum jemand, eine tägliche Sportstunde zu fordern. Doch eine Doppelstunde pro Woche ist auf jeden Fall zu wenig, drei Einheiten wären wünschenswert, damit die Schüler die positiven Wirkungen spüren können, die regelmäßige sportliche Betätigungen mit sich bringen. Sportvereine bieten den Schülern zusätzliche Möglichkeiten, doch die Angebote werden eher zufällig wahrgenommen, und ihre Akzeptanz ist mit vom sozioökonomischen Status der Familie abhängig. Wer es sich leisten kann, fährt sein Kind zum Ballett oder lässt es Tennis spielen. Wer es sich nicht leisten kann, dessen Kind geht leer aus. Die Situation bleibt insgesamt unbefriedigend. – Ein Ausweg bietet sich über eine direkte Kooperation mit den örtlichen Vereinen an, indem die Sportlehrer eine Art Vermittlungsagentur betreiben und sicherstellen, dass jeder Schüler ein Angebot erhält, das seinen Interessen und Voraussetzungen weitgehend entspricht. Für die Finanzierung sollte in einem abgesteckten Rahmen ein Förderverein zuständig sein.

Bleibt noch das *Ernährungsproblem* anzusprechen, das auf mehreren Ebenen anzugehen ist. Unterrichtseinheiten zur Frage – »Wie ernähren wir uns richtig?« – sind immer wieder aufzugreifen. Das Thema kann auch auf einem Elternabend angesprochen werden, wenn es um das Schulfrühstück geht. Zwar ist noch ein Gespräch mit dem örtlichen Bäcker möglich, in der Pause überwiegend Vollkornware anzuliefern. Doch der Kampf gegen die Fastfood-Ketten erscheint aussichtslos. Hier stehen viele Lehrer auf verlorenem Posten.

Was bleibt zu tun?

- Bewegungsübungen in den Unterrichtsprozess einfließen lassen;
- Stilleübungen durchführen, sofern sie angebracht erscheinen;
- Pausenzeiten verlängern, um den psychomotorischen Bedürfnissen entgegenzukommen;
- sofern man sich als Lehrer jung genug fühlt, mit den Schülern spielen und Sport treiben;
- mit den Vereinen direkt kooperieren;
- immer wieder auf die Notwendigkeit einer gesunden Ernährung hinweisen und ein Beispiel geben – also die eigenen Ernährungsgewohnheiten überdenken und auf eine sportliche Figur achten.

13. Disziplin wahren

Der Begriff der »Disziplin« ist zeitgeschichtlich belastet. Lehrerinnen, Erzieherinnen und aufgeklärte Eltern verwenden dieses Wort nicht gern und meiden die Diskussion über Disziplin, Selbstdisziplin, Fremddisziplin oder Disziplinschwierigkeiten. Auch Vertreter der Erziehungswissenschaft oder der Pädagogischen Psychologie referieren lieber über Ansätze der Pädagogischen Reformbewegung oder über Humanistische Ansätze des Lehrens und Lernens. Sie berichten gerne über Schüler, die von sich aus lernen und die ohnehin nur das lernen, was sie wollen und nicht das, was sie sollen. Diese Tatsache hat K. Schneider zum Anlass genommen, ein Buch mit dem Titel: »Das verdrängte Disziplinproblem« herauszugeben (Schneider 1985).

Der aufgeklärte Staatsbürger assoziiert mit Disziplin die Wilhelminische Zeit, Preußentum, Militarismus, Fleiß, Ordnung, Pünktlichkeit und Gehorsam. Und Lehrer denken an Schüler der alten Buch- und Lernschule, welche die Prügel- oder Rohrstockpädagogik über sich ergehen lassen mussten und die uns auf Klassenfotos aus den Anfangszeiten der Fotografie mit traurigen Augen anschauen. Oder man denkt an faschistische oder sozialistische Gesellschaftssysteme, in denen sich die Schüler fragwürdigen Ideologien anzupassen hatten und die Jugendführer vom Jungvolk oder den Jungen Pionieren ein hohes Maß an Disziplin verlangten. Oder es steigen Bilder aus China oder Korea auf mit Kindern in Reih und Glied, die abgerichtet erscheinen. Auch sind Erzählungen der Eltern und Großeltern aus der Kriegs- und Nachkriegszeit wenig erbaulich, in denen disziplinierte oder »gut erzogene« Kinder und Steine klopfende Erwachsene vorkommen, die Entbehrungen auf sich nehmen mussten, um das zerstörte Deutschland aus dem Jammertal herauszuführen. Nein, solche Assoziationen schrecken ab, mit Disziplin möchte der Menschenfreund möglichst wenig zu tun haben.

Die Erinnerungen an die 68er-Studentenbewegung und an die Antiautoritäre Erziehung mit ihren Kinderläden stimmen da schon fröhlicher. Endlich durften sich die Kinder frei entwickeln, ohne Druck und Zwang spielen und lernen, was sie wollten. Nun wurden die Unterdrückungsmechanismen offen gelegt, ungerechtfertigte Formen der Herrschafts- und Machtausübung aufgedeckt und angeprangert. Mit dem Ruf: »Macht kaputt, was euch kaputtmacht!« konnte endlich offen gegen jene Kräfte opponiert werden, die all das Elend verursacht hatten. Und in jener Zeit wurde ja auch eine der wichtigsten Disziplinierungstechniken abgeschafft, die Prügelstrafe. – Wie allgemein bekannt, folgten sogleich Gegenbewegungen, die den »Mut zur Erziehung« oder ein »Ende der ideologischen Verwüstung« forderten (Steinbuch 1986).

Ein Blick in die jüngste Vergangenheit stimmt nachdenklich. Nach der deutschdeutschen Grenzöffnung staunten Bildungsexperten, Lehrer und Eltern aus den »neuen« Bundesländern über die undisziplinierten Schüler an bundesdeutschen Schulen. Im real existierenden Sozialismus hatte es solche chaotischen Zustände nicht gegeben! Und man war zunächst einmal genötigt, ähnliche Zustände bei sich zu Hause nicht einreißen zu lassen. Vermutlich genossen viele Schüler die neu gewonnenen Freiheiten, so auch die Meinungsfreiheit in der Schule, und testeten die Grenzen aus. Das Pendel musste wohl zunächst in Richtung Freiheit und dann wieder in Richtung Disziplin ausschlagen.

Wenn Bildungstouristen nach Finnland fahren und sich längere Zeit in verschiedenen Schulen umsehen, berichten sie fast alle über disziplinierte Schüler und über einen anderen Umgang zwischen Schülern und Lehrerinnen. Das für deutsche Schulen oft typische Freund-Feind-Bild ist dort unbekannt, weil doch die Lehrer den Schülern beim Lernen helfen. Sie berichten weiter über schülergemäße Lernumgebungen, Differenzierungs- und Fördermaßnahmen, über den Respekt, der Lehrerinnen selbstverständlich entgegengebracht wird und – das ist etwas unerwartet – über konservative Methoden. Da wird wiederholt und so lange mit den Schülern geübt, bis sie bestimmte Ziele erreicht haben. Bei diesem Lernen benötigt der finnische Schüler eine Tugend, die in Finnland allgemein bewundert wird, nämlich »Sissu«, was mit Anstrengungsbereitschaft und Durchhaltevermögen übersetzt werden kann. Weil an finnischen Schulen niemand zurückbleiben soll, spüren die Schüler, dass man sie nicht aussortieren, sondern fördern will. Und da es um ihr eigenes Fortkommen geht, üben sie häufiger Selbstdisziplin.

Ein Blick auf die Ergebnisse internationaler Vergleichsstudien lässt einen Zusammenhang zwischen hohen Lernleistungen und diszipliniertem Verhalten vermuten. In den Staaten, die auf vorderen Rangplätzen zu finden sind – Finnland, Australien, Korea – erscheinen Lehrer und Schüler im Vergleich zu Deutschland besonders diszipliniert. Die Autorität der Lehrer wird kaum in Frage gestellt. Aus der Sicht der Schüler und Eltern sind sie Experten für Erziehung und Unterricht. Man ist auf sie angewiesen, möchte von ihnen profitieren und begegnet ihnen mit Achtung. Auch spricht man Lehrern keinesfalls das Recht ab, falls erforderlich, Schüler zu disziplinieren.

Es geht nicht ohne Disziplin

Wenn man sich von den zeitgeschichtlichen Erinnerungen und fragwürdigen interkulturellen Vergleichen löst und nach der didaktischen Bedeutung des Wortes »Disziplin« für den Unterricht fragt, handelt es sich um die für das Lehren und Lernen in Gruppen erforderliche soziale Ordnung, die durch bestimmte Verhaltensregeln gekennzeichnet ist. Werden diese Regeln eingehalten, können sich Schüler und Lehrer auf den Lehr-Lernprozess konzentrieren, und sie erreichen dann auch meist die angestrebten Leistungsstandards. Werden die Regeln überschritten oder missachtet, ist Lehren und Lernen nur noch unter hohem Zeitverlust oder gar nicht mehr möglich, und die Ergebnisse bleiben hinter den Erwartungen zurück (Becker 2002a).

Wer sich diszipliniert, muss individuelle Bedürfnisse einschränken oder zurückstellen, so das Bedürfnis nach Kommunikation. Das gilt für die Lehrer und Schüler gleichermaßen. Wenn z.B. eine Lehrerin den Redefluss eines Schülers, der zur Selbstdarstellung neigt, nicht unterbricht, sondern den Schüler, obgleich es ihr schwer fällt, ausreden lässt, übt sie Selbstdisziplin. Wenn sie die Schüler zum Zuhören auffordert, verlangt sie von ihnen, andere Bedürfnisse zurückzustellen, sie diszipliniert die Schüler, und es handelt sich um Fremddisziplin.

Die Unterscheidung zwischen Selbst- und Fremddisziplin ist für die Lehr-Lernprozesse von großer Bedeutung. Lernen die Schüler gerne, weil sie an einer Frage- oder Problemstellung interessiert sind, treten andere Bedürfnisse zurück, sie sind intrinsisch motiviert, und die Lehrerin braucht sie nicht zu disziplinieren. Ein solcher Zustand ist ideal, aber weit von der Wirklichkeit entfernt. Es hat wenig Sinn, sich einer Wunschvorstellung hinzugeben. In einer Lerngruppe haben einige Schüler fast immer andere Bedürfnisse, denen unmöglich entsprochen werden kann. Soll aber in der Gruppe gelehrt und gelernt werden, muss ein Lehrer an die Schüler den Anspruch stellen, die vielfältigen Bedürfnisse einzuschränken oder zurückzustellen.

Wenn Lehrer nicht bereit oder in der Lage sind, die für das Lehren und Lernen in Gruppen erforderliche soziale Ordnung aufrechtzuerhalten, erfahren sie meist einen Autoritätsverlust. Die Schüler urteilen dann häufig: »Die kann sich nicht durchsetzen, bei der dürfen wir machen, was wir wollen. Bei der lernen wir nichts.« Offenbar haben Schüler ein feines Gespür dafür, dass Lehren und Lernen nur dann möglich ist, wenn bestimmte Regeln eingehalten werden. Schüler fordern sogar manchmal ihre Mitschüler auf, die Regeln zu achten, indem sie rufen: »Nun seid doch endlich ruhig!« Eine solche Hilfe ist dem Lehrer natürlich willkommen.

Doch auf die Dosis kommt es an

Lehrer können also nicht darauf verzichten, Regeln zu vereinbaren und auf ihre Einhaltung zu dringen. Doch müssen sie jede Regel begründen können. Disziplin um der Disziplin willen sollte an demokratischen Schulen nicht eingefordert werden. Das Einüben in Stillsitzrekorde sollte der Vergangenheit angehören, nicht jedoch die Einübung notwendiger Regeln für den Umgang miteinander. Die Schüler haben das Recht, nach dem Sinn einer Regel zu fragen, und sie dürfen eine Begründung verlangen: »Warum dürfen wir nicht zusammen arbeiten?« oder »Warum müssen wir denn ganz leise sein?« Kann der Lehrer eine Regel nicht legitimieren, sollte er besser auf sie verzichten. In diesem Punkt unterscheidet sich übrigens die Disziplin in einer Lerngruppe von jener in militärischen oder paramilitärischen Einheiten. Schüler dürfen jederzeit eine Begründung verlangen, Soldaten hingegen haben zunächst einmal zu gehorchen, ohne dass sich der Vorgesetzte rechtfertigen muss.

Die Unterrichtsdisziplin variiert von Lehr-Lernsituation zu Lehr-Lernsituation. Wenn der Lehrer das Klassenzimmer betritt, darf er erwarten, dass die Schüler ihre Plätze aufsuchen und die Gespräche einstellen, damit er sie begrüßen kann. Wenn ein Arbeitsauftrag gestellt wird, darf er ebenfalls Aufmerksamkeit einfordern, weil sonst die gesamte Triade – 1. Auftrag stellen, 2. Schüler betreuen, 3. Ergebnisse sichten – in Frage gestellt ist. Wird eine Klassenarbeit geschrieben, müssen die Schüler selbstverständlich individuelle Bedürfnisse zurückstellen, damit sich alle auf die Arbeit konzentrieren und gute Ergebnisse erzielen können. Aber in Phasen der Partner- oder Kleingruppenarbeit, beim Einüben von Rollenspielen, im Verlauf von Diskussionen, bei praktischen Arbeiten oder bei Bewegungsübungen ist es nur selten gerechtfertigt, das Kommunikationsbedürfnis der Schüler einzuschränken. Schließlich sollen sie ja das Kommunizieren lernen und eine Streitkultur entwickeln.

Die Regeln für das Einhalten der sozialen Ordnung variieren auch von Unterrichtskonzeption zu Unterrichtskonzeption. Das wird in Verbindung mit den Formen des Offenen Unterrichts – bei Freiarbeit, Wochenplanarbeit, Stationenarbeit, Lerntheke – besonders deutlich. Steht Freiarbeit auf dem Plan, müssen die Schüler zahlreiche Regeln einhalten:

- sich nicht um das Lernmaterial zanken oder schlagen,
- nur ein Material aus dem Regal nehmen,
- die Mitschüler nicht beim Arbeiten stören,
- leise miteinander reden,
- den Arm heben, wenn man Hilfe braucht,
- das Material wieder einräumen und an seinen Platz zurückstellen u.a.m.

Soll die Freiarbeit gelingen, ist die Einhaltung dieser Regeln unverzichtbar. Verfolgen Lehrer und Schüler im Gespräch ein anspruchsvolles Ziel, haben sich möglichst alle auf die Frage- oder Problemstellung zu konzentrieren und die soziale Ordnung muss sich somit ändern.

Die Disziplin variiert auch von Lehrer zu Lehrer, weil diese ganz unterschiedliche Vorerfahrungen und Einstellungen zu dieser Frage haben. Einige fühlen sich massiv gestört, wenn Schüler im Unterricht auch nur flüstern. Andere unterrichten munter über einen relativ hohen Lärmpegel hinweg, weil sie den Schülern Freiräume bieten und deren natürliche Kommunikationsbedürfnisse nicht einschränken möchten.

Die Folgen einer solchen Einstellung sind bekannt. Diese Lehrer werden bald stimmkrank, begeben sich in logopädische Behandlung oder beantragen eine Kur.

Soziale Ordnungen sollten einsichtig gemacht und abgesprochen werden. Dennoch ist es notwendig, an getroffene Vereinbarungen zu erinnern. In solchen Fällen verfährt ein ausgebildeter Lehrer häufig metaunterrichtlich oder metakommunikativ, entweder retrospektiv, im Hinblick auf zurückliegende chaotische Zustände oder im »Hier und Jetzt«, wenn es gerade drunter und drüber geht, oder prospektiv, im Hinblick auf einen beabsichtigten Unterricht. Ist z.B. ein Lerngang geplant, bei dem eine verkehrsreiche Straße überquert werden muss, ist es notwendig, mit den Schülern über die möglichen Gefahren zu sprechen und Vereinbarungen zu treffen.

Gleiches gilt in Verbindung mit massiven Kommunikationsstörungen, wenn z.B. alle Schüler gleichzeitig etwas sagen wollen, durcheinander reden und man sein eigenes Wort nicht mehr versteht, muss über die fehlende Gesprächsdisziplin gesprochen werden. Gesprächsregeln sind zu vereinbaren, was allerdings recht kompliziert ist, weil es Gespräche mit sehr unterschiedlichen Zielsetzungen gibt, die auch unterschiedlichen Regeln folgen (Becker 1998, S. 182ff.). Dennoch erscheint es sinnvoll, in altersgemäßer Form wenige Gesprächsregeln abzusprechen, wie z.B.

- wer etwas sagen möchte, meldet sich,
- wir warten, bis wir drankommen,
- es redet immer nur einer,
- wir hören einander zu,
- dumme Fragen gibt es nicht,
- wir lachen uns nicht aus, u.a.m. –

Das Einhalten der für das Lehren und Lernen in Gruppen erforderlichen Ordnung bereitet einzelnen Schülern oder Lerngruppen große Schwierigkeiten. Jüngere Schüler vergessen einfach die vereinbarten Regeln und sind überrascht, wenn sie daraufhin angesprochen werden. Ältere Schüler überschreiten bewusst schon mal bestimmte Regeln, um die Folgen zu testen. In diesem Zusammenhang darf daran erinnert werden, dass sich auch Erwachsene oft undiszipliniert verhalten, Regeln überschreiten und in Sitzungen zur Ordnung gerufen werden müssen.

Selbstbewusste, einfallsreiche Lehrer – disziplinierte Schüler

Um die soziale Ordnung zu wahren, bedarf es auf Seiten des Lehrers einer gewissen Ich-Stärke, oft auch »Durchsetzungsvermögen« genannt. Ein Ich-starker Lehrer lässt bei den Schülern keinen Zweifel aufkommen, dass einer Anordnung Folge zu leisten ist, und er verfährt auch entsprechend konsequent. Wird eine Handlungsabsicht geäußert, wird sie auch verwirklicht. Andernfalls provoziert er durch sein inkonsequentes Verhalten Disziplinschwierigkeiten. Allgemein wird der Ich-starke Lehrer von den Schülern mehr geschätzt als ein Ich-schwacher. Vermutlich sehen viele

Schüler in einer starken Persönlichkeit ein Vorbild, weil sie ebenfalls groß und stark werden wollen.

Es gibt eine Vielzahl von Maßnahmen, die geeignet erscheinen, Disziplinkonflikte gar nicht erst aufkommen zu lassen. Wenn es dem Lehrer gelingt, den Unterricht interessant und abwechslungsreich zu gestalten, arbeiten die Schüler in der Regel auch gerne mit. Arbeitsaufträge mit hohen Aufgabenanreizen, aktiv-produktive Lernphasen und wechselnde Sozialformen führen erfahrungsgemäß zu einem disziplinierten Verhalten. Des Weiteren »diszipliniert« auch ein flüssiger Unterricht, in dem auch parallel laufende Lernprozesse toleriert werden, der Lehrer jedoch den Überblick wahrt. Und Schüler verhalten sich sogleich disziplinierter, wenn ihnen bewusst ist, dass die Lernergebnisse kontrolliert werden. Dieses »Rechenschaftsprinzip« verändert die Lernhaltung. Im Bewusstsein, dass auf den Lernprozess eine Ergebniskontrolle folgt, arbeiten Schüler konzentrierter, disziplinierter und ergebnisorientierter (Kounin 1976).

Wenn es trotzdem kracht

Bei Disziplinschwierigkeiten verfügen ausgebildete Lehrer über ein breites Interventionsrepertoire. Zunächst einmal werden sie die Lehr-Lernsituation wechseln, andere Sinneskanäle aktivieren, ein Medium einsetzen, einen Arbeitsauftrag stellen, die Sozialform wechseln oder andere methodische Maßnahmen ergreifen. Dann gibt es verschiedene Möglichkeiten, einen Ausgleich zu schaffen, Bewegungs- oder Stilleübungen durchzuführen. Je nach Alter der Schüler arbeiten ausgebildete Lehrer mit nonverbalen Zeichen, erstarren zur Salzsäule, legen eine Folie auf, die eine Aufforderung enthält, deuten auf eine bestimmte Regel auf dem Verhaltensposter, heben ein Hinweisschild auf, zeigen einem Schüler die gelbe Karte, schreiben ein Wort an die Tafel, das die Aufmerksamkeit erregt, oder arbeiten wie im Parlament mit einer Glocke. Verhalten sich die Schüler einer Kleingruppe undiszipliniert, setzt sich der Profi für kurze Zeit zu diesen Schülern und fordert indirekt zur Rücksichtnahme auf, indem er besonders leise spricht. Auf einzelne Störenfriede geht er schnell zu, spricht sie namentlich an und verwickelt sie in ein Gespräch. Bei massiven Störungen verfährt er, wie schon erwähnt, metaunterrichtlich oder metakommunikativ, um die für das Lehren und Lernen erforderliche soziale Ordnung wieder herzustellen.

Wichtig ist in diesem Zusammenhang die Unterscheidung zwischen Pädagogischen Maßnahmen und Disziplinierungstechniken. Erstere stehen in einem unmittelbaren Zusammenhang zum undisziplinierten Verhalten, werden überlegt eingesetzt, lassen sich begründen, appellieren an die Einsicht des Schülers oder der Gruppe und haben eine Einstellungsänderung zum Ziel. Letztere stehen in keinem unmittelbaren Zusammenhang zum Störverhalten und werden spontan eingesetzt. Man reagiert, um das unerwünschte Verhalten zu eliminieren und die Schüler zu disziplinieren. Zu den Pädagogischen Maßnahmen zählen die vorgenannten Interventionsmöglichkeiten, aber auch, die Schüler bestimmte sinnvolle Aufgaben erfüllen zu lassen, wenn der Unterricht zu oft gestört worden ist und deshalb ein Ergebnis nicht erreicht werden konnte. Zu den Disziplinierungstechniken sind u.a. die Strafarbeit, das sinnlose Abschreiben lassen, der Klassenbucheintrag, das Nachsitzen, Rauswerfen (obgleich verboten) zu rechnen. Sozialkompetente Lehrer werden Pädagogische Maßnahmen bevorzugen, wenn es darum geht, die soziale Ordnung wieder herzustellen. Pädagogische Maßnahmen werden von den Schülern eher akzeptiert, belasten selten die Lehrer-Schüler-Beziehung und vergiften nicht die Gruppen- und Lernatmosphäre. Doch wird ein völliger Verzicht auf Disziplinierungstechniken kaum möglich sein, weil Lehrer oft unter Zeit- und Handlungsdruck stehen und ein rasches Eingreifen erforderlich ist. Die Möglichkeiten, sich Handlungsaufschub zu verschaffen, sind leider begrenzt. – Wenn übrigens viele Kollegen unreflektiert Disziplinierungstechniken einsetzen, ist es für den sozialkompetenten Lehrer schwierig, auf Disziplinierungstechniken zu verzichten. Die Schüler erleben ihn sonst als schwach oder zu gutmütig.

Viele Disziplinkonflikte sind durch Mängel im Schulsystem, in der Unterrichtsorganisation und in der Lehrerausbildung verursacht, durch ungünstige Rahmenbedingungen, fehlende Lernumgebungen, durch die Halbtagsschule, den Unterricht im 45-Minuten-Takt, durch Hektik und Stress, durch zu kurze Pausen, fehlende Bewegung, durch das geteilte Lernen mit der Hausaufgabenproblematik, zu große Klassen oder durch Methodenmonotonie. Disziplinkonflikte werden auch durch eine fragwürdige Bildung der Fachlehrer verursacht, die nur ihr Fach studieren, später nur ihr Fach studiert haben und ihr Fach unterrichten. Wenn Lehrer nicht einmal die Namen ihrer Schüler kennen und es ihnen an methodischer, sozialer und personaler Kompetenz fehlt, fühlen sich die Schüler missachtet, machen auf sich aufmerksam und verhalten sich undiszipliniert.

Blicken wir in die Zukunft und betrachten Differenzierende Leistungsschulen, an denen der Unterricht rhythmisiert ist, sich die Unterrichtszeiten nach dem Lernvermögen der Schüler richten, Block- und Epochenunterricht die Regel sind, für ausreichend lange Pausen gesorgt ist, dem Bewegungsbedürfnis nachgekommen wird, Klassenlehrer zunächst Gesamtunterricht, dann Fächerübergreifenden und später Fächerverbindenden Unterricht verwirklichen, im Kollegium laufend über pädagogische Probleme und didaktische Fragen beraten wird, die Lehrer zu ihren Schülern eine wechselseitige Beziehung aufgebaut haben, sodass man sich gemeinsam für den Lehr-Lernfortschritt und die Lehr-Lernleistungen verantwortlich fühlt – dann sind an solchen Schulen Disziplinschwierigkeiten nahezu unbekannt.

14. Auf schriftliche Hausaufgaben weitgehend verzichten

Die derzeitige Hausaufgabenpraxis ist für alle Beteiligten ein permanentes Ärgernis, für Lehrerinnen und Lehrer, Schüler und Eltern. Vorschläge, die als negativ empfundene Praxis zu verändern, gibt es genügend, doch verändert hat sich so gut wie nichts (Becker/Kohler 2002). An den bundesdeutschen Halbtagsschulen findet ein geteiltes Lehren und Lernen statt, vormittags lehren die Lehrer und lernen die Schüler, nachmittags lehren die Mütter und lernen die Kinder, was eigentlich in der Schule hätte gelehrt und gelernt werden sollen.

Wie unsinnig dieses geteilte Lehren und Lernen ist, zeigt ein Vergleich mit anderen Berufsgruppen. Stellen wir uns vor, eine Altenpflegerin transferiert eine hilfsbedürftige, bettlägerige Seniorin in einen Rollstuhl, fährt mit ihr spazieren, rollt nach geraumer Zeit wieder in das Zimmer und sagt: »Meine Dienstzeit ist beendet, sehen sie mal zu, wie sie wieder ins Bett kommen.« Oder man fährt zur Autowerkstatt, um die Winterreifen wechseln zu lassen, und der Mechaniker sagt: »Die Schrauben können sie ja wohl alleine anziehen.« Beispiele dieser Art ließen sich beliebig vermehren, doch an ihnen wird deutlich, wie unsinnig das geteilte Lehren und Lernen ist. In jeder Berufsgruppe ist es selbstverständlich, eine begonnene Arbeit zu Ende zu führen oder doch zumindest so weit fortzuführen, bis ein Ergebnis vorliegt. Nicht so bei den Lehrern. In Kurzstunden von etwa einer halben Stunde effektiver Unterrichtszeit – etwa 15 Minuten müssen für die Rüst- und Verkehrszeiten abgezogen werden sowie für Versuche, die soziale Ordnung herzustellen – leiten sie Lernprozesse ein, die am Nachmittag fortgesetzt und zu Ende geführt werden sollen. Wie dies geschieht, interessiert sie zumeist nicht einmal. So wissen z.B. viele Lehrer nicht, welche Schüler der Klasse Nachhilfeunterricht erhalten (Dzierza/Haag 1998).

Um Ausreden nicht verlegen

Den Lehrern gefällt die Hausaufgabenpraxis an den Halbtagsschulen auch nicht besonders. Täglich gibt es Ärger bei der Hausaufgaben-Kontrolle. Und täglich lassen sie sich von ihren Schülern belügen: Heft vergessen, musste aufs Baby aufpassen, war zu schwierig, musste meiner Oma helfen. – Alle diese Entschuldigungen sind fast immer Ausreden, durch welche die Beziehungen belastet werden. Oft ist dann ein Klassenbucheintrag fällig, der allerdings an der negativen Praxis auch nichts ändert. Manchmal kommt es auch zu Protesten einer ganzen Lerngruppe, zu einem kleinen Aufruhr, wenn zwischen den Kollegen wieder einmal nichts abgesprochen worden ist. Dann heißt es: »Frau Müller hat uns schon so viel aufgegeben, das ist unmöglich zu schaffen!« – Oder der Klassenlehrer muss seine Schüler vor den Fachegoismen der Kollegen schützen, die ungehemmt ihr Hausaufgabenpensum überziehen. Nein, die derzeitige Hausaufgabenpraxis bereitet den Lehrern wenig Freude, aber – lieber den Ärger mit den Hausaufgaben als von einem Halbtags- zu einem Ganztagslehrer aufgestockt zu werden und die Schule zum Lernort werden lassen.

Die Schüler sind mit der gängigen Praxis völlig überfordert. Der Stundenplan eines 12-jährigen Schülers einer 6. Klasse an einem deutschen Gymnasium weist 21 Einzel- und 6 Doppelstunden aus, und etwa dreimal täglich werden ihm Hausaufgaben gestellt (vgl. Tabelle 2). Das wöchentliche Lernfeld dieses Schülers gleicht einer Geröllhalde aus kleinen und großen Blöcken. An fünf Schulvormittagen hat er sich zu bestimmten Zeiten 27-mal für vorgegebene Inhalte zu interessieren, er muss 27-mal einen Wechsel der Lehrperson akzeptieren, von denen allerdings einige mehrmals pro Woche auftauchen. Und nachmittags wird von ihm erwartet, dass er dieses Spiel 15-mal fortsetzt. Also verlangt man von ihm innerhalb von fünf Tagen 42-mal die Aufnahme oder Wiederaufnahme eines Lernprozesses. Hektik, Stress, Versagensangst und Schulmüdigkeit sind die Folgen.

Eine Schülerin kommentierte die Lage aus ihrer Sicht: »Die Lehrer sind ja selbst Schuld, wenn man sie belügt und betrügt. Eigentlich will ich das ja gar nicht, aber die zwingen mich dazu. Wenn ich alle Hausaufgaben machen würde, müsste ich heute mindestens vier Stunden arbeiten, und dann würde ich nur noch für die Schule leben. Also schreibe ich Mathe schnell noch ab, erwischt werde ich sicher nicht. Für die zweite Stunde mache ich nichts, da wurde ich gestern verhört. Für die Biostunde werde ich etwas tun, das interessiert mich. Für Sport haben wir nichts auf, das wäre ja auch noch schöner. Und in der letzten Stunde, da ist Reli, da komme ich hoffentlich nicht dran, aber Pfarrer sind ja ohnehin zur Freundlichkeit verpflichtet.«[1] Diese Schülerin entwickelte eine Überlebensstrategie für den nächsten Schulvormittag. Und in vergleichbarer Weise entwickeln viele Schüler täglich ihre Strategien, um möglichst ungeschoren davonzukommen.

Der geregelte Ärger

Vor allem sensible Schüler fühlen sich durch Hausaufgaben rund um die Uhr psychisch belastet (Becker/Kohler 2002, S. 24/25). Gleich nach dem Aufstehen denken sie an die nicht erledigten Hausaufgaben, dann überlegen sie sich Ausreden, lügen ohne rot zu werden, haben aber ein schlechtes Gewissen, sofern sie noch jünger und in der Auseinandersetzung mit den Lehrern weniger erprobt und abgehärtet sind. Sie haben Angst vor der Heftkontrolle, Angst, abgefragt zu werden, sich zu blamieren, zu versagen. Und sie spüren neuen Druck durch weitere Hausaufgaben, gehen mittags mit dem Gefühl nach Hause, die Aufgaben wieder nicht erledigen zu können. Dann muss man die nach den Hausaufgaben fragende Mutter – wieder mal nichts auf – belügen, was auch nicht ganz leicht fällt, um Fußball spielen zu können. Abends ist man zu müde, um Hausaufgaben zu machen, und vor dem Einschlafen kommt wieder das schlechte Gewissen wegen der nicht erledigten Aufgaben.

Wenige begabte und fleißige Schüler kommen allein und ohne fremde Hilfe zurecht, aber bei ihnen handelt es sich um Ausnahmen, statistisch betrachtet um Ausreißer. Das Gros der Schüler ist auf Unterstützung angewiesen, auf eine Hilfstruppe, die sich aus Müttern – seltener Vätern – älteren Geschwistern, Großeltern, Freunden und Bekannten rekrutiert. Dieses Einsatzkommando muss sich zunächst einmal mit der Gefechtslage vertraut machen, Art und Umfang des Einsatzes zur Kenntnis nehmen, sich eindenken und einarbeiten, um dann beim Lernen helfen zu können.

1 Gespräch des Autors mit Tochter Katja über Hausaufgaben im Jahr 1978.

Häufig geschieht dies wenig professionell, weil die Angehörigen dieser Interventionstruppe keine ausgebildeten Lehrer sind. Oft werden auch stark abweichende Lerntechniken und Lernstrategien eingeschlagen, die zu erheblichen emotionalen und kognitiven Dissonanzen führen können (Kohler 2002). Manche Schüler sehen sich am Nachmittag von mehreren Angehörigen der Hilfstruppe umzingelt, indem für Englisch die ältere Schwester, für Mathematik die kluge Tante und für Französisch eine Studentin da ist, die entlohnt werden muss. Aber leider – das soll an dieser Stelle betont werden – sind viele Kinder und Jugendliche auf sich allein gestellt, wenn beide Eltern den Tag über arbeiten müssen, weil sonst das Geld für die Familie nicht reicht, wenn sie das Pech haben, in einer bildungsfernen Familie aufzuwachsen, in der niemand helfen kann, oder wenn sie aus einer Migrantenfamilie kommen, in der kaum Deutsch gesprochen wird.

Der Nachhilfemarkt boomt

Eine andere Möglichkeit, all das zu lernen, was vormittags aus Zeitmangel nicht gelernt werden konnte, aus Sicht der Lehrer jedoch gelernt werden sollte, bietet der professionelle Nachhilfeunterricht. Letzterer wird immer mehr genutzt und kommerzialisiert. Nachhilfeinstitutionen gibt es inzwischen in fast jeder Gemeinde, als »Schülerhilfe«, »Studienkreis« oder »Studiosus« bekannt, um ambitionierten Müttern das Gefühl zu vermitteln, der Sohn werde auf jeden Fall studieren und einen akademischen Grad erwerben, auch wenn er jetzt mal Nachhilfe benötigt. Viele dieser Organisationen leisten offensichtlich solide pädagogische Arbeit, indem sie z.B. bei regelmäßigem Nachhilfeunterricht über ein halbes Jahr hinweg die Anhebung der Leistungen um eine Zeugnisnote fast schon garantieren (Dzierza/Haag 1998). Genutzt wird der Nachhilfeunterricht übrigens von Schülern aller Gesellschaftsschichten, nur mit einem bedeutsamen Unterschied. Gehört ein Schüler der sozialen Oberschicht an, steht selbstverständlich Geld für den Nachhilfeunterricht zur Verfügung. Schüler der Unterschicht werden seltener unterstützt oder gleich von der Schule genommen, wenn es Zeugnissorgen gibt. Auch sind Fälle bekannt, wo Mütter putzen gehen, um die Nachhilfestunden ihrer Kinder finanzieren zu können.

Der Nachhilfeunterricht ist bereits zu einem Wirtschaftsfaktor geworden; schätzungsweise zwei Milliarden Euro werden im Jahr umgesetzt. Exakt lässt sich diese Summe nicht ermitteln, da mit einer hohen Dunkelziffer gerechnet werden muss. Immerhin stellte man im Finanzministerium Überlegungen an, bei Nachhilfelehrern und Putzhilfen Steuern zu erheben. – Wenn Lehrer, die an einer Halbtagsschule unterrichten, nachmittags oder abends Nachhilfeunterricht erteilen, wird die Grenze des Zumutbaren überschritten. Je unqualifizierter sie morgens lehren, desto reger wird der Zulauf bei der »Schülerhilfe« oder beim »Studiosus« sein. So schafft man sich ein sicheres Zubrot!

Die Ganztagsschule braucht keine Hausaufgaben

Eine grundlegende Änderung der negativen Hausaufgabenpraxis lässt sich nur über eine Änderung des 85-jährigen Schulsystems mit seinen Halbtagsschulen erreichen. Nur so kann man das geteilte Lehren und Lernen überwinden: Weg von der viergliedrigen Halbtagsschule – Sonder-, Haupt-, Realschule, Gymnasium – hin zu einer Differenzierenden Leistungsschule für alle Schüler, die als offene Ganztagsschule geführt wird. An einer solchen Schule wird die Anzahl der Fächer durch Epochenunterricht nahezu halbiert. Wiederholt und geübt wird in der Schule, im Unterricht, in Arbeitsstunden, in Freier Arbeit oder in einem Block am Nachmittag. Die Lehr- und Lernprozesse werden so weit fortgeführt, bis die zu erwartenden Leistungsstandards und Kompetenzstufen erreicht sind. Schriftliche Hausaufgaben sind dann – wie in Finnland, Japan, Österreich oder Schweden – eher die Ausnahme (Baumert u.a. 2001, S. 417).

Im Halbtagsschulsystem ließe sich immerhin die Hausaufgabenhilfe und der Nachhilfeunterricht für alle Schüler gerechter gestalten, wenn Eltern, nach Einkommen gestaffelt, jene Gelder, die sie zurzeit für die Hausaufgabenhilfe und den Nachhilfeunterricht ausgeben, in einen Pool einzahlen würden. Eine teilautonome Schule könnte zusätzlich je nach Größe der Institution einige Stunden Lehrdeputat umwidmen und die Mittel in den Pool einfließen lassen. So käme genügend Geld zusammen, um Unterstützungslehrer einzustellen, die nachmittags zur Verfügung stehen, um bei den Hausaufgaben zu helfen, Nachhilfeunterricht zu erteilen oder Förderunterricht zu geben. In jedem Einzugsgebiet würden sich genügend qualifizierte Personen finden lassen – Lehrkräfte aus den Nachhilfe-Institutionen, pensionierte Lehrer, Lehrerinnen in der Erziehungszeit, Studenten und Senioren –, die bereit und fähig wären, in Zusammenarbeit mit den ausgebildeten Lehrern den Schülern beim Lernen zu helfen. Auf diese Weise wäre ein großer Schritt weg von der Halbtagsschule und hin zu einer offenen Ganztagsschule getan.

15. Die Beurteilungspraxis ändern

Im bundesdeutschen Schulsystem werden Schülerleistungen mittels Noten beurteilt, von »eins« bis »sechs«, von »sehr gut« bis »ungenügend«, durch Ziffernoten, die verrechnet eine Zensur ergeben, durch Zeugnisse, in denen die einzelnen Zensuren vermerkt werden. Schüler, die im Alter von zehn Jahren bestimmte Zensuren erreichen, erhalten in Baden-Württemberg eine Hauptschul-, Realschul- oder Gymnasialempfehlung. Wer in festgelegten Fächern bestimmte Zensuren erreicht, wird in die nächste Klassenstufe versetzt, wer sie nicht erreicht, bleibt sitzen, muss die Klasse wiederholen oder »eine Ehrenrunde drehen«. Wer bestimmte Leistungen und Zensuren vorweisen kann, besteht die Hauptschul- oder Realschulprüfung oder das Abitur. Wer sie nicht vorweisen kann, fällt durch die Prüfung, kann diese aber nach einer festgelegten Frist wiederholen. Wer im Abitur einen bestimmten Durchschnitt erreicht, darf sogar ein Numerus-clausus-Fach studieren, wer ihn nicht erreicht, wird – zwar nicht immer, aber doch häufig – Lehrerin oder Lehrer. Wer Pädagogik studiert, wird an der Hochschule benotet, und im Referendariat wird die Benotung weitergeführt. Wer bestimmte Noten erzielt, der erhält eine Anstellung, wenn zufällig Lehrer gebraucht werden, und wird in den Schuldienst übernommen. Nun kann sich der Junglehrer endlich als Notenschreiber betätigen, nicht nur das – er ist sogar schulrechtlich verpflichtet, die Schüler zu benoten. – Mit diesen wenigen Sätzen ist der bedauernswerte Tatbestand hinreichend beschrieben.

Alle Beteiligten – Schüler, Lehrer, Eltern und Abnehmer – haben sich an diese Beurteilungspraxis gewöhnt, obgleich sie permanent kritisiert wird. Offenbar findet man nicht den Mut, die als fragwürdig erkannte Praxis zu verändern. Erziehungswissenschaftler und Vertreter der Pädagogischen Psychologie schreiben unermüdlich über die Fragwürdigkeit der Zensurengebung, aber ihre Argumente werden selten gehört, und nur wenige Reformschulen ziehen Konsequenzen (Ingenkamp 1995).

Spätestens im dritten Schuljahr haben sich die Schüler der staatlichen Schulen daran gewöhnt, dass es Noten, Zensuren und Zeugnisse gibt. Viele Lehrer können sich eine Tätigkeit ohne die gängige Notenpraxis gar nicht vorstellen. Und suchen Eltern einen Gymnasiallehrer in der Sprechstunde auf, zückt dieser sogleich sein kleines rotes Büchlein, um Auskunft über die Noten geben zu können. Man unterhält sich dann weniger über die Stärken und Schwächen des Schülers, über dessen besondere Lernschwierigkeiten oder entwicklungsbedingte Probleme, sondern über den »Stand der Aktien«, die Noten und die zu erwartenden Zensuren, über die Chancen einer Versetzung oder über die drohende Nichtversetzung.

Und die Ausbilder, Arbeitgeber, Fachhochschulen und Universitäten fragen zunächst nach dem Zeugnis eines Bewerbers, betrachten die Zensuren und entscheiden dann über die Annahme oder Ablehnung. Die von den Wissenschaftlern immer wieder betonte mangelnde Validität, fehlende Objektivität und eingeschränkte Reliabilität der Zensuren und Zeugnisse wird dabei nicht beachtet. Obgleich man sich auf schwankendem Grund bewegt, rechnet man bei der Vergabe von Studienplätzen unbeirrt vor sich hin und vergibt oder versagt existenzbedeutsame Studienberechtigungen.

Wie lässt sich das Festhalten an einer so fragwürdigen Beurteilungspraxis im öffentlichen Schulwesen erklären, obgleich einige Reform- und Versuchsschulen – Waldorfschulen, Montessori-Schulen, Landerziehungsheime, Laborschule Bielefeld – sowie viele Schulen im Ausland andere Wege einschlagen, an denen man sich orientieren könnte?

Die Notenskala im Chromosomensatz

Zunächst einmal haben Zensuren und Zeugnisse eine beachtliche Tradition. Wie in dem Buch »Schülerbeurteilungen und Schulzeugnisse« (Prinz von Hohenzollern/Liedke 1991) nachzulesen ist, gab es Beurteilungen und Zeugnisse im Alten Ägypten, bei hellenistischen Schulwettbewerben, an den Jesuitenschulen und schon immer in allen bayerischen Landesteilen an allen Schularten. – Es ist natürlich reiner Zufall, dass die vorerwähnte Publikation in der Schriftenreihe zum bayerischen Schulmuseum erschienen ist. Aber Traditionen sind nun einmal beharrlich, sie zu brechen kommt einer Gotteslästerung gleich. Großvater, Vater, Mutter und Kind, sie alle bekamen und bekommen Zensuren und Zeugnisse. Und deshalb muss es auch so bleiben. Also gilt der Grundsatz: keine Schule ohne Zeugnisse in der traditionellen Art.

Sodann sind die Beurteilungssysteme in den Schulgesetzen der einzelnen Bundesländer fest verankert. Zwar hält man sich bundesweit meist an die allgemein bekannte Skala von »eins« bis »sechs«, doch die Art und die Anzahl der Benotungen innerhalb eines Beurteilungszeitraums werden den Lehrern häufig vorgeschrieben. Und wer etwas ändern möchte, dem wird erklärt, dass dies rechtlich nicht möglich sei.

Weitere Ursachen, warum diese fragwürdige Beurteilungspraxis beibehalten wird, sind ihr hoher Bekanntheitsgrad und die Praktikabilität. Wer sich für die Leistungen eines Schülers interessiert, fragt nach den Noten und weiß dann gleich Bescheid. Im Aufsatz eine »Eins« geschrieben – verdient das höchste Lob, in Mathematik eine »Sechs« kassiert – bedeutet höchste Alarmstufe, regelmäßige Hausaufgabenbetreuung oder Nachhilfeunterricht. Und für die Lehrer sind Ziffernoten ausgesprochen praktisch. Denn die Noten der Schüler aller Klassen, in denen ein Fachlehrer unterrichtet, lassen sich mühelos im schon erwähnten kleinen roten Lehrerkalender unterbringen. Und nicht nur das – die einzelnen Noten für Klassenarbeiten, Hausaufgaben, Heftführung und für die mündlichen Leistungen lassen sich zusammenzählen, man kann den Durchschnitt errechnen und so den Schüler »gerecht« beurteilen. – Als Religionslehrer gibt es die Möglichkeit, die Schüler zu fragen, ob sie alle mit der Note »gut« einverstanden sind, und wenn dann ein lustloses: »Ja, ist schon in Ordnung«, zu hören ist, dauert die Zensurengebung für 30 Schüler nur wenige Sekunden, schneller geht es wirklich nicht mehr. Und praktisch ist auch die Verständigung über einen Schüler zwischen den Lehrern, wenn einer den andern fragt: »Wie ist denn der Neue bei dir?« – und die Antwort kommt: »So zwischen zwei und drei«, dann ist damit alles gesagt.

Über Noten lassen sich Schüler auch sozial einordnen und man kann ihnen Rangplätze zuordnen. Wer laufend »Einser« schreibt, steht auf dem ersten Platz und ist ein sehr guter Schüler. Wer viele »Fünfer« und »Sechser« sammelt, steht auf dem letzten Rangplatz, ist ein schlechter Schüler und muss entsprechend abgestraft werden. Leider ist mit den Noten häufig ein charakterliches Werturteil verbunden. Auch wenn ein problembewusster Lehrer natürlich weiß, dass der Wert eines Menschen nicht von seinen Schulnoten abhängt, kann er sich nicht ganz von solchen Vorurteilen befreien. Der sehr gute Schüler entspricht seinen Leistungserwartungen und belohnt ihn für seine Lehrbemühungen, da muss man ihn doch einfach wertschätzen!

Die Beurteilungspraxis ist eng mit der Art der Unterrichtsorganisation verknüpft. An einem Gymnasium, das als Halbtagsschule geführt wird und an dem Unterricht im 45-Minuten-Takt vorherrscht, kann ein 12-jähriger Schüler, der wöchentlich mit

21 Einzel- und 6 Doppelstunden beglückt wird, der zusätzlich etwa 15-mal Hausaufgaben bekommt, der also etwa 42-mal pro Woche Lernprozesse aufnehmen soll, zu Inhalten, die ihn selten interessieren, wohl nur durch Notendruck und Versagensangst zum Lernen bewegt werden (vgl. Tabelle 3). Freiwillig spielt ein derart gequälter Gymnasiast nur selten mit, es sei denn, es steht zufällig sein Lieblingsfach auf dem Plan.

Das geteilte Lernen, vormittags die Schule, nachmittags die Hausaufgaben, führt zu einem Lernen um der Note willen. Jeder Schüler entwickelt eine Vermeidungsstrategie und lernt in der Regel nur dann, wenn am nächsten Schultag eine Heftkontrolle, ein Abfragen oder eine Klassenarbeit droht, wenn Leistungen gefordert sind, die gut oder schlecht benotet werden. Dieses Lernen unter Druck und um der Note willen ist das Grundübel aller weiterführenden Schulen, die als Halbtagsschulen geführt werden, viele Fächer anbieten und den 45-Minuten-Takt pflegen. In solchen Schulen lernen Schüler selten, weil sie die Sache interessiert, sondern sie lernen, weil sie lernen müssen und weil schlechte Noten drohen. Vor Klassenarbeiten lernen sie nur so lange, bis sie annehmen, einem bestimmten Niveau entsprechen zu können, also die »Eins« oder die »Vier« zu erreichen, die ihrem individuellen Gütemaßstab und dem des Lehrers entspricht. Und dann lassen sie wie der Maurer beim ersten Glockenton die Kelle fallen und beenden schlagartig den aufgezwungenen Lernprozess. Die im Kurzzeitgedächtnis gespeicherten Kenntnisse und Einsichten werden genau so schnell wieder vergessen wie sie erworben worden sind.

An den weiterführenden Schulen findet bei vielen Schülern eine Notenarithmetik statt. Nachstehendes Beispiel soll das Lernen um der Note willen verdeutlichen: Eine 12-jährige Schülerin überrascht ihren Vater mit folgender Feststellung: »Morgen kann ich nicht zur Schule gehen. Morgen schreiben wir eine Englischarbeit. Bisher habe ich dreimal eine ›Zwei‹ und zweimal eine ›Drei‹ geschrieben. Ich wäre doch blöd, wenn ich morgen zur Schule gehen würde. Wenn ich fehle, muss er mir im Zeugnis eine ›Zwei‹ geben. Und deshalb musst du mir eine Entschuldigung schreiben, das siehst du doch ein?« – Selbstverständlich wurde dieser Realitätssinn mit der geforderten Entschuldigung belohnt.[1]

Die Note ist und bleibt tonangebend

Ein weiteres Beispiel mag das Lernen um der Note willen belegen: Studierende der Pädagogischen Hochschule Schwäbisch Gmünd absolvieren ihr Schulpraktikum an einer Partnerhochschule in Kiew, unterrichten dort im Fach Deutsch und berichten über ihre Erfahrungen: »Die Schüler waren ausgesprochen diszipliniert, höflich und aufmerksam. Wir mussten ihnen am Ende einer jeden Stunde eine Note geben, nicht der ganzen Klasse, sondern jedem einzelnen Schüler. Und wie haben wir das geschafft? Natürlich haben wir jedem immer eine ›Eins‹ gegeben.« – Die Lernleistun-

1 Gespräch des Autors mit Tochter Katja über eine Klassenarbeit im Jahr 1978.

gen spielten kaum eine Rolle, für die Schüler war es wichtig, sehr gut benotet zu werden.

Ein letztes Beispiel zum Notenfetischismus aus dem medizinisch-therapeutischen Bereich: Die Lehrer werden von der Leiterin einer Berufsfachschule aufgefordert, ihre Schüler im Praktikum, d.h. bei der praktischen Ausbildung am Patienten, zu benoten, nicht etwa in Form eines Gutachtens, das mit einer Benotung schließt, was ja noch akzeptiert werden könnte. Nein, sie sollten stets eine Note erteilen, sobald sie in der Klinik auf einen Praktikanten treffen. Die Folge: Die Schülerinnen suchten das Weite, sobald sich ein Lehrer näherte, und versteckten sich, um der Benotung zu entgehen. Die Noten wurden so zur Hauptsache, die Behandlung der Patienten zur Nebensache.

Die Notenfixierung setzt sich leider in der Lehrerbildung fort. Studenten sind auf Grund ihrer gymnasialen Sozialisation einfach daran gewöhnt, laufend benotet zu werden. Wenn sie im ersten Praktikum die erste Unterrichtsstunde ihres Lebens halten, kann es vorkommen, dass sie im Verlauf der Nachbesprechung fragen: »Und welche Note hätte ich für diese Stunde bekommen?« Die entscheidende Frage, was vermutlich die Schüler vom Unterricht profitiert haben, wird selten gestellt.

Dabei sind sie meistens dissonant

Ziffernoten haben mit dem Lerninhalt oder der Sache selbst, um die es gehen sollte, nichts zu tun. Es sind von außen gesetzte Reize, motivationstheoretisch betrachtet extrinsische Faktoren, die man einer behavioristischen Lernpsychologie zuordnen muss. Eine Lernleistung wird durch eine Note belohnt oder bestraft, durch eine »Eins« oder eine »Sechs«. Natürlich können hier auch andere Arten der Belohnung bzw. Bestrafung ins Spiel kommen, bei Grundschülern Bildchen oder Gummibärchen, die ebenfalls einen direkten Zusammenhang zum Lernprozess und zur Lernleistung vermissen lassen. Beim Umgang mit Problemschülern lassen sich auch Strichlisten führen, für gezeigtes angepasstes und unangepasstes Verhalten. Es ist erstaunlich, wie gut dieses primitive Vorgehen, das ebenso erfolgreich in der Tierdressur eingesetzt wird, funktioniert.

Leistungsstarke Schüler, die häufig durch Noten belohnt werden, sind meist erfolgsorientiert und verfügen über ein positives Selbstwertgefühl. Leistungsschwache Schüler, bei denen die Misserfolge überwiegen, werden durch die gängige Notenpraxis verunsichert und entmutigt. Ihr Selbstwertgefühl schwindet, sie trauen sich bald nichts mehr zu und sind nicht mehr bereit, Lernprozesse aufzunehmen. Nach dem Motto: Es hat ja doch alles keinen Zweck, ich schreibe ja doch nur Fünfer und Sechser, und schließlich bin ich unbegabt – verweigern sie die Mitarbeit und entziehen sich dem Notenterror.

Neben dem Lernen um der Note willen, wie es leider an deutschen Schulen üblich ist, haben Ziffernoten und Zensuren weitere Nachteile. Zunächst einmal sind sie informationsarm, denn sie geben nur generell Auskunft über die Leistungen in einem Fach oder Lernfeld. Eine »Drei« im Fach Deutsch bedeutet zwar, dass der Lehrer mit den Lernleistungen des Schülers zufrieden war, doch wir wissen nicht, über welche Kompetenzen dieser Schüler verfügt. Auch sagt die nackte Zensur nichts über den Lernprozess aus, über etwaige Fortschritte oder über einen Leistungseinbruch im Beurteilungszeitraum, auch nichts über das Arbeits- und Sozialverhalten.

Sodann sind Zensuren im testtheoretischen Sinn wenig valide, objektiv und reliabel. Ihre Gültigkeit ist gering, weil oft nicht das geprüft wird, was nach reiflicher Überlegung geprüft werden sollte. Im Fach Religion lässt sich kaum der Grad der Gläubigkeit zensieren, also wird auf Grund fehlender Kriterien alles Erdenkliche geprüft und beurteilt. Im Fach Musikerziehung gibt es ähnliche Schwierigkeiten, wenn ein Lehrer vor der Frage steht, ob er einen Schüler, der ausgesprochen unmusikalisch und außerdem im Stimmbruch ist, wegen seiner fehlenden Begabung und Sangesfreude mit einer »Fünf« zu bestrafen hat.

Zensuren? – Höchst fragwürdige Konstrukte

Durch zahlreiche empirische Untersuchungen ist die Tatsache belegt, dass verschiedene Lehrer bestimmte Lernleistungen nicht in vergleichbarer Weise benoten (Ingenkamp 1995). Die Beurteilungen können um volle zwei Notenstufen voneinander abweichen. Hat ein Schüler Glück und befindet er sich zufallsbedingt in einer Lerngruppe mit vielen leistungsschwachen Mitschülern und trifft er auf einen Lehrer, der einen geringen Maßstab anlegt, so erhält er eine »Zwei«. Hat er Pech, befinden sich in seiner Klasse viele leistungsstarke Schüler, der Lehrer stellt einen hohen Anspruch, und schon erhält er für dieselbe Leistung eine »Vier«.

Die Urteile der Lehrer sind auch wenig reliabel, indem sie zeitlich versetzt nicht zu vergleichbaren Ergebnissen führen. Bei der Korrektur von Klassenarbeiten spielt u.a. die Tagesform oder das Stadium der beruflichen Sozialisation eine Rolle. Wer ausgeruht und gut gelaunt Hefte korrigiert, benotet vermutlich anders, als wenn er sich müde und missgelaunt die Arbeiten vornimmt. Sicher gibt es auch Differenzen zwischen Junglehrern und den im Schuldienst ergrauten Kollegen. Wer in der Phase idealistischer Begeisterung voller Enthusiasmus die Hefte der Schüler benotet, kommt zu anderen Ergebnissen als der apathische Kollege im letzten Burnout-Stadium. Neben all den genannten Fragwürdigkeiten verwenden Lehrer unterschiedliche Beurteilungsnormen, vermischen häufig die kriterienorientierte, die soziale und die individuelle Norm und arbeiten mit abenteuerlich anmutenden Prozeduren bei der Umrechnung von Punkten in Noten. Obrigkeitsgläubig beugen sie sich verordneten Normen, oder treffen innerhalb des Kollegiums unhaltbare Korrekturabsprachen (Becker 2002b, S. 50).

Jeder Lehrer unterliegt bei der Notenfindung zahlreichen Beurteilungsfehlern, so z.B. Korrekturfehlern, die sich als Ermüdungs- oder Kontrastfehler zeigen, statistischen Fehlern, die als Skalierungsfehler oder Fehler der ungewichteten Mittelwerte auftreten, er unterliegt dem Pygmalion-Effekt, als Erwartungsfehler bekannt, dem

Hof- oder Halo-Effekt, dem Milde- oder Strengeeffekt, dem Fehler der Zentraltendenz oder der falschen Analogiebildung (Becker 2002b, S. 61).

Und schließlich können Noten, Zensuren und Zeugnisse die in sie gesetzten Erwartungen nur unzureichend erfüllen. Sie versagen oft als Selektionskriterium bei der Übergangsauslese, indem 10-jährige Schüler ihrer Noten wegen in eine falsche Schulart eingewiesen werden. Sie versagen auch in ihrer prognostischen Funktion, weil sich anhand von Zensuren kaum ein Ausbildungs-, Studien- oder Berufserfolg vorhersagen lässt. Und wenn Schüler auf Grund nicht ausreichender Zensuren die Klasse wiederholen müssen, werden sofort bedeutende Männer wie Churchill, Bismarck oder Einstein bemüht, denen Gleiches widerfahren sein soll. Nicht einmal das in Deutschland übliche Sitzenbleiben lässt sich mit Hilfe von Zensuren rechtfertigen.

Sitzenbleiben – eine weitere Fragwürdigkeit

Dennoch möchten 68 Prozent der deutschen Bevölkerung das Sitzenbleiben beibehalten, auch wenn es weder effektiv noch effizient ist. Erwiesenermaßen profitieren die Sitzenbleiber in den sie betreffenden Fächern im Wiederholungsjahr wenig oder nichts. Die 280.000 Schüler, die bundesweit jährlich die »Ehrenrunde drehen«, kosten wegen der verlängerten Schulzeit etwa 850 Millionen Euro im Jahr. – Das beeindruckt die Kultusminister der Länder wenig. Sie richten sich nach der Mehrheit des Volkes. Für sie ist das Sitzenbleiben ein kostbares Kulturgut, das es zu bewahren gilt.

Dabei ließe sich das Sitzenbleiber-Elend auch ganz anders regeln. Dazu Klaus-Jürgen Tillmann: »Zunächst wäre es schon ein Gewinn, wenn wir die Sitzenbleiberquote auf ein niedrigeres Niveau senken könnten. Viele Bundesländer zeigen, dass das möglich ist – in Bayern betrug 2002 die Quote 3,75 Prozent, in Baden-Württemberg nur 2,15 Prozent. – Danach müsste man darüber nachdenken, wie die Ehrenrunden abgelöst werden könnten. Etliche Schulen praktizieren beispielsweise die Nachversetzung. Nach den Sommerferien wird der Schüler in den Problemfächern geprüft und, wenn sich die Leistungen verbessert haben, doch noch versetzt. Ich plädiere dafür, dass sich Lehrer jeweils zum Schulhalbjahr überlegen, wie die Leistungen der schwächeren Schüler bis zum Ende des Schuljahres verbessert werden können. In den skandinavischen Ländern gibt es zum Beispiel in solchen Fällen Zusatzunterricht. So etwas ist in unserem System gar nicht vorgesehen ...«[1]

Zwar hat man an der Bielefelder Laborschule das Sitzenbleiben längst abgeschafft, und es zeigt sich dort, dass es niemand vermisst. Doch ist die Forderung, es generell abzuschaffen, doch etwas weitgehend. Denn es gibt sicher einige Schüler, denen man hilft, wenn sie sich nach einer sorgfältigen Beratung dafür entscheiden, eine Jahrgangsklasse zu wiederholen. Schließlich plädiert man für eine flexible Ein-

1 Zeit-Interview zum Thema: Lasst das nutzlose Aussortieren! J. Otto im Gespräch mit K.-J. Tillmann. *Die Zeit*, Nr. 9 vom 21.2.2002.

schulung, die nicht an das kalendarische Alter gebunden ist. Und man befürwortet auch die flexible Ausschulung, die auch nicht an ein bestimmtes Alter gebunden sein sollte. Folgerichtig muss man auch akzeptieren, dass einige Schüler langsamer lernen und dieses Tempo auch durch Förderunterricht nicht wesentlich gesteigert werden kann. *Fast* alle Schüler versetzen – ja, *alle* Schüler versetzen – nein.

Wenn also Noten an den Halbtagsschulen zur Aufrechterhaltung einer fragwürdigen Unterrichtsorganisation im 45-Minuten-Takt und zur Disziplinierung der Schüler missbraucht werden, wenn sie die intrinsische Motivation lähmen, die Schüler zur »Saisonarbeit« nötigen, Leistungsdruck, Versagensangst und Schulmüdigkeit erzeugen, wenn Noten häufig grob ungerecht sind und sie die ihnen zugeschriebenen Funktionen nicht erfüllen können, ist es an der Zeit, die negative Praxis zu verändern.

Zukunftsmusik

In einer Differenzierenden Leistungsschule, in der Klassenlehrer für jeweils drei Jahre mit einer Schülergruppe zusammenarbeiten und für diese Schüler verantwortlich sind, kann man auf den Notendruck und auf die fragwürdige Notengebung verzichten.

Der Unterricht ist in drei Blöcken organisiert, zwei am Vormittag, ein Block am frühen Nachmittag. Für die älteren Schüler ist fakultativer Unterricht in einem vierten Block möglich. Neben den Fächern Deutsch, Mathematik und Englisch, Sport und Musik, werden die Nebenfächer epochal angeboten, sodass sich die Anzahl der Fächer je nach Schulstufe auf sechs bis acht beschränkt.

Die Unterrichtskonzeptionen entsprechen dem Alter der Schüler, in der Unterstufe herrscht der Gesamtunterricht vor, in der Mittelstufe der Fächerübergreifende Unterricht und in der Oberstufe der Fächerverbindende Unterricht. Der Übergang zu einem Projektunterricht, einem Problemorientierten Unterricht und zu Formen des Offenen Unterrichts ist jederzeit möglich.

Ein Klassenlehrer, der je nach Schulstufe 10 bis 20 Wochenstunden in der eigenen Klasse unterrichtet, kann die Kontinuität des Lehrens und Lernens wahren, d.h., er kann den Lehr-Lernprozess vom Vortag aufgreifen und weiterführen. Nach kurzer Zeit kennt er die Lernvoraussetzungen seiner Schüler recht genau und ist in der Lage, die Aufgaben auf die Interessen, Lernbedürfnisse und Lernmöglichkeiten der Schüler abzustimmen. Und er ist auch fähig, die Lernleistungen eines jeden Schülers realistisch einzuschätzen, zu bewerten und differenziert zu beurteilen.

Das Beurteilungssystem in dieser »Schule der Zukunft«, der Differenzierenden Leistungsschule ist in der Tabelle 6 zusammengefasst.

In einer traditionellen deutschen Halbtagsschule sind die vielen Fachlehrer gar nicht in der Lage, für jeden Schüler einen Bericht oder ein Gutachten abzufassen, weil sie die Schüler nur oberflächlich kennen, manchmal sogar Mühe haben, deren Namen aufzufassen. An einer Differenzierenden Leistungsschule ist das anders.

Durch die tägliche mehrstündige Zusammenarbeit, ist den Lehrern die detaillierte und qualifizierte Berichterstattung möglich.

Tab. 6: Beurteilungssystem		
Duale Ausbildung	**Berufliches Gymnasium**	**Allgemeinbildendes Gymnasium**
	Schuljahre 10 bis 12	
Der Unterricht wird überwiegend in Kursen erteilt, die Beurteilung erfolgt kriterienorientiert »bestanden – nicht bestanden«, Differenzierungen sind denkbar, Kurse können wiederholt werden.		
Differenzierende Leistungsschule – Mittlerer Bildungsabschluss		
Das Erreichen bestimmter Leistungsstandards mit entsprechenden Kompetenzstufen in spezifischen Lernfeldern ist die Voraussetzung. Zur Benotung werden Testergebnisse herangezogen, doch sind sie nicht allein ausschlaggebend.		
Oberstufe	**Schuljahre 7 bis 9**	
In der Oberstufe erhalten die Schüler zum Schuljahresende sowohl Ziffernoten als auch Berichte zum Lernprozess und zu den Lernergebnissen (Leistungsbericht), also neben der Note ein aussagekräftiges Feedback. In den Fächern Deutsch, Mathematik, Englisch und im Lernfeld Naturwissenschaften werden am Ende des 8. Schuljahrs Tests durchgeführt, um den jeweiligen Leistungsstandard mit den entsprechenden Kompetenzstufen festzustellen.		
Mittelstufe	**Schuljahre 4 bis 6**	
In der Mittelstufe erhalten die Schüler Berichte zum Lernprozess und zu den Lernergebnissen (Leistungsbericht), Mitteilungen über ihre Leistungsstärken und Leistungsschwächen sowie konkrete Hinweise, wie sie Lerndefizite ausgleichen können. Lediglich am Ende des 6. Schuljahrs werden Leistungsstandards in den Kompetenzstufen erhoben, wobei die Testergebnisse in die Berichte einfließen können.		
Unterstufe	**Schuljahre 1 bis 3**	
In der Unterstufe erhalten die Schüler Berichte zum Lernprozess und zu den Lernergebnissen (Leistungsbericht). Am Ende des 1. Schuljahrs sichert ein Test, in dem Standards und Kompetenzen zu Grundfertigkeiten ermittelt werden, Entscheidungen über Fördermaßnahmen ab.		
Vorschule		
Am Ende der Vorschulzeit finden eine Eingangsuntersuchung und ein Eignungstest statt. Die Entscheidung wird durch Testergebnisse abgesichert. Das Gutachten des Lehrers hat Vorrang. Bei der Einschulung wird flexibel verfahren, sie ist zwischen dem fünften und siebenten Lebensjahr möglich.		

Leistungsberichte sollten nachstehende Punkte enthalten:

- Aussagen über Themen, die im Beurteilungszeitraum behandelt worden sind,
- Aussagen über die erreichten Ziele und die Lernleistungen, zur summativen Evaluation,
- Hinweise auf Leistungsschwächen oder Leistungsdefizite,

- Überlegungen zu konkreten Lernhilfen,
- Informationen zum Prozess im Beurteilungszeitraum, zu einer formativen Evaluation,
- Hinweise zum Arbeitsverhalten und
- Hinweise zum Sozialverhalten.

Leistungsberichte dürfen keine charakterlichen Werturteile enthalten, keine gewagte Prognosen oder Nebensächlichkeiten, die für die Schüler bedeutungslos sind, weil die Berichte dann nicht ernst genommen werden, an Wert verlieren und sich der Gutachter lächerlich macht.

Leistungsberichte unterscheiden sich von den heute an Reformschulen üblichen zifferlosen Zensuren durch ein höheres Maß an Validität, Objektivität und Reliabilität, wenn sie in zeitlicher Nähe zur Erhebung von Leistungsstandards mit deren Kompetenzstufen verfasst werden. Ein fehlerhaftes Gutachten kann durch Testergebnisse korrigiert werden. Ein differenzierter und gut begründeter Leistungsbericht wird durch die Testergebnisse abgesichert und bestätigt.

16. Teilautonomie der Schulen fördern

»Schulen müssen das Mögliche möglich machen!« – forderte Hartmut v. Hentig Anfang der 70er-Jahre auf einer Tagung im Kloster Loccum.[1] Die Teilnehmerinnen und Teilnehmer fragten sich damals, was er wohl mit dieser Forderung gemeint haben könne. Das Mögliche möglich machen? Was ist denn wohl das Mögliche, und wenn wir es eingefangen haben, wie soll es dann möglich gemacht werden? – In den folgenden Jahren hatte Hartmut v. Hentig die Gelegenheit, seine damals noch etwas abstrakte Idee des Möglichen an der Laborschule Bielefeld zu konkretisieren. Das Mögliche kann ja wohl nur bedeuten, die individuellen Lernvoraussetzungen der Schüler einzuschätzen, ihnen Lernmöglichkeiten und Lernwege aufzuzeigen, sie beim Lernen zu begleiten und ihre Fantasie und Selbstständigkeit anzuregen.

Schule braucht Freiräume

Wie muss eine Schule organisiert werden, damit sie den Schülern gerecht werden kann? Heute kann man ziemlich genau beschreiben, welche Freiräume eine Schule braucht, um ihr eigenes Profil zu entwickeln und ihr System zu erneuern. Eine Schule, die in das Einzugsgebiet, die Kommune und die Gesellschaft eingebettet ist, verändert sich ja fortwährend. Und die in ihr handelnden Personen und Personengruppen – Schüler, Lehrerinnen und Lehrer, Schulleitung, Eltern und Bürger – leisten täglich Beiträge zur Veränderung oder tragen dazu bei, dass Reformen stagnieren.

1 Tagung zum Thema »Gesamtschule« im Jahr 1970 im Kloster Loccum bei Hannover.

Und die Außensysteme, z.B. der Gemeinderat oder die Schulaufsichtsbeamten, wirken in das System hinein und können die Prozesse fördernd oder hemmend beeinflussen. Dass man Schulen nicht nach dem klassisch-hierarchischen Bürokratiesystem – Ministerium, Oberschulamt, Schulamt, Schule – leiten und erneuern kann, hat sich allmählich herumgesprochen. Was die Damen und Herren in den Ministerien sich ausdenken, erreicht die Schulen, wenn überhaupt, nur mit großer zeitlicher Verzögerung. Pädagogische, didaktische, methodische und organisatorische Probleme, die in einzelnen Schulen auftreten, müssen durch die unmittelbar Beteiligten gelöst werden. Beamte der Schulaufsicht sind da meist wenig hilfreich, von Ausnahmen abgesehen. Deshalb erscheint es sinnvoll, die Schulen in die Teilautonomie zu entlassen, damit sie möglichst viele Entscheidungen eigenständig treffen können.

Stufenweise Autonomie

Die mitunter geforderte Autonomie der Schulen kann als Fernziel in Betracht gezogen werden, wenn sich die Schulen mehrheitlich in ihrer Teilautonomie bewährt haben. Außerdem müsste man wohl »Lehrerkammern« einrichten, den Ärztekammern vergleichbar, die bei groben Verstößen gegen die Berufsethik tätig werden, und so weit sind wir noch nicht. An einzelnen Schulen kann der schwierige Prozess – weg von der verwalteten Schule und hin zur autonomen Institution – auch einen negativen Verlauf nehmen. Leitungsgremien können versagen, indem sie mit den ihnen gegebenen Freiräumen wenig anzufangen wissen. Vertreter der Schulleitung können sich als unfähig erweisen, sodass ihre Ablösung ratsam erscheint. Oder ein Kollegium erweist sich als nicht teamfähig und bedarf der Supervision. Außenkontrolle durch Sachverständige, die beratende Funktionen ausüben, erscheint im Interesse aller Beteiligten, vor allem auch im Interesse der Schüler, voll gerechtfertigt.

Möchte man in einer Schule für die Schüler das Mögliche möglich machen, benötigt das System ein demokratisch legitimiertes Leitungs- oder Führungsgremium, dem angelsächsischen »Schoolboard« vergleichbar. Der Einfachheit halber bezeichnen wir dieses Gremium als »Schulleitung.« Die Schulleitung besteht aus dem Schulleiter, dem stellvertretenden Schulleiter, Vertreter der Lehrer, Schüler, Eltern und der Gemeinde. Die Schulleitung sollte grundsätzlich auf Zeit gewählt werden, etwa für sechs Jahre. Ein solcher Zeitraum reicht aus, um innovative Ideen zu verwirklichen. Um zu gewährleisten, dass besonders fähige Schulleiter der Schule erhalten bleiben, sollte die Wiederwahl bewährter Funktionsträger möglich sein. Andererseits ist die Möglichkeit einer Abwahl auch herausfordernd für das Leitungsgremium. Die Schulleitung sollte an kleineren Schulen sechs und an größeren zwölf Personen umfassen. Erfahrungsgemäß haben noch größere Gruppen häufig Schwierigkeiten, Entscheidungen zu treffen. Der Schulleiter sollte nach Absprache mit seinem Stellvertreter die meisten Entscheidungen selbst treffen können. Neben der Schulleitung ist die Schulkonferenz zu etablieren. Sie ist einem Parlament vergleichbar, hat je nach Größe der Institution eine unterschiedliche Mitgliederzahl, berät und verabschiedet die Schulverfassung und hat beratende Funktion bei wichtigen Entscheidungen. – Pädagogische Probleme werden vom jeweiligen Pädagogischen Team bewältigt, das aus jenen Lehrkräften besteht, die in denselben Klassen oder auf derselben Jahrgangsstufe unterrichten.

Die Schulleitung muss anfangs sehr oft, später etwa einmal im Monat tagen, bei Bedarf auch häufiger, um folgende Fragen zu beantworten:

- Entspricht die vorhandene Schulordnung – im Sinne der Schulverfassung – modernen Erfordernissen, indem sie einerseits einen Rahmen vorgibt, andererseits die Kreativität und Reformbereitschaft der Beteiligten nicht hemmt?
- Welche Punkte können von der Schulleitung, welche durch die Schulkonferenz und welche durch das jeweilige Pädagogische Team behandelt werden?
- Wie lässt sich die Schule in das vorhandene öffentliche Schulwesen einordnen?
- Mit welchen anderen Schulen, z.B. Sonderschulen, ist regional zusammenzuarbeiten?
- Welche Zukunft hat die Schule? Wie hoch sind die zu erwartenden Schülerzahlen? Wie steht es um die demografische Entwicklung im Einzugsgebiet?
- Welche allgemeinen und besonderen Ziele sollen in der Schule verfolgt werden?
- Welche Leistungsstandards, Kompetenzstufen und Abschlüsse werden für die Schüler angestrebt?
- Wie soll das Schulprofil aussehen? Soll es einen künstlerischen, handwerklichen, sportlichen oder anderen Schwerpunkt oder mehrere Schwerpunkte geben?
- Bietet sich auf Grund der geografischen Lage – z.B. Alpenvorland oder Küstenregion – ein bestimmtes Profil an?
- Gibt es Kooperationsmöglichkeiten mit ortsansässigen Firmen, Betrieben oder Wirtschaftsunternehmen?
- Kann die Schule als offene oder gebundene Ganztagsschule geführt werden?
- Wie lässt sich für Schüler und Lehrer kostengünstig eine gesunde Mittagsmahlzeit bereitstellen?
- Lässt sich eine Differenzierende Leistungsschule einrichten?
- Welche Möglichkeiten der Schuldifferenzierung können wahrgenommen werden, um leistungsschwache und leistungsstarke Schüler zu fördern?
- Wie lassen sich möglichst viele gut ausgebildete Lehrerinnen und Lehrer gewinnen, die fach-, methoden- und sozialkompetent sind, Reformprozesse tragen und auch über die wünschenswerte personale Kompetenz verfügen?
- Wie kann auf die Mitarbeit inkompetenter oder ausgebrannter Lehrkräfte ganz oder zeitweise verzichtet werden, auf jene, die den Schülern nicht mehr zumutbar sind? Welche Auffangmöglichkeiten gibt es für sie?
- Welche Lernangebote lassen sich durch Lehrbeauftragte abdecken, durch Mitarbeiterinnen von Vereinen, kirchlichen Organisationen und Nachhilfeagenturen, und wie lassen sich diese Lehrkräfte einbeziehen?
- Welche Fortbildungsmöglichkeiten sollten für Angehörige der Schulleitung und für das Kollegium genutzt werden? Welche Fortbildungen haben Vorrang?

- Wie lassen sich die Beteiligungsspielräume der Schüler ausschöpfen, z.B. durch Mitarbeit in den Gremien, durch Helfersysteme, Tutoriate und Partnerschaften?
- Wie lässt sich eine größere Schule in kleinere Einheiten untergliedern, z.B. in Pädagogische Teams von fünf Lehrerinnen, die jeweils für einen Schülerjahrgang in besonderer Weise verantwortlich sind?
- Wie lässt sich die fachliche und pädagogische Teamarbeit organisieren? Wie lassen sich günstige äußere Bedingungen für diese Arbeit schaffen?
- Wie kann der Stundenplan optimiert werden, damit er den Schülern entgegenkommt? Wie lässt sich eine Rhythmisierung des Lehrens und Lernens erreichen, ein Wechsel von Anspannung und Entspannung?
- Wie lässt sich die Anzahl der Fächer durch Epochenunterricht reduzieren?
- Welche Unterrichtskonzeptionen sollten auf welchen Altersstufen Vorrang haben?
- Welche Aktivitäten des Schullebens – Feste, Feiern, Wandertage, Exkursionen, Sportveranstaltungen, Landschulheimaufenthalte, Austauschprogramme – sollten initiiert, tradiert sowie personell und materiell unterstützt werden?
- Wie lässt sich das Interesse möglichst vieler Eltern an schulischen Fragen gewinnen, wie die aktive Mitarbeit fördern?
- Welche Möglichkeiten gibt es, einen Förderkreis zu gründen oder die Rolle des vorhandenen Förderkreises zu stärken?
- Welche Ausgaben könnten unabhängig vom Haushaltsplan durch den Förderkreis getätigt werden?
- Welche baulichen Maßnahmen haben Vorrang, und wie lassen sie sich dem Schulträger gegenüber überzeugend begründen?
- Wie lässt sich die Raum- und Medienausstattung optimieren?
- Wie lassen sich notwendige Anschaffungen dem Schulträger gegenüber begründen?
- Welche Möglichkeiten zur Beschaffung von Lernmaterial zur inneren Differenzierung bieten sich an?[1]
- Wie lässt sich die Schulbibliothek/Mediothek auf dem neuesten Stand halten?
- Wie lassen sich Lehr-Lernprozesse schulintern evaluieren, und wie können die Ergebnisse zur Steigerung der Lehr-Lernleistungen genutzt werden?
- In welchen Fächern oder Lernfeldern ist eine externe Evaluation zu erwarten – z.B. durch eine für die Schule zuständige Evaluationsagentur – und wie soll mit den Rückmeldungen umgegangen werden (s.a. Wissinger 2000)?

Natürlich ist der vorstehende Fragenkatalog nicht vollständig. Er muss den örtlichen Gegebenheiten entsprechend verändert und ergänzt werden. Die letzte Frage betrifft die Teilautonomie, indem es außen stehenden Experten gestattet sein muss, die Lehr-Lernergebnisse auf zentralen Gebieten zu erfassen, zu vergleichen und bera-

1 Zahlreiche Kollegien besuchen am »Pädagogischen Tag« das Grundschulzentrum und das Montessori-Studio an der Pädagogischen Hochschule Schwäbisch Gmünd. Tel.: 07171/983276.

tend tätig zu werden. Eine Teilautonomie erscheint angebracht, weil es vermutlich Schulen geben wird, die – wie eingangs schon erwähnt – mit der gewonnenen Freiheit wenig anzufangen wissen, Gremien, denen es an didaktischer Kreativität mangelt, Schulen, die schlecht organisiert werden, und Schulleitungen, die mit den zahlreichen Aufgaben – Personalmanagement, Haushaltsführung, Stundenplangestaltung – überfordert sind.

Wenn man Schulen in die Teilautonomie entlässt, das ihnen zustehende Kontingent an Unterrichtsstunden überträgt, ihnen gestattet, selbst nach geeigneten Lehrerinnen und Lehrern zu suchen, diese einzustellen und in begründeten Fällen auch zu entlassen, wenn Schulen ihre Unterrichtsangebote und Stundenpläne selbst ausweisen können und sie ein Verfügungsrecht über ihre Haushaltsmittel haben, dann entsteht zwischen den Schulen eine Wettbewerbssituation, die auch zu einer Anhebung der Leistungsstandards führen wird.

Die Ministerien der einzelnen Bildungsregionen können sich – eine Teilautonomie der Schulen vorausgesetzt – auf wenige aber bedeutsame Aufgaben konzentrieren, so auf die Außenvertretung der Bildungsregion, die Kooperation mit anderen Regionen und Ländern innerhalb der Europäischen Union und weltweit, auf Grundsatzfragen, übergeordnete Ziele der Bildung und Erziehung, auf juristische Probleme, die für die gesamte Region wichtig sind, auf die Bildungsfinanzierung, auf eine annähernd gleiche und gerechte Verteilung der vorhandenen Ressourcen auf die einzelnen Schulen, auf die Fort- und Weiterbildungsangebote in der Region, die Einrichtung von Evaluationsagenturen, die Interpretation von Evaluationsergebnissen, auf Interventionsprogramme zum Ausgleich eklatanter Defizite, die Einwerbung und Vergabe von Mitteln für die Unterrichtsforschung sowie auf Personalentscheidungen, welche die gesamte Region betreffen. Auch bei vorhandener Teilautonomie der Schulen haben Ministerien zahlreiche wichtige Aufgaben zu erfüllen.

Viele der hier angesprochenen Punkte sind im Bundesland Baden-Württemberg auf den Weg gebracht, was erfreulich und anzuerkennen ist. Umso unverständlicher ist es, wenn man seitens der politisch Verantwortlichen unbedingt am viergliedrigen Schulsystem festhalten will, obgleich es von der OECD und von vielen Bildungsexperten immer wieder als undemokratisch, ungerecht und überholt beurteilt wird (Oelkers 2003). Es wäre doch durchaus möglich, einen weiteren Schritt zu wagen und die Gemeinden selbst entscheiden zu lassen, welche Schule sie sich für ihre Kinder wünschen, eine Differenzierende Leistungsschule oder vier verschiedene Schulen mit den bekannten Selektionsmechanismen und den unbefriedigenden Lehr-Lernleistungen. Innovationen dieser Art würden ein geringes Risiko beinhalten, gibt es doch vergleichbare Schulen in anderen Ländern und Reformschulen in der Bundesrepublik Deutschland, die bei internationalen Vergleichsstudien bessere Leistungsstandards erreichen. Nach einer Umstellungs- und Einrichtungsphase wären solche Schulen auch kostenneutral zu haben.

17. Evaluationssysteme etablieren

Lehrerinnen und Lehrer unterrichten oft jahrelang vor sich hin, ohne über ihre Arbeit Rechenschaft ablegen zu müssen. Die Leistungen von Angehörigen anderer Berufe werden ständig kontrolliert, und wenn sie nicht den Erwartungen entsprechen, werden z.B. die von ihnen produzierten Waren nicht mehr verkauft, und es laufen ihnen die Kunden weg. Allerdings lassen sich Lehrleistungen nicht naiv nach einem Input-Output-Modell beurteilen, indem qualifizierte Lehrleistungen fast automatisch hohe Lernleistungen hervorbringen. Die Lehr-Lernprozesse und die in ihnen handelnden Personen sind – im Vergleich zu Herstellungsprozessen in Handwerk und Industrie – doch weitaus komplexer und komplizierter. Treten erwartungswidrige Ergebnisse auf, beginnt ein Kreislauf der Schuldzuschreibungen: Die Lehrerin lastet dem Schüler die Schuld an, der Schüler der Lehrerin, die Eltern der Lehrerin, selten auch dem eigenen Sohn usf. Eine einfache Überprüfung und Beurteilung der Lehrleistungen ist auch deshalb nicht möglich, weil viele nicht messbare affektive und soziale Einflussfaktoren den Beurteilungsprozess erschweren, wie z.B. Sympathie und Antipathie, das Lern- und Gruppenklima, das Schulklima, die zufallsbedingte Zusammensetzung der Lerngruppe oder ein verhaltensauffälliger Schüler in der Klasse, der seine Mitschüler häufig beim Lernen stört.

Wie misst man Lehrleistung?

Die Evaluation der Lehrleistungen gestaltet sich auch deshalb so schwierig, weil für viele Lernleistungen eindeutige Parameter fehlen. »Evaluation« lässt sich übersetzen mit Einschätzung, Abwägung, Auswertung, Festsetzung, Bewertung oder Beurteilung, und je nach Lernleistung kommen die unterschiedlichsten Beurteilungskriterien ins Spiel. Lehr-Lernleistungen werden in einem längeren Prozess erzielt, und es kann dieser Prozess bewertet werden (formative Evaluation). Wenn hingegen ein Beurteiler hoch motivierte Schüler beobachtet, wie sie eine Mathematikaufgabe richtig lösen, und er die richtige Lösung bewertet, beurteilt er das Produkt (summative Evaluation), kann aber nicht erkennen, welche Lehrbemühungen zu diesem positiven Ergebnis geführt haben.

Jeder Lehrer entwickelt und verinnerlicht sein *eigenes Evaluationssystem*, indem er fortwährend den Lehr-Lernprozess verfolgt, das Verhalten und die Handlungen seiner Schüler beobachtet, Fragen und Aufgaben stellt, deren Antworten und Lösungen ihm zeigen, wo er und die Schüler im Lehr-Lernprozess stehen. Nur über solche Ergebniskontrollen, zu denen auch *selbst konstruierte Tests* zählen, kann er den Unterricht auf das Lernvermögen der Schüler abstimmen. Jedoch werden die jeweiligen Beurteilungskriterien bei diesen subjektiven Leistungskontrollen nicht immer sauber getrennt, sodass über die tatsächlichen Leistungen der Schüler wenig ausgesagt wird, weil ihnen ein Vergleichsmaßstab fehlt. Leider aber halten viele Lehrer ihre subjektiven Beurteilungen für gerecht.

Problembewusste und selbstkritische Lehrer, die über Kenntnisse der Testanwendung und Testauswertung verfügen, überprüfen ihr subjektives Urteil mit Hilfe von Schulleistungstests, wie sie für zahlreiche Leistungsbereiche, z.B. für das Rechnen, Schreiben, Lesen oder für Englisch, angeboten werden.[1] Die Testergebnisse sind dann zwar im testtheoretischen Sinn valide, objektiv und reliabel, müssen aber mit der gebotenen Vorsicht als Näherungswerte betrachtet und im sozialen Kontext im Hinblick auf den einzelnen Schüler interpretiert werden.

Eine andere Möglichkeit, sich ein Feedback hinsichtlich der Lehr-Lernleistungen zu verschaffen, bietet der Einsatz verschiedener *Kriterienkataloge* und *Fragebogen*, wie sie von Bessoth (1994) oder Kempfert/Rolff (2002) publiziert worden sind. So werden z.B. »Indikatoren für die Qualität des Lernens« bereitgestellt, die den Lernprozess in den Brennpunkt rücken, es gibt einen Bogen zur »Selbst-/Fremdeinschätzung von Gruppenarbeit«, der zur Beurteilung von Kleingruppenprozessen hilfreich sein kann, einen »Evaluationsbogen für kooperatives Lernen«, für die »Evaluation des mündlichen Vortrags«, zur »Lehrerselbstevaluation«, einen »Fragebogen zur Selbsteinschätzung des Lehrerverhaltens«, einen Bogen »Schüler beurteilen die Qualität des Unterrichts«, einen Bogen »Schulleitung«, einen »Elternfragebogen«, eine Bogen zur Arbeit im Team und zur Qualitätsentwicklung der Schule insgesamt. Die Ergebnisse solcher Befragungen liefern jedoch nur weiche Daten, die zur Kenntnis genommen werden und nachdenklich stimmen, aus denen aber selten Konsequenzen gezogen werden. Konkrete Hinweise auf erreichte oder nicht erreichte Leistungsstandards und Kompetenzstufen liefern diese Daten nicht.

Gleiches gilt für das Bemühen, einzelne Lehr-Lernsituationen zu analysieren und »*Formblätter zum Training des Lehrverhaltens*, zu Beobachtung und zur Handlungsanalyse« bereitzustellen (Becker/Clemens-Lodde/Köhl 1980; Becker 1998). In diesen Büchern werden zwar konkrete Hinweise gegeben, wie sich die einzelnen Lehrhandlungen – zuhören, motivieren, Fragen stellen, auf Beiträge eingehen, Lernhilfen geben, Gespräche führen, Diskussionen leiten, Sachverhalte erklären, Sachverhalte demonstrieren, Tafelzeichnungen anlegen, Kurzvorträge halten, Medieneinsatz optimieren, Arbeitsaufträge formulieren, Schüler bei der Arbeit betreuen, Lernergebnisse sichten – optimieren lassen, doch ob sich mit einem Situativen Lehrtraining tatsächlich die Lehr-Lernleistungen steigern lassen, kann zwar vermutet werden, lässt sich aber nur schwer nachweisen.

Eine schulinterne Evaluation lässt sich durch *wechselseitiges Hospitieren* ergänzen, wenn sich Kollegen im Unterricht besuchen, den Unterrichtsverlauf protokollieren und sich anschließend ein Feedback geben. Dieses Prozedere unterscheidet sich positiv vom Lehrprobenritual, wie es beim Schulratsbesuch aus einem gegebenen Anlass zelebriert wird (Becker 2002b, S. 171ff.). Denn die Kollegen gehen pfleglich miteinander um, da sie ja um den Rollentausch wissen. Und Lehrer, die in derselben Klasse unterrichten, können wertvolle Hinweise zum Umgang mit der Gruppe und

1 Testkatalog 2002/2003, Testzentrale Göttingen, Robert-Bosch-Breite 25, 37079 Göttingen, Tel.: 0551/506-880.

einzelnen Schülern geben. Doch ein echtes Feedback zu den Lehr-Lernleistungen kann im Rahmen wechselseitiger Hospitationen nicht vermittelt werden. Für solche Rückmeldungen ist die Zeit viel zu kurz. Man müsste regelmäßig über einen längeren Zeitraum hinweg hospitieren und die Ergebnisse aus verschiedenen Kontrollen einbeziehen wie Klassenarbeiten, informellen Tests, mündlichen Leistungen usf.

Wenn zwei Lehrer in Parallelklassen im selben Fach oder Lernfeld arbeiten, ist es möglich, über längere Zeit parallel vergleichbare Inhalte zu lehren, gemeinsam einen Test zur Leistungskontrolle vorzubereiten, diesen den Schülern beider Klassen zu geben, ihn gemeinsam auszuwerten und die Testergebnisse zu vergleichen. Ein solches Vorgehen setzt allerdings voraus, dass die Lernvoraussetzungen der Schüler in beiden Klassen vergleichbar sind, also ein Vortest erfolgt und die Methoden transparent gemacht werden, um bei signifikanten Leistungsunterschieden Anhaltspunkte für die Interpretation zu gewinnen. An dieser Stelle wird deutlich, wie schwierig und aufwendig sich Unterrichtsforschung darstellt, soll sie konkrete Hinweise auf Lehr-Lernleistungen, Leistungsdefizite und effektive Methoden zur Leistungssteigerung bieten. Auch muss ein Vertrauensverhältnis zwischen den Lehrern bestehen, die Bereitschaft, von persönlichen Empfindlichkeiten abzusehen und verständnisvoll miteinander umzugehen.

Anregungen zur Leistungssteigerung liefern *Videoanalysen*, wie sie z.B. im Rahmen der TIMS-Studie für den Mathematikunterricht vorgenommen worden sind (Baumert u.a. 1997). Wenn Unterrichtswissenschaftler in verschiedenen Ländern Mathematikunterricht videografieren und auf Grund der Analysen unterschiedliche Methoden und Ergebnisse registrieren, lassen sich zwar Vermutungen über einen Zusammenhang zwischen den Methoden und den Ergebnissen anstellen, doch ein direkter Zusammenhang lässt sich auch hier nicht nachweisen, weil die Lehr-Lernprozesse durch viele andere Variablen beeinflusst werden. – An deutschen weiterführenden Schulen, die den Unterricht immer noch im 45-Minuten-Takt anbieten, die effektive Lehr-Lernzeit aber nur etwa 30 Minuten umfasst, kommt die Mathematiklehrerin in die Klasse, kontrolliert die Hausaufgaben, lässt an der Tafel etwas vorrechnen, rechnet dann selbst etwas vor, lässt eine vergleichbare Aufgabe nachvollziehen, gibt Hausaufgaben und verlässt wieder das Klassenzimmer. Die Leistungen deutscher Schüler im Fach Mathematik sind auf der Sekundarstufe dürftig. – In jenen Ländern, in denen weitaus bessere Ergebnisse erzielt werden, wird ein anderes Vorgehen praktiziert: Die Mathematiklehrerin kommt in die Klasse, stellt den Schülern ausführlich ein Problem dar, fordert sie auf, in Einzel-, Partner- oder Kleingruppenarbeit Lösungsvorschläge zu erarbeiten. Die Vorschläge werden präsentiert, diskutiert, verglichen und bewertet. Zuletzt werden die Schüler aufgefordert, ein ähnliches Problem möglichst elegant zu lösen. Hier liegt zwar ein Zusammenhang zwischen den Methoden und den Lernleistungen nahe, aber die naive Schlussfolgerung – wenn in dieser Weise unterrichtet wird, dann ist eine Leistungssteigerung möglich – lässt sich auch hier nicht ziehen. Zusätzlich wären die Abkehr von Einzelstunden und der Übergang zum Blockunterricht erforderlich, weil es kaum gelingen kann, etwa 30 Schüler einer Klasse in einer halben Zeitstunde auf anspruchsvolle kognitive Ebenen zu heben, und weil sie keine Zeit bekommen, sich intensiv mit einem Problem auseinander zu setzen.

Eine schulinterne Beurteilung der Lehr-Lernleistungen durch die Lehrer selbst, durch Kollegen oder durch den Schulleiter, durch Schüler oder Eltern, die direkt oder indirekt in die Prozesse involviert sind, über Fragebogen, Kriterienkataloge, Handlungsindikatoren oder Videoaufzeichnungen, die der Analyse des Lehr- und Lernverhaltens dienen, kann also nicht befriedigen, weil sie keine Leistungsvergleiche ermöglichen und kaum harte Daten liefern.

Interne Evaluation muss durch externe ergänzt werden

Ergänzend zur internen Evaluation muss ein externes Evaluationssystem etabliert werden, damit der Staat seiner Aufsichtspflicht genügen und sichergestellt werden kann, dass in den Schulen bestimmte Standards erreicht und die Schüler einen bestimmten Abschluss erzielen können. Wenn nun die Schulen – wie in Baden-Württemberg geschehen – in eine Teilautonomie entlassen werden, sie ihr eigenes Profil entwickeln sollen, ein Stundenkontingent erhalten, über das die Schulleitung weitgehend frei verfügen kann, wenn sie das Kollegium teilweise selbst ergänzen dürfen, dann bedarf es dennoch der externen Evaluation, um Lehr-Lernleistungen zu überprüfen, weil nicht ausgeschlossen werden kann, dass einzelne Personen oder Personengruppen überfordert sind und versagen. Doch wie soll die externe Evaluation gestaltet werden?

Natürlich nicht in Form eines Schulratsbesuchs, eines Amtsträgers, der in die Schule einfällt, unter den Lehrern Angst und Schrecken verbreitet, mit dem Schulleiter Kaffee trinkt, dem Unterricht einer jungen Lehrerin, die zur Verbeamtung ansteht, einen Besuch abstattet, ein fragwürdiges Gutachten schreibt, der Lehrerin einige Ungeheuerlichkeiten sagt, die sie lebenslang nicht vergisst, um dann wieder das Weite zu suchen.

Eine externe Evaluation sieht natürlich ganz anders aus:

- Eine Evaluationsagentur schickt nach vorheriger Anmeldung oder auf Anforderung ein Expertenteam, das die Schule für mehrere Tage besucht.
- Diese Experten begeben sich in die Rolle teilnehmender Beobachter, hospitieren, sprechen mit Schülern, Lehrern, mit den Vertretern der Schulleitung und der Eltern.
- Da sie über jahrelange Lehr- und Leitungserfahrungen verfügen, können sie ihre Expertenfunktionen kompetent wahrnehmen, werden allgemein akzeptiert, genießen ein hohes Ansehen und werden um Rat gebeten.
- Die Experten beaufsichtigen nicht in der traditionellen Art, sondern sie betreiben »Monitoring« und »Coaching« – und das ist etwas Neues, wie die angelsächsi-

schen Begriffe zeigen. Einerseits beobachten, überwachen und kontrollieren sie, andererseits geben sie Tipps und konkrete Hinweise zur Verbesserung der Unterrichtsorganisation, zu einer möglichen Steigerung der Lehr-Lernleistungen und zur Ausschöpfung der möglichen Innovationsrate an der betreffenden Schule.

- Die Experten sammeln tagelang Informationen und tragen Daten zusammen.
- In ihrem Gepäck führen sie allerdings auch Testmaterial mit sich, um in bestimmten Altersgruppen die Leistungsstandards und Kompetenzstufen erheben zu können.
- Lehrer und Schüler haben nun endlich Gelegenheit zu zeigen, was gelehrt und gelernt worden ist.
- Unser Expertenteam vergleicht die Ergebnisse mit den Leistungen anderer Schulen in der Region, dann landesweit, bundesweit, europaweit und weltweit, sofern Ergebnisse aus Mexiko oder Brasilien vorliegen.
- War die Leistungskontrolle erfolgreich, gibt es natürlich ein großes Lob.
- Blieben die Ergebnisse hinter den Erwartungen zurück, erfolgt eine Leistungsberatung, wie man die sichtbar gewordenen Defizite ausgleichen könnte, z.B. durch mehr Unterricht im defizitären Leistungsbereich, durch einen Lehrerwechsel, indem eine besonders kompetente Lehrkraft den Unterricht übernimmt, oder durch die Teilnahme an Fortbildungsveranstaltungen in diesem Bereich.
- Des Weiteren werden die Zielsetzungen der Schule gesichtet, Anzahl und Qualität der erreichten Abschlüsse, das entwickelte oder zu entwickelnde Schulprofil.
- Dann erfolgt eine gemeinsame Beratung mit der Schulleitung zum Personal- und Sachhaushalt (neudeutsch »Personal Management« und »Budgeting«), berät z.B. wie sich Unterstützungs- oder Förderlehrer ausbilden und einstellen lassen.
- Natürlich findet auch eine Beratung zur Schulorganisation, zur Unterrichtsorganisation, zu den Unterrichtskonzeptionen und Lehr-Lernstrategien statt, z.B. zur Umwandlung der Halbtagsschule in eine Differenzierende Leistungsschule, zur Einführung von Blockunterricht, zur Verringerung der Fächerzahl durch Epochenunterricht, zu Differenzierungsmaßnahmen, zum Stütz- und Förderunterricht, zur Pausengestaltung, zu Formen des Offenen Unterrichts, zum Problemorientierten Unterricht oder zum Entdeckenlassenden Lernen.
- Danach werden Ausstattungsfragen diskutiert und solche, die sich auf die Gestaltung von Lernumgebungen beziehen.
- Anschließend findet noch eine Art Sozialberatung statt, zur Verbesserung des Lern-, Gruppen- und Arbeitsklimas, zum Umgang mit den Schülern, zum Umgang im Pädagogischen Team, zum Umgang im Kollegium, mit den Vertretern der Schulaufsicht, der Schulleitung und der Eltern.
- Und da Kompetenzschwächen sichtbar geworden sind, erfolgt eine abschließende umfassende Fortbildungsberatung mit zweckdienlichen Literaturhinweisen.

Ein Frage ist allerdings sehr heikel, und sie wird deshalb auch noch nicht offen zur Sprache gebracht, beantwortet und entschieden, nämlich wie man mit Kolleginnen und Kollegen verfahren soll, die sich in den Burnout-Stadien der Frustration oder

Apathie befinden, wie man ihnen helfen und was man mit ihnen für sie tun kann. Fortbildung, Kur, Auszeit oder vorzeitige Pensionierung? Schwierige Entscheidungen stehen an (Hagemann 2003; Schaarschmidt 2004)!

Kriterien für die externe Evaluation von Schulen

- Wurden übergeordnete Zielsetzungen der Schule erreicht?
- Wie sieht das Schulprofil heute aus?
- Wie lässt es sich weiterentwickeln?
- Wie steht es um die Leistungsstandards und Kompetenzstufen?
- Welche Abschlüsse werden erreicht?
- Wie ist die Schule organisiert?
- Lässt sie sich als Differenzierende Leistungsschule einrichten?
- Wie lässt sich die Versorgung der Schule mit Lehrkräften verbessern?
- Wie können Schüler geworben werden?
- Wie lassen sich die Haushaltsmittel aufstocken?
- Welche Baumaßnahmen sind geplant und welche haben Vorrang?
- Welche Unterrichtskonzeptionen lassen sich verwirklichen?
- Welche Maßnahmen der Schuldifferenzierung lassen sich realisieren?
- Wie kann ein attraktives fakultatives Lernangebot bereitgestellt werden?
- Wie lassen sich Lernumgebungen schaffen?
- Wie lässt sich die Teamarbeit an der Schule verbessern, in der Schulleitung, im Kollegium und im jeweiligen Pädagogischen Team?
- Welche Fortbildungsveranstaltungen erscheinen vordringlich?
- Wie kann überforderten Lehrkräften geholfen werden?
- Was lässt sich für einzelne Problemschüler tun?
- Wie lassen sich schulspezifische Konflikte regeln?

Sicher wird dieser Katalog durch die an der Evaluation beteiligten Personen und Personengruppen auf Grund aktueller Ereignisse oder Probleme ergänzt werden müssen.

In einer abschließenden Gesprächsrunde sind den Beteiligten die Evaluationsergebnisse angemessen zu übermitteln, damit sie aufgenommen, zumindest teilweise akzeptiert werden und nicht wirkungslos bleiben. Werden keine Konsequenzen gezogen, haben die Kommissionsmitglieder ihre kostbare Lebenszeit sinnlos vertan. Positive Ergebnisse werden sicher gerne zur Kenntnis genommen, weitaus schwieriger ist die Informationsübermittlung bei offensichtlichen Mängeln und Leistungsdefiziten. Solche Rückmeldungen haben offen und wahrheitsgemäß zu erfolgen, ohne die Betroffenen zu verletzen.

Es wird nicht einfach sein, qualifiziertes Personal für die externen Evaluationen zu finden. Bis heute werden in Deutschland die Schulen und Lehrkräfte überwiegend verwaltet, beaufsichtigt, kontrolliert und gemaßregelt. Eine Systemanalyse, System- und Einzelberatung im Sinn einer Supervision findet noch selten statt. Richtige und zukunftweisende Schritte wären, die Schulbehörden weitgehend abzuschaffen,

Erlasse, Verordnungen und Verfügungen auf ihre Verzichtbarkeit zu überprüfen, die meisten von ihnen zu streichen, die Schulverwaltung insgesamt zu entbürokratisieren und die Schulen in die Teilautonomie zu entlassen. Diese revolutionären Schritte würden allerdings auch die Schulleitungen und Lehrkräfte stärker in die Pflicht nehmen.

Allerdings haben die politisch verantwortlichen Ministerien ein Interesse daran zu erfahren, wie effizient bzw. ineffizient die einzelnen Schulen arbeiten, ob es besonders gute Schulen und weniger gute gibt, um die Schüler vor schlimmen Schulen zu bewahren und um sie annähernd gerecht mit qualifiziertem Unterricht versorgen zu können. Doch sollte der Bereich der Schuleffizienzforschung (SER: School Effectiveness Research) auch nicht überschätzt werden. Denn wichtiger als die Berechnung von SER-Kennwerten ist die Beantwortung der Frage, was in den einzelnen Klassen geschieht, wie dort gelehrt und gelernt wird, wie Lehrer und Schüler miteinander umgehen und welche Lehr-Lernleistungen sie erzielen. »Effektive Schulen im Sinne von SER-Kennwerten sind einfach jene, die einen sehr geringen Prozentsatz beeinträchtigter Lehrer und einen ebenso geringen Anteil verhaltensgestörter Schüler haben *und* halten können. Jedoch: diese Schulen kann es nur geben, weil andere Schulen die unvermeidbaren Rehabilitationsleistungen erbringen.« (Arnold 2002)

Neben der Einrichtung regionaler Evaluationsagenturen und jener, die für die einzelnen Bundesländer bzw. Bildungsregionen zuständig sind, ist die Einrichtung einer bundesweit operierenden Evaluationszentrale an der Humboldt-Universität zu Berlin vorgesehen und beschlossen. Diese kann künftig ein Schulsystem-Monitoring betreiben, die Systeme der Bundesländer und die in ihnen erbrachten Lehr-Lernleistungen vergleichen und Empfehlungen zur Umgestaltung geben. Eine Bundesagentur wird dann auch für die Teilnahme an internationalen Vergleichsstudien sowie für die Interpretation der in solchen Studien erzielten Ergebnisse zuständig sein, bundesweit, europaweit und weltweit.

18. Schulen evaluieren

Fast alle Lehrerinnen und Lehrer, Kollegien und Schulleitungen wünschen sich neben jenen Schulratsbesuchen, die einen bestimmten Anlass haben – Verbeamtung, Beförderung, Dienstvergehen, Versetzung –, eine fachkundige Beratung. Sie möchten möglichst konkrete Hinweise, um ihre tägliche Arbeit verbessern zu können. Und sie akzeptieren Berater, die außerhalb der Schulhierarchie stehen, die sich mehrere Tage als teilnehmende Beobachter in den Schulalltag integrieren, die Beobachtungen protokollieren, mit den Beteiligten offen über die Beobachtungsergebnisse diskutieren und Verbesserungsvorschläge unterbreiten. Unerwünscht sind punktuelle »Überraschungsangriffe« in Form unangemeldeter Kontrollbesuche innerhalb des klassisch-hierarchischen Bürokratiesystems.

Wer die Arbeit einer Schule beobachten, einschätzen, bewerten und beurteilen möchte, benötigt für diese Beratungsfunktion bedeutsame Kategorien, nicht in

Form eines naiven Kriterienkatalogs, mit dessen Hilfe vorgegebene Punkte möglichst rasch abgehakt werden können, sondern in Form einer offenen Systematik, welche bedeutsame Aspekte enthält, die dem Lehren und Lernen und der Steigerung der Lehr-Lernleistungen dienlich sind.

Neben den allgemeinen Angaben zur Schule und deren Einzugsgebiet interessieren u.a. folgende Aspekte:

- Schulprofil
- Schüler
- Kollegium
- Eltern
- Haushalt
- Kooperation mit anderen Institutionen, wie z.B. Kindergarten od. Sonderschulen
- Ergebnisse in Form von Übergangsempfehlungen oder Abschlüssen
- Schulatmosphäre und Sozialverhalten
- Unterrichtsangebote und Maßnahmen der Schuldifferenzierung
- Lernumgebungen und Sitzordnungen
- Art der Konfliktregelung
- Unterrichtsorganisation und die verfolgten Unterrichtskonzeptionen
- Ergebnisse der Prozessbeobachtung und Lernleistungen auf verschiedenen Gebieten
- Kernzeitbetreuung
- Schulleben
- Förderkreis und Elternverein
- Lehrerfortbildung
- Empfehlungen

Ein konkretes Beispiel für Schulevaluation

Im Folgenden werden der Prozess und das Ergebnis der Evaluation einer Grundschule im Neckar-Odenwald-Kreis wiedergegeben.[1] Die Gemeinde hat 3.372 Einwohner (2004), liegt 15 km von Heidelberg und 23 km von Mannheim entfernt. Es gibt viele Pendler, einige Handwerker und Gewerbetreibende. Nach der Grundschule müssen die Schüler weiterführende Schulen in Heidelberg, Schriesheim oder Schönau besuchen, also ein Fahrschüler-Dasein in Kauf nehmen.

Schulprofil
Die Schule ist eine Halbtagsschule mit Kernzeitbetreuung.

1 Das Kollegium ist mit der Veröffentlichung des Evaluationsberichts einverstanden. Christian-Morgenstern-Grundschule Wilhelmsfeld, 69259 Wilhelmsfeld. Rektorin: G. Phieler.

Schüler

Die Grundschule wird von 152 Schülern und Schülerinnen besucht: 82 Mädchen und 70 Jungen. Es gibt acht Klassen, die Gruppengrößen sind günstig, vier Parallelklassen mit etwa 20 Schülerinnen und Schülern. Die Schülerzahlen steigen zurzeit noch, in zwei Jahren allerdings werden sie fallen. Die wenigen ausländischen Schüler (ein Kosovo-Albaner, zwei Italiener, drei Türken) verfügen über genügend Sprachkenntnisse, um dem Unterricht folgen zu können. Die schulische Integration dieser Schüler bereitet also keine besonderen Schwierigkeiten. Zwei Schüler sind behindert, werden aber in den Unterricht integriert. In den letzten 30 Jahren wurden drei Schüler in Sonderschulen überwiesen. Dieser Anteil ist also im Vergleich zum Bundes- oder Landesdurchschnitt, der bei 4 bis 5 Prozent liegt, verschwindend gering.

Kollegium

Das Kollegium besteht, den Pfarrer eingeschlossen, aus zehn Lehrkräften, aus acht Lehrerinnen und zwei Lehrern. Das Durchschnittsalter des Kollegiums liegt bei 50 Jahren. Diese Zusammensetzung erscheint typisch, sie entspricht der Feminisierung des Lehrberufs, besonders im Grundschulbereich, und dem bekannt ungünstigen Altersaufbau. Den unterschiedlichen Interessen und Fachkompetenzen entsprechend, stellen sich die Lehrkräfte den neuen Anforderungen, erteilen Englischunterricht und arbeiten im Unterricht mit Computern. Der Pfarrer ist – nach Aussage des Kollegiums – sehr gut integriert.

Eltern

Die meisten Eltern sind an der Schule interessiert, wenige engagieren sich besonders stark. Angaben zum sozioökonomischen Status der Eltern können aus Datenschutzgründen nicht gemacht werden.[1] Die Elternschaft ist heterogen zusammengesetzt. Es existieren ein gemeinnütziger Förderverein sowie ein Elternverein, der die Kernzeitbetreuung übernommen hat.

Haushalt

Als Schulträger stellt die Gemeinde für Schul- und Unterrichtsbedarf jährlich ca. 8.500 Euro zur Verfügung, pro Schüler also 56 Euro im Jahr, was einem Betrag entspricht, der auch für Grundschüler in anderen Kommunen ausgegeben wird.

Kooperation mit dem Kindergarten

Kindergarten und Schule kooperieren konstruktiv. Eine flexible Einschulung wäre möglich, doch wurde bislang das Angebot noch nicht genutzt. Die Eltern schicken ihre Kinder wie allgemein üblich nach Vollendung des 6. Lebensjahres in die Schule.

1 Datenschutzbestimmungen verhindern Projekte der Unterrichtsforschung und Aktivitäten der Schulevaluation. Ohne sozioökonomische Daten ist kein Schul- und Leistungsvergleich möglich.

Ergebnisse

In den letzten drei Jahren wurden folgende Grundschulempfehlungen abgegeben:

Grundschulempfehlungen	Hauptschule	Realschule	Gymnasium
2002	14 %	27 %	59 %
2003	14 %	16 %	70 %
2004	6 %	20 %	74 %

Mit 59, 70 und 74 Prozent liegen die Gymnasialempfehlungen weit über denen der Universitätsstadt Heidelberg. Die Zahlen entsprechen damit jenen in Finnland, wo etwa 70 Prozent eines Schülerjahrgangs zur Hochschulreife geführt werden. Die sehr guten Ergebnisse stimmen mit denen der IGLU-E-Studie überein. Das Belobigungsschreiben des Ministerpräsidenten und der Kultusministerin vom 4.2.2004 erscheint im Hinblick auf das Kollegium der Christian-Morgenstern-Schule gerechtfertigt.[1] Allerdings fehlen sozioökonomische Daten, sodass keine näheren Angaben über die Lernvoraussetzungen der Schüler gemacht werden können. Da die Schüler in keine Untersuchung einbezogen worden sind, gibt es keine Vergleichsdaten, und somit können nur Vermutungen angestellt werden, wie diese Ergebnisse zu Stande kommen. Mit an Sicherheit grenzender Wahrscheinlichkeit ist davon auszugehen, dass an der Schule qualifiziert unterrichtet wird. Andere Faktoren wie günstige Rahmenbedingungen, ein gutes Schul- und Lernklima, ein ausreichendes Unterrichtsangebot sowie Förderunterricht im 1. Schuljahr mögen zu diesen Ergebnissen beitragen.

Schulatmosphäre und Sozialverhalten

Die Atmosphäre an der Christian-Morgenstern-Grundschule ist ausgesprochen positiv. Schulleiterin und Kollegium zeigen sich aufgeschlossen, erklären sich ausnahmslos bereit, den Berater hospitieren zu lassen, und zeigen sich offen für Kritik. – Der Berater hospitierte am 22. und 23.3.2004 in neun Unterrichtsstunden. Ein erstes Auswertungsgespräch fand am 24.3.2004 statt. Dabei wurde eine künftige Zusammenarbeit im Rahmen der Fortbildung in Aussicht genommen. – Die Schüler sind aufgeschlossen, freundlich und hilfsbereit. Am Montagmorgen öffnete ein Zweitklässler dem Berater die Eingangstür. Ein Erstklässler erklärte ihm unaufgefordert voller Stolz, was sich alles in den Regalen und Ablagefächern befindet. Ein anderer schenkte ihm ein Blatt aus einem Merkblock und erklärte ihm, wo man einen solchen Block für wenig Geld kaufen könne. Dies alles sind zwar nur Momentaufnahmen, die allerdings auf einen konstruktiven und verständnisvollen Umgang schließen lassen.

1 Schreiben des Ministerpräsidenten des Landes Baden-Württemberg und der Kultusministerin des Landes an die öffentlichen und privaten Grundschulen, Grund- und Hauptschulen und Sonderschulen mit Bildungsgang Grundschule vom 4.2.2004, die hervorragenden Ergebnisse aus IGLU-E betreffend.

Unterrichtsangebote und Maßnahmen der Schuldifferenzierung

Der Kernunterricht wird von den Klassenlehrerinnen in den ersten beiden Schuljahren als Gesamtunterricht erteilt, in den Schuljahren 3 und 4 in den Lernfeldern Deutsch, Mathematik und Naturphänomene, bzw. Heimat- und Sachunterricht. Im 1. Schuljahr werden leistungsschwache Schüler aus den Parallelklassen zusammengefasst und erhalten zusätzlich zwei Wochenstunden Förderunterricht in den Lernfeldern Mathematik und Deutsch. Für Schüler der 3. und 4. Klasse gibt es ebenfalls Förderunterricht, sofern eine Lese-Rechtschreib-Schwäche (LRS) erkennbar ist. Das Angebot wird durch zwei Sport-Arbeitsgemeinschaften, eine Englisch-Arbeitsgemeinschaft für das 4. Schuljahr, einen Flötenkreis für die Schuljahre 2 und 3 sowie eine Orchester-Arbeitsgemeinschaft ergänzt. Auch gibt es einen Schulgarten, der von den Schülern betreut wird. Die Unterrichtsangebote erscheinen den Grundschülern angemessen und ausreichend.

Lernumgebungen und Sitzordnungen

Die Schüler finden in ihrer Schule kindgemäße Lernumgebungen vor. Die Ausstattung entspricht in fast allen Klassenzimmern schulpädagogischen Empfehlungen nach dem heutigen Standard:

- große Tafelflächen, Arbeitsflächen, Merkflächen, Haftelemente,
- große Korktafeln zum Anheften von Schülerarbeiten, Collagen, Fotografien von besonderen Ereignissen, Fotografien der Schüler, Geburtstagskalendern,
- Regale für die Klassenbücherei, für Lernmaterial, Spiele und Lernkarteien,
- Landkarte, Globus,
- Sitz-, Lese-, Arbeits- und Bastelecke,
- Ablagefächer für jeden Schüler,
- verschiedene Gefäße zum Müll sortieren,
- zahlreiche Grünpflanzen und die »frühjahrstypischen« Keimversuche,
- Klassenschrank u.a.m.

Die Schüler tauchen morgens in ihre Lernumgebung ein und wenden sich selbstständig einer Arbeit zu. Deshalb ist die Atmosphäre bei Schulbeginn zumeist ruhig und entspannt. Offene Unterrichtskonzeptionen – wie Freiarbeit, Stationenarbeit, Lerntheke – werden teilweise praktiziert. So findet meist der erstrebenswerte Wechsel zwischen einem strukturierten lernzielorientierten Unterricht und einer offeneren Unterrichtskonzeption statt, eine Rhythmisierung des Lernens, die den Schülern entgegenkommt.

Die Sitzordnungen sind meist kommunikationsfreundlich – Kleingruppen, offenes Hufeisen, Sitzkreis. Im Raum einer 4. Klasse wurde eine frontale Sitzordnung gewählt, die demnächst wieder geändert wird – die pädagogische Begründung überzeugte. Da die Klassengrößen meist unter 20 liegen, bleibt auch Platz für Kreisgespräche, für den Morgenkreis, für Rollenspiele etc. – In einem Klassenzimmer ist ein großer Teppich ausgelegt, in anderen befinden sich Filzplatten für Bewegungs-, Stille- und Entspannungsübungen.

Konfliktregelung

In mehreren Räumen gibt es mit den Schülern erarbeitete Verhaltensposter. Auf einem Poster steht z.B.:

- Wir rennen nicht im Klassenraum und auf dem Flur
- Wir halten unser Klassenzimmer sauber
- Wir machen immer die Hausaufgaben
- Wir versuchen, Streit fair zu schlichten
- Wir halten uns an die Gesprächsregeln

Auf einem anderen:

- Wir flüstern bei der Gruppenarbeit
- Wir halten die Gesprächsregeln ein
- Wir verhalten uns kameradschaftlich
- Wir passen im Unterricht auf
- Wir halten die Spielecke in Ordnung
- Wir stellen die Bücher wieder ins Regal

Der Umgang zwischen den Lehrkräften und den Schülern, aber auch zwischen den Schülern war – den Beobachtungen zufolge – verständnisvoll. Ein »Benimm-Unterricht« erscheint überflüssig. Die Lehrerinnen achten ohnehin auf angemessene Umgangsformen. Konfliktträchtige Ereignisse werden sofort aufgegriffen und geregelt. – Demnächst wird vom Förderkreis »Faustlos« angeschafft, ein Curriculum zur Prävention von aggressivem und gewaltbereitem Verhalten bei Kindern der Klassen 1–3 (Cierpka 2002/03). Das Programm soll impulsives und aggressives Verhalten der Schüler vermindern und ihre soziale Kompetenz erhöhen.

Unterrichtsorganisation und allgemeine Anmerkungen zum Unterricht

Der Unterricht im 45-Minuten-Takt ist abgeschafft. Der Unterricht beginnt um 8.00 Uhr und ist bis 13.00 Uhr in drei Blöcke gegliedert. Da er überwiegend von Klassenlehrerinnen erteilt wird, bleibt die Kontinuität des Lehrens und Lernens gewahrt. Auf diese Weise können auch anspruchsvollere Unterrichtskonzeptionen und Methoden praktiziert werden. Die Lernhaltung der Schüler ist bemerkenswert gut. Häufig werden sie durch vereinbarte Signale (Triangel) zur Konzentration angehalten. Die Schüler bemühen sich, auf vereinbarte Gesprächsregeln zu achten, einander zuzuhören und sich zu melden. In allen neun Unterrichtsstunden wurden die Prozesse schülergemäß, anschaulich und abwechslungsreich gestaltet. Einerseits war man darauf bedacht, die Schüler auf die jeweilige Sache hin zu konzentrieren, andererseits bemüht, ihnen jene Freiräume zu gewähren, die kreatives Verhalten ermöglichen. – Nicht zu beobachten war in den wenigen Stunden ein Problemorientierter Unterricht.

Beobachtungen zu den Lernleistungen auf verschiedenen Gebieten

Fundierte Aussagen über den Leistungsstand der Schüler auf verschiedenen Gebieten lassen sich nicht treffen. Hierzu war die Beobachtungszeit zu kurz, und es wurden auch keine Schulleistungstests eingesetzt. Die Erstklässler zeigten dem Beurteiler voller Stolz, dass sie schon schreiben können. Die Zweitklässler lasen selbst verfasste Wochenendgeschichten vor (echter Schreibanlass) und berichteten, was sie so alles über die Luft wissen (sehr viel). Drittklässler arbeiteten im Computerraum mit dem Programm »Fit in Mathe«, 3. Grundschuljahr. Die Viertklässler rechneten Preise für eine Busfahrt aus, bemühten sich um die Einsicht, dass weniger Fahrgäste mehr bezahlen müssen. Der Unterricht wurde in einem konvergierenden Gespräch realisiert, nicht problemorientiert gesteuert.

Kernzeitbetreuung
Die Kernzeitbetreuung (7.30–8.30 Uhr, 12.15–13.30 bzw. 15.00 Uhr) wird von einem Elternverein organisiert, aber nur von wenigen Schülern (etwa 12) genutzt. Die Schüler speisen gemeinsam, spielen und erledigen die Hausaufgaben. Das Essen wird aus einem Hotel angeliefert. Es sind 3 bzw. 8 Euro für die Mahlzeit und Betreuung zu entrichten.

Schulleben
Immer wiederkehrende Aktivitäten im Sinn einer Schultradition sind die Einschulungsfeier, der Martinszug, der Sommertagszug, eine Buchwoche, ein Malwettbewerb, ein Indianerfest, ein Wahrnehmungsfest, ein Sportfest mit gesundem Frühstück und Völkerballpokal. Alle zwei Jahre beteiligt sich die Schule an einer öffentlichen Weihnachtsfeier und an einem Weihnachtsmarkt. – Im letzten Jahr wurde vom Pfarrer ein Singspiel eingeübt und in der Kirche aufgeführt. Diese Aktivitäten erscheinen schülergemäß und ausreichend.

Förderkreis
Seit 1962 besteht ein Förderkreis mit dem Vereinsziel, die Schule ideell und materiell zu unterstützen, die räumlichen Verhältnisse zu verbessern, Lehr- und Lernmittel zu beschaffen und die verschiedenen Aktivitäten des Schullebens zu begleiten. Der Verein hat ca. 90 Mitglieder, sein Jahresetat beträgt zwischen 2.000 und 3.000 Euro. In letzter Zeit engagierte sich der Förderkreis bei der Anschaffung von Korktafeln und Ablagefächern, der Beschaffung eines Brennofens, des Trainingsprogramms »Faustlos« sowie bei der Kostenübernahme für die Theater-AG.

Lehrerfortbildung
Die Lehrerinnen haben in letzter Zeit verschiedene Fortbildungskurse besucht, um die Englischkenntnisse aufzufrischen. Englischunterricht ist in Baden-Württemberg seit 2003 für das 1. Schuljahr verpflichtend. Je nach Vorbildung besuchten die Kolleginnen Sprach- oder Methodenkurse. An Pädagogischen Tagen wurden die Vorgaben aus dem neuen Bildungsplan 2004 erörtert, die Schule aufgeräumt, ein Erste-Hilfe-Kurs absolviert und ein Elternsprechzimmer eingerichtet.

Zusammenfassung und Beratung

An der Grundschule wird von allen Beteiligten – Lehrkräften, Schülern und Eltern – sehr gute bis gute Arbeit geleistet. Besonders hervorzuheben sind die positive Schulatmosphäre, das Lern- und Arbeitsklima, die schülergemäßen Lernumgebungen und die ansprechenden Lehr-Lernleistungen. Bemerkenswert ist auch das Engagement der Eltern bei der Verbesserung der Ausstattung und bei der Kernzeitbetreuung.

Keine Schule ist perfekt, also macht der Berater einige Vorschläge

Unterrichtszeiten

Besonders in den Wintermonaten könnte man den Unterrichtsbeginn auf 8.30 Uhr verschieben. Das würde nicht nur Eltern und Schülern, sondern auch den auswärtigen Lehrkräften entgegenkommen, die im Odenwald bei Dunkelheit auf eisglatten Straßen anfahren müssen.

Kernzeitbetreuung

Die Kernzeitbetreuung sollte von den ausgebildeten Lehrkräften unterstützt werden, indem z.B. alle 14 Tage ein Lehrer gemeinsam mit einem Unterstützungslehrer die Schüler bis 15.00 Uhr betreut. Zu diesem Punkt lässt sich Folgendes anmerken: Eine Deputatsstunde kostet im Grund- und Hauptschulbereich 2.000 Euro im Jahr. Würde man nur zwei Deputatsstunden mit 4.000 Euro in ein geringfügiges Beschäftigungsverhältnis umwandeln (400 Euro monatlich), könnte ein »Unterstützungslehrer« engagiert werden, der wöchentlich 100 Euro verdient und dafür dreimal in der Woche zwischen 13.00 und 15.00 Uhr den Schülern beim Lernen hilft.

Ein anderes Finanzierungsmodell wäre denkbar, indem Elternverein und Förderkreis ihre Ressourcen bündeln und den Unterstützungslehrer finanzieren oder mit finanzieren. – Auf diese Weise könnte die Schule ihr Profil stärken.

Schülerbücherei

Die Schülerbücherei ist mit der Gemeindebücherei in das Rathaus ausgelagert. Eine Schülerbücherei gehört zwar in die Schule, doch fehlt es an einem geeigneten Raum. Über den endgültigen Verbleib muss noch entschieden werden. – In den einzelnen Klassen gibt es Klassenbüchereien.

Klassenzimmer

Viele Klassenzimmer müssten dringend renoviert werden. Die Gemeinde hat, wie fast überall im Land, kein Geld. Denkbar wäre ein »Malerwochenende«. Unter der Anleitung eines örtlichen Malermeisters könnten sich Eltern in Kleingruppen zusammenfinden und an einem Wochenende die Klassenzimmer streichen. Das Streichen nur eines Klassenzimmers erscheint weniger sinnvoll, weil dann Neidgefühle entstehen. Vielmehr sollte man nach dem Grundsatz handeln: Nicht kleckern, sondern klotzen! – Das Geld für die Farben könnten Gemeinde und Förderverein zur Verfügung stellen.

Overheadprojektoren
Es gibt nur zwei fahrbare Overheadprojektoren. Die Anschaffung weiterer Projektoren für möglichst jedes Klassenzimmer erscheint geboten, um den Medieneinsatz, die Präsentations- und Auswertungsphasen optimieren zu können.

Lehrerfortbildung
Die Aktivitäten des Kollegiums an den Pädagogischen Tagen waren sinnvoll und notwendig. Mögliche weiterführende Themen könnten z.B. sein:

- Problemorientierter Unterricht in der Grundschule.
- Lehrer und Schüler werden Streitschlichter.
- Differenzieren und individualisieren.

Schulorganisation
Mittelfristig könnte die Schule zu einer Differenzierenden Leistungsschule ausgebaut werden. Es ist nicht nachvollziehbar, dass schon die 10-Jährigen zu Fahrschülern werden müssen. Stattdessen könnte man die Schüler für weitere zwei Jahre in der Gemeinde zur Schule gehen lassen, die Schule als sechsjährige Grundschule führen, verstärkt Englischunterricht – und bei entsprechender Nachfrage auch einen Lateinkurs – anbieten, um sie dann erst mit zwölf oder dreizehn Jahren auf die Reise zu schicken. Das Erfolgsmodell Grundschule könnte so bei abnehmenden Schülerzahlen um zwei Jahre verlängert werden.

19. Im Team arbeiten

Das Wort »Teamarbeit« ist leider an vielen Schulen in der Bundesrepublik Deutschland unbekannt, obgleich es in den 70er-Jahren zahlreiche Publikationen zum »Teamteaching« gab, die aber leider in Vergessenheit geraten sind (Brandt/Liebau 1978; Brinkmann 1973; Dechert 1972; Winkel 1974). Deshalb ist es an der Zeit, das Thema aufzugreifen und zu prüfen, welche Gedanken und Vorschläge nützlich sein können.

Lehrer sind »Einzelkämpfer«

An vielen größeren weiterführenden Schulen gibt es zwischen den Lehrerinnen und Lehrern kaum schülerdienliche Kommunikation und selten zielgerichtete Kooperation. Die Lehrer sind nach wie vor »Einzelkämpfer«, bemüht, in möglichst kurzer Zeit ihr Lehrdeputat abzuarbeiten. Vor den Unterrichtsstunden raffen sie schnell noch die benötigten Medien zusammen und hetzen von Lerngruppe zu Lerngruppe, von Klassenzimmer zu Klassenzimmer, im Extremfall sechsmal am Vormittag. Hektik und Stress sind die Folgen. In der großen Pause finden sich die Einzelkämpfer, an größeren Schulen weit über 50, in einem Bereitstellungsraum zusammen. Dem latent vorhandenen Sympathiegefüge entsprechend, bilden sie kleine informelle Gruppen, trinken Kaffee oder »lassen Dampf ab«, wie es im Jargon heißt, beklagen sich über unbotmäßige Schüler oder unwillige Lerngruppen, die sie wieder einmal beim Lehren gestört haben. Einige Lehrer sondern sich ab, sitzen erschöpft in einer Ecke oder suchen das Raucherzimmer auf. Für alle ist die Große Pause viel zu kurz, denn sie dauert ja – die Rüst- und Verkehrszeiten abgerechnet – ohnehin nur zwanzig Minuten. In dieser Zeit kann man sich nicht wirklich erholen, kein gutes Gespräch führen und auch nicht über pädagogische Maßnahmen nachdenken. Unter Zeit- und Handlungsdruck gibt man sich fragwürdige Ratschläge zur Disziplinierung einzelner Problemschüler oder ganzer Gruppen, bleibt oft noch ein paar Minuten sitzen – denn die Pause war ja viel zu kurz –, während die Schüler in den Klassenzimmern toben. Und dann beginnt die Hektik erneut, schnell noch ein Arbeitsblatt kopieren, Material zusammensuchen, neuer Raum, neue Lerngruppe usw. – Um 13.00 Uhr ist man froh, wenn das Treiben ein Ende hat und man der Schule entrinnen kann.

Die Konferenz als »Vorlesung«

Konferenzen mit mehr als zwölf Lehrkräften sind äußerst fragwürdig. Die Schulleitung praktiziert fast immer die Einweg-Kommunikation, was auf Grund der vielen Personen auch nicht anders möglich ist. Der Schulleiter trägt vor, und das Kollegium hört zu oder schaltet ab. Natürlich werden jene Punkte angesprochen, die aus der Sicht der Schulleitung bedeutsam sind. Oft sind es Formalitäten, Erlasse, Verordnungen, Verfügungen, die eigentlich auch nachgelesen werden könnten, die aber erfahrungsgemäß selten zur Kenntnis genommen werden. Deshalb werden Punkte zur Sprache gebracht, die der eigenen rechtlichen Absicherung dienen. Wenige Lehrer melden sich zu Wort, einige missbrauchen die kostbare Konferenzzeit zur Selbstdarstellung. Wird dann zufällig ein Punkt angesprochen, der alle unmittelbar betrifft, reden plötzlich alle durcheinander, und man verhält sich wie eine Schulklasse, in der auch zeitweise das Chaos ausbricht. Diese Turbulenzen sind verständlich, eigentlich vorhersehbar, da ja jeder etwas sagen möchte, aber die Konferenzleitung schon auf Grund der großen Personenzahl dem natürlichen Mitteilungsbedürfnis nicht entsprechen kann.

Der Gymnasiast – ein einsames Wesen

An den großen weiterführenden Schulen fühlen sich die Schüler in ähnlicher Weise wie die Lehrer vereinzelt, als Mensch in der Menge. Um der völligen Anonymität zu entgehen, bilden auch sie kleine informelle Gruppen, um die Pausen auf ihre Art zu gestalten, um Schulwege gemeinsam zurückzulegen oder um den Unterricht zu stören, damit möglichst viel Zeit folgenlos verstreicht. Von vielen Lehrern werden sie kaum oder gar nicht als Personen wahrgenommen. Eine 16-jährige Gymnasiastin äußerte sich entrüstet über ihre Physiklehrerin: »Nach einem halben Jahr kannte die nicht mal meinen Namen!« Und ein anderer beklagte sich: »Die ziehen ihren Stoff einfach durch, denen ist es ganz egal, was wir für Probleme haben.«[1]

An Sonder-, Grund-, Haupt- und Realschulen, an denen Klassenlehrer fächerübergreifend epochal unterrichten, sieht die Situation besser aus. Die Lehrer kennen die Schüler recht gut, wissen um deren Lernvoraussetzungen und Lernmöglichkeiten, können Differenzierungsmaßnahmen auf die einzelnen Schüler abstimmen und die Schüler pädagogisch betreuen. – Fachgespräche zwischen Kollegen über didaktische, methodische oder pädagogische Fragen und Probleme finden allerdings auch an kleineren Schulen selten statt. Dies ist für engagierte Junglehrer besonders frustrierend, da sie selbstverständlich davon ausgegangen waren, dass man sich im Kollegium pädagogisch und fachlich austauschen werde. Es dauert dann geraume Zeit, bis auch sie sich mit der Rolle des »Einzelkämpfers« abgefunden haben.

Teamarbeit braucht Zeit und Raum

Damit Teamarbeit gelingen kann, bedarf es einiger Voraussetzungen:

- einer überschaubaren Gruppe, damit jeder zu Wort kommen kann,
- Zeit für Gespräche und
- der Bereitschaft, Vereinbarungen einzuhalten und Gesprächsregeln zu akzeptieren.

Sind diese Voraussetzungen nicht gegeben, ist Teamarbeit nur unter großem Zeitverlust oder gar nicht mehr möglich. Eine wünschenswerte, aber nicht unbedingt notwendige Voraussetzung sind gute äußere Bedingungen.

Überschaubare Gruppen lassen sich in jeder noch so großen Institution bilden. Ein System von 900 Schülern und 80 Lehrerinnen lässt sich jederzeit in neun Subsysteme – nennen wir sie »Pädagogische Einheiten« – mit jeweils 100 Schülern oder vier Parallelklassen untergliedern. Jene Lehrer, die in diesen vier Lerngruppen unterrichten, finden sich in einem Team zusammen, das etwa neun Personen umfasst. Die Pädagogischen Einheiten sollten je nach Profil der Schule und Alter der Schüler mit einem Oberbegriff bezeichnet und die einzelnen Klassen mit Namen belegt werden. So könnte z.B. eine Schule mit einem neusprachlichen Schwerpunkt die Pädagogische Einheit der »Dichter« bilden und die vier Parallelklassen Hölderlin, Mörike, Schiller und Uhland nennen. Oder eine Schule mit einem naturwissenschaftlichen Schwerpunkt könnte die Pädagogische Einheit der »Forscher« bilden mit den Klassen Bunsen, Einstein, Kirchhoff und Max Planck. Jede Pädagogische Einheit ist nach Möglichkeit räumlich zusammenzulegen, also einem Flur oder Stockwerk zuzuordnen. Und jede Einheit sowie jedes Klassenzimmer ist unübersehbar zu kennzeich-

1 Die Beziehungslosigkeit an weiterführenden Schulen wird allgemein beklagt, wenn Lehrer nur die von ihnen studierten Fächer unterrichten und sich nicht um die Schüler kümmern.

nen, als Einheit der Dichter, als Hölderlin-Klasse etc. In diesem Areal sind im Flur Tafeln und Vitrinen für Schülerarbeiten sowie ein Kasten für Bekanntmachungen zu etablieren. Wünschenswert ist ein Arbeits- und Besprechungsraum für jedes Pädagogische Team. Wo dies nicht möglich ist, lassen sich Übergangslösungen finden, lässt sich z.B. ein größerer Raum durch spanische Wände in sechs Beratungszimmer umwandeln. Oder es kann in einem Klassenzimmer eine Beratungsecke eingerichtet werden.

Um Zeit für Gespräche zu finden, muss der Unterricht anders organisiert werden. Hierzu ist die Einrichtung Differenzierender Leistungsschulen notwendig, in der sich die Unterrichtszeiten nach dem Lernvermögen der Schüler und nicht nach den Wünschen der Lehrkräfte und nach lieb gewordenen Traditionen richten. Eine Differenzierende Leistungsschule wird als Ganztagsschule geführt. Nach dem ersten Unterrichtsblock gibt es eine Große Pause von 45 Minuten. In ihr bleibt genügend Zeit zur Erholung, für Gespräche im Pädagogischen Team, die keinen Handlungsaufschub dulden und zur Vorbereitung auf den zweiten Block. In der einstündigen Mittagspause können je nach Bedarf Teamsitzungen stattfinden, in denen es u.a. um folgende Themen geht:

- um *organisatorische Fragen,* die mit dem Stundenplan zusammenhängen, damit möglichst kein Unterricht ausfällt und der Einsatz von Unterstützungslehrern, Referendaren oder anderen Fachkräften geregelt werden kann,
- um *inhaltliche Fragen,* um das Abstimmen einzelner Lerninhalte im Rahmen von Unterrichtseinheiten, um Zielsetzungen auf verschiedenen Kompetenzstufen, um Absprachen zwischen Fachlehrern bezüglich des Fächerverbindenden Unterrichts und um das fakultative Unterrichtsangebot,
- sind *methodische Überlegungen* anzustellen, muss über Differenzierungsmaßnahmen beraten und entschieden werden, über Stütz- und Fördermaßnahmen, über Formen der Freiarbeit, über Lerngänge, Projekte und Vorhaben,
- dann wird es immer wieder um *Disziplinschwierigkeiten* gehen, um die für das Lehren und Lernen in Gruppen erforderliche soziale Ordnung, um eine tragende Schul- und Klassenordnung, die gemeinsam mit den Schülern beraten und verabschiedet wird, um Maßnahmen der Konfliktprävention, der Intervention und der Konfliktanalyse und um die Kooperation mit Eltern, Sozialpädagoginnen und Psychologinnen,
- hat man sich mit Fragen der *Finanzierung und Ausstattung* zu befassen, mit der Raumausstattung, der Anschaffung von Medien und Lernmaterialien, der Finanzierung bestimmter Projekte und Vorhaben,
- ist über die *Aktivitäten des Schullebens* zu beraten, über Wandertage, Sportveranstaltungen, Landschulheim-Aufenthalte, Skifreizeiten, Feste und Feiern und
- schließlich sind *Gespräche über Innovationen* zu führen, so z.B. über die Abschaffung von Einzelstunden und der Übergang zum Blockunterricht, über die Umwandlung der Halbtagsschule in eine offene Ganztagsschule, über die Schulung und Mitarbeit von Unterstützungslehrern, über die Reduzierung der Fächer in

den Stundenplänen durch Einführung des Epochenunterrichts, über die Gestaltung von Lernumgebungen, über den Unterricht mit Computern, über neue Unterrichtskonzeptionen, über den Besuch von Fortbildungsveranstaltungen, die Gestaltung pädagogischer Tage u.a.m.

Mit diesen sieben Themen – die sich mit organisatorischen, didaktischen, methodischen und sozialen Fragen befassen, mit Fragen der Finanzierung, des Schullebens und mit möglichen Innovationen – sind wohl die wichtigsten Themen genannt. Doch kann es sich nicht um einen vollständigen Themenkatalog handeln, weil nicht vorhersehbare schulische oder gesellschaftliche Ereignisse die Tagesordnungen ändern werden.

Das Team braucht eine Stimme

Um die Gespräche effektiv zu gestalten, bedarf es eines auf Zeit gewählten Gruppenleiters. Dieser sammelt die Anliegen der Schülerinnen und Schüler, der Kolleginnen und Kollegen und bringt diese in die Gesprächsrunde ein. Außerdem kooperiert er mit der Schulleitung und begründet die Vorstellungen und Entscheidungen des Pädagogischen Teams in der Schulkonferenz. Gesamtlehrer-Konferenzen mit den eingangs beschriebenen Nachteilen sind nun überflüssig. Allenfalls benötigt man sie zur Verabschiedung einer neuen Schulverfassung oder zur Wahl einer neuen Schulleitung. Letztere kooperiert nicht mit 90 »Einzelkämpfern«, sondern nur noch mit einer überschaubaren Anzahl von Gruppensprechern, welche ihre Pädagogische Einheit vertreten. Wünsche und Interessen sind vorgeklärt, Anliegen wurden von den unmittelbar beteiligten Personen beraten und können deshalb entscheidungsreif vorgetragen werden.

Teamfähigkeit ist Übungssache

Effektive Arbeit setzt die Gesprächsfähigkeit möglichst aller Teammitglieder voraus. Dazu gehört die Fähigkeit, einander zuzuhören, nachzufragen, präzisieren zu lassen, die Beiträge aufzugreifen und weiterzuführen, aber auch die Fähigkeit, sich auf das eingebrachte Thema zu konzentrieren und Kompromisse zu akzeptieren, um in der begrenzt zur Verfügung stehenden Zeit zu einem akzeptablen Ergebnis zu gelangen. Die Grundregeln der Themenzentrierten Interaktion können für die Teamarbeit hilfreich sein (Cohn 1975). – Da Lehrer bis heute überwiegend als »Einzelkämpfer« tätig waren, muss ihre Teamfähigkeit meist noch entwickelt werden. Deshalb ist mit erheblichen Schwierigkeiten zu rechnen, bis es allen Teammitgliedern gelingt, die erforderliche Gesprächsdisziplin einzuhalten, die gebotene pädagogische Distanz zu wahren, von der eigenen emotionalen Betroffenheit zu abstrahieren, sich zurückzunehmen und sich auf das jeweils anstehende Thema zu konzentrieren. Die Zusammenarbeit im Team muss geübt werden. Und eine gelungene Teamarbeit liegt im Interesse aller Beteiligten, vor allem im Interesse der Schülerinnen und Schüler, um die es ja in erster Linie gehen sollte.

An dieser Stelle wird vermutlich der Einwand kommen, für diese Art der Kommunikation und Kooperation werde viel Zeit benötigt, und Zeit sei schließlich Geld, das für andere Aktivitäten nicht mehr zur Verfügung stehe, und deshalb sei ein solches Kooperationsmodell nicht finanzierbar. Dieser Einwand trägt allerdings nicht, denn wenn wenige Wochenstunden in Teamarbeit investiert werden, kommt dies allen Beteiligten zugute. Die Beratungen im Pädagogischen Team und die gemeinsam getroffenen Entscheidungen führen zu einem höheren Grad an emotionaler Sicherheit, zu weniger Hektik und Stress, zu mehr Solidarität und zu einer größeren Berufszufriedenheit.

Keine Angst vor Unterstützungslehrern

Im Pädagogischen Team wird es vermutlich bei der Zusammenarbeit mit Unterstützungslehrern anfangs zu Schwierigkeiten kommen. Viele Lehrer vertreten die Auffassung, dass nur sie auf Grund ihrer professionellen Qualifikationen und Kompetenzen in der Lage seien, den Schülern beim Lernen zu helfen. Schließlich haben sie jahrelang studiert, ein Referendariat absolviert und viele Prüfungen bestanden. Und nun sollen interessierte Laien Lehrfunktionen übernehmen? Das kann doch nicht gut gehen! – Allerdings ist auch nicht daran gedacht, interessierten und engagierten Laien alle Aufgaben zu übertragen, die von voll ausgebildeten Lehrkräften wahrgenommen werden. Sondern ihre Mitarbeit wird sich überwiegend auf Übungsstunden und auf die Mithilfe bei Differenzierungsmaßnahmen beschränken, auf Tätigkeiten unter Anleitung eines ausgebildeten Lehrers. Schließlich wird an vielen ausländischen Schulen seit Jahrzehnten erfolgreich mit »assistant teachers« zusammengearbeitet.

Laien, welche die Aufgaben von Unterstützungslehrern wahrnehmen möchten, sind je nach Bedarf, Vorkenntnissen und Vorerfahrungen im Beobachten, Zuhören und Erteilen von Lernhilfen zu schulen (Becker 1998). Wer das Buch »Hausaufgaben. Helfen aber wie?« durcharbeitet, dürfte hinreichend gerüstet sein (Kohler 2002). Zu der Frage nach den Lehrqualifikationen interessierter Laien gibt es übrigens eine empirische Untersuchung von James Popham (1971). Er verglich die Lehr-Lernleistungen von staatlich geprüften, staatlich anerkannten und erfahrenen Lehrern mit jenen von Nicht-Lehrern. 28 Berufsschullehrer der Mechanik traten mit Kfz-Mechanikern in Konkurrenz, 16 Berufsschullehrer der Elektronik mit Technikern und 13 Sozialkundelehrer konkurrierten mit College-Studenten. Auf der Vor- und Nachtestbasis unterrichteten Lehrer und Nicht-Lehrer in vergleichbaren Lerngruppen in zehn Unterrichtsstunden die gleichen Inhalte und Ziele. Allerdings blieben während dieser Versuchszeiten die planmäßigen Lehrer bei den Nicht-Lehrern in den Klassenzimmern, hatten aber Anweisung, ihnen keine methodischen Hinweise zu geben. Ein Vergleich der Lernergebnisse jener Schüler, die von Lehrern bzw. Laien unterrichtet worden waren, erbrachte keine signifikanten Unterschiede. Empirische Studien, die spektakuläre Ergebnisse ausweisen, ziehen unweigerlich Nach-Untersuchungen nach sich, die zu gegenteiligen Ergebnissen kommen. So konnte auch in diesem Fall P. Brown Clarridge (1990) nachweisen, dass Laien im Vergleich zu ausgebildeten Lehrern Schüler nicht so gut zum Lernen anhalten, ihnen weniger zutreffende Hinweise zum Lernvorgang geben, die Lernleistungen weniger gut einschätzen können und auch Sachinformationen nicht so gut übermitteln. Dieser Untersuchung zufolge war die Ausbildung zum Lehrer doch nicht umsonst. – Wie dies bei empirischen Untersuchungen stets der Fall ist, lassen sich zwar viele methodische Einwände erheben, doch die Ergebnisse der Popham-Studie stimmen zumindest nachdenklich, indem sie einmal mehr die Frage aufwerfen: Was unterscheidet einen Lehrer von einem Nicht-Lehrer?

20. Die Eltern einbeziehen

Das Verhältnis zwischen Schule und Elternhaus, Lehrerinnen, Lehrern und Erziehungsberechtigten, ist in den *skandinavischen und angelsächsischen Ländern* zumeist enger und besser als in Deutschland. Die Eltern sind fast immer bereit, etwas für die Schule zu tun und die Lehrer bei ihrer Arbeit zu unterstützen. Schließlich ist es *ihre* Schule, welche die Zukunft der Kinder stark beeinflusst. Wer z.B. über besondere handwerkliche Fähigkeiten verfügt, geht nebenberuflich in die Schule, um mit den Jugendlichen zu weben oder zu tischlern. Selbstverständlich nimmt man an schulischen Veranstaltungen teil. Auch wird der Lehrer gefragt, ob man ihm bei der Förderung behinderter oder leistungsschwacher Schüler helfen könne. Die Teilnahme am Unterricht und die aktive Mitarbeit, falls von dem Lehrer erwünscht, ist jederzeit möglich. Und wenn Eltern mit ihren Kindern Erziehungsprobleme haben oder sich schulische Probleme abzeichnen, gehen sie zu dem Lehrer und beraten, was man gemeinsam tun könnte. In Finnland z.B. suchen die Eltern gerne den Rat des Lehrers, weil sie von dessen Kompetenz überzeugt sind und in der Gesellschaft die Meinung vorherrscht: Die Lehrer sind unsere Elite! – Und in Russland gibt es den »Tag des Lehrers«, an dem die Schüler kleine Geschenke überreichen und den Lehrern für ihre Arbeit danken. –

Allerdings haben Schüler und Eltern in diesen Ländern auch allen Grund, den Lehrern dankbar zu sein. Denn das Lernen findet tatsächlich in der Schule statt, und die Eltern müssen sich selten mit den Hausaufgaben der Kinder befassen. Bis zum sechsten Schuljahr gibt es keine Noten, sondern differenzierte Hinweise und Berichte zur Lernentwicklung und zum Leistungsstand. Auf diese Weise entfällt die in Deutschland übliche Angst der Schüler vor Klassenarbeiten und bestimmten Lehrern, die immer mit schlechten Noten drohen. Zeichnen sich deutliche Leistungsdefizite ab, denkt man zunächst einmal über Fördermaßnahmen nach und setzt diese um. In seltenen Fällen wird gemeinsam über den Verbleib in einer bestimmten Jahrgangsstufe entschieden. Das Sitzenbleiben, wie es in Deutschland praktiziert wird, ist unbekannt. Insgesamt ist das Verhältnis zwischen Schule und Elternhaus durch eine Verhandlungskultur geprägt.

Ganz anders in Deutschland

Lehrer und Eltern stehen sich zumeist abwartend, zurückhaltend, misstrauisch und manchmal sogar feindlich gegenüber. Die Eltern erhoffen sich für ihr Kind eine steile Schulkarriere möglichst im Gymnasium. Bringt es schlechte Noten nach Hause und nimmt der Ärger mit den Hausaufgaben zu, wird ein Nachhilfelehrer gesucht. Das Sitzenbleiben wird in der Mittel- und Oberschicht toleriert, weil schließlich Churchill, Bismarck und Einstein auch mal sitzen geblieben sein sollen. Nachdem die Schulzeit beendet ist, sind die Eltern erleichtert, doch bis zu diesem Zeitpunkt muss durchgehalten werden. Die Frage: »Geht es ihnen gut, oder haben sie auch ein Kind in der Schule?« – ist im Halbtagsschulsystem mit seiner unsinnigen Hausaufgaben-, Benotungs- und Versetzungspraxis durchaus berechtigt, weil auch die Lebensfreude der Eltern durch die Schule stark beeinträchtigt werden kann.

Das Image vieler Lehrer ist denkbar schlecht. Es fehlt ein strenges Auswahlverfahren für die Studienbewerber. Alle Eltern haben in der eigenen Schulzeit schlechte Erfahrungen mit inkompetenten oder ausgebrannten Lehrern gesammelt. In den Familien macht man sich über sie lustig, und abwertende Bemerkungen, welche die Autorität untergraben, sind an der Tagesordnung. Ein offenes Verhältnis zwischen Lehrern und Eltern, das im Interesse der Kinder liegen würde, ist eher die Ausnahme. Eltern halten sich zurück, üben selten Kritik, weil sie Nachteile für ihr eigenes Kind befürchten.

Eltern dürfen und müssen erziehen

Das ist auch gut so, wenn man an die Zeiten des Nationalsozialismus oder des real existierenden Sozialismus denkt, in denen der Staat das Recht für sich in Anspruch nahm, Kinder und Jugendliche zu erziehen. Natürlich haben Eltern in einem demokratischen Gesellschaftssystem das Recht, mit ihren Kindern zu leben, den Wohnort zu bestimmen, den Kindergarten und die Schule auszuwählen, die Freizeit und die Ferien zu gestalten, Verbote und Gebote auszusprechen, sofern sie ihr Kind gefährdet sehen. Sie haben die Pflicht, für den Unterhalt zu sorgen, für angemessene Wohnverhältnisse, gesunde Ernährung, kindgemäße Kleidung, ausreichende Bewegung, pädagogisch wertvolles Spielzeug, für Anregungen und für Sozialkontakte. Vor allem aber ist es Aufgabe der Eltern, zu ihren Kindern ein Vertrauensverhältnis aufzubauen und ihnen ein Gefühl der Geborgenheit zu vermitteln. Kinder brauchen eine Bezugsperson, an die sie sich wenden können, wenn soziale oder schulische Probleme zu bewältigen sind. Eltern sind als Gesprächspartner gefordert, aber auch ganz allgemein als Kommunikationspartner, um die Sprachentwicklung zu unterstützen und das Sprachvermögen zu fördern. Von Eltern wird schließlich noch ein vorbildliches Verhalten erwartet, an dem sich die Kinder orientieren können. – Es wird wohl kaum Eltern geben, die von sich behaupten können, alle hier genannten Pflichten immer voll zu erfüllen. Und deshalb begegnen Mütter und Väter den Lehrern auch mit Unsicherheit und Schuldgefühlen.

Schule und Elternhaus – zwei Welten

Es hat den Anschein, als würden zahlreiche Lehrer diese strikte Trennung von Schule und Elternhaus begrüßen. Wenn man als Lehrer die Familienverhältnisse der Schüler nicht kennt, braucht man sich auch nicht mit diesen zu befassen, nicht mit den Schülern zu denken und zu fühlen und einen Perspektivenwechsel vorzunehmen. Man braucht keine Rücksicht zu nehmen, wenn die Eltern arbeitslos sind oder sich scheiden lassen, die Mutter krank ist oder der Vater im Rollstuhl sitzt, beide Eltern abends arbeiten müssen, die behinderte Schwester im Heim untergebracht ist oder in der Familie ein Todesfall eintritt. Weitaus bequemer ist es, sich auf den Standpunkt zu stellen: Kinder sollen erzogen und lernbereit in die Schule kommen, ich unterrichte Latein! Ich schreibe die Noten in ein kleines rotes Büchlein, ein Blick hinein, und ich weiß, wie es um den Schüler steht. – Leider ist eine solche Einstellung und die mit ihr verbundene Beziehungslosigkeit an den weiterführenden Schulen die Regel. Unterrichten Lehrer ihr Fach an einer Halbtagsschule im 45-Minuten-Takt, haben sie auch keine Möglichkeit, die Schüler kennen zu lernen und eine förderliche Beziehung aufzubauen.

Es geht auch anders – an Privatschulen

Nun gibt es seit Jahrzehnten Bemühungen, das Verhältnis zwischen Schule und Elternhaus zu intensivieren, so z.B. an den Freien Waldorfschulen. Schulleitung und Lehrer fordern die Mitarbeit der Eltern in pädagogischen, wirtschaftlichen und juristischen Angelegenheiten. Und die Eltern sind ihrerseits zur Mitarbeit bereit, übernehmen Aufgaben im Vorstand, beraten in Finanzfragen und entscheiden mit über die Anstellung von Lehrern. Sie nehmen an den monatlich stattfindenden Elternabenden teil, bereiten mit dem Klassenlehrer in einem mehrtägigen Workshop das neue Schuljahr vor, bringen sich mit ihren Möglichkeiten ein, indem sie die Schule und den Unterricht mitfinanzieren und mitgestalten. Der Klassenlehrer kennt natürlich alle Eltern und die Lebensverhältnisse der Kinder. Hausbesuche sind selbstverständlich, so wie die Anwesenheit der Eltern in der Schule selbstverständlich ist. Die an öffentlichen Schulen üblichen Berührungsängste gibt es nicht. Lehrer, Eltern, Kinder und Schüler bilden Erziehungs- und Lerngemeinschaften.

Und die öffentliche Schule?

Ein solches Modell lässt sich nicht ohne weiteres auf das gesamte öffentliche Schulwesen übertragen. Es sind wohl Zweifel angebracht, ob die Gesamtheit der Eltern bereit und in der Lage wäre, sich in ähnlicher Weise einzubringen. Schließlich haben die Eltern, deren Kinder eine Waldorfschule besuchen, sich bewusst für das starke elterliche Engagement entschieden. Auf der anderen Seite kann der Mangel an Kooperation zwischen Schule und Elternhaus, wie er an öffentlichen Schulen üblich ist, nicht befriedigen. Die im Schulgesetz verordneten Elternabende mit der Wahl der Elternvertreter gleichen häufig einem sinnentleerten Ritual: »Elternabende gehören neben allem anderen auch zur großen deutschen Schule der Anpasserei und Liebedienerei, des allzu stillen Protests und des Leidens. Sie gleichen der zentrifugalen Maschine, genannt ›Gesellschaft‹, durch die man eben einfach hindurchmuss. Andere behaupten, so sei eben die Demokratie.«[1]

Ein Vorschlag

Denkbar wäre eine andere Art des Umgangs und der Zusammenarbeit, die an dieser Stelle nur skizziert werden kann und die den besonderen Verhältnissen anzupassen ist. Der Lehrer darf keinen Zweifel aufkommen lassen, dass er sich eine Mitarbeit der Eltern wünscht, ja diese im Interesse der Schüler unbedingt braucht. Und die Eltern müssen das Gefühl vermittelt bekommen, dass ihre Bereitschaft zur Zusammenarbeit im Interesse der Kinder notwendig ist.

Die Kontakte zwischen Schule und Elternhaus werden amtlich verordnet über Elternabende hergestellt. Damit dieser Abend sinnvoll genutzt werden kann, ist folgender Ablauf denkbar:

- Die Klassenlehrer stellt eine vorläufige Tagesordnung zusammen.
- Bei Schuljahrsbeginn lädt er die Eltern zum erstmöglichen Termin ein.
- Die Schüler schreiben für ihre Eltern Namensschilder.
- Tagesordnung und Namensschilder geben die Schüler acht Tage vor dem Elternabend zu Hause ab.
- Am Tag des Elternabends bereiten die Schüler einen geeigneten Raum vor. Die Sitzmöbel müssen für Erwachsene geeignet sein. Die Tische sind hufeisenförmig oder in Sitzgruppen angeordnet, sodass Gespräche zwischen den Eltern möglich sind.

Die Tagesordnung

darf keine Trivialitäten enthalten. Denkbar wären folgende Punkte:

1 Naumann, M.: An den Hebeln der Macht. *Die Zeit*, Nr. 5 vom 23.1.2003.

TOP 1	Begrüßung Elternsprechstunde, Telefonzeit, Anwesenheitsliste – es können nur Punkte besprochen werden, die alle Eltern und Schüler betreffen
TOP 2	Die Wahl der Elternvertreter vorbereiten, die in zwei Wochen stattfinden soll, möglichst mehrere Kandidaten benennen, selbstverständlich ist die Wahl geheim
TOP 3	Ausflug und mehrtägige Wanderung (Begleitpersonen)
TOP 4	Renovierung des Klassenzimmers (Gemeinde hat kein Geld, Farbe wird gestellt, Hilfe ist gefragt)
TOP 5	Regal für Materialien zur Freiarbeit (Material wird gestellt, Hilfe ist gefragt)
TOP 6	Leseecke – benötigt werden gut erhaltene Sitzmöbel
TOP 7	Klassenbücherei, Liste mit altersgemäßen Büchern, auch als Geburtstags- oder Weihnachtsgeschenk geeignet (jeder Schüler bringt ein Buch mit, das er zuvor liest und über das er berichtet)
TOP 8	Verschiedenes: Eltern fragen – Lehrer antwortet
TOP 9	Vorbereitung der Tagesordnung für das Treffen in zwei Wochen, Wahl der Elternvertreter, Realisierung der unter TOP 3–7 genannten Tagesordnungspunkte

Der Lehrer begründet die Punkte 2–7 und fordert die Eltern auf, sich über jene Aktivitäten zu unterhalten, an denen sie sich beteiligen möchten. Anschließend werden Fragen beantwortet, wird beraten, diskutiert, werden Aufgaben übernommen und Arbeitsgruppen gebildet.

Eltern, die nicht anwesend sein konnten, erhalten eine schriftliche Einladung zum nächsten Elternabend in zwei Wochen und zum Besuch der Elternsprechstunde. Auf keinen Fall darf bei den Eltern das Gefühl zurückbleiben, einen Abend in der Schule sinnlos vertan und unbequem abgesessen zu haben. Gespräche und Beratungen über einzelne Schüler sind in den Sprechstunden zu führen, um die Betroffenen zu schützen und den pädagogischen Takt zu wahren. Auch ist es denkbar, mit allen Eltern gegen Ende eines Beurteilungszeitraums für etwa eine Viertelstunde das Einzelgespräch zu suchen, um über den Lernfortschritt, über Stärken und Schwächen und über mögliche Fördermaßnahmen zu beraten.

Elternsprechstunde im Zeitraffer

Die Elternsprechstunden unterliegen ebenfalls der Kritik, weil Lehrer oft unter Zeitdruck stehen und für das Führen von Einzelgesprächen unzureichend geschult sind. Kommt eine Mutter oder ein Vater in die Sprechstunde, zückt der Lehrer oft unaufgefordert das kleine rote Büchlein, um die dort eingetragenen Noten vorzulesen. Viele Fachlehrer kennen ihre Schüler nur über die geschriebenen Klassenarbeiten und Noteneinträge. Sie unterrichten ihr Fach, nicht aber die Schüler und gehen selbstverständlich davon aus, dass es nur einen wichtigen Gesprächsanlass gibt, nämlich die elterliche Sorge um die Noten, um Lernschwierigkeiten in einem bestimmten Bereich, elterliche Erwartungen hinsichtlich des Übergangs auf eine weiterführende Schule, die Sorge um das Erreichen des Klassenziels.

Mehr zu besprechen als Noten

Dabei gibt es noch viele andere Gesprächspunkte, wie z.B. zu einfache oder zu schwierige Hausaufgaben, fehlerhafte Beurteilungen und Benotungen, massive Versagensängste (ein 12-jähriger Gymnasiast bekommt morgens regelmäßig Fieber, wenn eine Arbeit geschrieben werden soll), mangelnde Fachkompetenz (ein Lehrer erzählt den Schülern, Albinos seien die Einwohner von Albanien), fehlende Methodenkompetenz (die Mutter war selbst Lehrerin und beanstandet den »Buchunterricht«), Indoktrinationsversuche (die Schüler werden aufgefordert, nur noch selbst gebackenes Brot zu essen und das Brot vom örtlichen Bäcker zu verschmähen), fehlende Kontrolle des Sympathiegefüges (Eltern sind der Meinung, ihr Kind werde benachteiligt), der unreflektierte Einsatz von Disziplinierungstechniken (Strafarbeiten, Klassenbucheinträge, Nachsitzen), Konflikte zwischen Schülern, die dem Lehrer verborgen bleiben, den Eltern aber bekannt sind. Viele der Anliegen werden unberechtigt sein, andere hingegen durchaus berechtigt. Und deshalb erscheint es ratsam, wenn sich Lehrer zunächst einmal nach dem Anliegen erkundigen und zuhören.

Auch die Lehrer haben viele Gründe, das Gespräch mit den Eltern zu suchen, wenn z.B. ein Schüler ohne ersichtlichen Grund dem Unterricht fern bleibt, die Leistungen eines Schülers in einem Beurteilungszeitraum dramatisch abfallen, ein Schüler keine Hausaufgaben macht, die Eltern überhöhte Erwartungen hinsichtlich der Schullaufbahn haben, ein Schüler ständig den Unterricht stört, er nicht in der Lage ist, seine individuellen Bedürfnisse einzuschränken oder zurückzustellen, wenn vermutlich ein Aufmerksamkeits-Defizit-Syndrom (ADS) oder eine Teilleistungsstörung vorliegt oder wenn ein Schüler ständig die Aufmerksamkeit des Lehrers sucht, er ein stark abweichendes Verhalten zeigt, wenn sich Klagen der Mitschüler, Eltern und Kollegen häufen, weil ein Schüler seine Klassenkameraden peinigt und drangsaliert. Oder wenn Jugendamt oder die Polizei Auskünfte einholt, weil kriminelle Handlungen wie Einbruch, Diebstahl oder Drogenmissbrauch im Spiel sind. In vielen Fällen ist dann nicht nur die Kooperation mit den Eltern geboten, sondern auch die Zusammenarbeit mit der Schulleitung, mit Sozialarbeitern, Psychologen oder Ärzten.

Schüler am Gespräch beteiligen?

Die Frage, ob man den betroffenen Schüler an einem Gespräch beteiligen sollte, muss wohl von Fall zu Fall entschieden werden. Wer eine Beteiligung befürwortet, wird darauf hinweisen, dass es ja schließlich der Schüler sei, um den es gehe, und dass nicht *über* ihn, sondern *mit* ihm geredet werden sollte. Auf der anderen Seite gebieten es der Takt und die Verantwortung der Erwachsenen, Kinder und Jugendliche nicht an jedem Gespräch zu beteiligen. Kinderarmut, Verwahrlosung, Kindesmissbrauch, Gewaltdelikte oder eine existenzielle Krise, wie sie ein Suizidversuch darstellt, bedürfen zunächst eines Gesprächs unter Erwachsenen, um die Situation zu klären und Tatsachen von Vermutungen zu trennen. Ansonsten gilt der Grundsatz einer emanzipierenden Beteiligung, indem man die Schüler stets dann in Gespräche einbindet, wenn sie dazu einsichtsfähig genug sind.

Jugendliche, die sich von den Eltern lösen möchten, halten oft wenig davon, wenn ihre Eltern mit den Lehrern sprechen und sich in schulische Dinge einmischen. – Eine offene Frage stellt sich im Zusammenhang mit der Tragödie von Erfurt, dem Fall Robert Steinhäuser. [Zur Erinnerung: Im April 2002 erschoss der 19-jährige R. S. Mitschüler und Lehrer – insgesamt 16 Menschen – sowie sich selbst. In dem zu vermutenden Motivbündel scheinen auch fragwürdige Entscheidungen der Schule und vor allem auch absolute Sprachlosigkeit zwischen Schule und Elternhaus eine Rolle gespielt zu haben.] – Strittig ist, ob Schule und Elternhaus kooperieren dürfen, wenn Schüler volljährig sind, man ihnen das Recht zur Selbstbestimmung zuerkannt hat und die Pflicht, eigenverantwortlich zu entscheiden. Haben Lehrer und Eltern nicht auch eine Verantwortung für einen Schüler, der formaljuristisch betrachtet erwachsen ist? Verhalten sich viele 18-Jährige nicht oft wie 15-Jährige? Können Geburtsdatum und Altersgrenze Lehrer und Eltern von ihrer Verantwortung und Sorge für den jungen Menschen entbinden? Ist Anteilnahme gleichbedeutend mit Bevormundung und Entmündigung?

Auf den Rahmen kommt es an – und auf die Gesprächskompetenz

Für konstruktive Gespräche zwischen Lehrern und Eltern bedarf es günstiger Rahmenbedingungen. Ausgesprochen ungünstig sind große kahle Klassenzimmer. Wenn der Lehrer auf dem einzig bequemen Stuhl Platz nimmt und der besorgten Mutter das Kinderstühlchen anbietet, sind die Voraussetzungen für ein gutes Gespräch denkbar schlecht. Ein kleiner Besprechungsraum mit bequemen Sitzmöbeln und einem runden Tisch, der Gleichberechtigung zwischen den Gesprächsteilnehmern signalisiert, sorgen für eine angenehmere Gesprächsatmosphäre. Ist ein Lehrer in der Führung von Einzelgesprächen ausgebildet – was selbstverständlich sein sollte –, dann gleicht die Gesprächssituation zwischen ihm und den Eltern weitgehend jener Situation, wie sie aus der Gesprächspsychotherapie bekannt ist (Becker 1998, S. 222ff.). Allerdings gibt es einen bedeutsamen Unterschied zum therapeutischen Gespräch: Die Eltern kommen mit einem konkreten Anliegen in die Sprechstunde oder der Lehrer hat ein bestimmtes Anliegen, die Gesprächszeit ist begrenzt, und die Beteiligten erhoffen sich nach Ablauf des Gesprächs ein zumindest vorläufiges Ergebnis. Der Therapeut möchte den Klienten zur Einsicht in die eigenen Schwierigkeiten und Probleme führen, was sehr zeitaufwendig sein kann. In Anlehnung an die Variablen aus der Gesprächspsychotherapie wird der Lehrer zunächst einmal nach dem Anliegen der Eltern fragen oder das eigene Anliegen darstellen, dann aktiv zuhören und versuchen, das Anliegen aufzufassen und zu klären. Der Lehrer wird Interesse zeigen, nachfragen und Auskünfte präzisieren lassen, um schließlich nach Handlungsmöglichkeiten zu suchen, die hilfreich sein könnten. Oft wird das Gespräch mit einer Absichtserklärung oder einer Vereinbarung enden, die alle Beteiligten zufrieden stellt. Beharren Lehrer und Eltern auf unterschiedlichen Standpunkten, sollte die Kommunikation nicht abrupt abgebrochen, sondern eventuell ein weiterer Gesprächstermin vereinbart werden, um vielleicht später doch noch eine gemeinsame Lösung zu finden.

Das »Kreisgespräch«

Gespräche zwischen Lehrern, Eltern und Schülern über fragwürdiges Verhalten oder unzureichende Leistungen verlaufen oft unbefriedigend, weil wechselseitige Ursachen- und Schuldzuschreibungen vorgenommen werden. Der Lehrer glaubt, fehlende Begabung oder mangelnde Lernbereitschaft erkennen zu können. Die Eltern halten den Lehrer für voreingenommen oder inkompetent. Beide sprechen dies jedoch nicht offen aus. Der Schüler steht mit seinen schwachen Leistungen zwischen Anspruch und Wirklichkeit. Er würde ja gern den Erwartungen des Lehrers und der Eltern entsprechen, nur ist er nicht dazu in der Lage. Oft hat er schon resigniert und verfügt über ein geringes Selbstwertgefühl. Die Ursachen für schulisches Versagen können in einem solchen Gespräch selten geklärt werden. Der Schwarze Peter wird weitergereicht vom Lehrer zum Schüler, vom Schüler zum Lehrer, vom Lehrer zu den Eltern, von den Eltern zum Lehrer, vom Schüler zu den Eltern usf. Das Gespräch dreht sich oftmals im Kreis, ohne dass es die Beteiligten merken. Statt eines Gesprächs wäre eine differenzierte Lern- und Leistungsdiagnose angebracht, in deren Verlauf die Stärken, Schwächen und Lerndefizite sichtbar werden.

Ohne die Veränderung des Schulsystems, die Einführung Differenzierender Leistungsschulen, die von allen Schülern bis zum 9. Schuljahr besucht und als Ganztagsschulen geführt werden, ohne einen Übergang von Kurzstunden zu Blockstunden und zum Epochenunterricht, ohne die Abschaffung des geteilten Lehrens und Lernens, der unsinnigen Beurteilungspraxis und des abträglichen Notendenkens, wird sich das Verhältnis zwischen Schule und Elternhaus nicht grundlegend ändern. Das veraltete Schulsystem ist in vielen Bereichen – so auch bei Gesprächen zwischen Lehrern und Eltern – auf die Anordnungskultur angewiesen, da es sonst zusammenbrechen würde. Der Weg zu einer Verhandlungskultur ist noch weit.

Lehrerbildung – Lehrerleben

21. Eignungsprüfungen durchführen

Auf der Fachtagung zum Thema »Bildungsstandards« in der Evangelischen Akademie in Bad Boll im Dezember 2003 wurde von zahlreichen Referenten die Notwendigkeit betont, den Unterricht ergebnisorientiert oder outputorientiert zu gestalten. Doch ganz anders referierte Frau Pirjo Linnakylä von der Universität Jyväskylä in Finnland: »Wir vertrauen auf den Sachverstand unserer Lehrer, auf die hohe Qualität der Lehrerausbildung und die vielseitige Unterstützung der Schüler, damit sie die Standards erreichen.« Im Zentrum ihres Referats stand nicht der »Output«, sondern der »**Input**«. Wenn man die Studienbewerber hinsichtlich ihrer Eignung überprüft, das Studium berufsfeldzentriert gestaltet, Praktika in die Studiengänge integriert und moderne Unterrichtkonzeptionen verfolgt, die Prozesse individualisiert und häufig differenziert, ist das Erreichen hoher Standards selbstverständlich.

»Die Lehrer sind unsere Elite!«

Die Finnen meinen überwiegend: Die Lehrer sind unsere Elite! Klimatisch ist das Land benachteiligt, außerdem ist es dünn besiedelt, man ist auf gut ausgebildete junge Menschen angewiesen, braucht jeden, und deshalb sollten die Besten im Land Lehrer werden, damit das Land eine Zukunft hat.[1]

In Helsinki wird errechnet, wie viele Lehrerinnen und Lehrer voraussichtlich in vier Jahren benötigt werden. Wer den Beruf ergreifen möchte, meldet sich zu einer Eignungsprüfung. Erfahrungsgemäß gibt es viel mehr Bewerber als Studienplätze, sodass diejenigen ausgewählt werden können, die besonders geeignet erscheinen.

Die Auswahlkriterien sind:

- Berufsmotivation,
- positive Einstellung Schülern gegenüber,
- kognitive und kommunikative Fähigkeiten,
- Teamfähigkeit und
- körperliche Belastbarkeit.

1 Gespräch mit Prof. Vidar Hannus 1984 über die Eignung von Studienbewerbern. Damals fragte der finnische Kollege mit Blick auf eine Heidelberger Studentengruppe: »Nehmt ihr alle? Wir nehmen nicht alle!«

Man steht auf dem Standpunkt, dass jede junge Lehrerin und jeder Lehrer bereit und in der Lage sein sollte, mit den Schülern Sport zu treiben. Denn wenn ein Lehrer an einer kleinen Schule am Polarkreis unterrichtet, muss er selbstverständlich Ski laufen und Eishockey spielen können. – »Von den 25- bis 45-jährigen Lehrerinnen und Lehrern müssen wir dies verlangen, von den älteren können wir es nicht mehr erwarten.«[1] – Selbstverständlich wird ein Kontingent an Studienplätzen für behinderte Bewerber ausgewiesen, die später in den Städten eingesetzt werden. Sofern die Bewerber die Aufnahmeprüfung bestanden und das sich anschließende achtsemestrige Studium durchlaufen haben, ist ihnen die Anstellung fast sicher.

Die aktuellen Zahlen 2004 in Helsinki: Etwa 1.000 Abiturienten haben sich um einen Studienplatz beworben. Diese Bewerber mussten einen Essay von einer Seite verfassen über ein erziehungswissenschaftliches Buch. Zwei Professoren korrigierten die Essays und wählten 300 aus, in denen Übertragungsleistungen und vernetztes Denken sichtbar wurden. Diese Bewerber wurden zu einem Eignungsgespräch eingeladen, um die Studienmotivation und die Verbindlichkeit des Berufswunsches herauszufinden. Anschließend hatten jeweils fünf Bewerber im Team innerhalb von 30 Minuten ein pädagogisches Problem zu lösen. Das Kriterium der Teamfähigkeit wird besonders stark gewichtet, weil Einzelkämpfer in einer modernen Schule nicht mehr gefragt sind. Von 1.000 Bewerbern wurden schließlich 146 akzeptiert.[2]

In Deutschland ist alles anders

Viele Abiturienten, die sich kein anspruchsvolles Langzeitstudium zutrauen, entscheiden sich für das Pädagogikstudium. Für den Grundschulbereich sind es fast nur Frauen, mit steigenden kognitiven Anforderungen und besserer Bezahlung auch mehr Abiturienten, die sich für ein Studium entscheiden, um später einmal an einer Realschule oder einem Gymnasium zu unterrichten. Die Studienmotivation wird häufig durch Faktoren bestimmt, die mit dem eigentlichen Beruf nichts zu tun haben: die Aussicht, Beruf und Familie in idealer Weise vereinbaren zu können, für die Erziehung eigener Kinder wertvolle Einsichten zu gewinnen, private Interessen verfolgen und die reichlich zur Verfügung stehende Freizeit genießen zu können und später nahezu unkündbar zu sein. Ob ein Bewerber klug, ausgeglichen, selbstständig, selbstkritisch und belastbar ist, Freude an geistiger Arbeit hat, vermutlich zu lebenslangem Lernen bereit ist, ob er gerne mit Kindern umgeht und über eine soziale Grundeinstellung verfügt, ist bei Aufnahme des Studiums uninteressant.

Aufnahmeprüfungen gibt es nur in wenigen Studienbereichen, wie z.B. der Kunst- und Leibeserziehung. Ansonsten kann jeder Bewerber, der die Hochschulreife nachweisen kann, Lehrer werden. Also studieren viele junge Menschen, die für

1 Gespräch mit Prof. Vidar Hannus 1984.
2 Schmoll, H.: Von Anfang an in der Schule. Die enge Verknüpfung von praktischer und theoretischer Lehrerausbildung in Finnland. *Frankfurter Allgemeine Zeitung*, Nr. 91 vom 19.4.2004.

diesen anspruchsvollen und anstrengenden Beruf wenig geeignet sind, und entsprechend hoch ist die Quote jener, die das Studium abbrechen (Henecka/Gesk 1996). Diese Art, Nachwuchs zu gewinnen, ist wenig sinnvoll und auch nicht effizient. Denn die ungeeigneten Studierenden verlieren kostbare Lebenszeit, die Hochschullehrer und Mentoren mühen sich mit ihnen ab, die Studienkapazitäten der Hochschulen werden falsch genutzt, die Studienplätze kosten den Steuerzahler viel Geld, und die Schüler leiden unter den unfähigen Praktikanten, Referendaren und Lehrern, denen man anmerkt, dass sie nicht gern unterrichten.

Berufseignungstest für das Lehramtsstudium

Erziehungswissenschaftliche Hochschulen sollten – wie in anderen Ländern üblich – Eignungsprüfungen durchführen. Zwar lassen auch solche Prüfungen keine absolut sicheren Prognosen zu, doch einige Variablen erscheinen bei den Bewerbern unverzichtbar: eine konstruktive Einstellung und Haltung zu Schülern und zum Lehrberuf, überdurchschnittliche Intelligenz, kommunikative, soziale und personale Fähigkeiten sowie körperliche Belastbarkeit. An der Pädagogischen Hochschule Schwäbisch Gmünd wurde ein Berufseignungstest für das Lehramtsstudium entwickelt (BEIL). Dabei handelt es sich um einen ersten Versuch, die Einstellungen von Studienbewerbern herauszufinden. Das kognitive Potenzial, eine wünschenswerte Allgemeinbildung sowie die körperliche Belastbarkeit ließen sich wohl ohne größere Schwierigkeiten mit anderen Verfahren testen. Für die Variablen – kommunikative, soziale und personale Kompetenz – wären weitere geeignete Verfahren zu entwickeln (Rauin/Kohler/Becker 1994, Anhang A).

Diesen Vorschlag zu verwirklichen würde zwar einen beträchtlichen Aufwand erfordern, doch dieser wäre im Interesse der Schüler, der Bewerber, der Hochschulen, des Berufsstands und der ganzen Gesellschaft gerechtfertigt. Schließlich ist der Studienbeginn dem Schuleintritt vergleichbar: Auf den Anfang kommt es an und auf den »**Input**«. Durch Eignungsprüfungen für alle Studienbewerber würde das Pädagogikstudium attraktiver, das Niveau der Lehrveranstaltungen höher, die Abbrecherquote geringer und das Berufsimage besser. Langfristig würde die Anzahl der ausgebrannten Lehrer vermutlich ebenfalls sinken, weil die ausgewählten Studierenden den beruflichen Anforderungen besser gewachsen wären.

22. Erziehungswissenschaftliche Hochschulen gründen

Angehende Lehrerinnen und Lehrer sollten an Hochschulen gebildet und ausgebildet werden, an denen sich die Studierenden optimal auf ihren künftigen Beruf vorbereiten können. Die klassischen Universitäten sind selten bereit und in der Lage, diese wichtige Aufgabe zu erfüllen. Deshalb erscheint die Gründung Erziehungswissenschaftlicher Hochschulen geboten, die praxisrelevante Forschungsarbeit leisten und deren Ziel es ist, theoriebewusste und handlungskompetente Lehrer auszubilden.

»Raus aus der Uni!«

Unter der Überschrift »Raus aus der Uni! Die Lehrerausbildung darf keine Nebensache sein – ein Plädoyer für wissenschaftliche Pädagogische Hochschulen« übt Bernd Janssen Kritik an der universitären Lehrerausbildung, wie sie in der Mehrzahl der Bundesländer zurzeit üblich ist. An vielen Universitäten ist die Lehrerbildung und -ausbildung Nebensache. Die Veranstaltungsangebote sind meist auf mehrere Fakultäten verteilt, das Angebot ist selten auf das künftige Berufsfeld ausgerichtet. Die Lehramtsstudierenden empfinden sich häufig als Studierende zweiter Klasse, Vorrang haben die Magister, Diplomanden und Doktoranden. Studienbegleitende Praktika finden selten statt und wenn, dann werden sie unzureichend betreut, weil die Hochschullehrer die vorlesungsfreien Zeiten nicht in den Schulen verbringen wollen oder die Betreuung der Praktika als minderwertige Tätigkeit betrachten. »In den universitätsinternen Kämpfen um Stellen und Sachmittel sind die Lobbyisten der Lehrerausbildung leicht zu überstimmen. So ist zum Beispiel die sinnvolle Forderung nach einem massiven Ausbau der Stellen für Fachdidaktik – als Voraussetzung für eine schulbezogene Lehrerausbildung – in den Gremien einer Universität chancenlos. Professuren der Fachdidaktiken werden oft nur als Anhängsel toleriert.«[1]

Wer einen Lehramtsstudiengang durchlaufen möchte, muss sich an den größeren Universitäten in den ersten Semestern zunächst einmal orientieren. Zwar liegt auch in der mühsamen Entwicklung von Ordnungsvorstellungen eine Lernchance, doch verlängern sich die Studienzeiten beträchtlich. So verweilen z.B. angehende Grundschullehrerinnen an der Universität München durchschnittlich 11,5 Semester (!), während sie an der Pädagogischen Hochschule Schwäbisch Gmünd nur 7,3 Semester zubringen.[2] Zwar ist München als Studienort attraktiver als Schwäbisch Gmünd, und unbestritten gelangt man in zwei weiteren Studienjahren auch zu weiteren Einsichten und Erkenntnissen. Doch es muss im Interesse der Steuerzahler gefragt werden, ob das Studium angehender Grundschullehrer mehr als zehn Semester betragen darf. – In Berlin soll die durchschnittliche Studienzeit angehender Lehrer sogar 17 Semester betragen.[3]

Die universitäre Lehrerbildung hat allerdings auch einige Vorteile – besonders für die Hochschullehrer. Sie dürfen sich Universitätsprofessor nennen, erfreuen sich der Freiheit von Forschung und Lehre, was einerseits bedeutet, dass sie viele Veranstal-

1 Janssen, B.: Raus aus der Uni! Die Lehrerausbildung darf keine Nebensache sein – ein Plädoyer für wissenschaftliche Pädagogische Hochschulen. *Die Zeit,* Nr. 22 vom 23.5.2002.

2 Die Zahlen über die Verweildauer von Pädagogikstudenten an der Pädagogischen Hochschule Schwäbisch Gmünd und der Universität München stammen aus dem Jahr 1996.

3 Aussage des Regierenden Bürgermeisters von Berlin, Wowereit, in einer Fernsehdiskussion im Jahr 2003, die Zahl müsste überprüft werden.

tungen anbieten können, die kaum etwas mit dem Lehrerberuf zu tun haben. Andererseits können sie beliebig ihren wissenschaftlichen Neigungen nachgehen, arbeiten historisch-genetisch, philosophisch-hermeneutisch oder ideologiekritisch an Fragestellungen, die durchaus ihre eigene Bedeutung haben, zur Lösung aktueller Probleme der Lehr-Lernforschung jedoch wenig beitragen. Dafür aber haben ihre Anträge auf Bewilligung von Forschungsmitteln bei der Deutschen Forschungsgemeinschaft mehr Aussicht auf Erfolg, weil/wenn der Antragsteller einer bekannten Universität angehört. Und da sie selten oder nie Praktika betreuen, aber über eine angemessene Ausstattung, über Sekretärinnen, Assistenten und wissenschaftliche Mitarbeiter verfügen, können sie sich auf ihre Forschung konzentrieren, die oft weit entfernt ist von Projekten der Lehr-Lernforschung. – Allerdings dürfen die Studierenden stolz darauf sein, sich an einer klassischen Universität eingeschrieben zu haben.

Pädagogische Hochschulen nur in Baden-Württemberg

Als einziges Bundesland bildet Baden-Württemberg angehende Grund-, Haupt-, Real- und Sonderschullehrer an eigenständigen Pädagogischen Hochschulen aus. Die angehenden Gymnasiallehrer tummeln sich – wie in den anderen Bundesländern üblich – an den Universitäten. An den Pädagogischen Hochschulen steht die Erziehungswissenschaft im Zentrum des Studiums für angehende Lehrer. Die Fachdidaktiken, insbesondere die Hauptfächer Deutsch und Mathematik, haben ebenfalls einen hohen Stellenwert. Studienordnungen und Lehrveranstaltungen sind auf das künftige Berufsfeld ausgerichtet. Die Studierenden können sich zeitsparend und gezielt auf die zentrale Aufgabe – den Schülern beim Lernen zu helfen – vorbereiten. Studienbegleitend sind mehrere Praktika zu durchlaufen. Auf diese Weise gelingt es vielen Studierenden, die in den Lehrveranstaltungen gewonnenen Einsichten auf die Handlungsebene zu übertragen. Ein Wechsel des Stufenschwerpunkts oder der einmal gewählten Fächerkombination ist jederzeit möglich. Auch eine rechtzeitige Korrektur der Berufswahl erfolgt häufig nach den ersten Praktika, was durchaus im Interesse der Schüler liegen kann.

Die Lehrerbildung und -ausbildung in Baden-Württemberg hat nur einen bedeutsamen Fehler: Sie läuft zweigleisig. Auf einem Gleis fahren die Pädagogischen Hochschulen, auf dem anderen die Universitäten. Die Pädagogischen Hochschulen sind primär für die Ausbildung der Grund-, Haupt-, Real- und Sonderschullehrer zuständig, die Universitäten für die angehenden Gymnasiallehrer und für die Forschung. Die Pädagogischen Hochschulen arbeiten praxisnäher, die Universitäten praxisferner. Die Personal- und Sachausstattung der Pädagogischen Hochschulen entspricht nicht universitärem Standard. Für Studierende an Pädagogischen Hochschulen werden weniger Mittel aufgewendet als für Gymnasiasten. Forschungsgelder sind kaum verfügbar, Forschungsanträge werden schon wegen der fehlenden Grundausstattung abgelehnt. Deshalb kann die überaus wichtige Lehr-Lernforschung an Pädagogischen Hochschulen nur in geringem Umfang stattfinden.

Konsequenz

Benötigt werden Erziehungswissenschaftliche Hochschulen, deren Personal- und Sachausstattung universitärem Standard entspricht, die sich auf die Bildung und Ausbildung künftiger Lehrer konzentrieren, ein Basiscurriculum anbieten, das sich an den künftigen Berufsaufgaben der Lehrer orientiert und das von allen Studierenden zu durchlaufen ist. Kurse zum Situativen Lehrtraining und studienbegleitende Praktika, die intensiv betreut werden, sollten selbstverständlich sein. Solche Hochschulen können die Studierenden in einer vertretbaren Zeit zu einem Studienabschluss führen, der sie als Experten für Lehr- und Erziehungsprozesse ausweist. Die Forschungsarbeit sollte sich auf die empirische Lehr-Lernforschung und die Handlungsforschung konzentrieren, deren Ergebnisse die Schulwirklichkeit positiv verändern und die Lehr-Lernleistungen steigern können. Um anspruchsvolle Projekte auf dem Gebiet der Lehr-Lernforschung zu verwirklichen, sind neben der schon erwähnten Personal- und Sachausstattung Forschungsmittel bereitzustellen. – Erleben die Studenten forschende Hochschullehrer, werden sie vermutlich theoriebewusst und handlungskompetent unterrichten, wie es der Zielsetzung einer Erziehungswissenschaftlichen Hochschule entspricht.

23. Ein Basiscurriculum einführen

Im Interesse der zu unterrichtenden Schüler erscheint es sinnvoll und notwendig, Studierende der Pädagogik gezielt auf ihre künftigen Aufgaben vorzubereiten. Im Zentrum ihrer beruflichen Tätigkeit steht das Unterrichten. Lehrer müssen an jedem Schultag Schüler instruieren, zum Lernen anleiten und erziehen. Deshalb sollten an Erziehungswissenschaftlichen Hochschulen Lehrveranstaltungen Vorrang haben und von allen Studenten besucht werden, die im zentralen Berufsfeld angesiedelt sind.

Natürlich gibt es auch heute an den Institutionen der Lehrerbildung obligatorische Einführungsveranstaltungen, wie z.B. eine »Einführung in die Didaktik« oder »Einführung in die Erziehungswissenschaft«. Doch die Angebote sind von Institution zu Institution sehr unterschiedlich, und es fehlt ihnen häufig der direkte Bezug zum Praxisfeld. Benötigt wird deshalb ein Fundament oder ein Basiscurriculum, das von allen Studenten zu durchlaufen ist. Die Absolventen Erziehungswissenschaftlicher Hochschulen würden dann über einen gemeinsamen Fundus von Kenntnissen und Einsichten verfügen, der sie in die Lage versetzt, sich auf hohem Niveau über Erziehung und Unterricht auszutauschen. Im Referendariat könnte dann auf diesem Basiscurriculum aufgebaut werden und die Fort- und Weiterbildungsveranstaltungen würden an Professionalität gewinnen.

Da es keine Alternative zu dem Ziel gibt, angehende Lehrer theoriebewusst und handlungskompetent auszubilden, bedarf es einiger Lehrveranstaltungen, die in den angelsächsischen Ländern zum Standard gehören, wie z.B. Einführungen in die Statistik, Methodenlehre, Testtheorie, Testkonstruktion und Testanwendung. Nur mit diesem Hintergrundwissen können Lehrer internationale Vergleichsuntersuchungen wie TIMSS oder PISA lesen, verstehen, deren Ergebnisse interpretieren und Folgerungen für die Schulpraxis ziehen. Ohne diese Grundkenntnisse lässt sich die Theorie-Praxis-Problematik niemals überwinden, und es bleibt bei der Trennung: Theoretiker forschen, analysieren und unterbreiten Vorschläge, doch die Umsetzung erfolgt nur schleppend, oder die Ratschläge werden ignoriert, weil der Innovationsgehalt zu hoch ist und sie der vorherrschenden Praxis widersprechen (Kohler 2004).

Eine komplexe Erziehungswissenschaft

In diesem Kapitel wird bewusst darauf verzichtet, ein Gesamtcurriculum für eine Erziehungswissenschaftliche Hochschule vorzustellen und die fachwissenschaftlichen sowie die fachdidaktischen Anteile des Studiums auszuweisen. Verzichtet wird auch auf die in Deutschland zumeist noch übliche Trennung zwischen Allgemeiner Pädagogik, Schulpädagogik und Pädagogischer Psychologie. Diese Teildisziplinen werden unter dem Begriff der Erziehungswissenschaft subsumiert, wie dies in den angelsächsischen Ländern üblich ist. Dort werden unter der Bezeichnung »Educational Psychology« alle Lehrveranstaltungen zusammengefasst, die sich auf Erziehung und Unterricht beziehen. – In welcher Form die nachstehend genannten Veranstaltungen ausgewiesen werden, ob als zweistündige Semesterveranstaltungen, als Intensivkurse oder als begleitende Veranstaltung im Referendariat, wäre in der jeweiligen Institution zu entscheiden.

Erziehungswissenschaftliches Basiscurriculum

- Einführung in die Erziehungswissenschaft ...
- Statistik, Methodenlehre ...
- Testtheorie, Testkonstruktion, Testpraktikum ...
- Einführung in die Unterrichtsplanung: verschiedene Unterrichtskonzeptionen kennen lernen wie Lernzielorientierter Unterricht, Problemorientierter Unterricht, Epochenunterricht, Projektunterricht, Offener Unterricht ...
- Gesprächsführung im Unterricht: verschiedene Gesprächs- und Diskussionsformen kennen lernen und trainieren, z.B. das überwiegend nonverbal gesteuerte Gespräch, das divergierende Gespräch, das konvergierende Gespräch, das Beurteilungsgespräch, das Gespräch zur Problemlösung ...
- Triaden im Unterricht: z.B. Arbeitsaufträge formulieren, die Schüler betreuen, Ergebnisse sichten; zum Experimentieren anleiten, Übungen effektiv gestalten ...
- Motivieren und präsentieren: z.B. verständlich erklären, Kurzvorträge halten, Medien wählen und einsetzen ...
- Ergebniskontrollen und Leistungsbeurteilungen: Lernergebnisse sichten, einschätzen, bewerten, beurteilen, benoten; lückenschließendes Lernen ...

- Unterricht analysieren und beurteilen: Lehrergebnisse sichten, das Produkt, den Prozess, die Lehrerpersönlichkeit, die Schüler und den wechselseitigen Umgang beurteilen ...
- Die Bedeutung der Lehrerpersönlichkeit sehen: z.B. wünschenswerte Merkmale: ausgeglichen, autonom, belastbar, charismatisch, selbstkritisch, humorvoll; wünschenswerte Fähigkeiten: fach-, methoden-, sozial-, personal- und sprachkompetent, sensibel, kreativ, team- und konfliktfähig; wünschenswerte Einstellungen und Haltungen: Freude an geistiger Arbeit, Freude am Umgang mit Schülern, Bemühen um Gerechtigkeit, soziale Einstellung gegenüber benachteiligten Schülern, Interesse an bildungspolitischen Fragen, innovationsfreudig; wünschenswerte Eigenschaften im Umgang mit den Schülern: offen, natürlich, verständnisvoll, geduldig, helfend, fordernd, höflich, konsequent, flexibel, taktvoll, solidarisch ...
- Unterricht als Lehr-Lernprozess: Prozesse in wechselseitiger Abhängigkeit, Interaktionsanalysen, Lehr-Lernvoraussetzungen, Lehr-Lerntempi, Lehr-Lernerfolge und -misserfolge, Lehr-Lernleistungen, Modellfunktion des Lehrers ...
- Die psychosoziale Dimension des Lehrens und Lernens, gruppendynamische Prozesse, Schul-, Gruppen- und Lernklima, das besondere Verhältnis zwischen Lehrern und Schülern, pädagogischer Bezug und pädagogische Distanz, Aktivitäten des Schullebens ...
- Bildungspläne und Lehrpläne: curriculare Theorien, Entwicklung von Lehrplänen, Normen und Werte, übergeordnete Lehr- und Erziehungsziele, Leistungsstandards und Kompetenzstufen, Möglichkeiten und Grenzen der Operationalisierung ...
- Soziale Konflikte in der Schule: Konfliktbewältigung und Konflikterzeugung, Konfliktprophylaxe, -intervention und -analyse, Disziplinkonflikte und Streitschlichterprogramme ...
- Einführung in die Entwicklungspsychologie: »normale« Entwicklung von Kindern und Jugendlichen, bedeutsame Krisenstadien ...
- Einführung in die Lernpsychologie: von der Konditionierung zum gemäßigten Konstruktivismus ...
- Einführung in die pädagogische Diagnostik: Lernschwächen und Lernbehinderungen, Möglichkeiten und Grenzen der Testanwendung ...
- Das Beratungsgespräch: Einführung in die Gesprächstherapie, Beratung von Schülern und Eltern, Schullaufbahnberatungen ...
- Die Arbeit mit behinderten Schülern: Behinderungsarten, Integrationsmodelle ...
- Die Arbeit mit ausländischen Schülern: Spätaussiedler, Flüchtlinge und Asylbewerber, Probleme des Spracherwerbs und der Integration ...
- Schulsysteme und Schulorganisation im betreffenden Bundesland oder in der Bildungsregion, in der Bundesrepublik und im internationalen Vergleich, Aspekte der Schulreform und der Schulentwicklung, Differenzierende Leistungsschulen als Schulen der Zukunft ...
- Beruf des Lehrers: Aufgabenbereiche, Rollenverständnis, Teamarbeit, Fort- und Weiterbildung, Berufsimage, Beamtenstatus, Schulrecht, Burnout-Syndrom ...

Die über 20 Lehrveranstaltungen können in sechs Semestern durchlaufen werden, ohne die Lehr- und Studienkapazitäten zu überfordern. Drei Veranstaltungen pro Semester oder sechs Semesterwochenstunden wären neben den Veranstaltungen der Fachwissenschaft und der Fachdidaktik leistbar. Dieses Basiscurriculum sollte von angehenden Lehrern aller Schulstufen und Schularten durchlaufen werden, insbesondere auch von Fachlehrern, die auf der Oberstufe oder im Gymnasium unterrichten wollen. Die Zeit der Lehrertypologien, denen zu Folge Grundschullehrer überwiegend sozial tätig sind und Gymnasiallehrer den Schülern das Denken beibringen, ist endgültig vorbei (Caselmann 1970). Heute müssen alle Lehrer fach-, methoden-, sozial- und personalkompetent sein. Fällt ein Kompetenzbereich aus, können sie ihren beruflichen Aufgaben nicht gerecht werden.

Wer die eine oder andere Lehrveranstaltung streichen möchte, wird vermutlich ein Legitimationsproblem bekommen, denn zur theoriebewussten und handlungskompetenten Berufsausübung erscheinen die ausgewiesenen Lehrveranstaltungen unverzichtbar. Die Umsetzung dieses Vorschlags würde drei bedeutsame *Vorteile* mit sich bringen:

1. Ein wichtiger Schritt auf dem Weg zu einer erwünschten Professionalisierung des Lehrerberufs würde getan.
2. Die Kommunikation zwischen den Lehrern verschiedener Schulstufen würde sich entscheidend verbessern, weil alle Lehrer sich einen gemeinsamen Reflexionshintergrund erarbeitet haben.
3. Das Ansehen der Lehrer als Experten für Erziehung und Unterricht in der Öffentlichkeit würde steigen.

Natürlich muss ein solches erziehungswissenschaftliches Basiscurriculum für gesellschaftliche Herausforderungen offen bleiben und etwa alle drei Jahre revidiert werden.

24. Durch Situatives Lehrtraining Handlungskompetenzen erwerben

Dieser Beitrag befasst sich mit der Theorie-Praxis-Problematik, die nach Heinrich Roth mit »der Aufgabe einer Quadratur des Zirkels vergleichbar ist: Eine fachwissenschaftliche Ausbildung reicht nicht ohne erziehungswissenschaftliche aus, noch reicht eine theoretische Ausbildung ohne berufsbezogen-praktische aus, alles zusammen ist aber schwierig gleichzeitig und schwierig nacheinander zu lehren.« (Roth 1969)

Ein dichtes Netz von Lehrleistungen

Die Vermittlung praktischer Fähigkeiten ist deshalb so schwierig, weil Lehren eine hochkomplexe Tätigkeit ist. Lehrerinnen und Lehrer sollen Schüler zum Lernen anregen, sie zum Weiterlernen motivieren, sie auf Ziele hinlenken, also ergebnisorientiert unterrichten. Sie sollen kluge Fragen stellen und Probleme formulieren, für die sich die Schüler interessieren, auf deren Beiträge eingehen, Schülerfragen aufgreifen, zur Diskussion stellen oder selbst sachkundig beantworten. Sie sollen Gespräche leiten, Diskussionen moderieren und Einzelgespräche führen können, wenn Schüler Schwierigkeiten haben oder Eltern die Sprechstunde aufsuchen. Lehrer sollen Sachverhalte verständlich erklären, mit Hilfe selbst gefertigter Zeichnungen erklären oder demonstrieren, sie sollen Kurzvorträge halten, Medien auswählen und effektiv einsetzen können. Dann haben sie mit verschiedenen Zielsetzungen Arbeitsaufträge zu formulieren, um die Schüler zum Üben, zum Experimentieren, zum Rollenspiel oder zur Stillarbeit anzuregen. In den Arbeitsphasen sind die Schüler entsprechend ihren Lernvoraussetzungen individuell zu betreuen. Und dann sind Lernergebnisse zu sichten, ist den Schülern zu sagen, was sie gut und was sie weniger gut gemacht haben und wie sie noch vorhandene Lernlücken schließen können. Schließlich sollen sie noch mit professionellem Anspruch Tests konstruieren, einsetzen und auswerten, Noten erteilen und diese begründen. Methodenkompetente Lehrer können alle diese Lehrfertigkeiten auf verschiedene Unterrichtskonzeptionen beziehen, auf einen Lernzielorientierten Unterricht, Offenen Unterricht, Projektunterricht, Problemorientierten oder Integrativen Unterricht, was natürlich die Kenntnis dieser und weiterer Konzeptionen voraussetzt.

Zusätzlich werden pädagogische und soziale Fähigkeiten verlangt: die Fähigkeit, das Gruppenklima sensibel zu erfassen, Gruppenprozesse zu steuern und soziale Lernziele anzustreben, das Lernklima zu beeinflussen und die Lernprozesse effektiv zu gestalten. Lehrer müssen auf die für das Lehren und Lernen in Gruppen erforderliche soziale Ordnung achten. Bei Konflikten, bei Auseinandersetzungen, Belastungen und Schwierigkeiten sollen sie Ruhe bewahren, angemessen intervenieren und bedeutsame Konflikte analysieren. Oft wird noch von ihnen erwartet, dass sie therapeutische Funktionen übernehmen, frei nach dem Motto: Jeder Lehrer ein Therapeut! Und sofern sie eine Funktionsstelle bekleiden, werden ihnen alle jene Fähigkeiten abverlangt, die zur Leitung eines Unternehmens notwendig sind, Führung der Mitarbeiter, Personalmanagement, Haushalts- und Buchführung sowie die Wahrnehmung der Außenvertretung (Becker/Clemens-Lodde/Köhl 1980; Becker 1998; Becker 2001; Becker 2002a und 2002b).

Bei der hohen Komplexität des Berufsfeldes und den vielfältigen Anforderungen ist es wenig sinnvoll, angehende Lehrer in die Schulen zu schicken und ihnen zuzurufen: »Nun unterrichtet mal schön!« Einem angehenden Kraftfahrzeugmechaniker mutet man nicht zu, im ersten Lehrjahr eigenverantwortlich ein Auto zu reparieren. Ein Medizinstudent muss selbstverständlich zunächst das Physikum bestehen, mehrere Praktika durchlaufen, Examina bestehen und assistieren, bevor er einen Patienten eigenverantwortlich operieren darf. In jedem Beruf geht man davon aus, dass es Grundfertigkeiten gibt, die erlernt werden können und erlernt werden müssen, bevor man Berufsanfänger mit der hochkomplexen Realsituation konfrontiert.

Das Lehren lernen

Diese Selbstverständlichkeit wurde in den 60er-Jahren am Stanford Center for Research and Development in Teaching (SCRDT) und zeitgleich am Zentrum für Neue Lernverfahren der Universität Tübingen betont. Zu Recht forderte man, sich mit Grundfertigkeiten, Lehrfertigkeiten oder Teaching Skills zu befassen und diese einzuüben. Nathaniel Gage vertrat die Auffassung, man möge sich lieber auf spezifische Aspekte der Lehrerrolle konzentrieren als nach allgemein gültigen Kriterien für einen effektiven Unterricht zu suchen (Gage 1979). Er initiierte zahlreiche Forschungsarbeiten zu einzelnen Teaching Skills, so z.B. zum Frageverhalten und zum verständlichen Erklären von Sachverhalten (Claus 1969; Miltz 1972; Rosenshine 1968). Gage suchte eine Antwort auf die Frage, ob man das Lehren weiterhin als »Kunst« bezeichnen solle oder ob es nicht doch möglich sei, dieser anspruchsvollen Tätigkeit eine wissenschaftliche Basis zu verleihen (Gage 1979).

In die gleiche Richtung zielte das »Konzept für ein Training des Lehrverhaltens mit Fernseh-Titel-Aufzeichnungen in Kleingruppen-Seminaren« von Walther Zifreund (1966). Auch er war der Auffassung, dass man hochkomplexe Verhaltensmuster analysieren, ihre Elemente isolieren und für ein Training verfügbar machen müsse. Auch er regte zahlreiche Forschungsarbeiten an, so z.B. zum Situativen Lehrtraining, zum Training kommunikativer Fertigkeiten, zur Körpersprache vor der Klasse und zum Training des Beraterverhaltens (Becker 1973a; Heidemann 1983; Klinzing 1982; Weisbach 1988).

Das Lehren üben und trainieren

Das erste Buch zum Training des Lehrverhaltens mit Hilfe von Fernsehaufzeichnungen erschien unter dem Titel »microteaching« (Allen/Ryan 1969). In ihm wurde das Training von 14 Teaching Skills empfohlen, z.B. verschiedene Lernanreize bieten (stimulus variation), die Anfangssituation gestalten (set induction), eine Unterrichtsstunde beenden (closure), schweigen und nonverbale Hinweise (silence and nonverbal cues) oder zur Mitarbeit ermutigen (reinforcement of student participation). Die Zusammenstellung der Skills ließ keine Systematik erkennen. Von einer Analyse des Handlungsfeldes konnte noch keine Rede sein. Auch bereitete die Umsetzung der Vorschläge in Trainingsseminaren große Schwierigkeiten. Wie sollte man z.B. das Ende einer Unterrichtsstunde (closure) üben, wenn ihm keine Stunde vorausgegangen war? Empfohlen wurde eine Trainingszeit von etwa 10 Minuten. Es sollte vor laufender Kamera geübt werden, um den Trainierenden die Konfrontation mit dem eigenen Verhalten zu ermöglichen. Dann war die schrittweise Ausweitung des Trainings geplant, auf ca. 20 Minuten zur »micro lesson« und weiter zur »microclass«.

Dieser »Technical skill approach« war ergänzungsbedürftig und wurde von W. Borg, dem Erfinder der »Minicourses«, weiterentwickelt (Borg u.a. 1970). Dem

Skill-Training fehlten nämlich Lerninhalte und Lernziele. Also koppelte Borg zentrale Skills, wie z.B. das Frageverhalten, mit einfachen Lerninhalten aus den Fächern Englisch und Mathematik, forderte die Trainingsteilnehmer auf, sich Lehrfertigkeiten in Verbindung mit bestimmten Inhalten anzueignen. Das Training konnte nun in den Unterricht verlagert werden. Eine Videoaufzeichnung war zwar erwünscht, nicht aber die Voraussetzung für ein Training.

Die Lawine rollt

Im deutschsprachigen Raum erschienen in den folgenden Jahren zahlreiche Publikationen unter Titeln wie »Aspekte des Lehrerverhaltens«, ein Beitrag zum Unterrichtsgespräch (Dubs 1978), »Das Münchner Trainingsmodell«, Spiele und Interaktionsanalysen (Innerhofer 1977), »Lehrer-Selbsttraining« zu verschiedenen Sozialformen, zur Strukturierung von Lerninhalten und zur therapeutischen Funktion (Kern 1979), »Trainingshilfen zum Gruppenunterricht«, zur Reduzierung von Interaktionsschwierigkeiten, zur Steuerung von Kleingruppenprozessen und zur Metakommunikation (Meyer 1981), »Teachertraining«, zu verhaltenspsychologischen und gruppendynamischen Trainingsansätzen (Royl/Minsel 1973), »Handbuch zum Lehrertraining«, zu unterschiedlichen Verfahren (Mutzeck/Pallasch 1983), »Lehrverhalten und Problemlösen«, Lern- und Trainingsprogramme zur Schulung pädagogischer Fertigkeiten und Reflexion des Selbstkonzepts (Pallasch 1987a), »Pädagogisches Gesprächstraining«, Lern- und Trainingsprogramme zur Vermittlung pädagogischer Gesprächs- und Beratungskompetenz (Pallasch 1987b), »Lehrerverhaltenstraining«, Wege zur Selbstausbildung (Rückriem 1977), »Lehrertraining und Verhaltensmodifikation«, Grundlagen, Modelle, Methoden (Schollmeyer 1981), »Grundkurs Lehrerfrage«, ein handlungsorientiertes einführendes Arbeitsbuch für Lehrer (Sommer 1981), »Trainingsprogramm Gesprächsführung im Unterricht«, kognitives Lehrtraining zum Selbststudium (Thiele 1983), »Training des Beraterverhaltens« (Weisbach 1988) und der umfangreiche Sammelband »Training des Lehrverhaltens und Interaktionsanalyse« (Zifreund 1976). Norbert Havers und Susanne Toepell (2002) haben ausführlich und problembewusst einen Überblick über die »Trainingsverfahren für die Lehrerausbildung im deutschen Sprachraum« gegeben.

Interaktion und Kommunikation im Zentrum

Zwar sind die Publikationen zum Training des Lehrverhaltens ausgesprochen heterogen, doch lässt sich ein Schwerpunkt erkennen, der sich mit »Frageverhalten und Gesprächssteuerung« oder »Interaktion und Kommunikation« umschreiben lässt. Das ist auch verständlich, weil in zwei Dritteln der Unterrichtszeit interagiert und kommuniziert wird, sofern man traditionellen Unterricht interaktionsanalytisch erfasst (Borg 1970). Je nach Vorbildung und Standort des Autors haben die Veröffentlichungen einen eher schulpädagogischen oder psychologischen Akzent. Und viele

Autoren sind dazu übergegangen, ein Selbststudium, eine Selbstausbildung, ein Selbsttraining oder die Reflexion des Selbstkonzepts zu empfehlen. Offenbar haben sie die Einsicht gewonnen, dass sich die zahlreichen Lehrfertigkeiten ohnehin nicht in klassischen Trainingsseminaren erwerben lassen, weil dies zu zeitaufwendig und zu kostspielig wäre. Möchte ein Lehrer bedeutsame Handlungskompetenzen erwerben, bleibt ihm nur – ergänzend zu einem Trainingskurs – das Einzelstudium und der Versuch, die gewonnenen Einsichten auf die Handlungsebene zu übertragen. Die Frage, welche Lehrfertigkeiten vorrangig geübt oder trainiert werden sollten, wird von keinem Autor überzeugend beantwortet. Zwar ist der bekannte Interaktionsanalytiker Ned Flanders dieser Frage nachgegangen, indem er »grundlegende Lehrfertigkeiten aus einem Modell des Sprechens und Zuhörens ableitete«, doch diese Fertigkeiten sind zu allgemein gehalten, um sie auf die höchst unterschiedlichen Lehr-Lernsituationen beziehen zu können (Flanders 1970 und 1976).

Das Arbeitsfeld wird kartiert

Am Stanford Center for Research and Development in Teaching wurde schon in den 60er-Jahren an einer Taxonomie des Lehrverhaltens gearbeitet (Baral/Snow/Allen 1968). Becker formulierte mit dem Beitrag »Auf dem Weg zu einer Taxonomie des Lehrverhaltens« eine vorläufige Antwort auf die Frage nach den grundlegenden Lehrfertigkeiten, indem er das Verhaltensrepertoire klassifizierte (Becker 1975). Zu diesem Zweck wurden die Forschungsarbeiten zum Microteaching, die Minicourses, die Protocol-Materials sowie Übungsunterlagen zur Performance/Competency Based Teacher Education herangezogen (Becker 1973b). Protocol-Materials sind von W. Borg an der Utah State University entwickelte Verbalprotokolle, die auf bestimmte Teaching Skills abzielen. Angehende Lehrer werden z.B. auf die Möglichkeiten aufmerksam gemacht, den Schülern ein differenziertes Feedback zu vermitteln. Und anschließend werden sie aufgefordert, in einem Unterrichtsprotokoll Lücken auszufüllen und verschiedene Feedback-Möglichkeiten – undifferenziertes oder differenziertes Feedback – anzuwenden. Im Rahmen einer Performance/Competency Based Teacher Education werden die Studien- und Übungsinhalte möglichst auf das künftige Berufsfeld, also die Lehrtätigkeit, bezogen. Das vorläufige Ergebnis der Bemühungen, das Verhaltensrepertoire zu sichten und zu klassifizieren, ist nicht mehr als ein hypothetisches Konstrukt. Schließlich wurde von einem »Unterricht« ausgegangen, wie er zwar auch heute noch weitgehend üblich ist, der jedoch der Veränderung bedarf. Auf Grund des analytischen Bemühens ergaben sich die neun Handlungsbereiche (1) Sozialformen, (2) Motivation, (3) Präsentation, (4) Medieneinsatz, (5) Anleiten und Üben, (6) Gesprächsführung, (7) Sozialverhalten, (8) Lernkontrolle, (9) Konfliktbewältigung (Becker 1975). Folgt man diesem Ansatz, so ist ein Lehrer handlungskompetent, wenn er die angemessene Sozialform wählt, die Schüler zum Lernen anregt, verständlich erklärt, den Medieneinsatz optimiert, Arbeitsaufträge mit hohen Lernanreizen stellt, Gespräche und Diskussionen geschickt leitet, metakommunikativ verfährt, die Lernergebnisse kontrolliert und in der Lage ist, Konflikte angemessen zu bewältigen.

Dieses strukturanalytische Vorgehen zeigt die ganze Komplexität des Arbeitsfeldes. Denn hinter jedem Handlungsbereich verbergen sich wiederum viele unterschiedliche Handlungskompetenzen mit nachgeordneten Handlungsindikatoren. So umfasst z.B. die Gesprächsführung elf Gesprächsarten, vom überwiegend nonverbal gesteuerten Gespräch bis zum Beratungsgespräch, und die Konfliktbewältigung enthält 24 Problemkreise, von den Provokationen bis zu den Schwierigkeiten mit der Schulaufsicht.

Handlungskompetenzen erwerben

Das strukturanalytische Bemühen wurde fortgesetzt mit einer »Taxonomie von Handlungskompetenzen für den methodischen Bereich« und der Ausgliederung von acht Kompetenzbereichen (Becker 1995). Dem allgemeinen Trend und der Sachlogik folgend, ist heute von Handlungen und Handlungskompetenzen die Rede. »Handlungen« werden bewusst und zielgerichtet realisiert und lassen sich begründen. Beobachtet man einen im Unterricht handelnden Lehrer, lassen sich punktuell auftretende Handlungen registrieren, Handlungsspektren, Handlungen in typischen Lehr-Lernsituationen und Situationsfolgen. Punktuell auftretende Handlungen entsprechen einer Dyade: z.B. Schüler stellt eine Frage, der Lehrer beantwortet sie. Solche Handlungen lassen sich nicht sinnvoll trainieren, weil sie nicht vorhersehbar sind. Die Handlungsspektren sind schon eher trainierbar, so z.B. viele verschiedene Möglichkeiten, den Unterricht zu beginnen. Ein solches Spektrum lässt sich bewusst machen und veranschaulichen; von den Trainingsteilnehmern ist Einfallsreichtum gefragt. Uneingeschränkt trainieren lassen sich Kompetenzen im Hinblick auf typische Lehr-Lernsituationen, wie z.B. einen Sachverhalt erklären, ihn demonstrieren, einen Sachverhalt mit Hilfe einer Zeichnung erklären, ein bestimmtes Gespräch leiten oder eine Diskussion moderieren. Und auch für typische Situationsfolgen können Handlungskompetenzen erworben werden, wie z.B. (1.1) Arbeitsauftrag stellen, (1.2) Schüler beim Lernen betreuen, (1.3) Ergebnisse sichten lassen.

Situationen und Situationsfolgen haben Handlungsstrukturen, die sich durch Handlungsindikatoren belegen lassen, so z.B. das Erklären eines Sachverhalts mit Hilfe einer Zeichnung durch die Indikatoren: die Zeichnung mit einer Überschrift versehen, Zeichenfläche ausnutzen, Zeichnung gliedern, bedeutsame Punkte hervorheben, Farben begründet einsetzen, Symbole konsequent verwenden, zentrale Begriffe anschreiben, Perspektive deutlich machen, auf den notwendigen Grad der Exaktheit achten, zum Weiter-, Mit- oder Nachzeichnen auffordern und über die Erklärung/Zeichnung sprechen lassen. – Diese Indikatoren zeigen dem Beobachter und Handlungsanalytiker, ob ein Laie oder ein Profi unterrichtet, ob der Lehrer inkompetent oder kompetent handelt (Becker 1998, S. 238).

Erdrückende Komplexität

Betrachtet man nun das grundlegende Handlungsrepertoire eines Lehrers und allein die methodischen Kompetenzbereiche, die Wahrnehmungsleistungen, die prozessleitenden und prozessbegleitenden Handlungen, die typischen Situationen und Situationsfolgen mit den Feinstrukturen, welche unmittelbar die Handlungsebene betreffen, lassen sich etwa 30 Handlungskompetenzen mit etwa 360 nachgeordneten Handlungsindikatoren ausweisen. Das Wörtchen »etwa« soll auf die Tatsache hinweisen, dass eine exakte Abgrenzung einzelner Lehrtätigkeiten nicht möglich ist, es im Handlungsfeld immer wieder zu Überlappungen und Überschneidungen kommt. Wenn z.B. ein Lehrer einen Sachverhalt demonstrieren möchte, ist er gleichzeitig gefordert, verständlich zu erklären.

Die Komplexität des Handlungsfeldes erscheint erdrückend. Vergleichbar einfach hingegen sind jene Situationen strukturiert, in denen man das »Zuhören« mit neun Handlungsindikatoren oder das »Führen von Einzelgesprächen« ebenfalls mit neun Indikatoren trainiert (Becker 1998, S. 121 und S. 227). Wenn Verwaltungsangestellte im Rahmen einer Fortbildung das Zuhören üben, haben sie es mit *einem* Bürger zu tun, der mit *einem* bestimmten Anliegen zu ihnen kommt. Ein Gesprächstherapeut spricht auch nur mit *einem* Klienten, der allerdings massive psychische Schwierigkeiten hat – was sicher auch auf viele Schüler zutrifft. Um wie viel komplexer aber ist das Handlungsfeld »Unterricht« mit etwa 360 Handlungsindikatoren, in dem es Lehrer mit ganzen Schülergruppen zu tun haben, diese erziehen und unterrichten sollen, in dem laufend unvermutete Ereignisse auftreten, ganz unterschiedliche Lehr-Lernsituationen und Situationsfolgen zu gestalten sind, und das alles mehrmals an einem Unterrichtstag in verschiedenen Schülergruppen mit unterschiedlichen Inhalten und Zielsetzungen. – Auch aus dieser strukturanalytischen Sicht ist es geboten, von Kurz- zu Blockstunden und zum Epochenunterricht überzugehen, um die Komplexität des Geschehens zu reduzieren und Lehrer von der permanenten Überforderung zu befreien.

Es erstaunt also nicht, wenn Erziehungswissenschaftler, Autoren, und Lehrer vor dem hohen Komplexitätsgrad kapitulieren. Erziehungswissenschaftler verzichten oft auf eine Analyse des Handlungsfeldes und wenden sich einfacheren Fragestellungen zu. Autoren regen ihre Leser zum Selbststudium, zum Selbsttraining, zur Selbstausbildung und zur Reflexion des Selbstkonzepts an, weil sie um die begrenzten Trainingsmöglichkeiten wissen. Und Lehrer flüchten mehrheitlich in subjektive oder naive Theorien, die für sie noch überschaubar sind, in fragwürdige Verhaltensmuster, die sie während der eigenen Schulzeit bei ihren Lehrern beobachtet haben. Sie übernehmen Rezepte aus den Praktika oder dem Referendariat und handeln nach dem Grundsatz, »was auf Anhieb gelingt, werde ich wiederholen, was misslingt, streiche ich aus meinem Handlungsrepertoire«.

Kompetenztraining in kleinen Gruppen

Sollte man nun auf den Kompetenzerwerb im Rahmen eines Trainings mit oder ohne Fernsehaufzeichnungen in Kleingruppenseminaren verzichten? Keinesfalls, denn wer ein solches Training absolviert, ist noch nach Jahren von seiner Wirksamkeit überzeugt. Allerdings müssen bestimmte Voraussetzungen und Bedingungen erfüllt sein, damit sich die erwähnten positiven Effekte einstellen:

- günstige Rahmenbedingungen,
- sinnvolle Trainingsaufgaben und
- versierte Trainer.

Ideal sind Kleingruppen von 7 bis 8 Teilnehmern, die in einem Intensivkurs zwei Wochen trainieren, das Wochenende ausgenommen. Jede Kleingruppe braucht einen Raum und ein Videoset. Geübt wird ganztägig, bis jeder Teilnehmer die Übungsaufgabe erfüllt hat.

Teilnehmer und Trainer beraten und entscheiden über die Trainingsaufgaben, die mit von der Zusammensetzung der Kleingruppe abhängig sind. Handelt es sich z.B. um Lehrer, die im naturwissenschaftlichen Lernfeld unterrichten, wird die Aufgabe »Zum Experimentieren anleiten« sinnvoll sein. Bei unterrichtenden Theologen sind andere Prioritäten zu setzen. Ein Trainingsprogramm für zehn Tage kann folgende Themen anbieten:

- ein Gespräch überwiegend nonverbal leiten,
- im Gespräch Einfälle sammeln,
- im Gespräch ein Ergebnis erarbeiten,
- ein Beratungsgespräch führen,
- einen Sachverhalt erklären,
- einen Sachverhalt mit einer Zeichnung erklären,
- einen Sachverhalt demonstrieren,
- einen Kurzvortrag halten,
- einen Arbeitsauftrag erteilen,
- auf Konflikte angemessen reagieren.

Zu den zu erwerbenden Handlungskompetenzen gibt es Studien- und Übungsunterlagen zum Kompetenzerwerb, zur Beobachtung und zur Handlungsanalyse (Becker/Dietrich/Kaier 1982; Becker 1998). Diese Unterlagen sind nicht nur auf die Lehrhandlungen ausgerichtet, sondern sie berücksichtigen stets die möglichen Schüleraktivitäten, sind interaktionsanalytisch durchdacht und deshalb schülerorientiert, keinesfalls aber »lehrerzentriert«, wie Kritiker behaupten, die den Ansatz nur oberflächlich kennen. Die Unterlagen werden von den Trainingsteilnehmern am Vorabend studiert und am Morgen des Trainingstages nochmals überflogen. Jeder Teilnehmer überlegt sich ein Thema und bereitet sich inhaltlich vor. Dann beginnt das Training.

Der Trainingsablauf

Ein Teilnehmer übernimmt die Lehrerrolle, die anderen sieben die Schülerrollen. Geübt wird vor laufender Kamera etwa zehn bis fünfzehn Minuten. Dann wird die Aufzeichnung abgefahren, analysiert, und der nächste Lehrversuch schließt sich an. Eine Sequenz umfasst also drei Schritte, (1) Training, (2) Videoanalyse, (3) Diskussion, und dauert etwa eine Dreiviertelstunde. Sind zwei Sequenzen durchlaufen, folgt eine halbstündige Pause. Dann kommen der dritte und vierte Teilnehmer zum Zuge. Am Abend hat sich jeder Teilnehmer im Erwerb einer bestimmten Handlungskompetenz geübt, z.B. wie man ein Gespräch überwiegend nonverbal leitet. Seine Verhaltens- und Handlungsweisen wurden analysiert, es wurde mit ihm über seine Handlungsweisen diskutiert und das Ganze in sieben weiteren Sequenzen. Ein solches Training hinterlässt Spuren, was ja durchaus erwünscht ist. Nachts träumen die Teilnehmer noch von den nonverbalen Steuerungsmöglichkeiten, von der Gestik, Mimik, den Kopf- und Körperbewegungen, der interpersonalen Distanz und der räumlichen Orientierung. Die erworbenen Kompetenzen können nun jederzeit abgerufen und eingesetzt werden, in jedem Unterricht bis zur Pensionierung, in Verbindung mit jeder Unterrichtskonzeption, geplant oder spontan, wenn es im Prozess angebracht erscheint. Und die Teilnehmer haben die zentrale Einsicht gewonnen, dass Lehren, wie jeder andere Beruf auch, weitgehend erlernbar ist, Teilbereiche der Persönlichkeit vorbehalten bleiben und dann mit einem »Kunstgeschäft« vergleichbar sind (Gage 1979).

Das Kompetenztraining mit Großgruppen kann folgendermaßen gestaltet werden: Die typischen Lehr-Lernsituationen mit ihren spezifischen Handlungsindikatoren werden beschrieben, demonstriert und analysiert mit der Absicht, dass den Seminarteilnehmern die Handlungsstrukturen bewusst werden. Später, im Schulpraktikum, sollten sie dann diese internalisierten Bewusstseinsinhalte entsprechend der sozial-kognitiven Theorie in Handlung umsetzen können (Diener/Becker 1993).

Der Trainer

Als Trainer oder Supervisor kommen nur Personen in Frage, die bereit und in der Lage sind, als Modell zu fungieren, also handlungskompetente und erfahrene Lehrer, die es wagen, sich selbst zu exponieren, und die glaubwürdig wirken. Es ist nicht ganz einfach, solche versierten Trainer zu finden. Lehrern fehlt oft die Sensibilität im Umgang mit erwachsenen Teilnehmern, und Psychologen fehlt häufig die Unterrichtserfahrung mit dem didaktischen und methodischen Hintergrund. Auch gilt es zu bedenken, dass ein solches Seminar zum Situativen Lehrtraining für die Trainer sehr anstrengend ist, denn es handelt sich ja nicht um einen normalen 8-Stunden-Tag in einem Büro, sondern um ein Coaching, welches die volle Konzentration des Trainers erfordert. – Der Engpass an Trainern kann durch Tutoren kompensiert werden, die bei entsprechender Schulung die Rolle von Supervisoren übernehmen.

Doch müssen diese Tutoren intensiv geschult werden. Auf jeden Fall ist es sinnvoll, eine Trainingsveranstaltung in die schulpraktische Ausbildung zu integrieren.

Wenn in den letzten Jahren an Erziehungswissenschaftlichen Hochschulen, Pädagogischen Hochschulen oder Erziehungswissenschaftlichen Fakultäten die Trainingsaktivitäten rückläufig waren, dann liegt dies nicht etwa daran, dass solchen Veranstaltungen der Sinn fehle, sie nur wenig effektiv oder die Teilnehmer nicht interessiert seien, sondern es fehlen Personal- und Raumausstattung (Becker 1973c). Die Einrichtung von Trainingszentren mit Übungsräumen für die Kleingruppen, mobilen Videosets, einem Raum für die Technik, einem Büro und Aufenthaltsraum, ist verhältnismäßig aufwendig, und der Personal- und Sachaufwand ist relativ hoch. In der beruflichen Erwachsenenbildung, bei der Schulung von Dozenten und Personal für Wirtschaft, für die Industrie oder Einrichtungen der Rehabilitation sind Kurse zum Situativen Lehrtraining seit Jahrzehnten Standard. Sie sollten auch an Erziehungswissenschaftlichen Hochschulen zum Standard gehören.

Die Frage nach der Wirksamkeit von Trainingsverfahren kann im Anschluss an Hans Gerhard Klinzing beantwortet werden, der 200 Untersuchungen der letzten 35 Jahre ausgewertet hat und zu folgendem Ergebnis gelangt ist: »Der weit überwiegende Anteil der Forschungsergebnisse trägt die Annahme, dass bei der Verwendung dieser Verfahren sowohl in der Aus- als auch in der Weiterbildung positive und nachhaltige Auswirkungen für die Aneignung verbaler und nonverbaler Verhaltensmuster, für die Integration des im Training Erlernten in das eigene Verhaltensrepertoire sowie für dessen Übertragbarkeit in die Berufswirklichkeit zu erwarten sind.« (Klinzing 2002, S. 194)

Die Kamera ist unbestechlich

Welche Bedeutung haben Videoaufzeichnungen für den Kompetenzerwerb? Zu dieser Frage haben F. Fuller und B. Manning gearbeitet (1973). Jeder Mensch trägt eine Vorstellung mit sich herum, wie er zu sein glaubt, ein »ideal self«. Dieses ideale Selbstbild unterscheidet sich jedoch erheblich vom »real self«, dem tatsächlichen Selbst. Die Videoaufzeichnung lügt kaum, sondern konfrontiert den Trainierenden mit der Realität. Auf diese Weise wird eine Lücke zwischen dem »real self« und dem »ideal self« sichtbar, die »confrontation gap«. Doch nun kommt es darauf an, die Konfrontationslücke zu füllen, sich annähernd realistisch zu sehen und einzuschätzen, sich zu sehen, wie man ist, um auf dieser realistischen Grundlage aufzubauen und Handlungskompetenzen zu erwerben. – Engagierte und mutige Praktikanten nehmen übrigens Videosets in die Praktika mit, lassen sich aufnehmen, analysieren die Aufzeichnung und lassen sich dann beraten.

25. Praktika absolvieren

Vielen Lehrerinnen und Lehrern wird vorgeworfen, sie hätten in ihrem Leben nur die Schule kennen gelernt, als Lehrer sollen sie aber die Schüler auf Berufe vorbereiten, die außerhalb der Schule liegen. Wie sollen sie diese Aufgabe erfüllen, wenn sie die außerschulische Berufswelt gar nicht kennen? Dieser Vorwurf mag auf viele Lehrer zutreffen, die tatsächlich nur zur Schule gegangen sind, anschließend die Pädagogische Hochschule oder eine Erziehungswissenschaftliche Fakultät besuchten, das Referendariat absolvierten und sofort in den Schuldienst übernommen wurden, den sie heute noch ableisten. Solche Lehrer betätigen sich dann häufig als Notenschreiber. In der Schule, Hochschule und am Ende des Referendariats erhielten sie stets Noten, und dann fingen sie sofort an, selbst Noten zu schreiben – eine fragwürdige Art der beruflichen Sozialisation!

Es gibt aber auch einige Lehrende, die vor dem Pädagogikstudium einen »richtigen« Beruf erlernten, die mit ihrer Rolle als Sekretärin, Verwaltungsangestellte oder Krankenschwester unzufrieden waren und sich bewusst für den Lehrberuf entschieden haben. Die Gruppe dieser »Spätberufenen« studiert meist zielgerichteter als die Abiturienten, und man hat mit diesen Lehrern – von wenigen Ausnahmen abgesehen – sehr gute Erfahrungen gemacht. Sie waren selbst einmal Auszubildende, kennen die Ausbildungssituation und zumindest ein außerschulisches Berufsfeld. Und deshalb sind sie auch besser geeignet, die Schüler auf die Berufs- und Lebenswirklichkeit vorzubereiten. Solche Lehrer werden dann auch von Schülern und Eltern gleichermaßen akzeptiert und respektiert.

Einblick gewinnen ins »wirkliche« Leben

Dieser Mangel an praktischen Erfahrungen in außerschulischen Arbeitsfeldern lässt sich nicht ohne weiteres ausgleichen. Schließlich kann man nicht alle Abiturienten, die Lehrer werden wollen, zunächst eine mehrjährige Berufsausbildung durchlaufen lassen. Die Ausbildungs- und Studienzeiten würden sich unverhältnismäßig in die Länge ziehen. Wollte man eine Berufsausbildung zusätzlich fordern und honorieren, wären Lehrer nicht mehr bezahlbar, und die Schüler würden keine jüngeren Lehrer mehr zu sehen bekommen. – In Dänemark hatte man vor Jahren mit dem Twind-Modell gute Erfahrungen gemacht. Eine Gruppe von Studienanfängern fuhr mit einem Hochschullehrer zunächst einmal in ein Entwicklungsland, um dort zu arbeiten und zu helfen. Nach Dänemark zurückgekehrt, wurde die Gruppe geteilt, die eine Hälfte wurde zum Hausbau verpflichtet, die andere durfte studieren. Nach einer angemessenen Zeit wurden die Rollen getauscht. – Solche Modelle lassen sich leider an größeren Hochschulen kaum realisieren.

Verwirklichen ließe sich jedoch ein Pflichtpraktikum in einem Industrie- oder Wirtschaftsbetrieb, die Mitarbeit in einer sozialen Einrichtung oder die Arbeit als »Unterstützungslehrer« in sozialen Brennpunktschulen – nicht aber in friedlichen

Schulen, die es ja auch noch gibt. Bei diesem Praktikum darf es sich nicht nur um ein »Schnupperpraktikum« von wenigen Wochen handeln. Es sollte ein einjähriges Praktikum sein, das eine echte Mitarbeit fordert und in dessen Verlauf die Praktikanten die Berufswirklichkeit kennen lernen. Zivildienstleistende und jene jungen Männer, die ihren Wehrdienst ableisten, wären von der Pflicht auszunehmen, da sie ja ohnehin ein Sozialpraktikum eigener Art durchlaufen. Auf diese Weise würde sichergestellt, dass Studienanfänger über etwas Lebens- und Berufserfahrung verfügen, bevor sie ihr Studium aufnehmen.

Studienbegleitend sollten – wie an den Pädagogischen Hochschulen in Baden-Württemberg üblich – mindestens fünf Praktika absolviert werden, damit die Praktikanten Gelegenheit erhalten,

- die Schulwirklichkeit auf verschiedenen Schulstufen kennen zu lernen,
- ihre Berufswahl zu überprüfen,
- sich bewusst für die Tätigkeit auf einer Schulstufe zu entscheiden,
- theoretische Einsichten aus den Lehrveranstaltungen auf die Handlungsebene zu übertragen,
- fachliche, methodische, soziale und personale Aspekte des zentralen Handlungsfeldes kennen zu lernen,
- Unterricht zu planen, durchzuführen und auszuwerten.

An den Pädagogischen Hochschulen Baden-Württembergs wird zwischen Tages- und Blockpraktika unterschieden. Tagespraktika finden während der Vorlesungszeit an einem bestimmten Wochentag statt, als Orientierungspraktikum zu Beginn des Studiums oder als Fachpraktika, die von Vertretern der Fachdidaktiken betreut werden. Die mehrwöchigen Blockpraktika sind in den vorlesungsfreien Zeiten zu durchlaufen. Die Praktikanten können sich den Praktikumsort und die Schule selbst wählen, sofern Letztere bereit ist, die Praktikanten aufzunehmen und durch Mentoren zu betreuen. Ein Blockpraktikum kann im Ausland abgeleistet werden, indem sich der Praktikant den Platz selbst sucht oder ihm ein Platz durch die Hochschule vermittelt wird.

Wünschenswert: der Blick über den Zaun

Zur Horizonterweiterung wäre ein obligatorisches Auslandspraktikum wünschenswert. Einige Beispiele mögen dies belegen: In einer Lehrveranstaltung zu verschiedenen Unterrichtskonzeptionen berichtete eine Studentin über ihr Praktikum, das sie in Schweden in einem 6. Schuljahr absolviert hatte. Sie versicherte ihren ungläubigen Kommilitonen, dass sie dort nur Projektunterricht erlebt und einige Projekte selbst durchgeführt habe. – Eine andere Studentin war in Schwarzafrika, gab dort Englischunterricht und berichtet den staunenden Seminarteilnehmern: »Ich hatte nur eine Tafel, Kreide und etwa 120 aufmerksame Schüler, die auf dem Lehmboden hockten, Tische und Stühle gab es nicht, aber wir kamen gut voran.« – Ein anderer Student berichtete über sein Praktikum an einer Sprachenschule in Kiew, an der er Deutschunterricht erteilt hatte: »Alle Schüler waren höflich, hilfsbereit und voll konzentriert, bedankten sich immer für den Unterricht, das war völlig neu für mich.«

Die wenigen Beispiele machen deutlich, wie Unterricht auch in ganz anderen Organisations- und Kommunikationsformen ablaufen kann. Vor allem liegen diese Auslandserfahrungen jenseits des Unterrichts, wie er an weiterführenden deutschen Halbtagsschulen der Sekundarstufe I heute noch üblich ist, weit weg vom Fachunterricht im 45-Minuten-Takt. Wer ein Auslandspraktikum durchläuft, macht ganz neue Erfahrungen, lernt, auf Herausforderungen flexibel und variabel zu reagieren, erwirbt Fähigkeiten, die ihm später bei der Berufsausübung sicher zugute kommen.

Tages- oder Blockpraktika

Befragt man Praktikanten, ob sie lieber Tages- oder Blockpraktika absolvieren möchten, fallen die Ergebnisse fast immer zu Gunsten der Blockpraktika aus.[1] In den Tagespraktika werden Einzelstunden geübt. Der Praktikant bekommt vom Ausbildungslehrer oder dem Fachdozenten ein Stundenthema zugeteilt, über das er zu unterrichten hat. Im Tagespraktikum lernt er die Schüler kaum kennen und ist selten in der Lage, die Lernvoraussetzungen realistisch einzuschätzen. Anspruchsvollere Methoden können in den Kurzstunden kaum realisiert werden. Die Kontinuität des Lehrens und Lernens ist nicht gewahrt, weil der Praktikant die Schüler nur an einem Wochentag erlebt. Und so übt der Praktikant teilweise eine negative Praxis. Die Schüler werden zu Objekten eines fachlich akzentuierten Instruktionsbemühens, und manchmal fühlen sich die Schüler nicht als Personen wahrgenommen, sondern als »Versuchskaninchen«, wenn sie ihre Namenschilder vertauschen und ihren Spaß daran haben, mit falschem Namen aufgerufen zu werden.

In einem mehrwöchigen Blockpraktikum ist die Situation eine ganz andere. Der Praktikant erlebt den Unterrichtsalltag mit und lernt die Schüler kennen. Meist schon nach wenigen Tagen kann er die Schüler namentlich ansprechen, nach einer Woche hat er schon eine Beziehung zur Lerngruppe aufgebaut, die im Verlauf des Praktikums vertieft werden kann. Der Praktikant wird vom Mentor aufgefordert, zu einem bestimmten Thema eine Unterrichtseinheit zu planen, durchzuführen und auszuwerten. Diese thematische Sinneinheit wird von Tag zu Tag weitergeführt, und so bleibt die Kontinuität des Lehrens und Lernens gewahrt. Der Praktikant weiß bald recht genau, wo die Schüler stehen, und kann auf sie eingehen. Weil alle Beteiligten das Gefühl haben, als Personen wahrgenommen zu werden, ist die Lernatmosphäre meist angenehm und konstruktiv.

1 Als Senatsbeauftragter für die schulpraktische Ausbildung führte der Autor an der Pädagogischen Hochschule Heidelberg mehrere Befragungen unter den Praktikanten durch. Blockpraktika wurden generell besser beurteilt als Tagespraktika. Letztere wurden nur dann hoch eingeschätzt, wenn sie von besonders fähigen Kollegen der Fachdidaktik betreut wurden.

Praktikumsschulen sorgfältig wählen

Praktika sollten nur an Schulen absolviert werden, an denen der Fachunterricht im 45-Minuten-Takt abgeschafft und Blockunterricht die Regel ist, an denen die Schüler in zentralen Lernfeldern epochal unterrichtet werden, so wie dies auch international üblich ist. Also kommen für die Praktika nur Grund-, Sonder-, Haupt- und Realschulen in Frage, an denen Klassenlehrer 10 oder mehr Stunden in der eigenen Klasse unterrichten, wenige Reformgymnasien, an denen epochal unterrichtet wird, Reform- und Privatschulen, Landerziehungsheime, Montessori-, Waldorfschulen oder Schulen, die z.B. nach dem Marchtaler Plan arbeiten.[1] Wenig sinnvoll ist es, angehende Lehrer an Schulen praktizieren zu lassen, in denen der Unterricht wie vor 85 Jahren abläuft. Wenn ein Pädagogikstudent als Schüler den Unterricht im 45-Minuten-Takt an einem konventionellen Gymnasium glücklich überstanden hat und dann als Praktikant wieder diesen fragwürdigen Unterricht erlebt, wird er vermutlich diese tradierte Organisationsform akzeptieren und kaum bereit sein, als Lehrer innovativ zu werden.

Schwierigkeiten bereitet immer wieder die Betreuung der Praktika durch Hochschullehrer, weil nicht alle von der Notwendigkeit einer Betreuungsarbeit überzeugt sind. Wer einseitig theoretisch interessiert ist, möchte möglichst wenig mit der Praxis in Berührung kommen und pflegt den Hochmut des Theoretikers. Berührungsängste haben auch jene Hochschullehrer, die keine ausreichenden schulpraktischen Erfahrungen sammeln konnten. Wer Praktikanten »coachen« will, kann dies nur auf der Grundlage umfangreicher Praxiserfahrungen, und die kann sich ein Hochschullehrer nicht nebenbei aneignen.[2] Wenn es das Ziel einer Erziehungswissenschaftlichen Hochschule ist, theoriebewusste und handlungskompetente Lehrer auszubilden, so bedarf es, um dieses Ziel zu erreichen, theoriebewusster und handlungskompetenter Hochschullehrer, die auch bereit sind, selbst einige Stunden zu halten oder vor laufender Kamera zu unterrichten.

Einen Vorschlag für Dauer und Inhalte der Praktika, die auf eine Lehrtätigkeit an der Differenzierenden Leistungsschule vorbereiten, ist in Tabelle 7 skizziert.

1 Der Marchtaler Plan ist der Erziehungs- und Bildungsplan für die Katholischen Freien Grund- und Hauptschulen in der Diözese Rottenburg-Stuttgart, benannt nach dem Kloster Marchtal. Strukturelemente des Marchtaler Plans sind Freie Stillarbeit, Fachunterricht, Vernetzter Integrierter Unterricht, Handwerkserziehung und Arbeitsgemeinschaften. Literatur: Marchtaler Plan.

2 Vertreter der Fächer Philosophie, Psychologie und Soziologie sind generell überfordert, wenn sie Praktikanten betreuen sollen. Die lange zurückliegenden Erfahrungen aus der eigenen Gymnasialzeit reichen für diese anspruchsvolle Tätigkeit nicht aus, die mit der eines Supervisors gleichzusetzen ist.

Tab. 7: Praktika zur Vorbereitung auf die Lehrtätigkeit an einer Differenzierenden Leistungsschule – auf einen Blick

Vorpraktikum (ein Jahr vor Aufnahme des Studiums)	– in einem anderen Berufsfeld, – in einer sozialen Einrichtung, als Unterstützungslehrer in einem sozialen Brennpunkt
Orientierungspraktikum (vierwöchig)	Auch in den angrenzenden Stufen, damit die Lehrer wissen, woher die Schüler kommen und wohin sie gehen; wenn sich ein Student für die Unter- und Mittelstufe einer Differenzierenden Leistungsschule entscheidet, sollte er eine Woche im Kindergarten, dann zwei Wochen auf seinem Stufenschwerpunkt und in der letzten Woche in der Oberstufe hospitieren und kleine Lehraufgaben übernehmen.
Situatives Lehrtraining (zehn Trainingstage)	Zum Erwerb wichtiger Handlungskompetenzen mit Videoaufzeichnungen zur Selbstkonfrontation.
Blockpraktikum I (sechswöchig)	Auf der ersten gewählten Schulstufe, Epochenunterricht im ersten Lernfeld oder Unterricht im Hauptfach.
Auslandspraktikum (sechswöchig)	Praktikumsplatz wird selbst gesucht oder durch die Hochschule vermittelt, Unterrichtstätigkeit muss gewährleistet sein.
Blockpraktikum II (sechswöchig)	Auf der zweiten gewählten Schulstufe, Epochenunterricht im zweiten Lernfeld oder Unterricht im Hauptfach.

Anmerkung: In jedem Fall sollten Praktikanten die Möglichkeit haben, die Lernvoraussetzungen der Schüler kennen zu lernen. Außerdem muss die Kontinuität des Lehrens und Lernens gewährleistet sein. An Schulen, die immer noch im 45-Minuten-Takt arbeiten, sollten keine Praktika stattfinden, weil dort eine negative Praxis eingeübt wird.

26. Klassenlehrer ausbilden

Gebraucht werden kompetente Klassenlehrerinnen und Klassenlehrer, die ihre Schüler kennen, sich für sie engagieren, am Lernfortschritt jedes Einzelnen interessiert sind und sich den Schülern verpflichtet fühlen. Solche Klassenlehrer finden sich in großer Zahl in den Sonder- und Grundschulen, an vielen Hauptschulen, wenigen Realschulen und selten an den Gymnasien. Dort gibt es viele unechte Klassenlehrer, die lediglich vier Wochenstunden Deutsch oder Mathematik in ihrer Klasse erteilen, die Anwesenheit oder Abwesenheit der Schüler registrieren, auf die vorgeschriebenen Eintragungen im Wochenbuch achten und nur dann Kontakt zu den Eltern aufnehmen, wenn es unbedingt sein muss.

Ein echter Klassenlehrer

- unterrichtet je nach Altersstufe 10 bis 20 Wochenstunden in der eigenen Klasse,
- fühlt sich für die ihm anvertrauten Schüler verantwortlich,
- verfasst mit ihnen eine Klassenordnung,
- ist um ein konstruktives Lern- und Gruppenklima bemüht,
- fördert die Aktivitäten des Schullebens,
- steht den Schülern als Bezugsperson zur Verfügung,
- arbeitet mit den Eltern zusammen,
- kooperiert mit den Kollegen, die auch in seiner Klasse unterrichten, und
- kümmert sich um die Ausgestaltung des Klassenzimmers zu einer den Schülern angemessenen Lernumgebung.

Wenn die echten Klassenlehrer an weiterführenden Schulen fehlen, stellt sich einmal mehr die Frage, ob Schüler oder Fächer unterrichtet werden sollen? Wird die Auffassung vertreten, dass Lehrer in erster Linie Schüler zu unterrichten haben, muss man folgerichtig Klassenlehrer ausbilden und einsetzen. Ist man hingegen der Meinung, man könne die Schüler als »Zielobjekte« des eigenen Instruktionsbemühens betrachten, könne Inhalte, die man vor Jahren studiert hat, vor ihnen ausbreiten oder über sie ausschütten, dann kann man auf echte Klassenlehrer verzichten. Wer das System der Fachlehrer beibehalten will – den Unterricht im 45-Minuten-Takt, 13 verschiedene Fächer pro Woche, 42 Lernprozesse innerhalb von fünf Tagen, geteiltes Lernen, die Hausaufgabenpraxis mit den pädagogischen Hilfstruppen, die nachmittags mit den Kindern das nacharbeiten, was vormittags nicht geleistet worden ist – der handelt verantwortungslos. Tabelle 8 zeigt das Klassenlehrer-System in einer Differenzierenden Leistungsschule.

Tab. 8: Das Klassenlehrer-System in einer Differenzierenden Leistungsschule

		Klassenlehrer für drei Jahre	**Fachlehrer**
Oberstufe	Schuljahre 7–9	10 Wochenstunden	22 Wochenstunden
Mittelstufe	Schuljahre 4–6	15 Wochenstunden	15 Wochenstunden
Unterstufe	Schuljahre 1–3	20 Wochenstunden	5 Wochenstunden

Je jünger die Schüler, desto mehr Zuwendung benötigen sie und desto mehr Unterricht sollte vom Klassenlehrer erteilt werden. Je älter die Schüler, desto häufiger können sie auch von Fachlehrern unterrichtet werden. Dieser Grundsatz wird durchbrochen, wenn 13-jährige Schüler an weiterführenden Schulen mit einem Fachunterricht konfrontiert werden, der auf ihre emotionale Befindlichkeit keine Rücksicht nimmt. Plötzlich müssen sie sich auf 13 verschiedene Fächer und zehn verschiedene Lehrer einstellen, auf einen Potpourri der Inhalte und Personen, das auch Erwachsene überfordert, das aber gedankenlos seit 85 Jahren gespielt wird. Die Ursachen für diesen Missstand sind auf die geringe Innovationsrate innerhalb des Schulsystems, auf die verwalteten Schulen, eine zu enge fachliche Ausbildung der Lehrer sowie auf deren fehlende Bereitschaft zurückzuführen, in der eigenen Klasse auch fachfremd zu unterrichten.

Wer 10 bis 20 Wochenstunden in einer Klasse arbeitet, lernt die Schüler recht gut kennen, d.h., er kann die individuellen Begabungen, die familialen, kulturellen, motivationalen, kognitiven, emotionalen, psychomotorischen, sprachlichen, sozialen, gruppalen, schulischen ergonomischen und sachstrukturellen Voraussetzungen ziemlich genau einschätzen (Becker 2001, S. 36). Und wer eine Schülergruppe für volle drei Jahre betreut, fühlt sich für den Lernfortschritt der Gruppe und für jeden einzelnen Schüler verantwortlich. Die Schüler fühlen sich ihrerseits dem Lehrer verpflichtet, strengen sich an, und so entsteht eine wechselseitige Beziehung und Verantwortlichkeit, eine Lehr-Lerngemeinschaft. Da die Klasse – wie in einer Differenzierenden Leistungsschule vorgesehen – nach drei Jahren einen neuen Klassenlehrer bekommt, wird eine mögliche abträgliche Rollenfixierung vermieden. Der eingeplante Rollenwechsel fordert von den Schülern bis zum Mittleren Schulabschluss die dreimalige Neuorientierung.

Da Klassenlehrer die Lernvoraussetzungen und Lernmöglichkeiten ihrer Schüler recht genau kennen, sind sie in der Lage, individuelle Lernhilfen zu geben und Differenzierungsmaßnahmen zu ergreifen, die auf einzelne Schüler abgestimmt sind. Da sie das Leistungsvermögen ihrer Schüler meist realistisch einschätzen, behandeln sie die Schüler auch annähernd gerecht. Auf Grund der langfristigen Zusammenarbeit können sie die Schüler kompetent beraten. Erfahrungsgemäß wird den Anordnungen eines Klassenlehrers eher Folge geleistet als denen eines Fachlehrers. Klassenlehrer haben in ihren Klassen kaum Disziplinschwierigkeiten. Treten bei Fachlehrern massive Probleme im Umgang mit den Schülern auf, wenden sie sich oft an den Klassenlehrer, suchen dessen Rat und bitten um seine Unterstützung.

Ein Klassenlehrer, der seine Aufgaben ernst nimmt, kennt die Sozialisationsbedingungen seiner Schüler, nicht um die eigene Neugier zu befriedigen oder Vorgaben des Datenschutzes zu missachten, sondern um das Lern- und Leistungsvermögen einschätzen und den Schülern in existenziellen Krisensituationen – z.B. Scheidung der Eltern, Tod oder schwere Krankheit eines Angehörigen – helfen zu können. Klassenlehrer suchen den Kontakt zu den Eltern, lernen sie persönlich kennen, können so mit den Eltern eine Erziehungspartnerschaft eingehen und mit ihnen im Interesse der Schüler zusammenarbeiten, sofern die Eltern das Angebot annehmen.

Die Aufgaben eines Klassenlehrers in der ihm anvertrauten Klasse lassen sich mit vier Begriffen umschreiben: *Klassenordnung*, *Lernumgebung*, *Lernklima* und *Gruppenklima*. Lehrer und Schüler sollten sich eine Klassenordnung geben, in welcher bedeutsame Regeln des Sozialverhaltens in altersgemäßer Sprache vereinbart werden. Die Regeln können, in einem Verhaltensposter festgehalten, als Wandschmuck dienen. Wer diese wichtigen Regeln überschreitet, wird an sie erinnert oder hat mit zuvor vereinbarten Sanktionen zu rechnen.

Lernumgebung

Auch heute noch sehen leider viele Klassenzimmer wie Wartesäle aus. Die gemeinsame Aufgabe des Klassenlehrers, des Schulträgers, der Schulleitung, der Eltern und Schüler besteht darin, den Raum bewohnbar zu gestalten. Je nach Schulstufe ist er mit altersgerechten Möbeln, modernen Medien, Ablagefächern für die Schüler, einer Bastel-, Spiel- und Leseecke, einer Klassenbücherei mit wichtigen Nachschlagewerken, einem Regal für Lernmaterial und mit vielen Quadratmetern Kork- und Wandtafeln auszustatten. Die Kosten dürfen nicht auf den Klassenlehrer abgewälzt werden. Die Schüler sind in die Gestaltung der Lernumgebung einzubeziehen und je nach Alter der Schüler ist zu regeln, wer für das Klassenbuch, die Zimmerpflanzen, das Aquarium, den Hamster, die Tafeln und die technischen Geräte – die Computer, den Overheadprojektor, den Diaprojektor, den Videorekorder – zuständig ist.

Lern- und Gruppenklima

Klassenlehrer sind für ein konstruktives Lern- und Gruppenklima mitverantwortlich. Erwünscht ist ein Klima, in dem Lehrer und Schüler verständnisvoll miteinander umgehen, sich die Schüler wohl fühlen, ihre Lernmöglichkeiten berücksichtigt und ausgeschöpft werden, ein Klima, in dem man aufeinander Rücksicht nimmt und sich um wechselseitiges Verstehen bemüht – vor allem den ausländischen, sozial schwachen und behinderten Mitschülern gegenüber, in dem man sich hilft aber auch wetteifert. Ein Klassenlehrer hat beim Umgang mit den Schülern zahlreiche Möglichkeiten, Rücksichtnahme zu fordern, Andersartigkeit als Wert zu betonen, zur gegenseitigen Hilfe anzuregen, kleine Wettbewerbssituationen zu schaffen, Lernanreize zu erhöhen und die Lernmotivation zu steigern. Sofern Schüler unerzogen in die Schule kommen, wird er selbstverständlich auf die üblichen Umgangsformen aufmerksam machen und kontinuierlich auf die Schüler einwirken, ohne dass für diesen Bereich ein besonderes Fach eingeführt werden müsste.

Im Unterschied zum Fachlehrer kann ein Klassenlehrer eher *gruppendynamische Prozesse* wahrnehmen und steuern. Die Schüler einer Klasse unterliegen, wie jede andere Gruppe auch, einem ständigen Wandel oder einer Dynamik. Sie durchlaufen die üblichen Stadien – informelle Kontaktaufnahme, vertiefende Kontaktaufnahme, Darstellung und Profilierung, Rollendifferenzierung, Konfliktstadium, Regelfindung und Stadium der konstruktiven Kooperation –, doch gibt es leider zum erstrebenswerten letztgenannten Stadium keinen linearen Verlauf. Immer wieder sind Rückschläge zu erwarten, Machtkämpfe, Aggressionen, Provokationen oder Regelüberschreitungen. Doch kann ein Klassenlehrer in Kenntnis der Schüler, der Lerngruppe und auf Grund der Prozessbeobachtungen angemessener intervenieren als dies eine außen stehende Person vermag.

Der Klassenlehrer kooperiert mit den Fachlehrern im Pädagogischen Team hinsichtlich

- Stundenplangestaltung, Absprachen zu notwendig werdenden Vertretungsstunden, der Termine von Klassenarbeiten u.a.m.
- inhaltlicher Fragen – wer, was, wann unterrichtet, Absprachen, die den Fächerverbindenden Unterricht und Maßnahmen der Schuldifferenzierung betreffen,
- Erziehungsschwierigkeiten und Disziplinproblemen, welche einzelne Schüler oder die ganze Gruppe angehen, also hinsichtlich der Einhaltung der für das Lehren und Lernen in der Gruppe erforderlichen sozialen Ordnung und
- der Aktivitäten des Schullebens, Kooperation bei Wanderungen, Exkursionen, Klassenfahrten, Aufenthalt im Schullandheim, Klassenfest, Beitrag zur Schulfeier sowie bei besonderen Vorhaben und Projekten.

Das Pädagogische Team hat immer wieder unverhofft auftretende Fragen zu klären und Probleme zu lösen, über wichtige Punkte zu beraten und zu entscheiden. Voraussetzung für gelungene Teamarbeit ist zunächst einmal, sich von dem an deutschen Schulen vorherrschenden Einzelkämpfertum zu verabschieden, die Gesprächsbereitschaft zu fördern und die Gesprächsfähigkeit zu entwickeln, etwa im Sinn der Themenzentrierten Interaktion (Cohn 1975). Gespräche sollten möglichst ohne Zeit- und Handlungsdruck stattfinden, doch müssen trotz begrenzter Zeit Ergebnisse erzielt werden. Sicher ist es schwierig, den Umfang der Beratungszeit zu kalkulieren, doch dürften wenige Wochenstunden genügen.

27. Qualifizierte Bewerber einstellen

Jeder Wirtschafts- oder Industriebetrieb, der ausbildet, ist bestrebt, die qualifiziertesten Absolventen als Mitarbeiter zu gewinnen. Schließlich weiß jeder Arbeitgeber um den Zusammenhang zwischen den Qualifikationen der Belegschaft und der Produktivität des Betriebs. Intelligente und geschulte Mitarbeiter sind eher bereit und in der Lage, sich auf neue Herausforderungen einzustellen. Und deshalb wird alles getan, um den besten Absolventen einen Arbeitsplatz anzubieten.

Leider beschreiten die Kultusministerien und die ihnen nachgeordneten Behörden seit Jahrzehnten einen anderen Weg, wobei man die Schuld an diesem Irrweg immer den Finanzministerien anlasten kann. Verfügt ein Bundesland über entsprechende Haushaltsmittel und ist der politische Druck groß, den Wähler, Eltern und Berufsverbände ausüben, werden nahezu alle Lehramtsbewerber eingestellt. Sind die Kassen leer und werden rein rechnerisch weniger Lehrer benötigt, werden die besten Absolventen abgewiesen. Diese engagierten Bewerber sind bitter enttäuscht und mit ihnen die Hochschullehrer, Ausbilder an den Seminaren, die Mentoren, die im Dienst ergrauten Kollegen und die Schüler, die endlich mal von einem jungen Lehrer unterrichtet werden wollten.

Die hoch qualifizierten und leistungsbereiten Absolventen überwinden allerdings bald die erlittene Frustration, denn die Personalabteilungen in Wirtschaft und Industrie lauern schon auf diese »Rohdiamanten«. Sie sind am Intelligenz- und Fähigkeitspotenzial der jungen Frauen und Männer interessiert und überzeugt, sie »durch den richtigen Schliff zum Funkeln zu bringen«.[1] Die jungen Leute gehen auf die Angebote ein, lassen sich umschulen, finden ein neues Aufgabengebiet und einen Arbeitsplatz und einige machen sich auch selbstständig. – Kam die Schulbehörde auf die Idee, die Absolventen auf eine Warteliste zu setzen, stehen die besten nach kurzer Zeit nicht mehr zur Verfügung, weil das Stellenangebot für sie unattraktiv geworden ist.[2]

Leistungsstarke Lehrer haben leistungsstarke Schüler

Ändern ließe sich diese Einstellungspraxis wohl nur über eine Bewusstseinserweiterung der politisch Verantwortlichen. Für einen anspruchsvollen Unterricht ist nicht allein die Anzahl der Lehrer entscheidend, viel wichtiger sind deren Qualifikationen und Handlungskompetenzen. Wer z.B. problemorientiert unterrichten will, muss eine Problemstellung mit hohem Aufgabenanreiz formulieren, auf die Lernvoraussetzungen der Schüler abstimmen, in den Lehr-Lernprozess einbringen, den Prozess steuern, die Lösungsvorschläge mit den Schülern sichten, vergleichen und beurteilen können. Die besten Absolventen verfügen über solche anspruchsvollen Qualifikationen und Kompetenzen, einige leider nicht – auch wenn sie das Examen bestanden haben. Um das Problem auf eine kurze Formel zu bringen: Wollen wir kluge und leistungsstarke Schüler, brauchen wir kluge und leistungsstarke Lehrer. Diese Selbstverständlichkeit lässt sich auch interaktionsanalytisch untermauern. Wenn Lehrer häufig anspruchsvolle Fragen stellen, die eine Verständnis- oder Übertragungsleistung beinhalten, fragen die Schüler bald anspruchsvoll, tun sie dies nicht, bleibt der Unterricht niveaulos (Hudgins/Ahlbrand 1967).

In diesem Zusammenhang ist der positive bzw. negative Multiplikationseffekt zu beachten. Kluge Lehrer bringen in etwa 40 Dienstjahren über tausend kluge Schüler hervor, die sich gern an ihren Lehrer erinnern, bei dem sie viel gelernt haben, während andere Schüler unter weniger qualifizierten Lehrern zu leiden haben, weil ihr Lernpotenzial nicht ausgeschöpft worden ist. Im Interesse der Schüler, im gesellschaftlichen Interesse und im Blick auf die Zukunft sollte deshalb unbedingt versucht werden, stets die besten Absolventen in den Schuldienst zu übernehmen.

1 Podiumsdiskussion mit Wirtschaftsvertretern an der Pädagogischen Hochschule Heidelberg im Jahr 1985 zum Thema »Lehrerarbeitslosigkeit«.

2 Der Autor traf 1985 einen ehemaligen Studenten in einer Heidelberger Buchhandlung, der das erste und zweite Staatsexamen mit »sehr gut« abgelegt hatte, keine Anstellung bekam, aber auf der Warteliste stand. Über seine Zukunftsaussichten befragt, sagte er: »Ich bin jetzt Pharmareferent und verdiene dreimal so viel wie ein Lehrer. In drei Jahren kann ich Bezirksleiter werden, dann verdiene ich viermal so viel. Schade, eigentlich hätte ich ja sehr gern unterrichtet, aber nun werde mir sehr gut überlegen, ob ich ein Stellenangebot annehme.«

Inkompetente Lehrer bremsen die Entwicklung der Schüler

Nun kann man die Auffassung vertreten, der Lehrerberuf sei ein Massenberuf, was ja auch den Tatsachen entspricht. Insgesamt gibt es in der Bundesrepublik etwa 850.000 Lehrer. Da ist es doch ganz natürlich, dass es unter ihnen auch eine größere Anzahl inkompetenter Lehrer geben muss. Nur kann man diese nicht wie in einem Wirtschafts- oder Industriebetrieb oder einer Verwaltung durchschleppen, mit einfachen Arbeiten betrauen, bei denen sie nicht viel Schaden anrichten können. Wenn man einem Lehrer Schüler anvertraut, geht es immer darum, Kinder und Jugendliche in ihrer geistig-seelischen Entwicklung zu fördern und zu beeinflussen. Mangelnde Professionalität kann sich verheerend auswirken, was die vielen schulgeschädigten Schüler beweisen.[1] Die naive Einstellungspraxis führt in den Kollegien zu erheblichen Verwerfungen im Altersaufbau. – In Zeiten der Hochkonjunktur und gefüllter Kassen werden zahlreiche Lehrer eingestellt, bei fehlenden Haushaltsmitteln wird auf Einstellungen verzichtet. – So begrüßte ein Schulleiter den Autor mit den Worten: »Unser größtes Problem besteht darin, dass die jüngste Kollegin 54 ist und unsere Schüler nur Großmütter erleben.«[2] Leider ist das Problem des homogenen Altersaufbaus fast unlösbar. Denn werden die überalterten Kollegien pensioniert, treten junge Lehrer an ihre Stelle, die wieder gemeinsam alt werden und die Einstellung junger Kollegen verhindern.

Vor diesem Hintergrund erscheint es sinnvoll und notwendig, den Bedarf an Lehrern langfristig zu kalkulieren und den besonders qualifizierten Absolventen in jedem Fall ein Arbeitsangebot zu unterbreiten. Ein solcher Abschöpfungseffekt, auch als »creaming« bekannt, hätte mehrere Vorteile: Die Lehramtsbewerber würden sich noch stärker um den Kompetenzerwerb bemühen, das Niveau des Berufsstands würde angehoben, viele Schüler würden sich über qualifizierte Lehrer freuen, mehr und anspruchsvoller lernen und bei internationalen Vergleichsstudien besser abschneiden, ein Effekt, der sich allerdings nur langfristig einstellen würde.

28. Das Rollenverständnis neu definieren

Folgt man dem traditionellen Rollenbegriff – Gesamtheit der Erwartungen, die an den Inhaber einer sozialen Position gerichtet werden – so haben Lehrerinnen und Lehrer eine Position inne, die durch den Beamtenstatus gekennzeichnet ist. Inner-

1 Wenn ein 12-jähriger Gymnasiast morgens regelmäßig Fieber bekommt, weil eine Klassenarbeit ansteht, kann das Schulsystem nicht in Ordnung sein. Auch die zahlreichen versuchten oder vollendeten Selbsttötungen in Verbindung mit einer drohenden Nichtversetzung oder der Zeugnisausgabe weisen auf die Fragwürdigkeiten des Schulsystems hin. Detaillierte Informationen liefert der Kinderschutzbund.

2 Als Senatsbeauftragter für die schulpraktische Ausbildung besuchte der Autor in den 80er-Jahren zahlreiche Schulen im Heidelberger Raum, deren Kollegien den damals für viele Schulen typischen Altersaufbau zeigten.

halb des klassisch-hierarchischen Bürokratiesystems haben sie bestimmten Pflichten zu genügen, das Grundgesetz und die Verfassung zu achten, aktiv für die freiheitlich demokratische Grundordnung einzutreten, die Anwesenheit der Schüler zu kontrollieren, die Schüler nach vorgeschriebenen Regeln zu benoten und zu selektieren. Den Pflichten stehen bestimmte Rechte gegenüber, indem der Staat für sie zu sorgen hat, wobei dieses Alimentationsprinzip bei Angestellten und Arbeitern häufig Neidgefühle weckt. Doch dafür sind die Aufstiegschancen gering und die Verdienstmöglichkeiten – verglichen mit typischen Gelderwerbsberufen – begrenzt. Da jeder Lehrer, nach Dienstaltersstufen gestaffelt, das gleiche Gehalt bezieht, fehlen materielle Leistungsanreize. Den Möglichkeiten zur Selbstverwirklichung sind enge Grenzen gesetzt. Ein Lehrer hat im Rahmen seiner Berufsausübung politische Zurückhaltung zu üben. In einem engen Rahmen darf er kreativ werden, so bei der Unterrichtsgestaltung, der Methodenwahl oder beim Umgang mit Problemschülern. Ansonsten hat er sich in das Bürokratiesystem einzufügen und den Dienstweg einzuhalten. – In der öffentlichen Meinung gelten Lehrer als wenig reformfreudig. Ihre Fortbildungsbereitschaft erscheint eher gering. Sie sind nahezu unkündbar, was Probleme aufwirft, wenn Schüler unter unfähigen Lehrern zu leiden haben. Lehrer wirken in die Familien hinein, stören den Hausfrieden durch Hausaufgaben und schlechte Noten und erzeugen bei sensiblen Kindern Schulangst. So etwa lässt sich die soziale Position skizzieren.

Gehen wir der Frage nach, welche Bezugsgruppen Erwartungen an die Lehrer richten, dann sind dies zunächst einmal die Schüler selbst, dann die Eltern, die Kollegen, die Schulleitung sowie die Vertreter der Schulaufsicht. Weiterhin formulieren Arbeitgeber und Gewerkschaften, Kirchen und Parteien, Politiker und die interessierte Öffentlichkeit ihre Ansprüche. Und schließlich erhoffen sich noch örtliche Vereine eine aktive Mitarbeit.

Was Schüler erwarten

Die Schüler erwarten zu Recht, dass sie zunächst einmal wahrgenommen werden, man sie namentlich anspricht und verständnisvoll mit ihnen umgeht. Sie möchten mit ihren Entwicklungs- und Lernschwierigkeiten ernst genommen und in ihrer Einmaligkeit akzeptiert, respektiert und toleriert werden. Sie erwarten aber auch, dass man ihnen Grenzen aufzeigt, ihnen zu verstehen gibt, was nicht mehr toleriert werden kann. Sie möchten herausgefordert und angemessen gefördert werden. Lernunwillige Schüler sind selten, es sei denn, die Beziehung zum Lehrer ist massiv gestört, die Rahmenbedingungen sind ungünstig oder die Zukunftsaussichten sind denkbar schlecht. Schüler wollen – ihrem Anspruchsniveau entsprechend – positiv beurteilt und benotet werden, ein gutes Zeugnis erhalten und versetzt werden. Schüler erhoffen sich einen gerechten und verlässlichen Lehrer, der Verhaltenssicherheit bietet und konsequent verfährt. Und sie freuen sich über einen humorvollen Lehrer, der über die Widerwärtigkeiten des Schulalltags lachen oder gelassen hinwegsehen kann. Selbstverständlich erwarten sie einen Lehrer, der viel weiß, den man fragen kann und von dem man gute Antworten bekommt. Und sie erwarten einen interessanten und abwechslungsreichen Unterricht. Die Erwartungen der Schüler an ihre Lehrer sind also vielfältig und anspruchsvoll.

Was Eltern erwarten

Eltern erwarten von den Lehrern für ihre Kinder einen angemessenen und anspruchsvollen Unterricht. Sie wünschen sich, dass ihre Kinder gerne zur Schule gehen. Sie erhoffen sich gute Zensuren, entsprechende Zeugnisse und eine erfolgreiche Schulkarriere. Entsprechen die Lehrer diesen Erwartungen, nimmt das elterliche Interesse an der Schule stark ab. Kommt es zu erwartungswidrigen Schulleistungen, nimmt das Interesse an der Schule wieder zu. Dann ist es an der Zeit, den Lehrer in der nächsten Elternsprechstunde aufzusuchen. Da die Ursachen für ein Leistungsversagen bei den Schülern, den Lehrern und den Eltern liegen können, verlaufen solche Gespräche oft ergebnislos. Viele Eltern, die einem sozialschwachen oder bildungsfernen Milieu zuzuordnen sind und ihren Erziehungspflichten nicht nachkommen können, erwarten von den Lehrern, dass sie erzieherisch tätig werden. Andere Eltern, die ihre Kinder gerne selbst erziehen, sprechen den Lehrern das Recht ab, pädagogisch einzuwirken. Und dann gibt es Eltern der Oberschicht, die ihre »wohlstandsverwahrlosten« Kinder in ein Internat schicken und auf die erzieherische und prägende Kraft der Institution hoffen. Die Erwartungen der Eltern an die Lehrer sind also höchst unterschiedlich.

Und auch die Kollegen erwarten vieles

Kollegen erwarten zunächst einmal einen verständnisvollen Umgang miteinander, sodann aber auch Hilfe und Beistand, wenn es darum geht, für einen Kollegen einzuspringen, die Hofaufsicht zu übernehmen, fremde Klassen zu beaufsichtigen, Vertretungsstunden zu übernehmen, einen ungünstigen Stundenplan zu akzeptieren oder die Schulfeier zu gestalten. Sie erhoffen Beistand im Umgang mit Problemschülern und schwierigen Lerngruppen, im Umgang mit schwierigen Eltern, bei ungerechtfertigten Anweisungen des Schulleiters oder eigenartigen Ansprüchen der Schulaufsicht. Und sie erwarten Unterstützung in existenziellen Krisensituationen, bei Krankheit, Scheidung oder Tod eines Angehörigen. Gefragt ist also – wie in jedem anderen Beruf auch – der verständnisvolle, hilfsbereite und solidarische Kollege.

Schließlich noch die Schulleitererwartungen

Schulleiter erwarten von ihren Lehrern, dass sie ihren Lehrverpflichtungen nachkommen, selten krank werden und beim Klingelzeichen unverzüglich die Klassenzimmer aufsuchen. Sie erhoffen sich einen qualifizierten Unterricht, ansprechende

Lehr-Lernleistungen und hohe Leistungsstandards, damit sie den nächsten internationalen Vergleichsstudien gelassen entgegensehen können. Sodann erwarten sie von ihren Lehrern, dass sie das Amtsblatt lesen, Erlasse, Verordnungen, Verfügungen und Rundschreiben zur Kenntnis nehmen und weisungsgemäß handeln. Sie erhoffen sich konfliktfähige Lehrer, die bei Auseinandersetzungen mit schwierigen Schülern, Lerngruppen oder Eltern angemessen intervenieren und sie möglichst wenig mit solchen unangenehmen Ereignissen behelligen. Und sie erwarten die freiwillige Mitarbeit bei der Gestaltung des Schullebens, bei Festen und Feiern, Sportveranstaltungen, Exkursionen, Wandertagen, bei Aufenthalten im Landschulheim oder bei Skifreizeiten. Da sie weitgehend auf die Freiwilligkeit und das Engagement ihrer Lehrer angewiesen sind, werden sie in ihren Erwartungen oft enttäuscht. – Schulleiter denken, fühlen und handeln überwiegend funktionalistisch, insbesondere wenn sie eine größere Schule zu leiten haben, was ihnen nicht zu verdenken ist, da sie den möglichst reibungslosen Ablauf des Unterrichts sicherzustellen haben. Für innovative Überlegungen und grundlegende Veränderungen bleibt da oft wenig Zeit und Kraft.

Und die Erwartungen der Schulaufsicht

Ähnlich wie die Schulleiter erwarten die Vertreter der Schulaufsichtsbehörden von Schulleitern und Lehrern, dass sie die beruflichen Verpflichtungen eigenständig und kompetent wahrnehmen. Von jüngeren Lehrern wird zu Recht die Übernahme schwieriger Aufgaben sowie eine hohe Mobilität verlangt, wie beispielsweise die Arbeit in sozialen Brennpunkten, in abgelegenen Gemeinden oder der Einsatz als Vertretungslehrer. Die Sichtweise der Schulaufsichtsbeamten ist ebenfalls funktionalistisch, was die Äußerung eines Schulamtsdirektors dem Autor gegenüber belegen mag: »Ich bin für über 600 Lehrer verantwortlich, wenn ich 30 von ihnen nicht hätte, ginge es mir gut. Mit diesen habe ich immer Schwierigkeiten, bei diesen häufen sich die Akten. Außerdem haben die eine Rechtsschutzversicherung.« Ins Positive gewendet bedeutet dies, dass wohl 95 Prozent der Lehrer aus der Sicht dieses Vorgesetzten ihren Dienstpflichten nachkommen – oder zumindest nicht negativ in Erscheinung treten.

Der Erwartungskatalog wird immer länger

Arbeitgeber fordern von der Institution Schule, von den Lehrern die Erziehung der Schüler zu Fleiß, Sauberkeit, Ordnung, Pünktlichkeit, zu den typisch preußisch-schwäbischen Tugenden, die an jedem Arbeitsplatz gefragt sind. Außerdem erwarten sie Basisqualifikationen, Leistungsstandards und Kompetenzen in Deutsch, Mathematik und Datenverarbeitung, grundlegende Qualifikationen, um eine Ausbildung erfolgreich durchlaufen und abschließen zu können. Gefragt sind auch soziale Kompetenzen, die Bereitschaft und Fähigkeit zur Teamarbeit. Leider können die Erwartungen der Arbeitgeber nicht immer erfüllt werden, was vor allem auf Hauptschüler zutrifft, wenn sie den Schulabschluss als notwendige Voraussetzung für eine Berufsausbildung nicht schaffen oder wenn es Ausbildungsplätze gibt, die nicht besetzt werden können, weil qualifizierte Bewerber fehlen.

Die Vertreter der Arbeitnehmer, der *Gewerkschaften* und der *Berufsverbände*, fordern von den Lehrern die Vermittlung politischer Lerninhalte, eine Erziehung zur Kritikfähigkeit und Konfliktbereitschaft, zu Solidarität und, wenn es sein muss, zur Streikbereitschaft, wenn sich bei Tarifverhandlungen keine Kompromisse abzeichnen sollten. Und sie erhoffen sich durch eine eher indirekte Beeinflussung der Schüler neue Mitglieder für ihre Organisationen.

In den *Kommunen* erwarten Vertreter der *Vereine* und *Kirchen* die möglichst ehrenamtliche Übernahme bestimmter Aufgaben durch die Lehrer, sei es als Übungsleiter oder Trainer, als Organist oder Dirigent, als Teilnehmer am Schülergottesdienst oder an einer Prozession. Dieses Engagement wird auch heute noch in ländlichen Gemeinden erwartet. Und viele Lehrer übernehmen auch heute noch wichtige Funktionen. Doch drängt sich sofort die Frage auf, welche Erwartungen Vorrang haben sollten, die der Schüler oder die der Chorsänger?

Berufsverbände, z.B. die Gewerkschaft Erziehung und Wissenschaft, der Philologenverband, der Verband Bildung und Erziehung oder der Realschullehrerverband erhoffen sich die Mitgliedschaft möglichst vieler Lehrer in ihrem Verband, um die eigene Organisation zu stärken. Sie führen Informations- und Werbeveranstaltungen durch, um die Lehramtsanwärter für sich einzunehmen.

Schließlich erwarten *Politiker* aller Parteien, aber auch die gesellschaftspolitisch interessierten *Bürgerinnen* und *Bürger*, dass die Lehrer allen gesellschaftlich verursachten Fragwürdigkeiten und Problemen entgegen wirken: der Fehlernährung durch Gesundheitserziehung, der Umweltverschmutzung durch Abfallsortierung, der Aidsgefahr durch sexuelle Aufklärung, den vielen Verkehrsopfern durch Verkehrserziehung, dem übermäßigen Fernsehkonsum durch Medienpädagogik u.a.m. Es ist so einfach, Lehrer für alles und jedes verantwortlich zu machen, weil sie sich kaum wehren können. Und nun erwarten Politiker auch noch hohe Leistungsstandards auf oberen Kompetenzstufen, Leistungen, die einem internationalen Vergleich standhalten, damit die Gesellschaft wieder optimistisch in die Zukunft sehen kann. Kein Wunder also, dass sich viele Lehrer als »Prügelknaben der Nation« betrachten.

Wenn Lehrer versuchen, allen vorgenannten Erwartungen zu entsprechen, sind sie zum Scheitern verurteilt. Schließlich sollen auch noch die Erwartungen des Partners und der eigenen Kinder erfüllt werden, sodass die schulischen und außerschulischen Erwartungen laufend konkurrieren und kollidieren. Sie können nicht ständig an die unterschiedlichen Erwartungen aller Eltern, Kollegen, der Schulleitung, der Schulaufsicht, der Arbeitgeber, der Arbeitnehmer, der Kirchen und Vereine, der Politiker, der Bürger und der interessierten Öffentlichkeit denken. Sie müssen ein professionelles Rollenverständnis gewinnen, das primär den Interessen der Schüler entgegenkommt.

Prioritäten setzen

Lehrer sollten sich vornehmen, die vielfältigen und anspruchsvollen Erwartungen der Schüler zu erfüllen, sich vorrangig auf ihre zentralen Aufgaben zu konzentrieren, den Unterricht professionell zu planen, vorzubereiten, durchzuführen und auszuwerten. Sie sollten möglichst fach-, methoden-, sozial- und personalkompetent unterrichten, jeden Schüler wahrnehmen, den Umgang mit den Schülern konstruktiv gestalten, ihnen Lernleistungen abverlangen und sie beim Lernen unterstützen. Nur so können die Schüler jene Leistungen erzielen, die ihren individuellen Begabungen, den erworbenen Fähigkeiten und den Lernmöglichkeiten entsprechen. Auf diese Weise ergibt sich ein Rollenverständnis, das im Interesse der Schüler liegt und auf das zentrale Berufsfeld ausgerichtet ist. Wenn sich Lehrer als Experten für die Unterrichtsgestaltung und für die Bewältigung von Erziehungsschwierigkeiten sehen und beweisen, wird dies ihr Selbstverständnis und ihr Selbstwertgefühl stärken und zur Aufwertung des Berufsbildes beitragen.

29. Image aufwerten

Noch vor 50 Jahren gehörte der Lehrer gemeinsam mit Pfarrer, Arzt und Apotheker zu den Honoratioren des Städtchens. Er war angesehen, geachtet – und in Maßen gefürchtet. Sein Wort hatte Gewicht. Das hat sich gründlich geändert:

Das Ansehen der Lehrer ist auf einem Tiefpunkt angekommen. Sie gelten als besserwisserisch, ungerecht und faul; ihnen wird unterstellt, ab mittags einen schlauen Lenz zu schieben, nur auf die Ferien hinzuarbeiten, am Fortkommen der Schüler kaum interessiert zu sein und über Noten und Beurteilungen zu disziplinieren. Fragt man nach den Ursachen für diesen Niedergang, sieht man sich einem ganzen Bündel möglicher Faktoren gegenüber. Anliegen dieses Kapitels ist es, einzelne Vorurteile unter die Lupe zu legen, um Ansatzpunkte zu finden, wie das Image wieder zurechtgerückt werden könnte.

Der gut bezahlte Halbtagsjob

Führende Politiker diffamieren den gesamten Berufsstand, wenn sie Lehrer pauschal der Faulheit bezichtigen, ohne zu ahnen, wie abgespannt ein Lehrer ist, wenn er mit verhaltensauffälligen Schülern in einem sozialen Brennpunkt zu tun hat.[1] Die Mär vom gut bezahlten Halbtagsjob macht an den Stammtischen die Runde, weil Lehrer oft um 13.00 Uhr die Schule verlassen und die Heimfahrt antreten. Dass Lehrer häu-

1 Wenn Bundeskanzler Gerhard Schröder die Lehrer pauschal als »faule Säcke« bezeichnet oder der ehemalige Minister für Kultus, Jugend und Sport in Baden-Württemberg, Gerhard Meyer-Vorfelder behauptet, wenn Lehrer krank seien, hätten sie zumeist einen Tennisarm, sind das diffamierende Äußerungen, die den gesamten Berufsstand abwerten.

fig mühsame Erziehungsarbeit leisten müssen, weil viele Erziehungsberechtigte ihren Pflichten nicht nachkommen, sehen die Stammtischbrüder nicht. Übersehen wird auch der Anteil an häuslicher Arbeit, die Vorbereitung und Planung des Unterrichts und die zeitaufwendigen Korrekturen.

Die Ferienweltmeister

In der Öffentlichkeit werden die Lehrer oft als Ferienweltmeister diffamiert, die schon während der Schulzeit Reiseprospekte studieren, jedoch selten oder nie ein Fachbuch zur Hand nehmen, um sich fortzubilden. In diesem Zusammenhang wird wiederum übersehen, wie ausgepowert viele Lehrer am Ende einer Unterrichtsperiode sind und wie dringend sie die Ferientage zur Erholung benötigen.

Der Vollzugsbeamte

Lehrer werden auch als obrigkeitsgläubige Vollzugsbeamte belächelt, die sich brav an ihre Vorschriften halten und zu keiner selbstständigen Arbeit fähig sind. Doch die Tatsache, dass sie sich in einem klassisch hierarchischen Bürokratiesystem bewegen müssen, dessen Entstehung sie nicht zu verantworten haben, wird einfach ignoriert.

Der Noten-Verpasser

Lehrer werden oft als weltfremd erlebt, weil sie ihr ganzes Leben in der Schule zugebracht haben, zur Schule gingen und benotet wurden, die Hochschule besuchten und wieder benotet wurden und nun die Eltern mit dem Notenbüchlein in der Hand empfangen. Dabei bleibt ihnen gar nichts anderes übrig, als die im Schulgesetz festgelegte Benotung vorzunehmen, auch wenn sie diese als wenig sinnvoll erachten. Und außerdem sind es ja meist die Eltern, die von den Lehrern Auskunft über die Noten ihrer Kinder verlangen.

Der »Nebenerwerbslehrer«

Innerhalb der Gesellschaft werden Lehrer oftmals herablassend behandelt. Zwar haftet ihnen nicht mehr der Geruch des Hungerleiders an, denn schließlich gehören Lehrer in Deutschland im internationalen Vergleich zu den am besten bezahlten. Doch Selbstständige, Akademiker, Unternehmer oder Handwerker betrachten Lehrer eher mitleidig, wenn sie die eigenen Verdienstmöglichkeiten bedenken.
Viele Lehrer üben gleich mehrere Nebentätigkeiten aus, dirigieren, trainieren, geben Privatunterricht oder arbeiten in der Firma der Gattin mit, alles ganz legal. Doch fragen sich Außenstehende manchmal zu Recht, welches wohl der Hauptberuf sein mag und ob genügend Zeit und Kraft für die ihm anvertrauten Schüler bleibt.

Die maßlos Überforderten

Die Schule als Institution und die in ihr tätigen Lehrer werden, wie bereits oben ausgeführt, für alle erdenklichen Fragwürdigkeiten der Gesellschaft verantwortlich gemacht: für den unkontrollierten Fernsehkonsum, die mangelnde Konzentrationsfähigkeit, die zunehmende Gewalt in der Gesellschaft, für Bewegungsarmut und Übergewicht, schlechte Zähne, ungewollte Schwangerschaften, für Unfälle im Straßenverkehr, die Umweltverschmutzung und die schlechten PISA-Ergebnisse. Von den Lehrern wird erwartet, dass sie allen diesen Problemen erfolgreich begegnen mit Medienerziehung, Stilleübungen, Streitschlichter-Programmen, Bewegungsspielen, einem gesunden Schulfrühstück, dem zu unterstützenden Schulzahnarzt, mit Sexual-, Verkehrs- und Umwelterziehung und mit neuen Bildungsplänen, in denen der Leser nur noch die Begriffe »Standards« und »Kompetenzen« findet. Dass Lehrer oft müde abwinken, sich neuen Herausforderungen entziehen und manchmal auch resignieren, ist wohl verständlich. Auf Grund der generellen Überforderung unterliegen sie häufig einem Gefühl der Hilflosigkeit. Doch hilflose Menschen haben in unserer Leistungsgesellschaft, aber auch bei den Schülern, ein schlechtes Image.

Nicht alle Schafe sind schwarz

Natürlich trifft es zu, dass einige Lehrer für das schlechte Image selbst verantwortlich sind, indem sie ihren Beruf tatsächlich als gut bezahlten Halbtagsjob betrachten, sich kaum noch auf den Unterricht vorbereiten, zahlreiche Nebentätigkeiten ausüben, Freizeit und Ferien ausschließlich zum privaten Vergnügen nutzen, sich nicht fortbilden, kaum initiativ werden, sich anpassen, immer den Weg des geringsten Widerstands gehen, Schüler willkürlich benoten, die Kooperation mit den Eltern meiden und so eine traurige Figur abgeben. Aber dieses negative Bild lässt sich nicht von allen Lehrern zeichnen. Wer von Einzelbeispielen ausgeht und leichtfertig generalisiert, handelt verantwortungslos. Was zur Image-Pflege getan werden kann:

- Zunächst einmal sollte die Herabsetzung eines ganzen Berufsstandes unterbleiben.
- Diese Aufforderung ergeht an die verantwortlichen Politiker und an die Presse, nicht im Sinn einer naiven »Presseschelte«, sondern weil dies ein Gebot der Fairness ist.
- Sodann darf nicht jeder junge Mensch Lehrer werden. Eignungsprüfungen sind im Interesse der Bewerber und der Schüler unverzichtbar.
- Wenigstens ein einjähriges außerschulisches Vorpraktikum sollte Pflicht sein, damit angehende Lehrer auch andere Berufsfelder kennen lernen.
- Während des Studiums sind – wie in Baden-Württemberg schon immer üblich – von allen Studierenden, auch von angehenden Gymnasiallehrern, mehrere Praktika zu absolvieren.
- Die erziehungswissenschaftlichen Studien haben sich auf die zentralen beruflichen Aufgaben zu konzentrieren, um eine hohe Professionalisierung zu erreichen.

- Die qualifiziertesten Lehramtsbewerber sind in jedem Fall in den Schuldienst zu übernehmen, damit sie für die Schüler nicht verloren sind. Schüler haben Anspruch auf den bestmöglichen Unterricht.
- Fortbildungen müssen – wie in anderen Berufen üblich – selbstverständlich sein.
- Die Arbeitszeiten der Lehrer haben sich nach dem Lernvermögen der Schüler zu richten, sodass Lehrer mehrmals pro Woche auch nachmittags zur Verfügung stehen, um besonders begabte oder leistungsschwache Schüler zu unterrichten.
- Lehrer, die in derselben Klasse unterrichten, haben mehrmals wöchentlich zu kooperieren, um sich pädagogisch und didaktisch absprechen zu können.
- Der regelmäßige Gedankenaustausch zwischen Eltern und Lehrern, sei es direkt oder fernmündlich, sollte von beiden Seiten gesucht werden und selbstverständlich sein. Zu diesem Punkt gehört die generelle Ansprechbereitschaft beider Parteien sowie die Vereinbarung von Telefonzeiten neben der Sprechstunde.
- Nebentätigkeiten sind im Interesse der Schüler sinnvoll zu beschränken. Die Unterrichtstätigkeit muss Vorrang haben.

Wenn Lehrer gemäß dieser Leitlinien ausgebildet werden und handeln, bleibt ihnen die Anerkennung nicht versagt. Allerdings lässt sich eine Image-Aufwertung nur langfristig erzielen. Selbst wenn viele jüngere Lehrer bereit sein sollten, den Vorschlägen zu folgen, weil sie im Interesse der Schüler liegen und in den führenden Industrienationen Standard sind, werden vor allem ältere Lehrer und die Berufsverbände die notwendigen Reformen hinauszögern. Für allzu großen Optimismus besteht also kein Anlass.[1]

30. Fortbildung selbstverständlich werden lassen

In Wirtschaft und Industrie ist Fortbildung, die auf die Bedürfnisse und Interessen des Betriebs ausgerichtet ist, selbstverständlich. Einige Mitglieder der Belegschaft werden zu spezifischen Veranstaltungen geschickt, damit sie sich für bestimmte Aufgaben qualifizieren, der Firma nützlich sind und diese konkurrenzfähig bleibt. Durch Fortbildung der Mitarbeiter werden Produktionsprozesse optimiert, Produktionskosten gesenkt, werden Umsatz und Vertrieb gesteigert, und der Gewinn wird maximiert. Die Mitarbeiter werden kaum gefragt, ob sie eine Fortbildungsveranstaltung besuchen wollen, denn die Teilnahme gilt als Pflicht im Rahmen der beruflichen Tätigkeit. Wer sich qualifiziert, hat bessere Aufstiegschancen, wer sich der Fortbildung verweigert, hat mit negativen Konsequenzen zu rechnen. Allerdings übernimmt die Firma fast immer die Kosten und sorgt für ein gehobenes Ambiente und eine förderliche Arbeitsatmosphäre.

1 Ein mit dem Autor befreundeter Realschullehrer äußerte sich zur Umwandlung von Halbtags- in Ganztagsschulen: »Du wirst doch aus mir keinen Ganztagsschullehrer machen wollen?!«

Die Lehrerfortbildung unterscheidet sich grundsätzlich von jener in der freien Wirtschaft. Die Fortbildungsangebote werden unzureichend auf die Lehrtätigkeit, auf die Lernbedürfnisse der Schüler und auf die Schulprofile abgestimmt. Sie gleichen einem bunten Wiesenstrauß oder einem Eintopf, auch als »Leipziger Allerlei« bekannt. Das Angebot wird eher zufällig zusammengestellt und richtet sich nach den Vorlieben der Lehrer, den sich anbietenden Referenten und deren Honorarforderungen, denn aus der Sicht der Behörde müssen Fortbildungsveranstaltungen möglichst kostengünstig sein.

Die Teilnahme der Lehrer an den Fortbildungsveranstaltungen ist fast immer freiwillig. So gibt es Fortbildungs-Weltmeister, die mehrmals im Schuljahr die Schüler und Kollegen im Stich lassen, an mehreren Veranstaltungen teilnehmen oder selbst Veranstaltungen durchführen. Und es gibt andere Lehrer, die seit Jahren keine Fortbildungsveranstaltung mehr besucht haben, weil ihnen das Angebot nicht zusagte, sie ihre Schüler nicht alleine lassen wollten, den Kollegen keine zusätzliche Arbeit in Form von Vertretungsstunden aufbürden mochten oder weil sie ganz einfach den Aufwand scheuten.

»Kuschelpädagogik« im Lehrerzimmer

Fragwürdig erscheinen schulinterne Fortbildungsveranstaltungen, die durch die Funktionsträger einer Schule organisiert und von einem Kollegen bestritten werden. Zwar besteht die Möglichkeit, intensiv über Probleme zu sprechen, welche die Institution betreffen, doch fehlt das Anregungspotenzial von außen. Wird ein Kollege beauftragt, eine schulinterne Veranstaltung zu planen und durchzuführen, fehlt jene förderliche Distanz, die auch für Lernprozesse zwischen Lehrern notwendig ist. Wer konzentriert sich schon voll auf die Ausführungen eines Kollegen, mit dem man jeden Morgen in der Großen Pause Tee trinkt und den man aus vielen fragwürdigen Situationen kennt? Im Mittelpunkt solcher schulinternen Fortbildungsveranstaltungen steht oft das Bemühen, möglichst viele Wohlfühlsituationen zu schaffen (Miller 1992). Zwar darf auch das Wohlbefinden eines Kollegiums nicht vernachlässigt werden und es entspricht einer zentralen lernpsychologischen Einsicht, die Interessen der Teilnehmer zu berücksichtigen und auf deren Freiwilligkeit zu bauen, doch reichen diese Variablen nicht aus, um eine Lehrerfortbildung zu verwirklichen, welche die Schüler ins Zentrum rückt, die Lehr-Lernleistungen erhöht und notwendige Reformprozesse einleitet und beschleunigt.

Fortbildung muss ins Schwarze treffen

Vorrang müssen Fortbildungsveranstaltungen haben, mit deren Hilfe sichtbar gewordene Defizite ausgeglichen werden können. Notwendig erscheinen Themen wie

- Internationale Vergleichsstudien – Ergebnisse, Interpretation und Konsequenzen
- Differenzierende Leistungsschulen als Schulen der Zukunft

- Schulprofile und Schuldifferenzierung
- Von der Halbtags- zur Ganztagsschule
- Innere Differenzierung in verschiedenen Lernbereichen
- Unterrichtskonzeptionen im Vergleich – von der Einzelstunde zum Epochenunterricht
- Vom Fachunterricht zum Fächerübergreifenden- und Fächerverbindenden Unterricht
- Problemorientierter Unterricht – Beispiele, Möglichkeiten und Grenzen
- Integrativer Unterricht
- Das pädagogische Team
- Die Gestaltung von Lernumgebungen
- Möglichkeiten und Grenzen der Streitschlichtung
- Disziplin und Disziplinkonflikte
- Bildungsstandards und Kompetenzstufen – Möglichkeiten der Operationalisierung
- Schule und Elternhaus – von der Anordnungs- zur Verhandlungskultur
- Beurteilung von Lehr-Lernleistungen
- Informationstechnische Grundbildung
- Interne und externe Evaluation, u.a.m.

Vorrangig sollten solche Fortbildungsveranstaltungen wahrgenommen werden, die im Interesse der jeweiligen Schule und deren Schüler liegen. Wenn z.B. Lehrer für den Englischunterricht oder für den EDV-Bereich gebraucht werden, muss es der Schulleitung möglich sein, nach Beratung und Aussprache geeignete Lehrer zur Teilnahme an entsprechenden Fortbildungsveranstaltungen zu bewegen.

Mit Speck die Mäuse fangen

Für alle Lehrer sollte es selbstverständlich sein, regelmäßig an Fortbildungsveranstaltungen teilzunehmen. Angehörige anderer Berufe können es sich gar nicht leisten, jahrelang auf die Fortbildung zu verzichten. Um diesem Anspruch Nachdruck zu verleihen, erscheint es sinnvoll, das Fortbildungsengagement an eine Gehaltserhöhung zu koppeln, so wie dies in einigen Staaten in den USA üblich ist. Wer dort in den langen Sommerferien eine Fortbildungsveranstaltung besucht, die im Interesse der Schule und der Schüler liegt, und den entsprechenden Fortbildungsnachweis erbringt, bekommt mehr Geld. Auf diese Weise steigern fortbildungsbereite Lehrer ihre Gehälter beträchtlich, andere begnügen sich mit einem geringeren Salär.

Fortbildung gehört in die arbeitsfreie Zeit

Im Hinblick auf die vorstehende Regelung muss das Zeitproblem aufgegriffen werden. Im Interesse der zu unterrichtenden Schüler und der Kollegen sollten Fortbildungsveranstaltungen überwiegend in der unterrichtsfreien Zeit durchgeführt werden, also am Abend, am Wochenende oder in den Ferien. Die Teilnahme an Veranstaltungen während der Unterrichtszeit geht fast immer auf Kosten der Schüler, die in Vertretungsstunden wenig oder nichts lernen, auf Kosten der Kollegen, die einspringen müssen, und auf Kosten der Lehr-Lerneffektivität, weil die für das Lehren und Lernen erforderliche Kontinuität unterbrochen wird. Zwar haben viele Lehrer die Ferien zur Erholung bitter nötig, vor allem dann, wenn sie in sozialen Brennpunkten tätig sind – was übrigens viele Außenstehende so nicht sehen und nachempfinden können –, doch erscheint die Forderung gerechtfertigt, eine Ferienwoche, vier Wochenenden oder zehn Abende im Jahr in den Qualifikations- und Kompetenzerwerb zu investieren. Dazu wird selbstverständlich eine ausreichende Zahl möglichst hoch qualifizierter Referenten und Trainer gebraucht. Um sie zu gewinnen, bedarf es entsprechender Fortbildungs- und Studienangebote, die staatlicherseits zu initiieren und zu tragen wären. Denn ein Verzicht auf qualifizierte und kompetente Referenten wirkt sich besonders negativ aus, weil sie als Multiplikatoren Breitenwirkung haben.

Der Protest ist programmiert

Die Einwände zu den hier unterbreiteten Vorschlägen lassen sich vorhersehen: So lässt sich zunächst einmal trefflich darüber streiten, welche Fortbildungsangebote als bedeutsam zu erachten sind, auch wenn die Ergebnisse internationaler Vergleichsstudien eindeutige Hinweise liefern. Die Einschränkung der Wahlfreiheit wird sicher als Bevormundung empfunden und die Koppelung von Gehaltserhöhungen an schülerdienliche Fortbildungsnachweise als Erpressung. Dann lassen sich einige Vorschläge wegen des derzeit geltenden Beamtenrechts nicht verwirklichen. Und natürlich erscheint auch die Kostenfrage wie immer ungelöst. Doch zunächst bedarf es innerhalb der Berufsgruppe der Lehrer einer grundlegenden Einstellungsänderung zur Fortbildung, einer Bewusstseinserweiterung und -veränderung. Wenn sich ein ganzer Berufsstand einer regelmäßigen Fortbildung verweigert, kann dieser auch nicht erwarten, in der Öffentlichkeit anerkannt zu werden. So betrachtet ist das Berufsimage eng mit der Fortbildungsbereitschaft verknüpft.

31. Ein Blick ins Jahr 2030 oder – wie das Burnout-Syndrom überflüssig wurde

Es ist nicht Ziel dieses abschließenden Kapitels, das Burnout-Syndrom umfassend darzustellen, sondern es sollen hier lediglich einige Ursachen benannt, Möglichkeiten der Diagnostik und der Intervention aufgezeigt werden, um dann im Lichte dieser Publikation diese Krankheit neu zu sehen (Fidler 2004; Hagemann 2003; Krause 2003; Schaarschmidt 2004). Denn es drängt sich die Frage auf, wie sich das Burnout-

Problem darstellen würde, wenn die zahlreichen Vorschläge aus den vorangegangenen Kapiteln in etwa fünf Jahren umgesetzt sind. Es stellt sich also die Frage, wie es um die emotionale Befindlichkeit eines Lehrers bestellt sein wird, der im Jahr 2010 sein Pädagogikstudium aufnimmt und im Jahr 2030 auf etwa 15 Dienstjahre an einer Differenzierenden Leistungsschule zurückblickt. Um diese Frage beantworten zu können, ist Fantasie gefragt. Es müssen Entwicklungen prognostiziert und Vermutungen angestellt werden. Doch zunächst eine Umrissskizze der Burnout-Problematik:

Burnout = ausgebrannt, kaputt, müde
Wie allgemein bekannt, ist das Burnout-Syndrom ein Zustand der Erschöpfung bis hin zur Berufsunfähigkeit, der in erster Linie Angehörige sozialer Berufe betrifft, also Pfleger, Sozialarbeiter oder Lehrer. Nach einer Phase der idealistischen Begeisterung gelangen hoch motivierte Personen nach einigen Jahren in das Stadium der Stagnation, dann der Frustration und schließlich in das der Apathie, auch Burnout-Stadium genannt. Zur allgemeinen Erschöpfung kommen psychosomatische Beschwerden. Im Umgang mit Schülern, Kollegen und Vorgesetzten lässt der ausgebrannte Lehrer es an menschlicher Zuwendung fehlen. Aus der Sicht dieses Lehrers sind dann alle Schüler faul, alle Kollegen hinterhältig und alle Eltern unfähig, ihre Kinder zu erziehen. Um diesen Krankheitszustand diagnostizieren zu können, wurde an der Pädagogischen Hochschule Heidelberg ein Instrument zur Selbstdiagnose entwickelt, der Heidelberger Burnout-Test oder BOT (Becker/Gonschorek 1989, Anhang B). Sein Einsatz eignet sich insbesondere für Pädagogische Tage oder für schulinterne Fortbildungen, um festzustellen, in welchen Stadien sich die einzelnen Kollegen befinden.

Wer sich im finalen Stadium dieser Krankheit befindet, ist also berufsunfähig und bittet um seine vorzeitige Pensionierung. Neuerdings erreichen neun von zehn Lehrern nicht das gesetzlich vorgesehene Pensionsalter, sondern scheiden vorzeitig aus dem Beruf aus[1]. In der Öffentlichkeit wird munter über die Gründe spekuliert. So seien viele Lehrer ohnehin nicht für den Beruf geeignet gewesen und würden deshalb flüchten, die Pensionen seien zu hoch, und deshalb könnten sie als Frühpensionäre gut über die Runden kommen, einige hätten ohnehin zu viel Geld, seien Doppelverdiener, wieder andere seien schlicht zu bequem, um sich mit fremden Kindern herumzuärgern (Fidler 2004).

Burnout ist keine Drückebergerei

Diese Stammtischparolen sind allerdings unhaltbar, wenn man einen einfachen Vergleich anstellt: Politiker, Professoren und evangelische Pastoren erreichen fast alle das gesetzlich vorgeschriebene Pensionsalter im Beruf, und viele von ihnen arbeiten gerne über die Pensionsgrenze hinaus. Wenn nun der Lehrerberuf tatsächlich so attraktiv und ein gut bezahlter Halbtagsjob wäre, wie häufig gelästert wird, würden die

1 Es handelt sich hier um noch unveröffentlichte Forschungsergebnisse der Universität Potsdam, die noch geprüft und bestätigt werden müssen.

Lehrer wohl ebenfalls bis zum 65. Lebensjahr arbeiten und nicht früher ausscheiden. Dem ist aber nicht so, denn dieser Beruf ist genauso anstrengend wie der eines Pflegers, Polizeibeamten oder Berufssoldaten. In diesen Berufen findet man keinen 65-Jährigen im Operationssaal, im Rotlichtmilieu auf Streife oder auf der Autobahn bei der Verkehrskontrolle, auf dem Truppenübungsplatz oder im Einsatz am Hindukusch. Nur von den Lehrern erwartet die Öffentlichkeit, dass sie 40 Jahre lang durchhalten.

Die tatsächlichen Ursachen sind breit gestreut und lassen sich nicht exakt fassen. In der Literatur werden neben der mangelnden Berufseignung immer wieder Faktoren genannt wie die Selbstüberforderung, Fehlen einer eindeutigen Arbeitsplatzbeschreibung, ungünstige Rahmenbedingungen, Ausbeutung durch den Dienstherrn, indem dieser einen unbegrenzten Idealismus erwartet, Isolation und Einzelkämpfertum, fehlender Expertenstatus, zu seltene Erfolgserlebnisse, mangelnde Anerkennung, zu große Komplexität der beruflichen Aufgaben und zu hohe Anforderungen an die Flexibilität und Variabilität (Fidler 2004; Ulich 1996).

Tab. 9: Ursachen für das Burnout-Syndrom

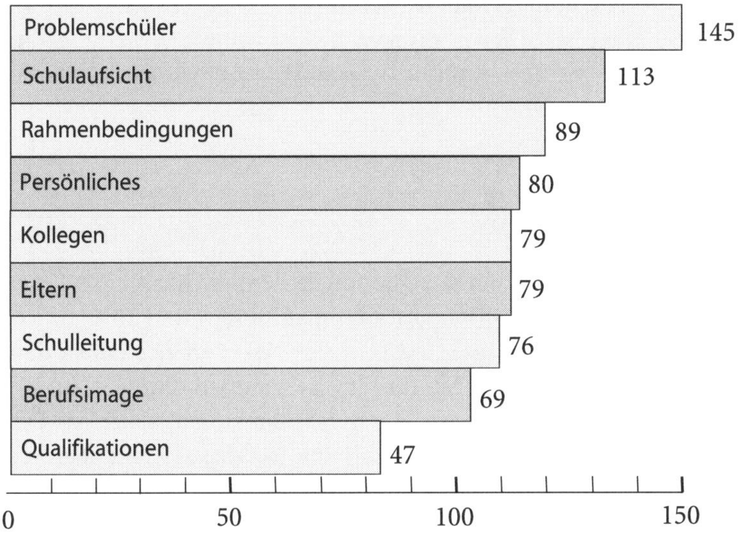

Befragungsergebnisse N=109 (Mehrfachnennungen möglich; Anzahl der Nennungen 777)

Fragt man erfahrene Lehrer mit mehr als zehn Dienstjahren nach den möglichen Ursachen der Burnout-Krankheit, dann nennen sie an erster Stelle die Problemschüler, gefolgt von Faktoren wie Schulaufsicht, Rahmenbedingungen, Persönliches, Kollegen, Eltern, Schulleitung, Berufsimage sowie fehlende Qualifikation für bestimmte Aufgaben (Becker/Gonschorek 1990).

Burnout – das hausgemachte Problem

Das Ergebnis stimmt nachdenklich, weil viele der Ursachen institutionsbedingt sind und somit vermeidbar wären. Das gilt für die Schulaufsichtsbeamten, für die Schulleiter und Kollegen, die vielen Lehrern das Leben schwer machen. Der Umgang mit Problemschülern stellt eine berufliche Herausforderung dar, die täglich angenommen werden muss. Persönliche Auseinandersetzungen, Belastungen und Schwierigkeiten lassen sich nicht vermeiden. Solche existenziellen Krisen müssen überwunden werden. Doch die Kontakte zu den Eltern und die Rahmenbedingungen ließen sich verbessern. Und durch die regelmäßige Teilnahme an Fortbildungsveranstaltungen, die dem Qualifikations- und Kompetenzerwerb dienen, würde sich auch das Berufsimage heben.

Interessant ist der Zusammenhang zwischen Stress- und Burnout-Forschung. Die Vermutung liegt nahe, dass jahrelanger Disstress den Krankheitsverlauf beschleunigt. In der Stressforschung kennt man das G-Stadium, in dem der Klient G, gesund ist. Die angelsächsische Burnout-Forschung kennt dieses Stadium nicht, was verwunderlich ist (Freudenberger 1974). Denn schließlich gibt es auch wenige Lehrer, die nach dem Stadium der idealistischen Begeisterung in ein *realistisches Stadium* eintreten, sich abgrenzen können, qualifiziert unterrichten, gesund bleiben und bis zur Pensionsgrenze ihren Beruf gerne ausüben. Dieses wünschenswerte Stadium berücksichtigt der Heidelberger Burnout-Test – der BOT – als realistisches Stadium (Becker/Gonschorek 1989, Anhang B).

»I have a dream«

Die Ausgangsfrage war: Wie mag es um die emotionale Befindlichkeit eines Lehrers bestellt sein, der im Jahre 2010 ein Pädagogikstudium aufnimmt und 2030 auf etwa 15 Dienstjahre zurückblicken kann? Unser fiktiver Lehrer erinnert sich daran, das er zunächst einmal den »Berufseignungstest für das Lehramtsstudium«, den BEIL (Rauin/Kohler/Becker 1994, Anhang A) zur Hand genommen hat, als er das Lehramtsstudium als wünschenswert ins Auge gefasst hatte. Da dieser allein aber keine validen Aussagen über seine Eignung zulässt, absolvierte er ein einjähriges Vorpraktikum als Unterstützungslehrer in einer Brennpunktschule. Danach war er davon überzeugt, den richtigen Beruf zu wählen, meldete sich an einer Erziehungswissenschaftlichen Hochschule zur Aufnahmeprüfung an, die er erfolgreich bestand. Bei Studienbeginn verfügte er über wichtige Voraussetzungen für die Berufsausübung wie Freude an geistiger Arbeit, Freude am Umgang mit Schülern, emotionale Ausgeglichenheit, körperliche Fitness und Humor.

Sein achtsemestriges Studium an einer Erziehungswissenschaftlichen Hochschule war auf das zentrale Berufsfeld ausgerichtet. Fragen der Erziehung und des Unterrichts standen im Mittelpunkt. Das Studium half ihm sehr, eine berufliche Identität zu entwickeln. Er durchlief ein Basiscurriculum, wurde zunehmend fach-, methoden, und sozialkompetent und lernte, mit hohem professionellen Anspruch Unterricht zu planen, durchzuführen und auszuwerten. Die zahlreichen studienbegleitenden Praktika, darunter ein Auslandspraktikum, förderten auch seine personale Kompetenz, vermittelten wertvolle Erfahrungen und trugen zur Horizonterweiterung bei. Nach einer einjährigen Referendariatszeit nahm er die Lehrtätigkeit an einer Differenzierenden Leistungsschule auf.

Dort wurden ihm als Klassenlehrer 23 Schüler für drei Jahre anvertraut mit der eindeutigen Zielsetzung, diese Schüler bestmöglich zu fordern und zu fördern. Nach kurzer Zeit kannte er deren Lernvoraussetzungen sehr genau und war in der Lage, Differenzierungsmaßnahmen auf die einzelnen Schüler abzustimmen. Der Unterricht wurde in drei Blöcken erteilt. Im ersten Block unterrichtete er zentrale Fächer wie Deutsch, Englisch oder Mathematik. Im zweiten Block wurden Themen epochal behandelt, die für die Schüler aktuell oder bedeutsam sind. Und im dritten Block arbeitete er mit einem Unterstützungslehrer zusammen, sodass leistungsschwache und die leistungsstarken Schüler besondere Lernangebote erhalten konnten.

Die Unterrichtsorganisation kam ihm sehr gelegen. Im Sommerhalbjahr begann der Unterricht um 8.00 Uhr, im Winterhalbjahr um 8.30 Uhr. In den ausgiebigen Pausen konnte er sich mit seinen Kollegen austauschen und beraten, die in derselben Klasse oder in einer Parallelklasse unterrichteten. Man beriet über Erziehungsschwierigkeiten, stimmte sich inhaltlich ab, diskutierte über Unterrichtskonzeptionen, Methoden und über Arbeitsaufträge, die hohe Lernanreize bieten. Man tauschte selbstverständlich Materialien aus, die sich bewährt hatten. Im Kollegium redete man nicht nur über Teamarbeit, sondern praktizierte sie auch. Und diese Art der professionellen Kooperation gab ihm ein Gefühl der Sicherheit. Er fühlte sich in seiner Schule wohl, ohne nach »Wohlfühlsituationen« suchen zu müssen (Miller 1992).

Gemeinsam mit seinen Schülern hatte er in den ersten Wochen und Monaten das Klassenzimmer zu einer Lernumgebung umgestaltet, auf die alle stolz waren. Umgangsregeln wurden vereinbart und Aufgaben verteilt. Die Unterrichtsorganisation ermöglichte jederzeit einen problemorientierten oder projektorientierten Unterricht, die Lernumgebung gestattete verschiedene Formen des Offenen Unterrichts. Lerngänge waren jederzeit möglich, und wenn es sich anbot, fand der Unterricht im Freien statt. Durch abwechslungsreiche Bewegungsübungen wurde den psychomotorischen Bedürfnissen Rechnung getragen. Lehrer und Schüler waren stets bemüht, verständnisvoll miteinander umzugehen. Und kam es zu ernsthaften Auseinandersetzungen oder Schwierigkeiten im Umgang miteinander, waren Metaunterricht, Metakommunikation oder Streitschlichtung angesagt. Disziplinkonflikte waren selten, da sich Lehrer und Schüler sehr gut kannten und sich gemeinsam für den Unterricht verantwortlich fühlten. Ein- bis zweimal am Schultag wurde konzentriert gelernt, wurden zumeist in Einzelarbeit Texte oder Probleme analysiert, was ganz schön anstrengend sein konnte. Aber die Mühe lohnte sich, denn die Schüler fanden sich bei den wiederholten Durchläufen des PISA-Tests seit dem Jahr 2010 mit ihren Lehr-Lernleistungen zunehmend auf den vorderen Rangplätzen wieder. Heute, im Jahr 2030, erreichen fast alle im weltweiten Vergleich obere Leistungsstandards und hohe Kompetenzstufen. Evaluationskommissionen werden von Lehrern und Schülern freudig begrüßt, denn dann können sie immer wieder zeigen, was gelehrt und gelernt worden ist und wie klug sie sind.

Hausaufgaben sind längst weitgehend abgeschafft, weil ja in der Schule gelehrt und gelernt wird. Somit entfällt auch der ständige Ärger mit den leidigen Hausaufgaben. Am Lernort Schule bekommen die Schüler immer wieder ein differenziertes Feedback, bekommen gesagt, was sie gut und was sie weniger gut gemacht haben, doch sie erhalten selten Noten, da diese nur vom echten Lernen und den vielen interessanten Sachen ablenken würden. Schüler bleiben nur selten sitzen. Manchmal kommt es allerdings vor, dass ein Schüler, seine Eltern und Lehrer gemeinsam entscheiden, eine Klasse zu wiederholen. Alle streben natürlich den Mittleren Schulabschluss an. Einige Schüler brauchen dafür ein Jahr mehr, manche auch zwei Jahre, wenn sie z.B. längere Zeit krank gewesen sind.

Selbstverständlich bildet sich unser Lehrer, wie dies in anderen Berufen üblich ist, mindestens einmal im Jahr in den Ferien fort. Und so hat man eine hohe Meinung von ihm, betrachtet ihn als Experten für Erziehungsfragen und Instruktionsprozesse. Ihm haftet nicht das Image eines »Halbtagsjobbers« an, sondern Schüler und Eltern begegnen ihm mit Achtung. Allmählich hat sich auch unter den Politikern herumgesprochen, dass Lehrer einen schwierigen und anspruchsvollen Beruf ausüben, und man zollt ihnen jene Anerkennung, die sie verdienen.

Im Jahr 2030 ist unser Lehrer auf jene Politiker stolz, denen es gelungen ist, über die Parteigrenzen hinweg das traditionelle viergliedrige Schulsystem zu reformieren, die vorzeitige Selektion kleiner Kinder zu stoppen, die soziale Entmischung zu verhindern und allen Schülern, unabhängig vom sozioökonomischen Status, eine Bildung und Ausbildung zu vermitteln, die ihren individuellen Begabungen und Fähigkeiten entspricht. Ihm macht es Spaß, in einem Schulsystem mitzuwirken, in dem Chancengerechtigkeit fast verwirklicht ist.

Unser Lehrer befindet sich 2030 in einem Stadium beruflicher Sozialisation, das als ein realistisches bezeichnet werden kann (Becker/Gonschorek 1989). Stressforscher bezeichnen ihn als gesund und sprechen vom G-Stadium (Fidler 2004). Ihm macht das Unterrichten fast immer Spaß, und er denkt gar nicht an eine vorzeitige Pensionierung. Zwar ist ihm bekannt, dass früher nur jeder zehnte Lehrer das festgesetzte Pensionsalter im Beruf erreicht haben soll, aber damals herrschten ja auch noch an den Schulen, vor allem auf der Sekundarstufe I, unhaltbare Zustände. Auf jeden Fall möchte er, wie Politiker, Professoren und evangelische Pastoren, mindestens bis zum 65., wenn nicht sogar bis zum 70. Lebensjahr unterrichten. Und ähnlich ergeht es den Kollegen, bei denen das Burnout-Syndrom weitgehend unbekannt ist. Spricht man sie daraufhin an, sagen sie: »Da war doch mal was ...«

Literaturverzeichnis

Albrecht, H. u.a. (1968). Freiburg-Haslach: Differenzierte Gesamtschule. In: Bildung in neuer Sicht. 113–141. Villingen: Neckar-Verlag.
Allen, D.W./Ryan, K.A. (1969). Microteaching. Reading, Mass.: Addison-Wesley.
Appel, S. u.a. (Hrsg.) (2003). Jahrbuch Ganztagsschule. Neue Chancen für die Bildung. Wochenschau Verlag. Schwalbach/Ts..
Arnold, K.-H. (2001). Schulleistungsstudien und soziale Gerechtigkeit. Z. f. Päd. 47 (2) 161–177.
Arnold, K.-H. (2002). Schulentwicklung durch Rückmeldung der Lernwirksamkeit an die Einzelschule: Möglichkeiten und Grenzen der Schuleffizienzforschung. Z. f. Päd. 48 (5) 741–764.
Bandura, A. (1986). Social foundations of thought and action. A social cognitive theory. Englewood Cliffs, N.J.: Prentice Hall.
Baral, D.P./Snow, R.E. /Allen D.W. (1968). A taxonomy of teaching behaviors: Progress report. Research and development memorandum No. 36. Stanford: Stanford Center for Research and Development in Teaching, SCRDT.
Baumert, J. u.a. (2001). PISA 2000. Basiskompetenzen von Schülerinnen und Schülern im internationalen Vergleich. Opladen: Leske u. Budrich.
Baumert, J. u.a. (1997). TIMSS – Mathematisch-naturwissenschaftlicher Unterricht im internationalen Vergleich. Deskriptive Befunde. Opladen: Leske u. Budrich.
Becker, G.E. (1975). Auf dem Weg zu einer Taxonomie des Lehrverhaltens. Unterrichtswissenschaft. 3 (4) 35–54.
Becker, G.E. (1998). Durchführung von Unterricht. Handlungsorientierte Didaktik Teil II., 8. Aufl., Weinheim: Beltz.
Becker, G.E. (1995). Handlungsorientierte Didaktik. Eine auf die Praxis bezogene Theorie. 2. Aufl., Weinheim: Beltz.
Becker, G.E. (2002a). Lehrer lösen Konflikte. Ein Studien und Übungsbuch. 2. Aufl., Weinheim: Beltz –Taschenbuch.
Becker, G.E. (1973a). Optimierung schulischer Gruppenprozesse durch situatives Lehrtraining. Heidelberg: Quelle u. Meyer.
Becker, G.E. (2002b). Unterricht auswerten und beurteilen. Handlungsorientierte Didaktik Teil III. Weinheim: Beltz.
Becker, G.E. (2001). Unterricht planen. Handlungsorientierte Didaktik Teil I. 8. Aufl., Weinheim: Beltz.
Becker, G.E. (1973c). USA: Aufbau und Funktion erziehungswissenschaftlicher Studien- und Übungszentren. Aula. 6 (5) 500–508.
Becker, G.E. (1973b). Zur erforderlichen Neuorientierung des erziehungswissenschaftlichen Studiums an den Aufgaben des Lehrers im Unterricht. Unterrichtswissenschaft. 1 (2/3) 121–127.
Becker, G.E./Clemens-Lodde, B. u. K. Köhl (1980). Unterrichtssituationen. Ein Trainingsbuch für Lehrer und Ausbilder. 2. Aufl., München: Urban u. Schwarzenberg.
Becker, G.E./Dietrich, B./Kaier, E.(1982). Konfliktbewältigung im Unterricht. Situationsbeschreibungen und Trainingsunterlagen. 3. Aufl., Bad Heilbrunn: Klinkhardt.
Becker, G.E./Gonschorek, G. (1989). Kultusminister schicken 55000 Lehrer vorzeitig in Pension. Pädagogik. 41 (6) 16–23.

Becker, G.E./Gonschorek, G. (1990). Das Burnout-Syndrom. Ursachen – Interventionen – Konsequenzen. Pädagogik. 42 (10) 10–14.
Becker, G.E./Hartmann-Kurz, Cl./Nagel, U. (Hrsg.) (1997). Schule für alle. Die Asylpolitik und ihre Auswirkungen auf Kinder von Asylbewerbern. Weinheim: Beltz.
Becker, G.E./Kohler, B. (2002). Hausaufgaben - kritisch sehen und die Praxis sinnvoll gestalten. Handlungsorientierte Didaktik. 4.Aufl., Weinheim: Beltz.
Behrmann, G.C. (1999). Politisch-sozial gesteuertes Lernen. 238–243. In: Mickel, a.a.O.
Benden, M., (Hrsg.) (1977). Zur Zielproblematik in der Pädagogik. Bad Heilbrunn: Klinkhardt.
Bentzien, K.-H. (1968). Der Epochenunterricht auf der Oberstufe der Volksschule. 3.Aufl., Stuttgart.
Bildung in neuer Sicht (1968). Modellschulen in Baden-Württemberg. Schriftenreihe des Kultusministeriums. Reihe A Nr. 15. Villingen: Neckar.
Bildungsplan Grundschule (2004). Ministerium für Kultus, Jugend und Sport Baden-Württemberg. Stuttgart.
Bildungsplan Hauptschule Werkrealschule (2004). Ministerium für Kultus, Jugend und Sport Baden-Württemberg. Stuttgart: www. Bildungsstandards-bw.de.
Bloom, B.S. (1984). The 2 sigma problem: The search for methods of group instruction as effective as one to one tutoring. Educational Researcher. June/July.
Bloom, B.S. u.a. (1986). Taxonomie von Lernzielen im kognitiven Bereich. Weinheim: Beltz. (Originalausgabe 1956).
Bönsch, M. (1994). Soziales Lernen in der Schule. Schul-management. 25 (5) 18–25.
Borg, W.R. u.a. (1970). The Minicourse. A microteaching approach to teacher education. London: Collier-Macmillan.
Brandt, H./Liebau, E.(1978). Das Team-Kleingruppen-Modell. München.
Brinkmann, G. (1973). Team-Teaching. Erfahrungen – Modelle – praktische Beispiele. Kastellaun.
Brown Clarridge, P. (1990). Multiple perspectives on the classroom performance of certified and uncertified teachers. Journal of Teacher Education. 41 (4) 15–25.
Brück, H. (1978). Die Angst des Lehrers vor seinem Schüler. Reinbek bei Hamburg: Rohwolt.
Buchfeld, B. (2004). Entscheidend ist das Team. Lehrerkooperation in der Ganztagsschule. Pädagogik 56 (2) 16–19.
Caselmann, C. (1970). Wesensformen des Lehrers. 4. Aufl., Stuttgart.
Cierpka, M., (Hrsg.) (2001). Faustlos. Ein Curriculum zur Prävention von aggressivem und gewaltbereitem Verhalten von Kindern der Klassen 1 bis 3. Göttingen: Hogrefe.
Claus, K.E. (1969). Effects of modeling and feedback treatments on the development of teachers' questioning skills. Technical report No. 6. Stanford: SCRDT.
Cohn, R.C. (1975). Von der Psychoanalyse zur themenzentrierten Interaktion. Stuttgart: Klett.
Cortina, K.S. u.a., (Hrsg.), (2003). Das Bildungswesen in der Bundesrepublik Deutschland. Strukturen und Entwicklungen im Überblick. Reinbek bei Hamburg: Rowohlt.
Dave, R.H. (1968). Eine Taxonomie pädagogischer Ziele und ihre Beziehung zur Leistungsmessung. In: Ingenkamp/Marsolek a.a.O..
Dechert, H.W., (Hrsg.), (1972). Teamteaching in der Schule. München.
Diener, D./Becker, G.E. (1993). Anbahnung von Handlungskompetenzen zur Gesprächsführung auf der Grundlage von Banduras sozial-kognitiver Theorie. Unterrichtswissenschaft 21 (1) 38–50.
Dubs, R. (1978). Aspekte des Lehrerverhaltens. Theorie, Praxis, Beobachung. Ein Beitrag zum Unterrichtsgespräch. Aarau: Sauerländer.
Döbert, H. (2003). Merkmale der bei PISA erfolgreichen Schulsysteme. Pädagogik. 55 (11) 47–50.
Domisch, R. (2003). Der Blick von außen. In: Wissenschaft macht Schule. Robert Bosch Stiftung GmbH und ZEIT-Stiftung (Hrsg.).
Dzierza, P.P./Haag, L. (1998). Hausaufgaben und Nachhilfeunterricht. Formen schulbegleitender Maßnahmen. Aachen: Shaker Verlag.
Eigler, G./Straka, G.A. (1978). Mastery Learning. Lernerfolg für jeden? Zielerreichendes Lernen. Erprobung einer herausfordernden Konzeption. München: Urban u. Schwarzenberg.

Faller, K./Kerntke,W./Wackmann, M. (1996). Konflikte selber lösen. Mediation für Schule und Jugendarbeit. Mülheim/R.
Feuser, G./Meyer, H. (1987). Integrativer Unterricht in der Grundschule. Solms: Jarick Oberbiel.
Fidler, R. (2004). Lehrerwahrnehmungen und Stressprävention. Kassel: kassel university press.
Flanders, N.A. (1976). Grundlegende Lehrfertigkeiten, abgeleitet aus einem Modell des Sprechens und Zuhörens. In: Zifreund 1976, a.a.O., 527–562.
Flanders, N.A. (1970). Analyzing teaching behavior. Reading Mass.: Addison-Wesley.
Frey, K. (1998). Die Projektmethode. Der Weg zum bildenden Tun. 8. Aufl., Weinheim: Beltz.
Gadamer, H.-G. (1960). Wahrheit und Methode. Tübingen.
Gage, N.L.(1979). Unterrichten – Kunst oder Wissenschaft? München: Urban u. Schwarzenberg.
Gage, N.L./Berliner, D.C. (1996). Pädagogische Psychologie. 5. Aufl., Weinheim: Beltz.
Giesecke, H. (1977). Emanzipierende Mitbestimmung als Erziehungsziel des Demokratisierungsprozesses. In: Benden, a.a.O.
Gordon, Th. (1977). Lehrer-Schüler-Konferenz. 3. Aufl., Reinbek bei Hamburg: Rohwolt.
Gudjons, H. (1986). Handlungsorientiert Lehren und Lernen. Projektunterricht und Schüleraktivität. Bad Heilbrunn: Klinkhardt.
Guilford, J.P. (1964). Persönlichkeit. Weinheim: Beltz.
Hänsel, D. (2003). Die Sonderschule – ein blinder Fleck in der Schulsystemforschung. Z. f. Päd. 49 (4) 591–609.
Hagemann,W. (2003). Burn-out bei Lehrern. Ursachen, Hilfen, Therapien. München: Beck.
Hartmann-Kurz, Cl./Donetskaja, O./Becker, G.E. (2001). Woran orientieren sich Lehrerinnen und Lehrer? Pädagogik. 53 (6) 40–45.
Havers, N./Toepell, S. (2002). Z. f. Pädagogik. 48 (2) 174–193.
Heidemann, R. (1983). Körpersprache vor der Klasse. Heidelberg: Quelle u. Meyer.
Hellmich, A./Teigeler, P., Hrsg., (1992). Montessori-, Freinet-, Waldorfpädagogik. Konzeptionen und aktuelle Praxis. Weinheim: Beltz.
Henecka, H.-P./Gesk, I. (1996). Studienabbruch bei Pädagogikstudenten. Weinheim: Deutscher Studienverlag.
Herrmann, U. (2003). »Bildungsstandards« – Erwartungen und Bedingungen, Grenzen und Chancen. Zeitschrift für Pädagogik. 49 (5) 625–639.
Herrmann, U. (2004). Schule im Jahre IV nach PISA. Ein 10-Punkte-Programm gegen die illusionären Erwartungen an »Bildungsstandards«. Pädagogik. 56 (4) 38–41.
Hudgins, B.B./ Ahlbrand, W.P. (1967). A study of classroom interaction and thinking. Saint Louis: Central Midwestern Regional Educational Laboratory.
Ingenkamp, K. (1989). Die Test-Aversion des deutschen Intellektuellen. Eine Streitschrift. Weinheim: Beltz.
Ingenkamp, K., (Hrsg.), (1995). Die Fragwürdigkeit der Zensurengebung. 9. Aufl., Weinheim: Beltz.
Ingenkamp, K./Marsolek, T., Hrsg., (1968). Möglichkeiten und Grenzen der Testanwendung in der Schule. Weinheim: Beltz.
Innerhofer, P. (1977). Das Münchner Trainingsmodell. Beobachtung, Interaktionsanalyse, Verhaltensänderung. Berlin: Springer.
Jefferys-Duden, K. (1999). Das Streitschlichter- Programm. Mediatorenausbildung für Schülerinnen und Schüler der Klassen 3 bis 6. Weinheim: Beltz.
Kahl, R. (2003). Auf den Anfang kommt es an. Erster Blick auf die Pisa-Sieger Finnland, Schweden und Kanada. Video. Hamburg: Pädagogische Beiträge Verlag.
Kalthoff, H./Kelle, H. (2ooo). Pragmatik schulischer Ordnung. Zur Bedeutung von »Regeln« im Schulalltag. Zeitschrift für Pädagogik. 46 (5) 691–710.
Kamm, H., Hrsg., (2000). Epochenunterricht. Grundlagen – Modelle – Praxisberichte. Bad Heilbrunn: Klinkhardt.
Kasper, H., (Hrsg.), (1979). Vom Klassenzimmer zur Lernumgebung. Bausteine für eine fördernde Grundschule. Ulm: Vaas.

Kempfert, G./Rolff, H.-G., (2002). Pädagogische Qualitätsentwicklung. Ein Arbeitsbuch für Schule und Unterricht. 3. Aufl., Weinheim: Beltz.
Kern, H.J. (1979). Lehrer-Selbsttraining. Frankfurt: Deutsches Institut für internationale pädagogische Forschung, Selbstverlag.
Klafki, W. (1991). Neue Studien zur Bildungstheorie und Didaktik. Zeitgemäße Allgemeinbildung und kritisch-konstruktive Didaktik. Weinheim: Beltz.
Klemm, K. (2003). Bildungsausgaben: Woher sie kommen, wohin sie fließen. In: Cortina, a.a.O.
Klieme, E. u.a. (2003). Zur Entwicklung nationaler Bildungsstandards. Eine Expertise. Bonn: Bundesministerium für Bildung und Forschung.
Klieme, E/Brügelmann, H. (2004). Standards vorgeben? Pro und Contra. Pädagogik, 56 (3) 50/51.
Klinzing, H.G. (1982). Training kommunikativer Fertigkeiten zur Gesprächsführung und für Unterricht. Weil der Stadt: Lexika.
Klinzing, H.G. (2002). Wie effektiv ist Microteaching? Ein Überblick über 35 Jahre Forschung. Zeitschrift für Pädagogik. 48 (2) 194–214.
Kohler, B. (2002). Hausaufgaben. Helfen – aber wie? 6. Aufl., Weinheim: Beltz.
Kohler, B. (1998). Problemorientierte Gestaltung von Lernumgebungen. Weinheim: Deutscher Studienverlag.
Kohler, B. (2004). Zur Rezeption externer Evaluation durch Lehrkräfte, Eltern sowie Beamte der Schulaufsicht. Empirische Pädagogik, 18 (1) 18–39.
Konrad, K./Traub, S. (1999). Selbstgesteuertes Lernen in Theorie und Praxis. München: Oldenbourg.
Kounin, J.S. (1976). Techniken der Klassenführung. Stuttgart: Klett.
Krathwohl, D. u.a. (1975). Taxonomie von Lernzielen im affektiven Bereich. Weinheim: Beltz.
Krause, A. (2003). Lehrerbelastungsforschung – Erweiterung durch ein handlungspsychologisches Belastungskonzept. Zeitschrift für Pädagogik. 49 (2) 254–273.
Küspert, P./Schneider, W. (2002). Hören, lauschen, lernen. Sprachspiele für Kinder im Vorschulalter. Würzburger Trainingsprogramm zur Vorbereitung auf den Erwerb der Schriftsprache. 3. Aufl., Göttingen: Hogrefe.
Lange, H. (1995). Schulautonomie. Entscheidungsprobleme aus politisch-administrativer Sicht. Zeitschrift für Pädagogik. 41 (1) 21–37.
Ludwig, P.H. (2000). Einwirkung als unverzichtbares Konzept jeglichen erzieherischen Handelns. Zeitschrift für Pädagogik. 46 (4) 585–600.
Mager, R. (1972). Lernziele und programmierter Unterricht. Weinheim: Beltz.
Marchtaler Plan: Erziehungs- und Bildungsplan für die Katholischen Freien Grund- und Hauptschulen in der Diözese Rottenburg, hrsg. vom Bischöflichen Schulamt der Diözese Rottenburg-Stuttgart, Bd. 1. 2. Aufl. 1990.
Meyer, E. (1981). Trainingshilfen zum Gruppenunterricht. Oberursel/Ts.: Finken.
Meyer, H. (2003). Zehn Merkmale guten Unterrichts. Empirische Befunde und didaktische Ratschläge. Pädagogik. 55 (10) 36–43.
Mickel, W.W., (Hrsg.), (1999). Handbuch zur politischen Bildung. Bundeszentrale für politische Bildung. Schwalbach/Ts.: Wochenschau Verlag.
Miller, R. (1992). Schilf-Wanderungen. Wegweiser für die praktische Arbeit in der schulinternen Lehrerfortbildung. 3.Aufl., Weinheim: Beltz.
Miller, R. (1992). Sich in der Schule wohlfühlen. 5. Aufl., Weinheim: Beltz.
Miltz, R.J. (1972). How to explain: a manual for teachers. Stanford: SCRDT.
Minssen, F. (1970). Die psychosoziale Dimension des Lehrberufs. Gruppendynamik. 1 (1) 50–62.
Mutzeck, W./Pallasch, W. (1983). Handbuch zum Lehrertraining. Konzepte und Erfahrungen. Weinheim: Beltz.
Neubrand, M. u.a. (2002). Kompetenzstufen und Schwierigkeitsmodelle für den PISA-Test zur mathematischen Grundbildung. Unterrichtswissenschaft. 30 (2) 100–119.
Oelkers, J. (2003). Ganztagsschulen, Gesamtschulen und demokratische Schulstruktur. Überlegungen zur Schulreform in Deutschland. Pädagogik. 55 (12) 36–40.

Pallasch, W. (1987a). Lehrverhalten und Problemlösen. Lern- und Trainingsprogramme zur Schulung pädagogischer Fertigkeiten und Reflexion des Selbstkonzepts. Weinheim: Juventa.

Pallasch, W. (1987b). Pädagogisches Gesprächstraining. Lern- und Trainingsprogramme zur Vermittlung pädagogischer Gesprächs- und Beratungskompetenz. Weinheim: Juventa.

Paulsen, F. (1965). Geschichte des gelehrten Unterrichts auf deutschen Schulen und Universitäten vom Ausgang des Mittelalters bis zur Gegenwart. Zitiert nach Herrmann (2003).

Paulus, Ch./Strittmatter, P. (2002). Netzbasiertes Lernen in der Hochschule zwischen Anspruch und Wirklichkeit. Unterrichtswissenschaft 30 (4) 290–303.

Peterßen, W.H. (2000). Fächerverbindender Unterricht. Begriff, Konzept, Planung, Beispiele. München: Oldenbourg.

Picht, G. (1964). Die deutsche Bildungskatastrophe. Reinbek bei Hamburg: Rohwolt.

Piri, R./Domisch, R. (2002). Schulentwicklung in Finnland. Pädagogik. 54 (6) 43–48.

Popham, W.-J. (1971). Performance tests of teaching proficiency. American Educational Research Journal. 8 (1) 105–117.

Prinz von Hohenzollern, J./Liedtke, G. u. M. Hrsg., (1991). Schülerbeurteilungen und Schulzeugnisse. Bad Heilbrunn: Klinkhardt.

Rauin, U./Kohler, B./Becker, G.E. (1994). Drum prüfe, wer sich ewig bindet. Ein Berufseignungstest für das Lehramtsstudium. Pädagogik. 46 (11) 34–39.

Riegel, E. (2004). Schule kann gelingen. S. Fischer, Frankfurt/M.

Robinsohn, S.B.(1973). Bildungsreform als Revision des Curriculum. 4. Aufl., Neuwied.

Rogers, C.R. (1951). Client-centered therapy. Boston.

Rosenshine, B. (1968). Behavioral predictors of effectiveness in explaining social studies material. Dissertation, Stanford.

Roth, H., Hrsg., (1969). Begabung und Lernen. Deutscher Bildungsrat. Gutachten und Studien der Bildungskommission. Stuttgart: Klett.

Royl, W./Minsel, W.-R. (1973). Teachertraining. Beiträge zur Praxis innovativer Lehrerfortbildung. Hannover: Schroedel.

Rückriem, N. (1977). Lehrerverhaltenstraining. Wege zur Selbstausbildung. Ravensburg: Otto Maier.

Schaarschmidt, U., (Hrsg.), (2004). Halbtagsjobber? Psychische Gesundheit im Lehrerberuf – Analyse eines veränderungsbedürftigen Zustandes. Weinheim: Beltz.

Scheufele, U., Hrsg., (1996). Weil sie wirklich lernen wollen. Bericht von einer anderen Schule. Das Altinger Konzept. Weinheim: Beltz.

Schiele, S./Schneider, H., (Hrsg.), (1977). Das Konsensproblem in der politischen Bildung. Stuttgart.

Schiele, S./Schneider, H., (Hrsg.) (1996). Reicht der Beutelsbacher Konsens? Schwalbach/ Ts.: Wochenschau Verlag.

Schneider, H. (1999). Der Beutelsbacher Konsens. In: Mickel, a.a.O..

Schneider, K., (Hrsg.), (1985). Das verdrängte Disziplinproblem. Langenau: Armin Vaas.

Schollmeyer, D. (1981). Lehrertraining und Verhaltensmodifikation. Grundlagen, Modelle, Methoden. Düsseldorf: Schwann.

Sommer, H. (1981). Grundkurs Lehrerfrage. Ein handlungsorientiertes einführendes Arbeitsbuch für Lehrer. Weinheim: Beltz.

Steinbuch, K. (1986). Schluß mit der ideologischen Verwüstung. Plädoyer für die brachliegende Vernunft. Herford: Busse u. Seewald.

Terre des hommes (2000). Kinderrecht. Materialien UN-Konvention über die Rechte der Kinder. 6. Aufl., Osnabrück: terre des hommes, Bundesrepublik Deutschland e.V.

Thiele, H. (1983). Trainingsprogramm Gesprächsführung im Unterricht. Kognitives Lehrtraining zum Selbststudium. Bad Heilbrunn: Klinkhardt.

Traub, S. (1997). Freiarbeit in der Realschule. Landau: Empirische Pädagogik.

Traub, S. (2000). Schrittweise zur erfolgreichen Freiarbeit. Ein Arbeitsbuch für Lehrende und Studierende. Bad Heilbrunn: Klinkhardt.

Ulich, K. (1996). Beruf Lehrer/in. Arbeitsbelastungen, Beziehungskonflikte, Zufriedenheit. Weinheim: Beltz.

Verfassung des Landes Baden-Württemberg (1981). Verkündet am 19.11.1953. 7. Aufl., Stuttgart: Klett.

Vilsmeier, F. (1960). Der Gesamtunterricht. Weinheim: Beltz.

Vollstädt, W. u.a. (1999). Lehrpläne im Schulalltag. Eine empirische Studie zur Akzeptanz und Wirkung von Lehrplänen in der Sekundarstufe I. Opladen: Leske u. Budrich.

Von Hentig, H. (1971). Allgemeine Lernziele der Gesamtschule. Gutachten und Studien der Bildungskommission, Bd. 12, 3. Aufl., 14–43, Stuttgart: Klett.

Wagenschein, M. (1959). Zum Begriff des exemplarischen Lehrens. Weinheim: Beltz.

Walberg, H.J. (1990). Productive teaching and instruction: Assessing the knowledge base. Phi Delta Kappan. 470–478.

Wehling, H.G. (1977). Konsens a la Beutelsbach. In: Schiele/Schneider 1977, a.a.O.

Weidenmann, B. (1978). Lehrerangst. Ein Versuch, Emotionen aus der Tätigkeit zu begreifen. München: Urban und Schwarzenberg.

Weinert, F.E., (Hrsg.), (2001). Leistungsmessungen in Schulen. Weinheim: Beltz.

Weinert, F.E./Zielinski, W.(1977). Lernschwierigkeiten – Schwierigkeiten des Schülers oder der Schule? Unterrichtswissenschaft. 5 (4) 292–304.

Wehling, H.G. (1977). Zitiert nach Schneider.

Weisbach, Ch.-R. (1988). Training des Beraterverhaltens. Bad Heilbrunn: Klinkhardt.

Winkel, R. (1974). Theorie und Praxis des Team-Teaching. Braunschweig.

Winnefeld, F. (1967). Pädagogischer Kontakt und pädagogisches Feld. 4. Aufl., München.

Wissinger, J. (2000). Rolle und Aufgaben der Schulleitung bei der Qualitätssicherung und -entwicklung von Schulen. Z. f. Päd., 46. (6) 851–865.

Zifreund, W. (1966). Training des Lehrverhaltens mit Fernseh-Aufzeichnungen in Kleingruppen-Seminaren. Programmiertes lernen und programmierter unterricht. Beiheft 1. Berlin: Cornelsen.

Zifreund, W., (Hrsg.), (1976). Training des Lehrverhaltens und Interaktionsanalyse. Dokumentation und Bilanz des I. Internationalen Microteaching-Symposiums. Weinheim: Beltz.

Sachregister

Anhang

A Berufseignungstest für das Lehramtsstudium – (BEIL) – Rauin/Kohler/Becker (1994)

Die »Schwundquote« ist beträchtlich ...

So wie im Märchen ein jeder Bewerber, Königssohn und junger Held mindestens drei Prüfungen zu bestehen hat, so muss auch jeder Lehrer und jede Lehrerin drei Stadien beruflicher Sozialisation durchlaufen, muss also ein Studium absolvieren, einen Vorbereitungsdienst durchstehen und eine jahrzehntelange berufliche Tätigkeit ausüben. Und wie im Märchen sind es nur wenige der ursprünglich vielen Bewerberinnen und Bewerber, d.h. der Studienanfängerinnen und -anfänger, die auch ihre letzte Prüfung in der Gestalt von dreißig oder vierzig Dienstjahren erfolgreich bestehen.

Tatsächlich – und das ist jetzt leider kein Märchen – lässt sich von jenen jungen Menschen, die gerade ein Lehramtsstudium aufgenommen haben, später nur ein Teil in der Schule arbeitend wiederfinden. Die »Schwundquote« – ein unmissverständlicher Begriff, der in Anbetracht der zu kennzeichnenden Sachlage von den Autoren bewusst gewählt wurde – ist hier also beträchtlich.

Dabei beginnt der Schwund unter den zukünftigen Lehrerinnen und Lehrern schon vergleichsweise früh. Nur etwa zwei von drei Studienanfängern legen auch das vorgesehene Examen ab. Die übrigen entscheiden sich für einen Wechsel der Studienrichtung oder ziehen eine Berufsausbildung vor.

Nach dem ersten Staatsexamen tritt ein Teil der Hochschulabsolventen den nachfolgenden Vorbereitungsdienst erst gar nicht an oder bringt ihn nur hinter sich, um eine abgeschlossene Berufsausbildung vorweisen zu können. Andere Referendare und Referendarinnen wiederum finden auf Grund der bildungs- und finanzpolitischen Gegebenheiten noch immer keine Anstellung.

Junge Lehrerinnen und Lehrer, die ein Stellenangebot erhalten und dies mit hohem Anspruch wahrnehmen möchten, entscheiden sich oftmals für ein reduziertes Deputat. Sie verzichten von sich aus auf ein volles Gehalt, weil sie erkennen, dass sie sich selbst mit einem Deputat von 27 oder 28 Stunden überfordern würden. Andere junge Lehrer, die vielleicht mit idealistischer Begeisterung und vollem Deputat ihre Berufstätigkeit beginnen, merken oft schon nach wenigen Jahren, dass ihr früherer Schwung nachzulassen beginnt, dass Ermüdungserscheinungen auftreten und Resignation sich breit macht. Sie geraten in Gefahr, dem Burnout-Syndrom zu unterliegen (vgl. Gudjons 1993, Meyer 1991). Der Phase der idealistischen Begeisterung folgen dann die Phasen der Stagnation, der Frustration und der Apathie, wobei die Letztere eine Phase der Leere, des Ausgebranntseins und der totalen Erschöpfung darstellt, die zur Berufsunfähigkeit führen kann.

Die Ursachen für den beschriebenen Tatbestand, d.h. für die beträchtliche Schwundquote mit ihren negativen Auswirkungen, sind mannigfaltig. Sie liegen unter anderem in der mangelnden Eignung verschiedener Studienanfänger, aber auch in ihren falschen Erwartungen sowie unrealistischen Einstellungen und Haltungen. Ganz offensichtlich unterschätzen junge Menschen, die den Lehrerberuf zu ergreifen beabsichtigen, die permanenten hohen psychischen und physischen Belastungen, denen sie später einmal ausgesetzt sein werden. Sie freuen sich oftmals ganz naiv auf die Arbeit mit den netten Grundschulkindern oder finden an dem Gedanken Gefallen, sich mit dem ehemaligen Lieblingsschulfach über Jahrzehnte hinweg beschäftigen zu können. Dabei unterschätzen sie die möglichen Auseinandersetzungen mit Problemschülern, eventuelle Kollisionen mit der Schulverwaltung, der Schulleitung und dem Kollegium, sie haben kaum eine Vorstellung von aufreibenden Konflikten mit Eltern, die ihren Erziehungspflichten nicht oder in überzogenem Maße nachkommen, und sie können die Folgen unzureichender Rahmenbedingungen, unter denen Unterricht häufig stattfinden muss, nicht in adäquater Weise abschätzen.

Interesse und Abitur reichen nicht aus ...

Es gab und gibt nun einige mehr oder weniger geeignete Versuche, bei Studienanfängern die Eignung oder Befähigung für den Lehrerberuf festzustellen. So entwickelten Testtheoretiker und -konstrukteure am Educational Testing Service (ETS) in Princeton in den 70er-Jahren das »Teacher Role Preference Inventory«, eine Art Interessentest, der jungen Menschen die Berufswahl erleichtern sollte. Doch trotz der gut gemeinten Absicht ist unmittelbar einsichtig, dass Vorlieben und individuelle Interessen von Studienanfängern nur wenig über deren tatsächliche Eignung und Befähigung für die Arbeit in Schule und Unterricht aussagen.

Bei uns gibt die Bundesanstalt für Arbeit einige Materialien für Ratsuchende heraus. Diese sind jedoch sehr allgemein gehalten. Der Lehrerberuf wird hier in die Gruppe der sozialen Berufe eingereiht, wobei den Studienräten ein höheres intellektuelles Niveau zugesprochen und den Grundschullehrern ein größeres soziales Engagement bescheinigt wird. Die tatsächlichen Anforderungen werden jedoch nicht angesprochen, und ein differenziertes Belastungsprofil wird nicht vorgestellt.

Der Versuch, die Frage der beruflichen Eignung über das Abiturzeugnis und einen Numerus clausus zu beantworten, erscheint ebenfalls ungeeignet. Es ist zwar zu vermuten, dass eine Studienbewerberin mit einem hervorragenden Abitur eine wichtige Voraussetzung zur Berufsausübung mitbringt, nämlich die Bereitschaft und Fähigkeit, sich eigenständig und gründlich in neue Sachverhalte einzudenken; doch wie es beispielsweise um ihre kommunikativen Fähigkeiten oder ihre Belastbarkeit steht, darüber sagt das Zeugnis kaum etwas. Zudem variiert der Numerus clausus von Institution zu Institution und von Semester zu Semester, weil dieses Kriterium ausschließlich an der Auslastung der Hochschulen gewonnen wird – bei schwachem Andrang nimmt man alle, bei starkem nur wenige Bewerber.

In ähnlicher Weise zu sehen sind fachlich ausgerichtete Aufnahmeprüfungen, denen sich beispielsweise zukünftige Kunst- oder Sportstudenten zu unterziehen haben. Um ein völliges Versagen schon im ersten Studienabschnitt auszuschließen, sind solche Aufnahmeprüfungen sicher sinnvoll – doch garantieren sie keinesfalls die Eignung für den Lehrerberuf.

Interessant erscheint die seit Jahren an der Pädagogischen Hochschule Heidelberg bestehende Möglichkeit, vor dem Studium ein Praktikum zu absolvieren. Dieses Vorpraktikum soll jenen Abiturienten, die sich mit der Absicht tragen, Lehrer bzw. Lehrerin zu werden, die Gelegenheit geben, den Berufswunsch noch einmal zu überprüfen. Doch da dieses Praktikum nicht obligatorisch ist, wird es im Wesentlichen nur von hoch motivierten Studienanfängern wahrgenommen, die anschließend auch das Lehramtsstudium aufnehmen. Auf diese Weise wirkt das Vorpraktikum nicht in der gewünschten Weise selektiv.

»BEIL«: Ein Beitrag zur Berufsfindung

Das hier vorgestellte Berufseignungsinventar für das Lehramtsstudium, kurz »BEIL« genannt, möchte sich als Beitrag zur Berufsfindung verstehen. Es will Studienanfängern die Gelegenheit geben, den Berufswunsch noch einmal zu überprüfen. Ausgangspunkte zur Entwicklung des Inventars waren Befunde aus unterschiedlichen Studien zu Anforderungen und zu Belastungen im Alltag von Lehrerinnen und Lehrern (vgl. z.B. Gudjons 1993). Im ersten Teil des Fragebogens haben wir elf allgemeine Anforderungen beschrieben. Viele dieser Anforderungen sind auch für andere Berufe gültig, aber in der hier vorgestellten Mischung scheinen sie uns für den Lehrerberuf bezeichnend. Selbstverständlich erwarten wir nicht von den Studierenden, dass sie eine Komposition der positiven Eigenschaften von Mutter Teresa, Albert Einstein und Graf von Stauffenberg verkörpern. In der älteren, am Modell der Lehrerrolle orientierten Forschung oder in psychologischen Untersuchungen zur Lehrerpersönlichkeit (vgl. zusammenfassend D. S. Levis 1987) wurden einige erwünschte Persönlichkeitsmerkmale begründet, aber empirische Studien konnten nur wenig Erhellendes über die Wirkung derartiger Merkmale im Kontext von Schule aussagen. Wir argumentieren stattdessen in eine andere Richtung. Ob eine besonders hohe Ausprägung bestimmter Persönlichkeitsmerkmale besonders »gute Lehrer« mit sich bringt, wissen wir nicht. Doch führt eine zu geringe Bereitschaft oder Fähigkeit, mit den beschriebenen beruflichen Anforderungen angemessen umzugehen, vermutlich zu Frustration und Resignation und damit zu negativen Berufseinstellungen. Im zweiten Teil haben wir zehn für das Berufsfeld typische Problembereiche zusammengestellt. Mit den Hinweisen auf die negativen Seiten des Lehrerberufs will das »BEIL« aber keinesfalls abschreckend wirken; vielmehr geht es darum, zu hoch gesteckte Erwartungen zu korrigieren und eine realistische Einstellung und Haltung dem künftigen Beruf gegenüber anzubahnen.

Berufseignungsinventar für das Lehramtsstudium (BEIL)

Anleitung zur Testdurchführung

- Lesen Sie bitte den Abschnitt »Auswertung« unbedingt erst nach der Testdurchführung.
- Lesen Sie alle Testabschnitte sorgfältig durch. In jedem Abschnitt wird eine besondere Anforderung oder Belastung des Lehrerberufs dargestellt. Stellen Sie sich bitte vor, Sie seien bereits im Lehrberuf tätig. Wie stark würde Sie persönlich der geschilderte Sachverhalt belasten?
- Kreuzen Sie auf der Skala jenen Punkt an, von dem Sie glauben, dass er der Intensität Ihrer persönlichen Belastung am besten entspricht!

1	2	3	4	5
gar nicht	kaum	mittelmäßig	ziemlich	außerordentlich

Testaufgaben

Allgemeine Fähigkeiten, Einstellungen und Haltung

1. Kommunikationsbereitschaft und -fähigkeit

Lehrerinnen und Lehrer haben es stets mit Menschen zu tun, mit Schülern, Kollegen, Eltern und Vorgesetzten. Anders als im privaten Bereich können sich Lehrer ihre Gesprächspartner im Beruf nur selten aussuchen. Dies erfordert von ihnen die grundsätzliche Bereitschaft und auch die Fähigkeit, immer wieder auf andere Menschen zuzugehen und auf sie einzugehen, ihnen zuzuhören und sich auch mit ihnen auseinander zu setzen.

Belastung?

1	2	3	4	5
gar nicht	kaum	mittelmäßig	ziemlich	außerordentlich

2. Ichstärke

In Schule und Unterricht geht es oftmals nicht nur darum, freundlich auf andere Menschen einzugehen und ihnen bei Problemen zu helfen, sondern es ist immer wieder notwendig, Schülern gegenüber auf berechtigten Forderungen zu bestehen oder sich von den Wünschen mancher Eltern klar abzugrenzen. Dies erfordert aber ein beträchtliches Maß an Ichstärke und auch die Fähigkeit, mit verschiedenen Erwartungen von unterschiedlichen Seiten umzugehen.

Belastung?

1	2	3	4	5
gar nicht	kaum	mittelmäßig	ziemlich	außerordentlich

3. Emotionale Ausgeglichenheit

Schüler wünschen sich Lehrerinnen und Lehrer, die jeden Tag und jede Stunde gleichermaßen freundlich, geduldig, fröhlich, kreativ, berechenbar und witzig sind. An einigen Tagen wird es vielen Lehrern vermutlich nicht so schwer fallen, diesen Erwartungen ein Stück weit zu entsprechen, doch an vielen anderen Tagen und Wochen, an denen vielleicht private Tiefen, gesundheitliche Beeinträchtigungen oder Ärgernisse mit Vorgesetzten bestehen, wird es wahrscheinlich schwierig und für manche auch unmöglich sein, die notwendige emotionale Ausgeglichenheit in sich zu spüren. Fehlt diese Ausgeglichenheit aber weitgehend oder ganz, dann kann der Unterricht zu einer fast unerträglichen Mühe werden.

Belastung?

1	2	3	4	5
gar nicht	kaum	mittelmäßig	ziemlich	außerordentlich

4. Intellektuelle Neugier

Die Schule braucht Lehrerinnen und Lehrer, die nicht in einmal konzipierten Unterrichtseinheiten verharren, sondern sich um die Aufbereitung aktueller Inhalte bemühen, die sich für neue Unterrichtsmethoden und -konzeptionen interessieren und die sich bei Lern- und Verhaltensschwierigkeiten ihrer Schüler nicht mit Standarderklärungen begnügen, sondern sich kundig machen und nach neuen Antworten suchen. Dies alles kann sehr zeitintensiv sein und wird nicht nur Berufsanfänger vermutlich weit über eine 40-Stunden-Woche hinaus beschäftigen.

Belastung?

1	2	3	4	5
gar nicht	kaum	mittelmäßig	ziemlich	außerordentlich

5. Selbstdisziplin

Lehrerinnen und Lehrer können sich einen beträchtlichen Teil ihrer Arbeitszeit selbst einteilen. Dies hat natürlich viele Vorteile, verlangt aber auf der anderen Seite ein hohes Maß an Selbstdisziplin, damit beispielsweise Klassenarbeiten oder Elternabende nicht in der letzten Minute noch schnell konzipiert werden, damit ungeliebte Korrekturen nicht tagelang liegen bleiben und damit weder die Schüler noch die Familienmitglieder unter den unregelmäßigen Arbeitsrhythmen leiden müssen.

Belastung?

1	2	3	4	5
gar nicht	kaum	mittelmäßig	ziemlich	außerordentlich

6. Geduld

Lehrerinnen und Lehrer benötigen für ihre berufliche Tätigkeit außerordentlich viel Geduld. So müssen sie ihren leistungsschwachen Schülern oftmals über Tage und Wochen hinweg immer wieder denselben Lerninhalt erklären, müssen sich tagtäglich um das noch mangelnde Sozialverhalten einer Klasse bemühen oder müssen vielleicht an einem Morgen in der Sporthalle 20-mal darauf hinweisen, dass an den herabhängenden Seilen wegen der Verletzungsgefahr nicht geturnt werden darf. Es ist sicher leicht einsichtig, dass es am Ende eines anstrengenden Schulvormittags oder in der hektischen Phase kurz vor dem Ende eines Schuljahres schwierig werden kann, allen Schülern gegenüber geduldig zu bleiben.

Belastung?

1	2	3	4	5
gar nicht	kaum	mittelmäßig	ziemlich	außerordentlich

7. Modellverhalten

Soziales Lernen vollzieht sich in starkem Maße über das Lernen am Modell. Auch in anderen Bereichen wie dem Arbeitsverhalten orientieren sich vor allem jüngere Schüler sehr am Modell ihres Lehrers, sieht also z.B. ihr Hefteintrag ähnlich wie sein Tafelanschrieb aus. Diese ständige Verpflichtung, sich vorbildlich zu zeigen, kann sehr anstrengend werden. Dies gilt in besonderer Weise für jene Lehrerinnen und Lehrer, die in jenem Ort, in dem sie arbeiten, auch wohnen. Sie werden vor allem in kleineren Gemeinden häufig selbst in ihrer Freizeit daraufhin beobachtet, ob und inwieweit sie sich vorbildlich und modellhaft zeigen.

Belastung?

1	2	3	4	5
gar nicht	kaum	mittelmäßig	ziemlich	außerordentlich

8. Stimme

Der Lehrerberuf gehört zur Gruppe der Sprechberufe. Zur Belastung für die Stimme wird das viele Sprechen zumeist dann, wenn der Unterricht unter ungünstigen Rahmenbedingungen stattfinden muss, die Klassen also beispielsweise sehr groß und auch unruhig sind oder das Klassenzimmer an einer Hauptverkehrsstraße liegt. Hinzu kommt, dass viele Lehrer nicht nur unnötig viel, sondern auch falsch sprechen. Von daher wundert es kaum, dass viele Lehrerinnen und Lehrer Stimmprobleme haben und etwa ein Drittel von ihnen stimmkrank ist.

Belastung?

1	2	3	4	5
gar nicht	kaum	mittelmäßig	ziemlich	außerordentlich

9. Organisationstalent

Im schulischen Alltag müssen ständig organisatorische Maßnahmen getroffen werden. So ist es beispielsweise immer wieder notwendig, Lehr- und Lernmaterialien rechtzeitig zu besorgen oder auszuteilen, die Schüler zum Lernen zu gruppieren, Lehr-Lern-Prozesse zu strukturieren, Klassenzimmer und Stunden zu tauschen, Lerngänge, Wandertage und Ausflüge zu planen oder Klassen- und Schulfeste vorzubereiten. Damit diese Maßnahmen möglichst reibungslos und effektiv durchgeführt werden können, ist ein besonderes Organisationstalent erforderlich.

Belastung?

1	2	3	4	5
gar nicht	kaum	mittelmäßig	ziemlich	außerordentlich

10. Politische Unabhängigkeit

In allen Staaten und Gesellschaftssystemen wurde und wird versucht, über die Schule Einfluss auf die jungen Staatsbürger und -bürgerinnen zu nehmen. Dabei zeigt ein Blick in unsere Geschichte, dass Lehrer politisch verführbar und lenkbar sind. Es kann aber nicht darum gehen, sich als Lehrerin oder Lehrer naiv dem jeweiligen politischen Trend anzupassen oder nur aus Opportunitätsgründen in eine bestimmte Partei einzutreten. Stattdessen ist politische Unabhängigkeit, die nicht nach Vorteilen sucht, gefragt. Diese Unabhängigkeit setzt aber die Bereitschaft voraus, notfalls auch Schwierigkeiten oder Unannehmlichkeiten in Kauf zu nehmen.

Belastung?

1	2	3	4	5
gar nicht	kaum	mittelmäßig	ziemlich	außerordentlich

11. Physische und psychische Belastbarkeit

Unterrichten ist eine sehr anstrengende Tätigkeit, und so sind viele Lehrerinnen und Lehrer nach fünf oder sechs Schulstunden ganz einfach erschöpft. Die ihnen ständig abverlangte Konzentration, die Gleichzeitigkeit verschiedener Forderungen, Wünsche und Notwendigkeiten, der Umgang mit Problemschülern und Problemklassen u.a.m. führen zu verschiedenen psychischen und physischen Reaktionen, beispielsweise zu einer erhöhten Puls- und Atemfrequenz, zu einer Dämpfung der Abwehrreaktionen oder zu der Tatsache, dass der Adrenalinspiegel bei Lehrern manchmal erheblich höher als bei Führerscheinprüflingen ist. Um mit diesem Stress dreißig oder vierzig Dienstjahre zurechtzukommen, bedarf es sicher einer besonderen Belastbarkeit.

Belastung?

1	2	3	4	5
gar nicht	kaum	mittelmäßig	ziemlich	außerordentlich

Besondere Anforderungen und Schwierigkeiten in verschiedenen Bereichen

1. Problemschülerinnen und Problemschüler

In praktisch jeder Klasse gibt es einige Schülerinnen und Schüler, die Schwierigkeiten haben, sich an vereinbarte Regeln zu halten und mit ihren Mitmenschen einen freundlichen Umgang zu pflegen. In Grundschulen können sich diese Kinder häufig kaum zurücknehmen, sind nicht in der Lage still zu sitzen oder zeigen sich aggressiv. Ältere Schüler stören dann oftmals den Unterricht, beschimpfen ihre Mitschüler oder provozieren bewusst ihre Lehrer. Und doch sind es oftmals gerade diese Schüler, die in besonderer Weise des Verständnisses, der Hilfe und des Engagements ihrer Lehrerinnen und Lehrer bedürfen.

Belastung?

1	2	3	4	5
gar nicht	kaum	mittelmäßig	ziemlich	außerordentlich

2. Eltern

Lehrerinnen und Lehrer haben es auf der einen Seite mit desinteressierten Eltern zu tun, die an einer Zusammenarbeit und am schulischen Erfolg ihres Kindes kaum interessiert sind, und sie müssen sich auf der anderen Seite mit hoch motivierten, pädagogisch vorgebildeten und redegewandten Eltern auseinander setzen, die vielleicht die eigene Arbeit ständig hinterfragen, kritisieren und nach ihrer Vorstellung verändern möchten. Anders als im privaten Bereich kann dann ein unliebsamer Kontakt nicht einfach unterbrochen werden, sondern muss im Interesse des jeweiligen Schülers in der Regel aufrechterhalten bzw. neu geknüpft werden.

Belastung?

1	2	3	4	5
gar nicht	kaum	mittelmäßig	ziemlich	außerordentlich

3. Kollegium

So wie es Kollegien gibt, die sich tolerant, offen und hilfsbereit zeigen, so gibt es auch Kollegien, in denen das Gegenteil der Fall ist, die sich also nicht in die Karten sehen lassen, auf einen Gedankenaustausch keinen Wert legen, die Arbeit der anderen argwöhnisch verfolgen und nach Schulschluss so schnell wie möglich das Weite suchen, sodass die gut gemeinten Kooperationsbemühungen Einzelner ergebnislos bleiben. Ähnlich problematisch zeigen sich manchmal auch kleinere, fest eingespielte Kollegien, die sich durch neue, engagierte Kolleginnen und Kollegen gestört sehen und entsprechend reagieren.

Belastung?

1	2	3	4	5
gar nicht	kaum	mittelmäßig	ziemlich	außerordentlich

4. Schulleitung

Natürlich gibt es Schulleiterinnen und Schulleiter, die sich um ihre Institution, die darin arbeitenden Lehrer und Schüler kümmern und die ernsthaft um die Lösung pädagogischer und didaktischer Probleme bemüht sind. Es gibt aber genauso Schulleiterinnen und Schulleiter, die angstbesetzt auf die rechtliche Absicherung ihrer eigenen Stellung bedacht sind, die Konferenzen zur Selbstdarstellung missbrauchen, endlose Monologe halten, sich in Nebensächlichkeiten verlieren oder versuchen, den Schulbehörden durch vorauseilenden Gehorsam zu imponieren.

Belastung?

1	2	3	4	5
gar nicht	kaum	mittelmäßig	ziemlich	außerordentlich

5. Schulhierarchie

Im Gegensatz zu kleineren Betrieben, in denen anstehende Entscheidungen oftmals gemeinsam diskutiert und flexibel umgesetzt werden können, sind Schule und Schulverwaltung stark hierarchisch organisiert. Anträge, Anfragen und Anweisungen werden auf dem so genannten Dienstweg weitergereicht und an entfernter Stelle, d.h. im Schulamt, Oberschulamt oder Ministerium, bearbeitet. In diesen Fällen müssen an höherer Stelle getroffene Entscheidungen von den jeweiligen Lehrern vor Ort umgesetzt werden, auch wenn sie ihnen nicht gefallen.

Belastung?

1	2	3	4	5
gar nicht	kaum	mittelmäßig	ziemlich	außerordentlich

6. Dienstort

Da Schüler auch in entlegenen Gebieten und unattraktiven Orten ein Recht auf einen qualifizierten Unterricht haben, wird es immer wieder Lehrerinnen und Lehrer geben, die nicht am Ort ihrer Wahl unterrichten können, die den Schulort wiederholt wechseln oder an mehreren Schulen gleichzeitig arbeiten müssen. Eine besondere Problematik ergibt sich zudem durch die Kulturhoheit der Länder, die in diesem Fall bewirken kann, dass ein beabsichtigter Länderwechsel, um z.B. weiterhin mit dem Ehepartner zusammenleben zu können, erst nach Jahren möglich wird.

Belastung?

1	2	3	4	5
gar nicht	kaum	mittelmäßig	ziemlich	außerordentlich

7. Berufsimage

Innerhalb unserer Gesellschaft ist das Berufsimage der Lehrer nicht besonders hoch. Wer nicht selbst unterrichtet und die hohen Belastungen nicht kennt, sieht oftmals vordergründig nur einige Vorteile, insbesondere die angeblich freien Nachmittage und die vielen Ferien. Wer aber am Morgen fünf oder sechs Stunden unterrichtet hat, sich dabei mit vielleicht hundert verschiedenen Schülern auseinander setzen musste und grundlegende Erziehungsarbeit zu leisten hatte, danach ziemlich erschöpft ist und am Nachmittag noch Vorbereitungen oder Korrekturen zu leisten hat, den können ständige Hinweise auf seinen »gut bezahlten Halbtagsjob« oder die »Ferienweltmeister« irgendwann ganz erheblich nerven.

Belastung?

1	2	3	4	5
gar nicht	kaum	mittelmäßig	ziemlich	außerordentlich

8. Anerkennung

In vielen Berufen finden die Menschen leicht Anerkennung, sei es von erfreuten Kunden, geheilten Patienten, zufriedenen Vorgesetzten oder durch die gelungene Sache selbst. Lehrerinnen und Lehrer hingegen mühen sich oft bei nur geringem Erfolg monatelang um bestimmte Schüler, bekommen von kaum jemandem ein Lob für ihren regelmäßig und gewissenhaft vorbereiteten Unterricht, sondern müssen sich im Gegenteil immer wieder die Kritik der Eltern, des Schulleiters und auch der Schüler anhören. Jene Situationen, in denen eine Schülerin den Unterricht oder die freundliche Art des Lehrers lobt, sind wohl eher selten.

Belastung?

1	2	3	4	5
gar nicht	kaum	mittelmäßig	ziemlich	außerordentlich

9. Unangenehme Aufgaben

Bei der Einschätzung des Lehrerberufs wird häufig übersehen, dass es neben der Tätigkeit des Unterrichts noch weitere Aufgaben gibt, die auf Dauer zu einer beträchtlichen Belastung werden können. So müssen Lehrer, die Fächer wie Deutsch oder Englisch unterrichten, oft stundenlang Aufsätze und Arbeiten korrigieren. Klassenlehrerinnen verfassen regelmäßig Zeugnisse oder Berichte, in Konfliktfällen treten sie in Kontakt mit Behörden oder Jugendämtern. Weil Schulträger die Schulen häufig lieblos einrichten oder gar verkommen lassen, verbringen Lehrer viel zusätzliche Zeit damit, ihre Schule oder den Klassenraum zusammen mit den Schülern zu gestalten. Auch von älteren Lehrern wird erwartet, dass sie mit ihren Klassen abenteuerliche Ausflüge unternehmen und in wenig komfortablen Jugendherbergen übernachten. Alle Lehrer müssen in den ohnehin recht kurzen Pausen immer wieder Aufsicht führen und werden dabei häufig mit aggressiven Verhaltensweisen konfrontiert.

Belastung?

1	2	3	4	5
gar nicht	kaum	mittelmäßig	ziemlich	außerordentlich

10. Verdienst- und Aufstiegsmöglichkeiten

Lehrerinnen und Lehrer werden im Vergleich zu vielen anderen akademischen Berufen oder zu leitenden Angestellten nicht gerade üppig bezahlt. Auch wenn Lehrer nach Sokrates »die hehre Sache der Erziehung nicht dem Gelderwerb opfern« sollen, können es gerade jüngere, gewissenhafte und engagierte Lehrer, die mehr als 40 Stunden pro Woche arbeiten, oft nicht verstehen, dass sie nicht nach Leistung, sondern nach Dienstjahren bezahlt werden. Hinzu kommt, dass die Aufstiegsmöglichkeiten für Lehrer vergleichsweise gering sind und die Übernahme vieler höher qualifizierter Tätigkeiten, wie z.B. das Betreuen von Studenten und Referendaren, nicht finanziell honoriert wird.

Belastung?

1	2	3	4	5
gar nicht	kaum	mittelmäßig	ziemlich	außerordentlich

Auswertung

Zählen Sie bitte alle erreichten Punktwerte zusammen. Zählen Sie ab, wie oft Sie den Wert 5 (»außerordentlich«) gewählt haben.

Bis 35 Punkte
Sofern Ihr Testergebnis in diesem Bereich liegt, haben Sie vermutlich eine unrealistische Vorstellung vom Beruf des Lehrers bzw. der Lehrerin. Es kann allerdings auch sein, dass Sie Ihre eigenen Fähigkeiten und Möglichkeiten in den angesprochenen Bereichen überschätzen. Wir empfehlen Ihnen deshalb dringend, das Studium noch nicht aufzunehmen, sondern zunächst ein Praktikum in einer sozialen Einrichtung oder in einer Schule zu absolvieren.

36 bis 63 Punkte – und höchstes zweimal den Wert 5 (»außerordentlich«)
Wenn sich Ihr Testergebnis in diesem Bereich bewegt, ist zu vermuten, dass sich bei Ihnen eine realistische Sichtweise von den Tätigkeiten und Belastungen in Schule und Unterricht abzeichnet.

Wir sind deshalb der Meinung, dass Sie ein beabsichtigtes Lehramtsstudium aufnehmen bzw. ein begonnenes weiterführen können.

64 Punkte und mehr – oder mindestens dreimal den Wert 5 (»außerordentlich«)
Prüfen Sie doch noch einmal nach, welche Anforderungen Sie als belastend empfunden haben. Hatten Sie sich den Lehrerberuf ganz anders vorgestellt? Hatten Sie ähnliche Belastungen schon in anderen Situationen erlebt? In diesem Fällen liegt die Vermutung nahe, dass Sie über die für den Lehrerberuf erforderlichen Voraussetzungen nicht verfügen oder aber einige Belastungen nicht auf sich nehmen wollen oder können. Wir empfehlen Ihnen deshalb, Ihren Berufswunsch noch einmal zu überdenken und sich eventuell einem anderen Beruf zuzuwenden. Wenn Sie sich noch nicht ganz sicher sind, dann empfehlen wir Ihnen dringend, sobald wie möglich ein mehrwöchiges Praktikum in einer sozialen Einrichtung oder noch besser in einer Schule zu absolvieren, um Ihre kritische Selbsteinschätzung überprüfen zu können.

»Wie geeignet bin ich?« Chancen und Grenzen von BEIL

Um einen Test im strengen Sinne des Wortes handelt es sich hier natürlich nicht. Die Validierung der prognostischen Qualität eines solchen Tests setzte z.B. eine Längsschnittstudie voraus, die die Antworten der Studienanfänger mit ihrem beruflichen Werdegang vergleicht. Eine derartige empirische Studie oder andere äußere Kriterien, an denen der Test validiert werden könnte, liegen aber nicht vor. Das »BEIL« unterstellt einige Dispositionen, die bereits beim Studienanfänger ausgeprägt sind und sein berufliches Handeln dauerhaft beeinflussen sollten. Es könnte sich bei einer mehrfachen Testwiederholung im Verlauf der Ausbildung und der Berufsausübung aber auch herausstellen, dass viele der angesprochenen Eigenschaften, Einstellungen und Haltungen einer Entwicklung unterliegen, sich also nach dem Zeitpunkt der Testdurchführung durchaus noch verändern.

Wenngleich die hier vorgeschlagene Testinterpretation in der jetzigen Fassung noch ein wenig »handgestrickt« ist und durch Daten einer empirischen Überprüfung erheblich zu verbessern wäre, so kann sie nach unserer Auffassung dennoch einen Beitrag zu unserem Anliegen leisten, nämlich zu dem Versuch, bei Studienanfängern eine realistische Vorstellung über den angestrebten Beruf anzubahnen. Sicherlich sind der Interpretation eines Befragungsinstruments Grenzen gesetzt. Dies liegt schon daran, dass die Ergebnisse auf Selbsteinschätzungen beruhen und von daher mit Vorsicht zu betrachten sind. Wir haben in der Auswertung lediglich eine untere und eine obere Grenze festgelegt, da wir in beiden Fällen negative Konsequenzen für die berufliche Entwicklung befürchten. Wer überwiegend die dargestellten Anforderungen als belastend erlebt, wird sicherlich seinen Berufswunsch noch einmal überdenken müssen. Wer aber zu »blauäugig« jede erwähnte Belastung für seine Person negiert, der kann in der späteren Alltagspraxis ebenfalls einige böse Überraschungen erleben.

Eine weitere Einschränkung der Interpretation ergibt sich dadurch, dass wir aus Gründen der Vereinfachung der Auswertung alle Items mit gleichem Gewicht in den Testwert einbeziehen. Möglicherweise sind einige Faktoren aber so bedeutsam, dass extrem negative Werte in diesen Bereichen schon ausreichen könnten, um vom Studium abzuraten. Wer z.B. stimmlich und psychisch kaum belastbar ist und außerdem noch einen berufsbedingten Ortswechsel für undenkbar hält, kann sich vielleicht mit dem Gehalt eines Lehrers arrangieren, erscheint aber für den Lehrerberuf trotz der möglicherweise erreichten mittleren Gesamtpunktzahl wenig geeignet. Um dieses Risiko aufzufangen, haben wir die mehrfache Nennung des negativen Extremswerts (»außerordentliche Belastung«) ebenfalls berücksichtigt.

Begrenzt wird die Aussagekraft des »BEIL« auch dadurch, dass es vor allem eine Belastungskomponente, nicht aber eine von der Selbsteinschätzung unabhängige Fähigkeitskomponente enthält. Spezielle Fähigkeiten des Lehrens oder Erziehens, die sich auf berufliches Wissen, auf Einstellungen zu Unterrichtsfächern und zu Erziehungssituationen oder auf »subjektive Theorien über Lehren und Lernen« beziehen (vgl. dazu einige neuere Studien in Bennett/Carré 1993), können in einem Instrument für Studienanfänger nach unserer Auffassung jedoch noch nicht berücksichtigt werden.

Kritisch anmerken könnte man bei Durchsicht des Inventars auch, ob es überhaupt erstrebenswert ist, den zukünftigen Lehrern die erste, idealistische Phase des Berufslebens zu nehmen, also jene Phase, in der sie mit viel Schwung und oft mit Enthusiasmus an ihre Arbeit gehen, sich ausgesprochen freundlich um ihre Schüler bemühen und damit oft genug auch ältere Kollegen anstecken. Darauf ist zu sagen, dass dies weder die Absicht des Inventars ist noch sein kann, und das schon ganz einfach deshalb, weil ein einzelner Test eine solche umfassende Wirkung gar nicht haben kann. Um von einer idealistischen zu einer realistischen Berufsauffassung zu kommen, dazu bedarf es nicht nur des Nachdenkens, sondern auch der Erfahrung. Hilfreich sein kann das Inventar hier aber insofern, als es im Vorfeld auf mögliche Schwierigkeiten aufmerksam macht, diese somit nicht völlig unerwartet eintreten und auch nicht als individuelles Problem erlebt werden müssen.

Entwickelt wurde das Berufseignungsinventar nicht nur, um Studienanfängern die späteren beruflichen Anforderungen und Schwierigkeiten möglichst realistisch vorzuführen, sondern auch, um ihnen bei der Beantwortung der so wichtigen Frage zu helfen, ob sie wohl für den beabsichtigten Beruf geeignet sind. F. Fuller (1969) konnte in ihrem Beitrag »Concerns of teachers: A developmental conceptualization« schon vor Jahren zeigen, dass diese Frage bei Studienanfängern an erster Stelle steht. Sie wollen am Beginn ihres Studiums zunächst und vor allem wissen: »How adequate am I?« Erst später gewinnt an Bedeutung, was andere Menschen vom eigenen Unterricht halten, und erst in einer weiteren Phase der beruflichen Sozialisation wird die Frage vorherrschend: »Wie kann ich den Schülern beim Lernen helfen?«

Das Berufsseignungsinventar für das Lehramtsstudium (BEIL) geht also ein Stück weit auf jenes Thema ein, das für die Überlegungen von Studienanfängerinnen und -anfängern typisch und vorherrschend ist, und will sie bei ihrer Entscheidung unterstützen. Wir haben die Hoffnung, dass jene Studienanfänger, die sich intensiv mit dem »BEIL« befassen, an Naivität verlieren, an Problembewusstsein gewinnen und gleichzeitig ihren Berufswunsch noch einmal kritisch überprüfen.

Literatur

Bennett, N./Carré, C. (Hrsg.): Learning to Teach. Routledge, London 1993.

Fulle, F.: Concerns of teachers: A developmental conceptualisation. In: American Educational Research Journal 6 (1969), 207–226.

Gudjons, H. (Hrsg.): Entlastung im Lehrerberuf. Bergmann + Helbig Hamburg 1993.

Johannsen, Chr.: Bevor dem Lehrer die Stimme versagt. In: Beiträge zu Unterricht und Ausbildung d.Zs. Krankengymnastik 11 (1987) 7, 9–12.

Levis, D.S.: Teachers' personality. In: M.J. Dunkin (Hrsg.): Encyclopedia of teaching and teacher education. Pergamon, New York 1987, 585–588.

Meyer, E. (Hrsg.): Burnout und Stress. Praxismodelle zur Bewältigung. Schneider Verlag Hohengehren 1991.

B Heidelberger Burnout-Test (BOT) Becker/Gonschorek (1989)

Es gibt eine ernst zu nehmende Berufskrankheit, die jeden Lehrer befallen kann. Wissenschaftler in den USA haben diese Krankheit erstmals beschrieben. Ihre Symptome lassen sich unschwer erkennen, zumindest erscheinen sie bei einer längeren und genaueren Beobachtung des Patienten eindeutig. Doch weil zumeist mehrere Krankheitserreger im Spiel sind, die gemeinsam den Kranken attackieren, lassen sich die Ursachen nur mit Mühe identifizieren. Erschwerend kommt hinzu, dass die Inkubationszeit stark variiert, d.h., nach einer Ansteckung kann es Monate oder Jahre dauern, bis die Krankheit zum Ausbruch kommt. Sodann verläuft diese Berufskrankheit in Schüben, und im Endstadium ist dem erkrankten Lehrer kaum noch zu helfen.

Die Krankheit ist so gefährlich, dass sie sogar ganze Kollegien ergreifen kann. Und deshalb gibt es Schulen, an denen alle Lehrer befallen sind, wenngleich sie sich in verschiedenen Stadien befinden. Ältere Kollegen sind zwar anfälliger als jüngere, doch bleibt die Krankheit keineswegs auf die älteren Lehrer beschränkt.

Um dem Leser einen Eindruck zu vermitteln, welche Symptome das Endstadium der Krankheit bestimmen, erscheint ein Beispiel angebracht: Vor Jahren begann eine Grundschullehrerin ihre Tätigkeit voller Idealismus und Begeisterung. Lachen, Spielen und Singen gehörten zu dem sorgfältig geplanten, anschaulichen und schülerorientierten Unterricht. Und selbstverständlich übernahm sie freiwillig Zusatzaufgaben in der Lehrerausbildung. – Heute wird bei dieser Lehrerin im Unterricht kaum noch gesungen, gelacht und gespielt. Jede Unterrichtsstunde beginnt mit Verspätung, und dann wird viel Zeit mit unnützen Dingen vertan. Mit finsterer Miene und herrischem Ton werden die Schüler zum Stillsitzen ermahnt. Die Disziplinierung scheint das vorrangige Lehr- und Erziehungsziel zu sein. Viele Äußerungen im Umgang mit den Schülern beweisen, dass ihr die gesamte Arbeit lästig ist und sie die Schüler sogar als Feinde betrachtet. Der rigide Umgang führt zu Androhungen wie: »Ich schlag euch noch mal alle tot!« – Kollegen und Eltern geht sie aus dem Weg, Fach- und Privatgespräche meidend. Seit Jahren besucht sie keine Fortbildungsveranstaltungen und liest keine Fachbücher.

Irgendwann muss diese Grundschullehrerin von Krankheitserregern befallen worden sein, die ihr den anfänglichen Idealismus geraubt und die Freude an der Arbeit genommen haben. Der amerikanische Psychoanalytiker H.J. Freudenberger bezeichnet dieses Krankheitsbild als »Burnout-Syndrom«, welches zu einer zynischen, negativistischen Einstellung und Grundhaltung führen kann (vgl. Pines/Aronson-Kafry 1985, 31 ff.; Edelwich/Brodsky 1984, 30 ff.).

Inzwischen wird auch in Deutschland an diesem Problem geforscht. So gibt es einen Burnout-Fragebogen, faktorenanalytische Untersuchungen und Vergleichsuntersuchungen zwischen verschiedenen Lehrergruppen. Holz (1987) fand z.B. heraus, dass Lehrer an Schulen für Lernbehinderte häufiger und schwerer erkranken als jene an Schulen für Geistigbehinderte.

In diesem Beitrag geht es nun darum, den Krankheitsverlauf mit den bislang ausgewiesenen Stadien oder Schüben kritisch zu betrachten. Sodann wird ein Instrumentarium zur Selbstdiagnose angeboten. Dieses Instrument stellt die überarbeitete Fassung eines mit 199 Lehrern erprobten Vortests dar. Testtheoretiker und -konstrukteure aus dem Bereich der andragogischen Diagnostik sind aufgerufen, den Test an einer hinreichend großen Stichprobe zu eichen, denn erst dann wird er den Testgütekriterien genügen.

Stadien

Konzentriert man sich auf drei für den Lehrberuf bedeutsame Bereiche wie auf den Umgang mit den Schülern, den Umgang mit Kollegen sowie auf den Bereich einer generellen Leistungsbereitschaft, dann lassen sich die in der Literatur ausgewiesenen Stadien (Edelwich/Brodsky a.a.O., 24 ff.) wie folgt beschreiben:

Begeisterung

Der junge Lehrer hat von fast allen Schülern eine hohe Meinung und ist um jeden Schüler intensiv bemüht. Er sucht jede Gelegenheit, sich mit Kollegen auszutauschen, und ist überzeugt davon, dass sich alle Kollegen in gleicher Weise pädagogisch engagieren. Er arbeitet fast ausschließlich für die Schule und überfordert sich dabei gelegentlich, ohne es zu merken. Viele seiner Aktivitäten sind bei nüchterner Betrachtung überzogen oder ineffektiv.

Stagnation

In diesem Stadium werden auch gerechtfertigte Ansprüche der Schüler als lästig empfunden und abgewiesen. Zunehmend werden Disziplinierungsmittel eingesetzt, und in Gesprächen mit Kollegen lässt man sich den zu Grunde liegenden Einstellungswandel bestätigen. Eigene Bedürfnisse reduzieren zunehmend die Leistungsbereitschaft und das Engagement.

Realismus

In diesem Stadium ist ein Lehrer gewissermaßen gesund, er sieht die beruflichen Möglichkeiten nüchterner und ist bemüht, auch entsprechend zu handeln. So versucht er, zwischen gerechtfertigten und unerfüllbaren Ansprüchen der Schüler zu unterschieden und den Umgang mit ihnen konstruktiv zu gestalten. Dieser Lehrer ist bemüht, allen Schülern beim Lernen zu helfen und auch bereit, sich im Einzelfall für sie besonders einzusetzen. Geht es um wichtige berufliche Fragen oder Probleme, die eine Kooperation mit Kollegen erfordern, bringt er sich im Rahmen der Möglichkeiten ein. Insgesamt gesehen, erweist er sich als fach-, methoden- und sozialkompetent und entspricht weitgehend den an ihn gerichteten Erwartungen und Anforderungen. Allerdings wird hin und wieder für kurze Zeiten die sonst vorherrschende realistische Einstellung und Haltung einerseits durch Idealismus oder andererseits durch Stagnation oder sogar Frustration überlagert.

Es ist sofort nachvollziehbar, dass jene Lehrer, die eine solche realistische Phase erreichen und sich in ihr bewegen, für alle Beteiligten – also für die Schüler, Eltern, Kollegen und Vorgesetzten, aber auch für sich selbst – besonders erfreulich sind. Demzufolge muss alles Erdenkliche getan werden, um Lehrer einer realistischen Phase zuzuführen und sie möglichst lange in dieser Phase zu halten, wobei allerdings Hilfen von außen nur das eigene Bemühen unterstützen können.

Frustration

In diesem Stadium werden Schüler als zumeist unerzogen und lernunwillig erlebt. Sich häufenden Disziplinkonflikten begegnet dieser Lehrer mit Druck oder zunehmender Hilflosigkeit. Der Umgang mit Kollegen reduziert sich auf das unbedingt notwendige Maß. Viele Aktivitäten werden nur noch widerwillig ausgeführt oder als sinnlos erlebt.

Apathie

Im Endstadium der Krankheit stehen sich Lehrer und Schüler nur noch als Feinde gegenüber. Unbedenklich setzt der Lehrer die bekannten Disziplinierungstechniken – Strafarbeiten, Klassenbucheinträge, Nachsitzen – ein, um so zu überleben. Fehlt ihm aber die Kraft dazu, überwiegen chaotische Zustände während des Unterrichts. Generell verweigern sich die Schüler auf diesem Hintergrund oder sie bemitleiden ihren Lehrer. Wer ausgebrannt ist, geht den Kollegen möglichst aus dem Weg, weil er Fachgespräche ohnehin für sinnlos hält und die Gefahr besteht, dass seine Schwierigkeiten offenkundig werden. Bei fehlendem Engagement reduzieren sich alle Aktivitäten auf die Absicherung der beruflichen Position.

Intervention ist nun zwingend!

Im Hinblick auf jene Lehrer, die das Endstadium der Apathie erreicht haben, erscheint im Interesse der Schüler und deren Eltern, der Kollegen und der Schulleitung, aber auch im Interesse des Betroffenen selbst eine Intervention zwingend. Als Maßnahmen wären die Einleitung einer Therapie, eine vorübergehende Freistellung oder Beurlaubung, eine berufliche Entlastung oder sogar ein Berufswechsel denkbar.

Anleitung zum Heidelberger Burnout-Test (BOT)
Sehr geehrte Damen und Herren, liebe Kolleginnen und Kollegen, wenn im BOT von »Lehrern« die Rede ist, dann geschieht dies aus Gründen der Lesbarkeit. Selbstverständlich sind alle Lehrerinnen in gleicher Weise angesprochen. Lesen Sie bitte statt Lehrer immer »ich«. Die Bearbeitung des Tests sollte Ihnen Spaß machen und Sie gleichzeitig nachdenklich stimmen. Mit seiner Hilfe können Sie sofort feststellen, ob Sie am Burnout-Syndrom erkrankt sind und in welchem Krankheitsstadium Sie sich befinden. Der BOT dient der Selbstdiagnose. Die ehrliche Bearbeitung dieses Tests geschieht also in Ihrem eigenen Interesse. – Die Bearbeitungszeit beträgt etwa 45 Minuten. Der BOT besteht aus 20 Teilen. Jeder Teil enthält 5 Beschreibungen, die verschiedene Zustände und/oder Einstellungen wiedergeben. Die Beschreibungen sind mit Symbolen versehen. Lesen Sie sich bitte den ersten Teil in Ruhe durch, und überlegen Sie sich, welche der Beschreibungen *Ihren* gegenwärtigen Zustand und/oder *Ihre* Einstellung am ehesten widerspiegelt. *Entscheiden Sie sich bitte für eine Beschreibung,* und kreuzen Sie das entsprechende Symbol an. Wenden Sie sich sodann Teil 2 zu, und verfahren Sie entsprechend. Wenn Sie den ganzen Test durchlaufen haben, können Sie Ihren Burnout-Quotienten (BOQ) berechnen, indem Sie die Einzelergebnisse in den Auswertungsbogen übertragen. Sicher möchten Sie erfahren, was für einen BOQ Sie haben?!

Teil 1: Bildungs- und schulpolitisches Engagement

◇ Aus bildungs- und schulpolitischen Diskussionen hält sich der Lehrer zumeist heraus, da er das Schulsystem als kaum veränderbar betrachtet. Allenfalls ist er passives Mitglied in einem Verband oder in einer Partei.

⌂ Alle bildungs- und schulpolitischen Fragen interessieren den Lehrer nicht. Er hat sich mit den Verhältnissen abgefunden und möchte seine Ruhe haben. Von einer Mitgliedschaft und Mitarbeit in einer politischen Partei oder in einem Berufsverband hält er schon lange nichts mehr. Und über engagierte Kollegen macht er zynische Bemerkungen.

○ Fast alle bildungs- und schulpolitischen Initiativen werden begeistert begrüßt, weitergetragen und diskutiert. Der Lehrer ist von einem Reformoptimismus beseelt. Im Falle seiner Mitgliedschaft in einer politischen Partei, einem Berufsverband oder in der Gewerkschaft arbeitet er auch engagiert mit.

▽ Der Lehrer ist bildungs- und schulpolitischen Fragen gegenüber offen und durchaus bereit, diese zu diskutieren, doch erkennt er auch die Grenzen möglicher Veränderungen innerhalb des Schulsystems. Seine aktive Mitarbeit konzentriert sich auf Fragen, die er für besonders wichtig hält.

□ Den bildungs- und schulpolitischen Problemen steht der Lehrer zurückhaltend gegenüber, da er den Rahmen für mögliche Veränderungen als sehr eng gezogen erlebt. Für die aktive Mitarbeit in einer Partei oder einem Berufsverband ist er kaum zu gewinnen.

Teil 2: Pädagogische Vorstellungen

◇ Der Lehrer verzichtet weitgehend auf die Entwicklung eigener pädagogischer Vorstellungen und ist bemüht, sich in Anpassung zu üben. Themen, die kontrovers diskutiert werden könnten, geht er aus dem Weg.

▽ Der Lehrer merkt, dass sich nicht alle seine Vorstellungen verwirklichen lassen und er in bestimmten Fällen auf das Kollegium angewiesen ist. Den Ratschlägen erfahrener Kollegen steht er aufgeschlossen gegenüber, ohne diese jedoch stets zu berücksichtigen.

□ Der Lehrer gleicht seine pädagogischen Vorstellungen denen der Mehrheit des Kollegiums an. Eigene Vorstellungen und selbstständige Entscheidungen treten zurück.

⌂ Der Lehrer ist entweder völlig angepasst und lässt jede Eigeninitiative vermissen. – Oder er kümmert sich gar nicht um die Vorstellungen der Kollegen und wird so zum Außenseiter.

○ Der Lehrer ist von seinen eigenen pädagogischen Vorstellungen begeistert und überzeugt und der Meinung, weitgehend ohne Ratschläge der Kollegen auskommen zu können.

Teil 3: Leistungsbereitschaft der Schüler

○ Alle Schüler sind leistungsbereit und -fähig. Jede Anstrengung erscheint gerechtfertigt, um ihnen den bestmöglichen Unterricht bieten zu können. Soziale Benachteiligungen sind durch einen guten Unterricht auszugleichen.

□ Nur einige Schüler sind leistungsbereit und -fähig, viele sind es nicht. Und deshalb lohnt sich der Aufwand der Vorbereitung und Planung nicht immer. Soziale Benachteiligungen einzelner Schüler müssen zumeist akzeptiert werden.

⌂ Schüler sind dumm und faul. Deshalb ist es nur Zeit- und Kraftvergeudung, sich mit der Vorbereitung und Planung des Unterrichts zu befassen oder sich gar um einzelne Schüler zu bemühen.

◇ Nur wenige Schüler sind leistungsbereit und -fähig. Ein hoher Aufwand für den Unterricht lohnt sich nicht. Soziale Benachteiligungen einzelner Schüler gab es schon immer.

▽ Schüler sind in unterschiedlicher Weise leistungsbereit und -fähig. Auch die sorgfältigste Planung und Vorbereitung des Unterrichts kann vergebens sein, wenn Schüler nicht mitarbeiten wollen. Auch lassen sich bestimmte Benachteiligungen bei einzelnen Schülern nicht ausgleichen.

Teil 4: Unterrichtsvorbereitung und -planung

○ Auch in der Freizeit betrachtet der Lehrer alle Dinge und Ereignisse hinsichtlich ihrer Verwertbarkeit im Unterricht. Fast alle Unterrichtsstunden werden sehr sorgfältig vorbereitet und geplant.

⌂ Der Unterricht wird weder vorbereitet noch geplant. Der Lehrer überlegt sich erst auf dem Weg ins Klassenzimmer, wie weitergearbeitet werden soll, oder er fragt zu Beginn des Unterrichts meist die Schüler – Was haben wir das letzte Mal gemacht? –, um sich selbst zu orientieren.

□ Der Lehrer plant nur noch etwa einmal pro Woche ausführlicher. Unvorbereitete Stunden häufen sich. Gesichtspunkte der Planungsökonomie rücken in den Vordergrund. Er greift zunehmend auf alte Entwürfe und vertraute Schemata zurück, ohne diese zu hinterfragen.

◇ Die Unterrichtsplanung reduziert sich zumeist auf einige Überlegungen auf dem Weg zur Schule. Häusliche Vorbereitung und Planung sind die Ausnahme.

▽ Der Unterricht wird mehrmals wöchentlich vorbereitet und durchdacht. Gesichtspunkte der Planungsökonomie werden berücksichtigt. Unvorbereitete Stunden sind die Ausnahme.

Teil 5: Nutzung der Unterrichtszeit

□ Der Unterricht beginnt nicht immer pünktlich. Manchmal werden die Pausen ausgedehnt. Mitunter wird die Unterrichtszeit auch mit Nebensächlichkeiten vertan.

▽ Der Unterricht beginnt pünktlich. Verspätungen sind die Ausnahme und dienstlich begründet. Die Unterrichtszeit wird in der Regel voll zum Lehren und Lernen genutzt.

◇ Der Unterricht beginnt häufig unpünktlich. Es finden sich viele Anlässe, um die Pausen zu verlängern. Routinehandlungen – z.B. übertriebene Hausaufgabenkontrolle oder zeitraubendes Abfragen – füllen einen großen Teil der Unterrichtszeit.

⌂ Der Unterricht beginnt fast immer unpünktlich. Die Schüler bleiben oft sich selbst überlassen. Sinnentleerte Aktivitäten bestimmen häufig den Unterrichtsablauf, der so zum Leerlauf wird. Jeder Anlass, Unterricht ausfallen zu lassen, ist willkommen.

○ Der Lehrer kann es kaum erwarten, bis der Unterricht beginnt. Die Lehr- und Lernzeiten reichen meist nicht für das aus, was er sich vorgenommen hat.

Teil 6: Unterrichtsplanung und Flexibilität

⌂ Der Unterricht ist nicht geplant. Der Lehrer folgt entweder plötzlichen Eingebungen, oder er greift auf rigide Handlungsmuster zurück. In beiden Fällen kümmern ihn die Schüler nicht.

□ Der Lehrer unterrichtet gemäß seiner Verlaufsplanung und lässt dabei schon mal Belange der Schüler außer Acht.

▽ Der Lehrer orientiert sich an seiner Verlaufsplanung und ändert sie in begründeten Fällen ab.

○ Um den Interessen und Bedürfnissen der Schüler zu entsprechen, ist der Lehrer jederzeit bereit, von der Verlaufsplanung abzuweichen.

◇ Sofern der Unterricht geplant ist, zieht der Lehrer sein Konzept stur durch, ohne sich um die Interessen und Bedürfnisse der Schüler zu kümmern.

Teil 7: Methodenwahl und Schülerbeteiligung

▽ Bei der Methodenwahl berücksichtigt der Lehrer Schülerbedürfnisse, greift Anregungen auf und bezieht die Schüler häufig in die Gestaltung des Unterrichts ein.

○ Der Lehrer ist in besonderer Weise bemüht, bei der Wahl der Methoden die Bedürfnisse aller Schüler zu berücksichtigen und sie an der Unterrichtsgestaltung aktiv zubeteiligen.

◇ Die Wahl der Methoden nimmt der Lehrer fast immer selbst vor, und Schülerbedürfnisse spielen kaum noch eine Rolle. Von einer gemeinsamen Gestaltung des Unterrichts kann keine Rede sein.

⌂ Alles, was im Unterricht geschieht, wird vom Lehrer bestimmt und durchgesetzt. Die Bedürfnisse und Anregungen der Schüler werden ignoriert, die Schüler proben manchmal den Aufstand, aber im Übrigen herrscht Methodenmonotonie vor.

□ Bei der Wahl der Methoden greift der Lehrer meist auf Verfahrensweisen zurück, bei denen die Bedürfnisse der Schüler in den Hintergrund treten. Selten erhalten diese Schüler Gelegenheit, den Unterricht aktiv mitzugestalten.

Teil 8: Medienwahl und -einsatz

□ Der Lehrer greift zumeist auf die ihm bekannten und leicht verfügbaren Medien zurück. Nur in seltenen Fällen stellt er Medien selbst her. Der Einsatz erfolgt auch mal unvorbereitet, und auftretende Pannen werden gelassen hingenommen.

▽ Der Lehrer ist über das Medienangebot weitgehend informiert. Auswahl, Beschaffung, Herstellung und Einsatz werden unter dem Gesichtspunkt der Medienökonomie vorgenommen, d.h., er überprüft, ob der Aufwand in einem vernünftigen Verhältnis zum vermuteten Lerngewinn steht. Der Medieneinsatz wird überlegt und vorbereitet.

⌂ Medien kommen kaum zum Einsatz. Es herrscht ein Wort- und Buchunterricht vor. – Oder der Lehrer praktiziert z.B. einen extensiven Filmeinsatz, um selbst nicht unterrichten zu müssen.

○ Der Lehrer ist umfassend über das Medienangebot informiert und bemüht, eine optimale Auswahl zu treffen. Entsprechen die Medien nicht ganz seinen hohen Ansprüchen, stellt er sie selbst her. Jeder Einsatz wird sorgfältig geplant und vorbereitet.

◇ Ist zufällig ein Medium greifbar, wird es eingesetzt. Deshalb häufen sich die Pannen beim Medieneinsatz. Auf die Herstellung von Medien wird ganz verzichtet.

Teil 9: Wahl der Sozialformen

◇ Selbst Phasen der Partnerarbeit treten nur selten auf. Der Unterricht wird weitgehend durch Lehrervortrag und Einzelarbeit bestimmt.

○ Der Lehrer wechselt häufig die Sozialformen und ist besonders vom Wert der Kleingruppenarbeit und ihrer Bedeutung für das soziale Lernen überzeugt.

□ Wegen des organisatorischen Aufwandes und der pädagogischen Anforderungen wird zumeist auf Kleingruppenarbeit verzichtet. Einzelarbeit und der Unterricht mit der ganzen Klasse sind die überwiegenden Sozialformen.

⌂ Der Lehrer macht sich über einen Wechsel der Sozialformen keine Gedanken mehr. Er lehrt und lässt lernen, ohne soziale Interaktionen zu fördern.

▽ Jede Sozialform wird in ihren Möglichkeiten gesehen, und deshalb ist der Lehrer bestrebt, die lernzielangemessene Sozialform zu wählen.

Teil 10: Differenzierung und Individualisierung

⌂ Alle Schüler erhalten dieselben Arbeitsaufträge. Unterschiedliche Voraussetzungen werden ignoriert, und Differenzierungsmaßnahmen erscheinen überflüssig.

◇ Differenzierende Arbeitsaufträge bilden die absolute Ausnahme. Besondere Voraussetzungen einzelner Schüler werden gelegentlich gesehen, aber nicht mehr berücksichtigt.

□ Es kommt selten vor, dass dem unterschiedlichen Lernvermögen durch differenzierende Arbeitsaufträge Rechnung getragen wird. Individuelle Voraussetzungen werden kaum noch berücksichtigt.

▽ Wo es sich anbietet, werden den leistungsschwachen bzw. leistungsstarken Schülern Aufgaben gestellt, die ihrem Lernvermögen entsprechen. Der Lehrer versucht, die individuellen Voraussetzungen zu berücksichtigen.

○ Um den besonderen Voraussetzungen eines jeden Schülers entsprechen zu können, bemüht sich der Lehrer um verschiedene Arbeitsaufträge oder eröffnet individuelle Möglichkeiten der Bearbeitung.

Teil 11: Disziplinierungstechniken und Strafen

▽ Der Lehrer ist bemüht, ohne Disziplinierungstechniken und Strafen auszukommen, doch in Ausnahmefällen diszipliniert er einzelne Schüler, um das Recht der Mitschüler auf einen geregelten Unterricht zu wahren.

○ Der Lehrer glaubt, ohne Disziplinierungstechniken und Strafen auskommen zu können, und baut ganz auf die Einsicht der Schüler.

□ Disziplinierungstechniken und Strafen werden häufig und unkritisch eingesetzt und dienen nicht nur der für das Lehren und Lernen erforderlichen sozialen Ordnung.

⌂ Mit unreflektiertem Einsatz von Disziplinierungstechniken und Strafen wird die Fassade eines geordneten Unterrichts aufrechterhalten. – Oder dem Lehrer fehlt die Kraft zum Einsatz der Disziplinierungstechniken, und deshalb geht es während des Unterrichts oft drunter und drüber.

◇ Der Lehrer bedient sich sehr häufig und unkritisch üblicher Disziplinierungstechniken und Strafen, wobei sich die Schüler entweder dem Zwang beugen oder gelegentlich protestieren.

Teil 12: Klassenarbeiten und Korrekturen

□ Selten werden mehr als die geforderten Arbeiten geschrieben, da der Korrekturaufwand gescheut wird. Die Schüler müssen häufig mehrere Tage auf die Rückgabe warten.

⌂ Selbst die geforderten Arbeiten werden nicht alle geschrieben. Unkorrigierte Arbeiten stapeln sich, und die Korrektur erfolgt oberflächlich und fehlerhaft. Die Schüler müssen auf die Rückgabe der Arbeiten meist lange warten, erinnern sich kaum noch an die Aufgabenstellungen und sind deshalb auch kaum mehr an den Ergebnissen interessiert.

▽ Tests und Klassenarbeiten sind in einem bestimmten Rahmen notwendig, um die Lehr-Lern-Fortschritte zu überprüfen. Die Arbeiten werden möglichst bald korrigiert und zurückgegeben.

◇ Die geforderten Arbeiten werden noch geschrieben, doch bei der Korrektur schleichen sich viele routinebedingte Fehler ein. Die Schüler müssen oft mehrere Wochen auf die Rückgabe warten.

○ Tests und Klassenarbeiten sind weitgehend überflüssig, da die Schüler auch ohne sie gerne und freiwillig alles lernen, was im Unterricht besprochen wird. Alle Arbeiten werden sofort korrigiert und zurückgegeben, weil sich der Lehrer für alle Ergebnisse brennend interessiert.

Teil 13: Außerunterrichtliche Aktivitäten

▽ Sofern es sich anbietet, trifft sich der Lehrer auch mal außerhalb der Schulzeit mit den Schülern, doch bleiben solche Aktivitäten auf besondere Ereignisse – z.B. Theater- oder Konzertbesuche – beschränkt.

○ Der Lehrer trifft sich mindestens einmal wöchentlich außerhalb der Schulzeit mit den Schülern seiner Klasse. Er unterbreitet und organisiert laufend Freizeitangebote.

◇ Alle Aktivitäten, die außerhalb des Unterrichts liegen, werden gemieden. Lässt sich eine Teilnahme an bestimmten Veranstaltungen nicht umgehen, merkt man dem Lehrer die Unlust an.

□ An den üblichen schulischen Veranstaltungen nimmt der Lehrer ohne besonderes Engagement teil. Für außerunterrichtliche Aktivitäten gehen von ihm kaum noch Initiativen aus.

⌂ Alles, was über das Pflichtdeputat hinausgeht, wird als Zumutung empfunden und abgelehnt. Die Teilnahme an Pflichtveranstaltungen erfolgt widerwillig.

Teil 14: Zusammenarbeit mit Eltern

▽ Auch außerhalb vorgeschriebener Sprechzeiten steht der Lehrer zur Verfügung. Sofern es ihm im Interesse der Schüler notwendig erscheint, bemüht er sich um eine Zusammenarbeit.

◇ Die Elternkontakte reduzieren sich auf ein Minimum. Anregungen der Eltern werden grundsätzlich als Einmischung erlebt und zurückgewiesen. Nur in begründeten Ausnahmefällen ist er zur Zusammenarbeit bereit.

○ Der Lehrer bemüht sich um eine intensive Zusammenarbeit mit den Eltern, besucht dieselben, lädt sie zu außerunterrichtlichen Veranstaltungen ein, bietet wöchentlich Sprechstunden an und ruft z.B. einen Elternstammtisch ins Leben.

⌂ Elternkontakte werden abgelehnt und Anregungen stets als Zumutung zurückgewiesen. Eine Zusammenarbeit findet nicht statt.

□ Die Elternkontakte werden auf die dafür vorgesehenen Sprechzeiten beschränkt. Eine Zusammenarbeit wird nur in dringenden Fällen gesucht.

Teil 15: Verhalten im Kollegium

○ Der Lehrer übernimmt gern besondere Aufgaben – wie z.B. Vertretungsstunden oder die Vorbereitung eines Schulfestes – und ist jederzeit bereit, gemeinsame Aktivitäten des Kollegiums – z.B. Kollegenausflug oder Grillabend – zu planen, vorzubereiten und an ihnen teilzunehmen.

▽ Der Lehrer tritt für Kollegen ein und übernimmt besondere Aufgaben, sofern dies erforderlich wird. Er beteiligt sich an den üblichen gemeinsamen Aktivitäten.

◇ Der Übernahme besonderer Aufgaben versucht der Lehrer zu entgehen. Von Aktivitäten im Kollegenkreis hält er nicht viel, und er nimmt selten an ihnen teil.

⌂ Meist gelingt es dem Lehrer, sich besonderen Aufgaben zu entziehen. An gemeinsamen Aktivitäten des Kollegiums nimmt er nicht teil.

□ Fallen besondere Aufgaben an, denkt der Lehrer zuerst einmal über die Gleichverteilung der Lasten innerhalb des Kollegiums nach, bevor er eine Aufgabe übernimmt. Gemeinsame Veranstaltungen werden kritisch betrachtet.

Teil 16: Interesse an Fachliteratur

▽ Ausgewählte Artikel und Bücher, die das eigene Arbeitsfeld betreffen, werden gelesen und dahingehend ausgewertet, ob sie für die Berufstätigkeit Anregungen bieten. Grundsatzartikel werden seltener gelesen.

□ Das Interesse an Fachliteratur beschränkt sich auf einzelne Beiträge, die unmittelbar der Praxis dienen. Der Kauf eines Fachbuches kommt kaum in Frage.

◇ Falls überhaupt noch ein Artikel gelesen wird, befasst er sich z.B. mit Antipädagogik oder dem Burnout-Syndrom. Fachbücher werden weder erworben noch gelesen.

⌂ Die Fachliteratur wird schon seit Jahren nicht zur Kenntnis genommen, und die abonnierte Fachzeitschrift ist längst abbestellt. Die Anschaffung eines Buches kommt schon lange nicht mehr in Betracht.

○ Aus Fachzeitschriften und den selbst erworbenen Fachbüchern entnimmt der Lehrer die neuesten Informationen, um auch theoretisch gerüstet zu sein und das gesamte Erziehungs- und Bildungssystem grundlegend zu reformieren.

Teil 17: Besuch von Fortbildungsveranstaltungen

⌂ Die Teilnahme an Fortbildungsveranstaltungen wird als Zumutung empfunden, sie erfolgt nur widerwillig auf dienstliche Anordnung. Die Fortbildung erscheint generell als sinnlos, und der Lehrer versucht, den wenigen Pflichtveranstaltungen zu entrinnen.

◇ Der Lehrer nimmt nur dann an Fortbildungsveranstaltungen teil, wenn sie dienstlich verpflichtend sind und in die Dienstzeit fallen. Der Sinn der Fortbildung wird in Zweifel gezogen, oder die Teilnahme dient der Flucht aus dem grauen Berufsalltag.

□ Der Lehrer nimmt Fortbildungsangebote wahr, sofern sie in die Dienstzeit fallen. Der Sinn der Fortbildung wird noch bejaht, als Abwechslung begrüßt und zum Erfahrungsaustausch genutzt.

▽ Der Lehrer wählt unter dem Fortbildungsangebot sorgfältig aus, macht sich Gedanken über eine etwaige Dienstbefreiung. An einem Ferienkurs nimmt er nur teil, wenn das Thema von besonderer Wichtigkeit ist.

○ Freiwillig besucht der Lehrer auch in den Ferien alle erdenklichen Fortbildungsveranstaltungen.

Teil 18: Nebentätigkeiten/häusliche Verpflichtungen

◇ Arbeitszeit und Arbeitskraft verlagern sich schon deutlich in den Bereich möglichst gut dotierter Nebentätigkeiten, sodass die Schule und die Schüler häufig zurückstecken müssen. – Häusliche und private Verpflichtungen haben Vorrang gegenüber dienstlichen.

▽ Die Arbeitszeit und Kraft wird überwiegend der Schule und den Schülern gewidmet. Einzelne Nebentätigkeiten werden bei angemessener Bezahlung angenommen. – Häusliche und private Verpflichtungen stehen in einem ausgewogenen Verhältnis zu den dienstlichen.

⌂ Die Nebentätigkeiten dominieren eindeutig. Schule und Schüler werden als lästig empfunden. – Oder der Lehrer benötigt seine ganze Kraft, um überhaupt den Schulalltag zu überleben.
Oder der Lehrer zieht sich so weit wie möglich in den privaten Bereich zurück.

□ Arbeitszeit und Kraft verteilen sich auf den Hauptberuf und auf Nebentätigkeiten. Die Ausübung mehrerer Nebentätigkeiten richtet sich vor allem nach der Höhe der Bezahlung.
Häusliche und private Verpflichtungen werden häufig auf Kosten dienstlicher Verpflichtungen wahrgenommen.

○ Fast die gesamte Arbeitszeit und Kraft wird der Schule und den Schülern gewidmet. Falls überhaupt eine Nebentätigkeit ausgeübt wird, spielt die Bezahlung keine Rolle.
Schulische Aktivitäten haben gegenüber häuslichen und privaten Verpflichtungen eindeutig Vorrang.

**Anmerkung:*
Der erste Teil jeder Zustandsbeschreibung bezieht sich auf Nebentätigkeiten, der zweite auf die Tätigkeiten von Hausfrauen und Hausmännern. Beziehen Sie sich bitte auf den für Sie zutreffenden Teil.

Teil 19: Berufs- und Privatleben

⌂ Berufs- und Privatleben stellen sich als Dauerkrise dar. Die Situation erscheint ausweglos.

□ Es wird versucht, Berufs- und Privatleben voneinander zu trennen. Mit dem Verlassen der Schule taucht der Lehrer in die Privatsphäre ein. – Oder die schulischen Probleme werden in den privaten Bereich hineingetragen und wirken dort belastend.

◇ Berufliche Schwierigkeiten häufen sich, lassen sich nicht mehr auffangen und belasten so das Privatleben. Oft sind ernste Krisen die Folge, oder Fluchttendenzen werden sichtbar.

▽ Berufs- und Privatleben stehen in einem ausgewogenen Verhältnis zueinander. Das Privatleben gibt so auch Kraft für den Berufsalltag. Bedeutsame berufliche Ereignisse werden mit dem Partner besprochen.

○ Das Berufsleben dominiert eindeutig und wirkt sich mitunter negativ auf das Privatleben aus. Selbst der Partner wird laufend zu schulischen Aufgaben – z.B. Korrekturarbeiten oder als Begleitperson – herangezogen.

Teil 20: Psychosomatische Beschwerden

□ Unpässlichkeiten kommen häufiger vor. Krankheitsbedingte Fehlzeiten nehmen zu.

▽ Der Lehrer fühlt sich im Allgemeinen wohl, und Fehlzeiten sind selten. Krankheiten werden nicht überspielt, sondern auskuriert.

○ Da sich der Lehrer für unersetzlich hält, kommen Krankheiten gar nicht erst auf. Nur durch die Einweisung in ein Krankenhaus lässt er sich vom Unterrichten abhalten.

⌂ Der Lehrer befindet sich in einer Dauerkrise, die nur durch längere Kuraufenthalte aufgefangen werden kann. Er fühlt sich missverstanden und sieht keine Möglichkeit, seinen beklagenswerten Zustand zu verändern.

◇ Es gibt kaum noch beschwerdefreie Zeiten. Der Lehrer klagt oft über seinen Gesundheitszustand. Wegen tatsächlicher oder eingebildeter Beschwerden fällt der Unterricht häufiger aus.

Zur Interpretation

Sie haben jetzt den BOT bearbeitet und sich dabei um Aufrichtigkeit bemüht, Ihren BOQ berechnet und möchten nun wissen, wie Sie das Ergebnis zu interpretieren haben.

Befinden Sie sich im *idealistischen Stadium*, so ist dies nicht weiter tragisch, denn man kann davon ausgehen, dass Sie früher oder später in das realistische Stadium eintreten werden. Sollten Sie allerdings schon viele Jahre im Dienst sein, besteht die Gefahr einer emotionalen Verausgabung. In diesem Falle wäre zu überlegen, wie sich Ihr gut gemeintes Engagement wirksamer umsetzen lässt.

Im *realistischen Stadium* sind Sie beruflich gesehen gesund. Um dieses wünschenswerte Stadium zu stabilisieren, sind jene wenigen Testteile wichtig, die von dem Quotient 2 abweichen. Hier geht es darum, sich diese Bereiche bewusst zu machen, um danach notwendige Veränderungen einzuleiten oder solche »Schwachstellen« für sich selbst zu akzeptieren.

Im *Stadium der Stagnation* befinden Sie sich keineswegs allein. Vorläufigen Erkenntnissen zufolge bewegt sich die Mehrzahl der Lehrer nach mehreren Dienstjahren in diesem kritischen Stadium. Um ein weiteres Abgleiten in noch bedenklichere Stadien zu verhindern, bedarf es Ihrerseits großer Anstrengungen in jenen Bereichen, die Sie mit hohen Kennziffern belegt haben. Das realistische Stadium können Sie allerdings noch mit eigener Kraft wieder erreichen.

Im *Stadium der Frustration* bedarf es neben eigener Bemühungen der Unterstützung Dritter. Im Interesse der Schüler und in Ihrem eigenen Interesse sind Sie auf Rat und Hilfe von außen angewiesen, d.h., Sie sollten zur Burnout-Beratung gehen.

Auswertungsbogen zum Heidelberger Burnout-Test (BOT)

Teil	Kurzbezeichnung	◇	⌂	○	▽	□
1	Bildungs- und schulpolitisches Engagement					
2	Pädagogische Vorstellungen					
3	Leistungen der Schüler					
4	Unterrichtsvorbereitung und -planung					
5	Nutzung der Unterrichtszeit					
6	Unterrichtsplanung und Flexibilität					
7	Methodenwahl und Schülerbeteiligung					
8	Medienwahl- und einsatz					
9	Wahl der Sozialformen					
10	Differenzierung und Individualisierung					
11	Disziplinierungstechniken und Strafen					
12	Klassenarbeit und Korrekturen					
13	Außerunterrichtliche Aktivitäten					
14	Zusammenarbeit mit Eltern					
15	Verhalten im Kollegium					
16	Interesse an Fachliteratur					
17	Besuch von Fortbildungsveranstaltungen					
18	Nebentätigkeiten/häusl. Verpflichtung					
19	Berufs- und Privatleben					
20	Psychosomatische Beschwerden					
Einzelsummen der angekreuzten Symbole						

Berechnung des Burnout-Quotienten (BOQ)

Multiplizieren Sie bitte die Einzelsummen mit den nebenstehenden Faktoren:

○ ____ .1 = ____

▽ ____ .2 = ____

□ ____ .3 = ____

◇ ____ .4 = ____

⌂ ____ .5 = ____

BOQ = Gesamtsumme / 20 = ________

Stadien:

Idealismus – Realismus – Stagnation – Frustration – Apathie/*Burnout*

Idealismus	Realismus	Stagnation	Frustration	Apathie/Burnout
bis 1,4	1,5 –2,4	2,5.– 3,4	3,5 – 4,4	ab 4,5

Gesamtsumme = ______

Um über das Stadium der Stagnation ins realistische Stadium zurückzufinden, sind langfristige Bemühungen aller Beteiligten unerlässlich. Dies sind die letzten Chancen für eine volle berufliche Rehabilitation.

Es ist zu hoffen und Ihnen zu wünschen, dass Sie sich nicht im *Stadium der Apathie* befinden, denn dann dürften Sie morgen früh eigentlich nicht mehr zur Schule gehen und dort unterrichten. Apathische Lehrer sind weder den Schülern und deren Eltern noch den Kollegen und Vorgesetzten zumutbar. Ihnen wäre zu wünschen, dass Sie möglichst bald ein anderes Betätigungsfeld finden oder vorzeitig in den Ruhestand versetzt werden. Bei einem für Sie deprimierenden Ergebnis ehrt es Sie zwar, wenn Sie die Ursachen zunächst bei sich selbst suchen, so z.B. in mangelnder Fach-, Methoden- oder Sozialkompetenz. Doch da auch das Burnout-Syndrom multikausal bedingt ist, sind zahlreiche Faktoren zu berücksichtigen, die außerhalb der Person des betroffenen Lehrers liegen. Viele der verursachenden Faktoren können durch Sie kaum oder gar nicht beeinflusst werden, so z.B. die Macht- und Abhängigkeitsverhältnisse innerhalb des Schulsystems, ungünstige Rahmenbedingungen oder der Umgang mit schwierigen Vorgesetzten, Kollegen und Eltern; die Arbeit mit Problemschülern und Problemklassen – besonders an sozialen Brennpunkten. Ein weiteres Faktorenbündel lässt sich mit mangelnder Anerkennung, fehlenden Aufstiegsmöglichkeiten und schlechtem Berufsimage umschreiben. – Und nicht zu vergessen sind mögliche Ursachen, die im Privatbereich liegen und für die der betroffene Lehrer nicht verantwortlich gemacht werden kann, so z.B. die Dauerbelastung, die ein pflegebedürftiges Familienmitglied darstellt oder der Verlust eines Partners.

Weiterführende Konsequenzen

Das Phänomen des Ausbrennens gibt es zwar in allen Berufen, doch besteht ein großer Unterschied darin, ob die Berufsausübenden es mit Menschen oder mit Sachen zu tun haben. Eine Maschine, die lustlos bedient wird, produziert dennoch weiter. Schüler, die lustlos unterrichtet, oder Patienten, die lustlos gepflegt werden, zeigen sich hingegen sofort beeindruckt und beeinträchtigt.

Im Umgang zwischen Lehrer und Schüler spielt die Modellfunktion eine große Rolle, und es kommt laufend zu Übertragungseffekten. Interessiert sich ein Lehrer selbst nicht für den Lerninhalt, entwickeln die Schüler kaum ein Interesse daran. Bereitet sich der Lehrer nicht vor, lässt die Arbeitshaltung der Schüler bald nach. Und sieht man ihm von weitem seine Unlust an, werden die Schüler ebenfalls häufig lustlos sein.

Kommt ein Schulanfänger voller Erwartungen und Optimismus in die Schule und trifft er dort auf einen Lehrer, der nichts mehr für sich und von den Schülern erwartet, dann kann sich die positive Grundhaltung des Schülers bald in ihr Gegenteil verkehren. Die negativen Übertragungseffekte sind bei Grundschülern besonders gravierend, weil diese sich nicht ohne weiteres von ihren Lehrern distanzieren können. Schüler, die längere Zeit einen ausgebrannten Lehrer ertragen müssen, zeigen sehr bald Anzeichen von Lernunlust, Schulmüdigkeit oder sogar Resignation. Es bedarf keiner besonderen Fantasie, um sich weitere negative Auswirkungen vorzustellen. Ein ausgebrannter Lehrer kann also erheblichen Schaden anrichten und viele seiner Schüler schädigen. Vorstehende Ausführungen legen überzeugend dar, dass ausgebrannte Lehrer gesunden Schülern nicht zumutbar sind.

Literatur

Edelwich, J./Brodsky, A.: Ausgebrannt – Das Burn-Out-Syndrom in den Sozialberufen. Salzburg 1984.

Holz, K.-L.: Stress, Angst und Burn-Out im Lehrerurteil. In: Vierteljahreszeitschrift für Heilpädagogik und ihre Nachbargebiete 56 (1987), S. 327–336.

Pines, A./Aronson, E./Kafry, D.: Ausgebrannt : Vom Überdruss zur Selbstentfaltung Klett-Cotta Stuttgart, ^{2}1985.

Handlungsorientierte Didaktik

Georg E. Becker
Durchführung von Unterricht
Handlungsorientierte Didaktik, Teil II.
8., neu ausgestattete Auflage 1998.
298 Seiten. Broschiert.
ISBN 3-407-25203-X

Die handlungsorientierte Didaktik konzentriert sich auf die zentralen Berufsaufgaben des Lehrers, auf die Planung, Durchführung und Auswertung des Unterrichts. Dabei steht die Durchführung im Mittelpunkt.
Der Ansatz ist ausgesprochen schülerzentriert. Jede Lehrhandlung und jede Handlungsstruktur wurde dahingehend überprüft, ob sie geeignet erscheint, die Schüler bei ihren Lernbemühungen zu unterstützen. Die Orientierung an den Handlungen des Lehrers im Unterricht ermöglicht erst ein reflektiertes Lehren und ein erfolgreiches Lernen.
(Aus der Einleitung von G.E. Becker)

Aus dem Inhalt: Leitlinien für den Lehr-Lern-Prozess; Schülererwartungen; Förderliche Eigenschaften und Einstellungen des Lehrers; Leitlinien für den Umgang mit Schülern; Handlungskompetenz im Gesprächs-, Präsentations- und Anleitungsbereich; Politische Implikationen.

Georg E. Becker
Handlungsorientierte Didaktik
Eine auf die Praxis bezogene Theorie.
2. Auflage 1995.
168 Seiten. Broschiert.
ISBN 3-407-25135-1

Die handlungsorientierte Didaktik will Lehrer befähigen, im Unterricht möglichst human, demokratisch und effektiv zu verfahren. Zu diesem Zweck werden Studien- und Übungsziele sowie Verfahren zum Qualifikations- und Kompetenzerwerb angeboten. Dieser didaktische Ansatz konzentriert sich auf das zentrale Handlungsfeld des Lehrers, auf den Unterricht, möchte den erlernbaren Bereich des Lehrens transparent machen, zum Qualifikations- und Kompetenzerwerb anregen und die hierzu erforderlichen Handlungs- und Entscheidungshilfen bieten.

Aus dem Inhalt: Problemgeschichte, besondere Anliegen und Terminologie der Handlungsorientierten Didaktik; Verfahren zur Unterrichtsanalyse; Studien- und Übungsziele für eine handlungsorientierte Lehrerausbildung; Gestaltung der Studien- und Übungsunterlagen; Verschiedene Verfahren zum Qualifikations- und Kompetenzerwerb.

BELTZ Beltz Verlag · Postfach 100154 · 69441 Weinheim

Weitere Infos und Ladenpreis: www.beltz.de